HERMES

HERMES

经典与解释 三联丛编

刘小枫 主编

德国知识分子批判

［德］胡果·巴尔 著

曹 旸 译

生活·讀書·新知 三联书店

Simplified Chinese Copyright © 2024 by SDX Joint Publishing Company.
All Rights Reserved.
本作品简体中文版权由生活·读书·新知三联书店所有。
未经许可,不得翻印。

图书在版编目(CIP)数据

德国知识分子批判 / (德) 胡果·巴尔著; 曹旸译. —北京: 生活·读书·新知三联书店, 2024.3
("经典与解释"三联丛编)
ISBN 978-7-108-07748-6

Ⅰ.①德… Ⅱ.①胡…②曹… Ⅲ.①知识分子-研究-德国 Ⅳ.① D751.661

中国国家版本馆 CIP 数据核字 (2023) 第 228160 号

文字编辑	蔡雪晴
责任编辑	王晨晨
装帧设计	薛 宇
责任校对	陈 格
责任印制	李思佳
出版发行	生活·讀書·新知 三联书店
	(北京市东城区美术馆东街 22 号 100010)
网 址	www.sdxjpc.com
经 销	新华书店
印 刷	北京隆昌伟业印刷有限公司
版 次	2024 年 3 月北京第 1 版
	2024 年 3 月北京第 1 次印刷
开 本	880 毫米 × 1092 毫米 1/32 印张 14.25
字 数	285 千字
印 数	0,001－3,000 册
定 价	79.00 元

(印装查询:01064002715;邮购查询:01084010542)

目 录

中译本说明　*1*
序　言　*1*

导　言　论知识分子的党派原则：自由与封圣　*5*
第一章　闵采尔反路德　*26*
第二章　新教哲学与法国革命的自由概念　*78*
第三章　巴阿德与法国和俄国的基督教复兴　*192*
第四章　德国犹太人密谋毁灭道德　*267*
后　记　*353*

德文版本说明　*355*
同时代人的书评　*368*
德文版编者后记　*385*
译后记　*439*

献给道德革命的领袖们

中译本说明

刘小枫

1924年，新生的德意志民国动荡不安，胡果·巴尔在天主教的文化学刊《高原》上发表了一篇文章，评论刚在学界崭露头角的施米特的四部少壮之作。20世纪90年代末，我读到晚年的施米特说，"那是一篇精妙绝伦的文章，我这一生几乎再没看到过比它更好的文章"。[1]我随即找来这篇文章，读后果然感觉精妙。当我得知巴尔以先锋诗人闻名时，不免惊讶他何以有如此广博的**学术阅历**，何况他还是一位**钢琴演奏家**。

施米特称巴尔为"破碎时代的诗人"，他身处的那个时代"如此分裂、充满悖论、如此支离破碎"，而他"怀着天赋的良知经历着这个时代"（《诗人》，页301—302）。巴尔

---

[1] 什克尔，《施米特谈巴尔》，刘小枫、温玉伟编，《施米特与破碎时代的诗人》，安尼、温玉伟等译，上海：华东师范大学出版社，2019年，页203（以下简称《诗人》，随文注页码）。

在1927年就英年早逝（年仅41岁），并未亲历德国彻底"破碎"的时代。第一次欧洲大战爆发那年，巴尔才28岁。这场战争据说发生得莫名其妙，而第二次欧洲大战的爆发反倒有显而易见的缘由。当然，史学家有理由把这两次欧洲大战连起来看，并称之为20世纪的德意志三十年战争，它与17世纪的那场德意志三十年战争（1618—1648）有历史的连带关系。欧洲的政治成长始于16世纪，在随后的500年里，欧洲地域战事不断，而这两场三十年战争尤其让欧洲生灵涂炭。

战争爆发之初，巴尔欢欣鼓舞。但他很快就变成了反战的和平主义者，携妻子亨宁斯（Emmy Hennings）迁居瑞士，在苏黎世的"伏尔泰酒馆"与一群反战诗人和艺术家建立了"达达"团体。当时，有人用小刀随意刺向一部法-德词典，刀尖碰巧戳到Dada一词，其法语含义是"玩具木马"，也指没有意义的象声词。于是，它被选定用来表征这群诗人和艺术家的政治主张：

> 达达了解一切。达达鄙视一切。达达说"明白事儿"，达达没有固定的观念。达达不捉苍蝇。达达嘲笑一切成功的、神圣化的……达达从来不正确……不再有画家、不再有作家、不再有宗教、不再有保皇党、不再有无政府主义者、不再有社会主义者、不再有警察、不再有飞机、不再有小便池……，像生活中的所有事物一样，达达是没有用的，一切都以愚蠢的方式发生着……

我们不能严肃地对待任何主题,更别说是这个主题:我们自己。[1]

"达达"诗人和艺术家通过创造没有意义的语词或前后摇动的"玩具木马"崇尚**非政治的政治**。事实上,无政府主义者巴枯宁(1814—1876)是他们的精神教父。巴尔一生留下九部文学作品(诗集、小说、剧作),还有三卷书信集,绝大部分由他妻子整理出版。而他身前出版的著作,以这部1919年初出版的政治思想史论《德国知识分子批判》最为著名。巴尔宣称,新教的普鲁士王国应该为第一次世界大战承担历史责任,而路德引发的宗教分裂则是这场战争的最终根源,正如它是17世纪的德意志三十年战争的直接导因。人们能把这部大著视为没有意义的语词或"玩具木马"吗?

在欧洲的主要文化民族中,德意志知识人的自我批判最为显眼,这与德意志民族迟迟不能凝聚为统一的政治体有关——人们仅需想起马克思和尼采的德意志批判就够了。写作《批判》时,巴尔刚从天主教改宗新教不久。仅仅过了一年(1920年夏天),他又回归天主教的怀抱。两年后(1922年),巴尔转向了早期东方基督教神秘主义,次年出版《拜占庭基督教:三圣徒传》,从东方基督教的立场批判西方

---

[1] 邵亦杨,《20世纪现当代艺术史》,上海:上海人民美术出版社,2018年,页66—67;详见Robert Motherwell(ed.),*The Dada Painters and Poets: An Anthology*, New York: Wittenborn, 1951; David Hopkins(ed.), *A Companion to Dada and Surrealism*, London: John Wiley & Sons, 2016.

的基督教。在一份笔记中,他把此书称为"对我第一本书(《批判》)的补充":

> 当时我信仰一个"知识分子的教会",一切自由与生命力的神圣化都以此为基础,我至今仍怀有这个信仰。但是我不再跳出教条和法规去看这个理论……我不再跳出大教会的传统去看待它。(转引自《诗人》,页250—251)

天主教学界的权威学者瓜尔蒂尼(Romano Guardini,1885—1968)警告说,巴尔在此书中以诗人的激进言辞推荐一种**业余神学**,这可不是什么好兆头:

> 这本书是对自由思想观念的一次猛烈而凌厉的攻击,贯穿始终的不过是一个思想:通过心理主义与历史主义粉碎有限中的绝对,消解自然中的超自然。他[巴尔]认为一切有限性都在绝对专制中分崩离析。(转引自《诗人》,页253)

巴尔在如此短的时间内频频更换自己的宗教认信,其心灵的"破碎"到了何等地步,由此可见一斑。尽管如此,巴尔对路德毫不留情的批判既不是没有意义的语词,也不是"玩具木马"。1924年深秋,巴尔发表了《德国知识分子批判》的**删改本**《宗教改革的后果》。如施米特所说,《批判》的

"四分之三"被巴尔"搁到了桌子底下"。写作《宗教改革的后果》时,巴尔给妻子写信说:

> 我开始审视我的《批判》,只是我的进度并不明显。这本书让我如此不安,以至于无法仔细思考每句话。我必须让自己假意清静一下了。否则我看不懂,对此我感到十分惊讶。我只想认真看看我的文章,我的脉搏却躁动不安。就是现在,我还是在思考。我删掉了80—100页的篇幅。这本书的命运一定不同寻常。现在,我的心狂跳不已。(转引自《诗人》,页229)

巴尔因**心灵破碎**而无所适从,而这个灵魂本来企望理解德意志知识人的**灵魂成长史**,如今它已经不能认识自己,但仍"怀着天赋的良知经历着这个时代"。巴尔认定宗教改革给德意志人的**灵魂教养**带来的危害已经无药可救,转而求助于早期东方基督教与古希腊理念之间的平衡,这成了他唯一的精神出路。《拜占庭基督教》看似带有宗教史性质,其实表达了巴尔对欧洲政治成长的彻底失望——如他自己承认的那样,《宗教改革的后果》与《拜占庭基督教》"相互呼应":

> 我的《拜占庭基督教》是对新教的一次更为严厉、更加彻底的攻击。人们早晚会看到的。《后果》里没有写的,都写在了那里。从这个意义上说,两本书互为一体。二者辅车相依,互为解释。(《诗人》,页252)

离世前,巴尔从1914—1921年间的日记中挑选出涉及心路历程的部分,以《逃离时代》为名结集出版。其中有一段写于1921年的文字,解释了书名的来历:

> 逃离时代,在尼采那里已经(出于嘲讽者和无神论者的品味)得以实现。还有一个更坚定的逃离,必定跟基督教修院制度相一致。如此可以反对一个无药可救的疯狂世界。……自从乡下人先后变成诗人、哲学家、反叛者和花花公子以后,时序就给了他自愿的贫苦,最严苛的禁欲,假如不是他想要的消失——他在其中看到了最高境界的奇迹。(转引自《诗人》,页245)

巴尔撰写评施米特政治神学的文章时,已经心仪早期东方基督教神秘主义,这与他信奉无政府主义并不矛盾。令人费解的是,他何以会欣赏严肃关切政治秩序的施米特?在评价《政治的浪漫派》时,巴尔称赞说:

> 施米特的思维方式指向令人变得严峻的事情、指向政事,使那些令人云里雾里的东西一下子变得毫无吸引力。[1]

---

[1] 巴尔,《施米特的"政治的神学"》,刘小枫编,《施米特与政治法学》(增订本),刘锋、李秋零、朱雁冰等译,上海:华东师范大学出版社,2008年,页87。

施米特把巴枯宁视为"敌视专政的专制者",因此,"凡巴枯宁以撒旦的名义否定的",他"皆以上帝之名予以肯定"。[1] 既然如此,他何以与巴尔"私底下很熟悉"(《诗人》,页208),同样令人费解。

如何认识欧洲知识人心灵的历史遭遇,迄今仍是我国人文学界的一大难题。如今的德国人显得既富足又幸福,但心灵敏感的德国知识人仍然会问:经历过分裂、充满悖论的时代之后,支离破碎的**德意志灵魂**深处真的感到幸福吗?对于我们来说问题则是:若要深入认识欧洲的破碎历史以及由此带来的灵魂的破碎感,我们的灵魂做好精神上的准备了吗?巴尔的《德国知识分子批判》让我们意识到,除非我们与欧洲学者一道,**重新深入考察**欧洲历史上的重大事件,否则,仅凭单纯的文学爱好,我们很难透彻理解欧洲的文学作品。出版本书中译本的意义,就在于此。

曹旸博士的德文好,中文译笔更好。感谢他的译笔。

2023 年 10 月
古典文明研究工作坊

---

[1] 迈尔,《施米特的教训:区分政治神学与政治哲学四章》,林国基、余明锋译,北京:华夏出版社,2022年,页15,比较页12—14、页271—273、页307—311。

序 言

可以说，本书的意义在于，系统地展开四年世界大战中针对同盟国（Mittelmächte）政府提出的罪责问题指控[1]，追究催生和支持同盟国政府的那些阶级和等级（Kasten）的意识形态。德国的国家观念（Staatsidee）毁灭了德国的思想，而德国的国家观念，正是本书要处理的问题，为了说明这种观念的势力之大和它反人民的传统，我必须梳理其历史脉络，呈现其各个方面，以批判其中突出的代表人物。

1914年秋天以来，我集中探究导致我们孤立的原因，尝试找出德意志品质（Deutschtum）与全世界格格不入的原理所在。我努力揭示出这种孤立最根本、最隐秘的缘由，这么做很可能会树敌无数、自讨苦吃，但我绝对无意

---

[1]［德文版编者注］罪责问题（Schuldfrage）即战争罪责问题是本书的主题。作者关注的不是德国领导层1914年前后政治和军事上的意图和行动，而是战争的意识形态根源，并试图在德国历史中对此加以阐释。

于撰写一篇檄文。[1]我试图证明我的发现：抗议宗神学和犹太教神学勾结起来（路德以降）[2]，二者和普鲁士强权国家（Gewaltsstaat）勾结起来（黑格尔以降），不仅图谋征服欧洲、统治世界，而且同时意欲全面摧毁宗教和道德。上述阴谋扎根之深之广，远超一般想象，假使掉以轻心，不仅危及全人类，也会危及德意志民族。

我坚信，普鲁士-德意志专制统治（Willkürherrschaft）固然已如威尔逊总统在他著名的弗农山庄（Mount Vernon）讲话里所要求的那样覆灭了[3]，但是，这不足以保卫世界今后免受德国新的袭击——这种袭击甚至不仅限于战争行动。如果救赎与和解真的能够实现而且得到保证，那么，筹建中的国际联盟的头等大事，就是要睁大眼睛，看清楚被挫败的德国阴谋的历史流毒，一个受尽千年可怕的神权统治（Theokratie）的民族的道德沦丧。

为了呈现德国思维方式的全貌，我也要刻画它的反面，它的反面不是别的，正是一以贯之的基督教思想。基督教思想就在领导欧洲的精神的意识里，一百年来追求全面的文

---

[1]〔德文版编者注〕"檄文"（Pamphlet）一词来自法文的 le pamphlet，自18世纪起常用于德文，就其本义而言本书的确可以称为一部"檄文"。
[2]〔德文版编者注〕本书没有地方涉及真正意义上的犹太教（拉比）神学。
[3]〔德文版编者注〕威尔逊（Thomas Woodrow Wilson，1856—1924），美国第28任总统（1913—1921），在德国发动无限制潜艇战后，于1917年4月加入英法一方参与"一战"。他只能部分实现他的战争目标（1918年1月8日提出的"十四点和平原则"）。"十四点"包括归还侵占领土和民族自决等，第十四点是成立国际联盟。

艺复兴。我既然把宗教专制视为德国思想的坟墓，就要在国家和古老的教会之外，在宗教知识分子新的国际联合会（Internationale）中，重树新的理想。自由的特点，就在于像上帝一样难以成为现实。自由之外不存在上帝，正如上帝之外不存在自由。

胡果·巴尔

1918年12月24日，伯尔尼

导　言
论知识分子的党派原则：自由与封圣

1

有人曾称德国人是抗议的民族，却没有说清楚，他们为了什么而抗议。陀思妥耶夫斯基虽然是一个俄国人，但是他绝不相信，德国人肩负着一种所谓在几个世纪的历程中曾一度经由启示的神秘使命。另外一位，用尽一生竭力以深刻、悲剧意识和感觉（Sinn）改造德国人的尼采，最后失去了耐心，［在《瞧，这个人》中］喊出："四个世纪中所有巨大的文化罪行都有他们的责任！"尼采试图证明，德国人出于对现实的怯懦，出于已成为他们天性的不诚实，出于"理想主义"，在欧洲历史的所有关键转折点上，毁灭了欧洲的果实和价值。

他们抗议，他们杜撰出"伦理的世界秩序"，声称该秩序必由他们保卫和拯救；他们自称是被拣选的，是上帝的民族，却说不出他们为什么是；他们扭曲价值观，自命不凡却难自圆其说，大逞英雄主义，全世界看见他们趾高气扬的举止都要捧腹大笑。他们把自己的所有弱点，甚至恶习和罪行都夸耀成长处和美德，自以为胜过其他人就讥讽其他人的道德。他们待人接物从来没有友善、礼貌的态度，他们自己也不能达成一致的思想。别人一旦触动他们扭曲僵硬的积习，他们就视为挑衅，视为对个人的侮辱。他们从不知道顺应别人的意愿，从不知道回应别人的爱意。他们昏昧闭塞，永远保持着吓人的模样。面对热忱和爱，他们出动警察，扩张军备。他们醉心于中世纪memento mori［勿忘你终有一死］的训诫和由此引发的良心狂热，俨然天生就用黑色的目光来看世界，他们中产生了最乌黑的僧侣——发明火药的贝特霍尔德、上帝的仆人马丁[1]，后者带人虔诚地做小伏低，隐隐不安的良心中透着一股迂腐气。他们从来不爱其他民族，总自以为是法官、复仇者和监护人。他们的原则是不信任别人，因为他们不知道别人会做什么，这个世界是恶毒的、恣意的、掠夺成性的。最好永远皱紧眉头，子弹时刻上膛，警惕地注视四方，昂首挺胸地举起刚硬的胡桃钳炫示肌肉。一个地地道道的巴洛克民族，脑子一根筋，浑身蛮劲；一个披着假卷发的钢丝缠成的吓人幽灵，根本不是人类。从没有哪个

---

[1]［德文版编者注］贝特霍尔德指施瓦茨（Berthold Schwarz），据传是黑火药的发明者，生活在1260年前后。胡果·巴尔曾用笔名写过一篇关于他的文章，见周刊《时代画报》（*Zeit im Bild*, Berlin München Wien），1915年3月7日，第10期，页230—232。（"施瓦茨"本义"黑色"。马丁指宗教改革家马丁·路德。——中译者）

时代，他们会真正放松下来。

2

人们所谓的德意志心性（Mentalität），已经臭名昭著，成了德国人毫无原则和良心、缺少逻辑和缜密，尤其是缺少道德直觉的可悲证据。1914年，几乎没有哪个公共人物不曾名誉扫地。爱国者和诗人、政治家和学者，竞相散播极尽卑劣的民族概念。利益和价值、命令和观念杂烩一处，动人心魄、歇斯底里地用魏玛为波茨坦辩护，用波茨坦为魏玛辩护。白纸黑字留下了永远的印记，93名知识分子用一份浮夸的宣言[1]，证明他们不配再被算作知识分子。一群"汉内莱"

---

[1]［德文版编者注］1914年10月4日，93名德国"文化担纲者"、科学家、艺术家、作家签署了《告文化世界书》（*An die Kulturwelt*），这封呼吁书被翻译为十门语言，向无数外国文化名人寄发。呼吁书六次重复"这不是真的"以抗议德国蒙受的"谎言和诬蔑"。他们坚决否认德国的战争罪责，也不接受对德国违反国际法破坏比利时中立和战争暴行的指责。他们认为英国对德国文化和"所谓军国主义"的区分是"分裂的图谋"，他们的回应是"旗帜鲜明的团结"和在宣传战中后果严重的自白："德国军队与德国人民是一体的。"（Steffen Bruendel，《人民共同体或人民国家：1914年的观念与"一战"德国新秩序》[*Volksgemeinschaft oder Volksstaat. Die Ideen von 1914 und die Neuordnung Deutschlands im Ersten Weltkrieg*，Berlin 2003]，页43）德国随着1914年8月2日的军事动员也开始了"精神动员"，其中最活跃的是大学教授，他们通常会援引费希特《对德意志民族的演讲》。民族口号和仇外歌曲大为流行，如利绍尔（Ernst Lissauer）的《仇恨英国》（*Haßgesang gegen England*）。法国和英国的报纸很快做出回应，如法国《晨报》（*Le Matin*）8月4日就已经呼吁"文明对野蛮的圣战"（Bruendel，前揭书，页38），这一（转下页）

诗人现出原形[1],跑到小报上鼓噪。

> 正如德国的国鸟,鹰,高高盘旋在大地的万牲之上,德国人也要意识到自我的高贵,高居周遭万族之上,向无底的深渊俯瞰他们。[2]

(接上页)说法为后续争论奠定了基调。

这场激烈的知识分子论争与血腥的堑壕战同时进行,本书作者在1919年仍身处这场论争当中,他完全代表协约国即英法的立场,在任何问题上都对德国进行批判。

[1] [德文版编者注]汉内莱(Hannele)是德国作家豪普特曼(Gerhart Hauptmann)的剧本《汉内莱升天记》(*Hanneles Himmelfahrt*)的主人公,该剧1897年在柏林首演,因其宗教倾向不同于豪普特曼的其他自然主义剧作,"汉内莱诗人"可能指豪普特曼等受战争狂热裹挟的作家。兰道尔(Gustav Landauer)的看法与此相近,他1918年5月9日在《世界舞台》(*Weltbühne*)刊文说:"霍夫曼斯塔尔(Hofmannsthal)的短文名篇《一封信》(*Ein Brief*)曾一度令我彻底折服,他以真正终极震惊的语调表达对语言的绝望,结果几年以后就写出《克里斯汀娜返乡》(*Cristinas Heimreise*),返回了取悦观众的老路,而且再也走不出这条路;年轻的科恩菲尔德(Paul Kornfeld)写的传奇故事让我们想起,用'鸭子'(Ente)一词指假新闻的用法,出自把'传奇'(Legende)变成'谎言'(Lugende)这个文字游戏;哈森克莱弗(Walter Hasenclever)让安提戈涅(Antigone)骑上马,让特伊西亚斯(Tiresias)坐进剧院前排,好让导演莱因哈特(Max Reinhardt)的马厩容下他的和平主义飞马;豪普特曼有无与伦比的应变能力,取用各种炙手可热的素材,在不同作品里分别加以有力而细腻的塑造,只不过他油纸一样置身事外的语言、繁复空洞的分词结构,泄露了他的虚伪,他这样就能今天写西里西亚的基督,明天写提契诺的敌基督,前天写世界主义的盛典,昨天写民族主义耀武扬威的打油诗和半官方的集会声明——凡此种种都是这样一个时代的征候,这个时代的诗人有什么东西都不会有信仰。"(*Hofmannsthal-Blätter*,第19/20册,1978年,页57—58)

[2] Werner Sombart教授,《商贩和英雄:爱国的沉思》(*Händler und Helden. Patriotische Besinnungen*, Duncker & Humblot, München 1915),(转下页)

各地区的有识之士（Mentalitätler）竞相纵论世界大势，世界大势却不遂他们的意。他们折了骨头歪了眼才从普洛克路斯忒斯之床上站起来。几十位庸人和书呆子悄然销声匿迹。大家都熟知的内容，我便不再赘述。现在不是指点江山的时候了，我们知道，该是吸取教训的时候了。谁还奇怪，爱国者沉湎于嗜血的欲望？他们难道不是一直都围着献祭了人类的各各他起舞？谁还奇怪，德国学者昏昧狂妄地觉得，即使对自己一无所知的问题，也不得不做出表决？人们谈到巴尔干民族时会说，那里很久以前是海神波塞冬和酒神巴库斯像种马和公羊一样闲逛的地方[1]：可这样就解决塞尔维亚问题了吗？

本书论述的是德国知识分子，不是德国的愚人，我也不可能试图把我的同胞所有的出格举动、傲慢和可笑之处一一尽陈。当然，如果有人对他们做性格分析，这番工作值得感激。即使是普通的日常生活，也会在精神中有着对应物。克劳斯深知这一点，他直到世界末日都是"小报"（Journaille）的死敌。[2]如果你是奥地利人或者德国人，就请读一读他的

（接上页）页143。（本书大部分注释为德文版编者注，无特别说明的注释为作者原注。——中译者）

[1] Wilamowitz-Möllendorff教授，《巴尔干民族》(»Die Balkanvölker«)，载于 *Neue Rundschau*，Berlin，1918年1月。

[2] 克劳斯（Karl Kraus），维也纳讽刺杂志《火炬》（*Die Fackel*）的主编。

　　[德文版编者注] 克劳斯（1874—1936），维也纳作家和政论家，1899年创办杂志《火炬》，从1911年起他几乎独自写作全部稿件。他是奥地利社会的尖锐批评者。他的巨著、相当一部分由引文组成（转下页）

作品，笑之，哭之，或者感到羞愧。我所探讨的问题让我根本无心嬉笑怒骂，一系列反讽的事件要求我运用比檄文更迅疾、更有效的形式。我们面临的任务是，研究德国精神追求解放抑或是解放的反面，呈现出精神遵循的轨迹及其后果。

3

德意志精神（Geist），德意志知识分子——法国人听了，甚至德国人听了也会发笑。这东西存在吗？它难道不是一个形容语的矛盾？但这里它有严肃的含义。什么是一个国家的知识分子？那是精神的精英，极少数的人，把他们的经验及其成果贯通为更高的理性；那是精神的社团和党派，他们身上更高的理性敦促他们用自己的知识、思想和经验服务于他们的整个民族；那是知识的一脉，他们当中最醒觉、最高贵的人物，一举一动都依循着隐秘广博的思想；他们在报刊、街道或议会等公共场合发言疾呼，为人类确立目标，指明道路，扫清障碍，他们预见到有一天，所有理性的生灵都会按照太初的圣言（Wort des Origines）统一在**一部**法则下。

一国的大众和该国的知识分子不同在哪里？前者缺乏信念，不够客观，不知道历史赋予的目标，还缺乏责任感。最

（接上页）的戏剧《人类的末日》（*Die letzten Tage der Menschheit*）全面呈现了将奥地利最终导向"一战"的意识形态和政策，与本书作者的观点颇有类似之处。

重要的是，大众不参与精神的高尚密谋，这密谋在我看来是知识分子的教会；大众不置身被拣选者的共同体，被拣选者身上蕴含着自由和神圣的气质，他们守护着人类和人性的典范，几百年来抵御着幻影、妖兽、小鬼和魔王，保卫造物主的原初形象。

大众的心性——就是既漫无目的又躁动不安，既走投无路又蠢蠢欲动，既机会主义又软弱犹疑，装模作样的多愁善感和过分的妄自尊大的混合物。大众的心性——就是他们的丧尽天良，他们造假、篡改，他们"长年累月信笔"揭发告密，他们是坐探、讼棍，他们大吹法螺、煽风点火、喋喋不休。无药可救的闹剧啊！世间罕有的颠倒错乱的狂欢！这样的心性凌躏于精神之上，这种国家是多么可悲；这样的心性独霸一方而且以精神自居，这种国家又更可悲三倍！冷酷、分裂、腐败破坏了尺度和准则，狂躁和暴怒作威作福。这个国家陷入迷失却浑然不觉。

4

知识分子最重要的责任之一，就是引领民族瞩目伟大观念所发端的地方，为伟大观念开辟空间，胸怀开放地紧随历史的脚步。曾有精神允诺要塑造德意志，他们的哲学就像乐谱一样，他们是谱写准则典范的大音乐家，人数并不多。他们感到自己的任务艰难繁重，从一开始就得不到周围人的支持，他们饱受毁谤讥刺，任务也备受阻挠。Imperium

Romanum［罗马帝国］的观念，贯穿了整个中世纪，皇帝和教宗之间的结盟和冲突，让德国俨然成了世界的一大霸主。德意志民族的神圣罗马帝国和哥特皇帝的纹章，塑造了这个民族的意识，让他们把征伐、把法庭、把绞刑架、把虐杀、把武力看作礼拜和传道。无论宗教改革，还是法国大革命，这样关键的民族经验都没有祛除那种意识。德国今天仍然觉得自己既是"战争天才"，又是世界的"道德心脏"[1]，它长久以来又一直是教宗五大三粗的刽子手、醉醺醺的臣仆、驽钝桀骜的佣兵。当时教士还对它谆谆教诲，说头脑简单是士兵的美德。特赖奇克和张伯伦的著作中复活的充斥着自傲和自夸的自我中心谵妄，在中世纪的皇帝身上就已初露端倪。[2]

很晚才有允诺要塑造德意志的心灵出现。意大利、西班

---

[1] 是为舍勒（Max Scheler）的"战争哲学"，其天主教狂热参见《战争天才》（*Der Genius des Krieges*，Kurt Wolff Verlag，Leipzig 1915），其辩护参见《憎恨德意志人的原因》（*Die Ursachen des Deutschenhasses*，Kurt Wolff Verlag，Leipzig 1917）。

[2] [德文版编者注] 特赖奇克（Heinrich von Treitschke，1834—1896），普鲁士历史学家，先后任弗莱堡和基尔大学教授，1874年起任教柏林，俾斯麦民族政策的追随者。他的五卷本《19世纪德国历史》（*Deutsche Geschichte im 19. Jahrhundert*，1879—1894）旨在（也实现了）弘扬德国民族精神。他对犹太人的攻击标志着反犹主义进入教养市民阶层。蒙森（Theodor Mommsen）1881年曾撰《谈我们的犹太人》（*Ein Wort über unsere Juden*）反驳他。

张伯伦（Houston Stewart Chamberlain，1855—1927），德籍英国人，瓦格纳（Richard Wagner）的女婿。他的书《19世纪的基础》（*Die Grundlagen des 19. Jahrhunderts*，1899）宣扬日耳曼民族性的种族主义。希特勒和罗森贝格（Alfred Rosenberg）的一些关键概念就来自他的作品。

牙、法兰西早已文化昌盛,唯独德国坚定不移地做粗野的嗜酒的蛮族,十字军东征和无休止的军役让它粗野愚钝,容克和教士让它奴化和冷酷。莎士比亚的喜剧将德国人刻画为粗人和酒鬼,布洛伊甚至援引路德来证明历史上德国人的粗野和腐败。[1]伟大的启蒙运动在这里没有任何突破,邻国的Vox humana[人性之声]迟迟才闻回音。今天我们仍缺少人性的良心,精神和民族仍在各种文化概念的矛盾中摇摆。曾经一度确定过宗教的、道德的、审美的、政治的公约数,但是没有人能成功实现统一,而且还纷纷大打出手。我们今天仍有人试图重建皇权-教权的世界帝国,但是某个残暴狡诈的强势的等级所犯下的战争罪责,必将这种危险的返祖现象(Atavismen)扫荡干净。将德国纳入欧洲各民族联盟的呼声,已经势不可当,一浪高过一浪。但这个民族自身太迟钝,它的精神还不够强大,不足以挽救德国免于它即将一意孤行陷入的隔绝状态。现在,邻近各民族必须一鼓作气,永久消灭这个穷兵黩武的古老祸患。

把德国纳入欧洲各民族联盟!这归根结底是一个包含

---

[1] Léon Bloy,《贞德和德国》(*Jeanne d'Arc et l'Allemagne*, Georges Crès & Co., Paris 1915),页261。"今天我们比他们当初更败坏七倍。我们偷窃,我们撒谎,我们欺骗,我们饮食无节制,屈从各种恶习……我们德国人已经变成各民族的笑柄和耻辱,他们把我们当作可耻下流的猪……如果有人想为德国画像,那就只能画成一头猪。"(原文是法文。——中译者)

[德文版编者注]布洛伊(Léon Bloy,1846—1917),法国天主教作家,抨击市民阶级的堕落和神职人员遭遇遗忘。他是本书作者的主要引证对象之一。

着救赎、崇高和谦卑的统一理想。德意志民族应该睁开眼睛。它遭受打击经历的苦痛、不幸和牺牲，将成为它的财富。这样它才会在自己身上发现毁灭和重生的力量。我们要求民主。政治的精神是整顿秩序的精神。空话和套话要即刻废止。德国是有罪的，要完成欧洲的建设，德国就必须忏悔。新的人权和民族权宣言终结了战争。这不再是一个形而上学问题，而是一个土地问题和人们为了共同生活如何处理土地的问题。即使政治家没有最终的决定权，他们的头脑里也已经有了新人类大厦的草图。迄今为止仅存于少数人头脑里的乌托邦设想和断片，将凝结起来成为一个有机体。自从基督教的欧洲联合体理想沦灭，德国在死亡、穷困和腐烂中才第一次经历了全面的政治自由的体验。但直到隔离墙轰然坍塌，这个民族才热情喷薄地砸碎了枷锁——尽管隔离墙今天仍然把德意志民族关在隔离区中[1]，枷锁今天仍然束缚着他们的人性。这样，伟大的精神也才会现身，向他们指明何为人性的伟大壮举。现在有的德国人对人性的伟大壮举夸夸其谈，实际却一无所知。将要由知识确立准则：什么值得骄傲，什么应该感到耻辱。

---

[1]［德文版编者注］隔离区（Ghetto）本为威尼斯的一个岛，1516年起划为当地犹太人唯一的居住区，后泛指犹太人被迫居住的地区，有时也用于其他少数族裔。此处将这个最初用于犹太人的概念用在德国人身上，形容他们在欧洲的处境。

5

上文已经否定了,所谓存在过甚至可能存在过"德国知识分子"的说法。这个民族有过一些断片、苗头、尝试,但是没有过彻底的成功和彻底的照亮。德国也曾有过伟人,但是他们和民族整体之间的矛盾,这个民族特有的对自我不满的自我满足感,把这些伟人的爱化作了恨,欢乐化作了绝望。他们身边充斥着庸俗、阴谋、迂腐,眼看自己最美的蓝图化为乌有。他们的创造得不到热情的反响,变成了他们自己的苦痛,他们的生命变成了受难之路。等到他们发现无路可走时,已经为时太晚。

闵采尔[1],伟大的狂热信徒,他以一身背负起每一层的苦难。他消失在了这个民族中,几乎无人再识得他的名字。**荷尔德林**(Friedrich Hölderlin)哀叹:

> 自古以来的野蛮人,由于勤奋和科学甚至由于宗教而变得野蛮,不配有任何神圣的情感,在神圣的优美的幸福面前已经腐败到骨髓,在每一刻度上都骄奢而鄙陋,玷污每一颗深思高举的心灵,迟钝而嘈杂,像摔破

---

[1] [德文版编者注] 闵采尔(Thomas Münzer, 1489/90—1525),又作 Müntzer,新教神学家、革命家,最初得路德奖掖,后转而反对路德、支持起义农民。他是本书作者的主要引证对象之一,另参Ball,《一个德国语文学家的任务》(» Aufgabe für einen deutschen Philologen «),载于 *Die Freie Zeitung*, Bern, 1917年9月26日,第48期,页200。

的瓦罐——我的北腊民!这就是我的安慰。[1]

歌德则听天由命:

> 我们德国人过时了。我们虽然已受过一个世纪的文化熏陶,但是还要再过几个世纪,我们德国人才会有足够多和足够普遍的精神和高度文化,那时人们才可以说,德国人早已不是野蛮人了。[2]

歌德还说过让人各寻出路(sauve qui peut)的绝望的箴言,那是他对他那个时代的精神们无可奈何的呼喊:

> 处世难万全,
> 行事多慎微,
> 平居亦细谨,
> 立身方不坠。

他永远地凝固在了这个民族之中,学生们剖析他,语文

---

[1] Friedrich Hölderlin,《许佩里翁或希腊的隐士》(*Hyperion oder der Eremit in Griechenland*, Reclam-Verlag, Leipzig)。(中译参见《荷尔德林文集》,戴晖译,北京:商务印书馆,1999年,页144,略有改动。——中译者)
[2] 歌德1827年5月3日和艾克曼(Eckermann)的谈话。同年3月26日,穷困潦倒的贝多芬像殉道者一样死于维也纳。(中译参见《歌德谈话录》,艾克曼辑录,洪天富译,上海:上海三联书店,2016年,页240—241,略有改动。——中译者)

学家又像蚂蟥一样麇集而至,但是他今天仍然没有得到普遍的理解。他最重要最微妙的决定,人们充耳不闻,他永远都是被误解的奇迹。[1] **海涅**仓皇逃亡巴黎。龚古尔兄弟说,海涅和其他两个非巴黎人体现了巴黎精神的精华;但是在德国,他直到今天仍然被粗暴地对待。[2] **尼采**对德国人的议论是对一个民族所能做出的最恶劣的议论,他说:

> 德国人以纯然模棱两可的名头载入认识史中,他们往往只产生无意识的伪币铸造者。[3]

---

[1] 博德(Wilhelm Bode)教授1918年以《同时代私人通信中的歌德(1749—1803)》(*Goethe in vertraulichen Briefen seiner Zeitgenossen 1749-1803*)为名汇集出版了歌德一些著名朋友的书信,书中呈现的歌德是一个饱受教士般陈腐折磨的天才人物,随着年岁渐暮,他愈加不愿面对无知者的吹毛求疵、伪崇拜者的流言蜚语、鲁莽灭裂者的自以为是,听任其便,心灰意懒。因此,有人质疑出版者将书信集不作删节公之于众是否合适。

[2] 是否要给《阿塔·特罗尔》(*Atta Troll*)的作者竖立纪念碑的斗争,在德国至今还未平息。声讨这个"犹太小子"的檄文仍旧甚嚣尘上。德默尔(Richard Dehmel)写诗勾画这尊纪念碑的草图,今天广为人知,克尔(Alfred Kerr)在1910—1914年间也曾因支持竖立海涅纪念碑声名鹊起。汉堡仍然有人极力反对此事。

　　[德文版编者注]龚古尔兄弟:爱德蒙·德·龚古尔(Edmond de Goncourt,1822—1896)和儒勒·德·龚古尔(Jules de Goncourt,1830—1870),著名的法国艺术家、作家,印象派的奠基人,与福楼拜交好。

[3]《瞧,这个人:人如何成其所是》(*Ecce homo. Wie man wird, was man ist*,1888),《瓦格纳事件·一个音乐家的问题》一章。(中译参见尼采,《瞧,这个人:人如何成其所是》,孙周兴译,北京:商务印书馆,2016年,页144,略有改动。——中译者)

他还说:

> 心理学几乎就是某个种族纯洁或者不纯洁的标准……如若人们连纯洁都谈不上,又怎么可能有深度呢?在德国人那里,差不多就像在女人那里,是从来达不到根基的,他们根本就没有根基:这就是全部了。然而,这样一来,他们甚至连肤浅也还够不上。——在德国被叫作"深刻"者,恰恰是我刚刚说的这样一种针对自身的本能之不洁:他们并不**想**弄清楚自己。

但是,即便尼采也曾憧憬一个精神的统一体,憧憬德意志的英雄理想,德国将成为所有高贵的欧洲人的摇篮。[1] 这个民族却逼得他心生厌恶,变成一个仇德派(Germanophobie)。他在人生尽头后悔没用法语写作,希望作为一个波兰人死去。请读一读他精神崩溃前夕写下的对德国心性的清算吧,震荡人心的《瞧,这个人》,读了就会知道,一个高贵紧张的意志,面对他的民族的斤斤计较、出卖思想、贪图逸乐,感到多么挫败。也请听一听**叔本华**的遗嘱,它是这么说的:

---

[1] 参《尼采文集》(*Werke*)第11卷,《1875—1876年遗著》(*Nachlass aus der Zeit von 1875/76*)。"使个人变得伟大和独立的事物,已皆备于我。我看见我们正在崛起,我们不久就将成为全部文化的摇篮。"

如果我意外死亡没有留下政治遗嘱，会给人留下疑问，那么我就告诉大家，我耻于做德国人，我在这一点上与所有流落在这个民族中的真正的伟人心意相通。

我列出了这个民族最优秀的人物，从他们的绝望之深，也可约略一窥他们最初的志向之高。他们感到自己的工作徒劳无功，而且他们越晚看清这一点，他们就越极端地拒斥这个民族共同体。我们不禁要赞同亨利希·曼（Heinrich Mann）因战争中断写作的小说《臣仆》（Der Untertan）的那句哀伤的题词："这个民族毫无希望。"当最刚强、最有人性的精神都宣布反对他们自己的民族，还能有什么办法呢？波俄提亚（Böotien）人种土豆，雅典人才写悲剧。

法国的精神管法国叫"我们的圣母"（Notre Dame）和"甜蜜法兰西"（La douce France），德国哪里看得到这样热情的尊崇和温柔？[1] 莫拉斯曾提议像崇敬女神一样崇敬法国。[2] 法国历史上最激烈的辩士之一布洛伊也觉得有权写道：

---

[1] André Suarès优美的《兰斯的呻吟》（»La plainte de Reims«），载于其 Nous et Eux, Émile-Paul Frères, Paris 1915。

　　[德文版编者注] 胡果·巴尔将这一章译为德文（题为 Die Klage von Reims），载于 Die neue Tribüne，1915年10月8日，参页255注释。（凡德文版编者注所引页码为原文页码，即本书边码。此条注释指本书页222注释〔1〕。——中译者）

[2] [德文版编者注] 莫拉斯（Charles Maurras, 1868—1952），法国政治家、作家、民族主义者、反犹主义者，后参与发起极右派的"法兰西运动"（Action française），1945年因同纳粹的联系被判终身监禁。

> 法兰西是所有民族中最高贵的民族，其他所有民族，无论是谁，如果被准许吃法国的狗粮，都应该感到光荣。[1]

宗教精神（esprit religieux）过去五十年间在法国达到了其他任何民族无法比拟的高度和深度。知识分子的教会在这里奠定了基石。勒南、波德莱尔、埃洛、多尔维利、布洛伊、佩基等精神好像预见到了这个可怕而混乱的世纪[2]，创造了一个 limbus patrum［灵薄狱］，救治我们这个时代渎神

---

[1] Léon Bloy,《贞德和德国》，页14。
　　［德文版编者注］这样的民族自大在德国其实并不鲜见。
[2] ［德文版编者注］勒南（Ernest Renan, 1823—1892），法国东方学家、作家，编有历史系统地比较闪米特语族的著作。他的代表作《耶稣传》（*Das Leben Jesu*, 1863）是七卷本基督教历史的第一卷，将耶稣呈现为一个宗教无政府主义者，对胡果·巴尔影响甚巨。
　　波德莱尔（Charles Baudelaire, 1821—1867），法国诗人、作家，以代表作《恶之花》（*Les Fleurs du mal*, 1857）成为现代诗的奠基人之一。就传统观念而言，他是渎神的而非宗教虔诚的人，不属于这里罗列的天主教作家群。
　　埃洛（Ernest Hello, 1828—1885），法国天主教政论家、批评家，法国天主教革新运动（renouveau catholique）的先驱。
　　多尔维利（Barbey d'Aurevilly, 1808—1889），法国作家、天主教政论家。他的天主教立场不仅为本书作者而且为布洛伊和贝尔纳诺斯（Georges Bernanos）所欣赏。他著有关于花花公子布鲁梅尔（George Brummel）的书（1854年）。
　　佩基（Charles Péguy, 1873—1914），法国作家，起先为社会主义者，曾在犹太裔上尉德雷福斯的案件中呼吁正义，1908年重新皈依天主教，代表天主教神秘主义的派别，对神职人员有批判。胡果·巴尔翻译过André Suarès,《论佩基》(» Über Charles Péguy «)，载于 *Die Weißen Blätter*, Zürich Leipzig, 1916年10—12月刊，页49—54。

丧灵的横行兽性，嘲笑这个记者和外交官的时代令人绝望的浅薄的理性主义。他们如同未来欧洲的教父，从中世纪和基督教中发展出了最精妙的圣礼，他们是新世界的枢纽和尺度。他们的著作包含了不止法国的良心，反复为同一个题目申辩——Pietas et paupertas sancta［虔诚和守贫］。佩基写道：

> 那时候，我们的敌人谈的都是国家理由（Staatsräson），也就是一个民族、一个种族某个时期的福祉。我们法国人深受基督教影响，革命的思想总体上看却是传统的基督教化的，我们关心的是我们民族永恒的拯救，达到了基督受难的高度。我们不想置法国于罪孽深重的境地。

罗曼·罗兰本想做这番宣言坚定的捍卫者，而不是在他殉道士的祖国和一个地狱般的德国之间来回斡旋。罗曼·罗兰补充道：

> 作家们，听一听法国的良心的英雄豪言，对德国的良心要保持警醒。[1]

---

[1] Romain Rolland，《在混战之上》（*Au dessus de la Mêlée*，Paul Ollendorf, Paris 1915），第42版，页17。
　　［德文版编者注］罗曼·罗兰（Romain Rolland，1866—1944），法国作家，曾任音乐史教授，与佩基交好。他作为和平主义者主张各民族和解。他的代表作是作为成长小说的十卷本《约翰·克利斯朵夫》。此处援引的《在混战之上》持超越参战各方之上的立场，德国方面对应这一立场的是黑塞（Hermann Hesse）在战争初期的文章，但（转下页）

自1825年以来激烈地拍打俄罗斯民族良心的自由的精神，在德国哪里找得到呢？立志在一百年之内让语言风俗都与欧洲生活殊异的民族高踞欧洲之巅，即使有布尔什维克和恐怖复仇的犹太人，也要引得迷惘惊讶的列国东向仰望。对未来的伟业这样坚定的信念在德国哪里找得到呢？非凡的献身勇气，在俄国革命的百年历史上留下多少像星辰一样冉冉升起，又在监狱、堡垒和西伯利亚的苦役中无声地燃灭陨落的英雄壮举，在德国哪里找得到呢？挺身反抗的勇气，献身精神利益和精神圣餐礼（Kommunion）的狂热，行动的果决，政治机谋的敏捷，这些使俄国跃升为自由的大国的品质，在德国哪里找得到呢？从十二月党人佩斯捷利（Pestel）、穆拉维约夫（Muravjew）和雷列耶夫（Rylejew）开始到赫尔岑、巴枯宁和奥加辽夫等欧洲的精神；从车尔尼雪夫斯基、谢尔诺-索洛维耶维奇和涅恰耶夫等密谋者到克鲁泡特金、托尔斯泰和列宁[1]——这些人身上，有着多么巨

（接上页）胡果·巴尔当时明显还不知道这些文章。

[1]［德文版编者注］十二月党人是俄国青年贵族组成的秘密同盟，1825年12月26日在圣彼得堡、次年1月在南俄发动了反沙皇的起义。起义遭沙皇尼古拉一世镇压，此处提到的军官佩斯捷利、穆拉维约夫和雷列耶夫被处决。

赫尔岑（Alexander Iwanowitsch Herzen，1812—1870），俄国作家、流亡政治家，主张以俄国村社制度为基础进行社会革命，1847年起居于巴黎，结识马克思，1852年后移居伦敦。

巴枯宁（Michail Alexandrowitsch Bakunin，1814—1876），出身俄国旧贵族的作家、流亡政治家，1849年参与德累斯顿起义，1851年被移交俄国，关押在西伯利亚直至1857年，1860年到伦敦并与赫尔岑（转下页）

大的政治能量、多么伟大的民族良心，为了最微小、最渺茫的理想也有着多么奋不顾身以至癫狂的精神！难道德意志民族已经彻底麻木无知了吗？它真的还是只觉得，自己的使命就是消灭、打击一切伟大的事物，而不是羞愧谦卑地放下武器，举起双手？

6

自由与封圣（Heiligung）——这是今天震荡世界的两大

（接上页）合作，后移居伯尔尼。他主张的无政府主义深受胡果·巴尔欣赏，后者仔细研读了他的作品，把他作为最主要的引证对象之一。

奥加辽夫（Nikolai Platonowitsch Ogarjow, 1813—1877），俄国革命家，受费尔巴哈（Ludwig Feuerbach）影响的无神论者，巴枯宁的朋友。胡果·巴尔编辑巴枯宁选集时读过德文版的《巴枯宁与赫尔岑、奥加辽夫社会政治通信选》(*Michael Bakunins Sozial-politischer Briefwechsel mit Alexander Iw. Herzen und Ogarjow*, Th. Schiemann 博士编, Cotta Stuttgart 1895)。

车尔尼雪夫斯基（Nikolai Gawrilowitsch Tschernyschewski, 1828—1889），俄国作家、政治家、社会主义理论家，著有乌托邦小说《怎么办？》（1862年），1864—1883年被流放西伯利亚。

谢尔诺-索洛维耶维奇（Nikolai Alexandrowitsch Serno-Solowjewitsch, 1834—1866），俄国政论家、革命家，与赫尔岑、奥加辽夫交好，1861年加入车尔尼雪夫斯基小组，次年随车氏一同被捕，1865年被流放西伯利亚，死于伊尔库茨克。其弟亚历山大（1838—1869）同属于这个革命小组，流亡国外后死于日内瓦。

涅恰耶夫（Sergei Gennadijewitsch Netschajew, 1847—1882），俄国革命家，巴枯宁的学生，无政府主义恐怖小组的领导者。

克鲁泡特金（Pjotr Alexejewitsch Kropotkin, 1842—1921），俄国政治家、无政府主义者，1874年被捕，1876—1917年流亡国外，主张废除国家和私有制，倡导互助，著有《互助论》。

观念。自由不是普鲁士诸侯和匈牙利贵族追求的那种恣意横行、不受管束的自由。封圣不是那种教人们咽下圣饼、诵念经文、信仰一个已死的上帝就自以为摆脱了最简单的人的义务的封圣，也不是那种宣称"我们德国思想最鲜明的特点是在大地上就实现了与神性合而为一"的封圣。那种论调还宣传：

> 我们是一个战士的民族，军国主义是上升为战争精神的英雄精神，波茨坦和魏玛实现了最高的统一。走进战壕的，是《浮士德》《查拉图斯特拉》和贝多芬的乐谱。[1]

唉，桑巴特先生们啊，对于与神性合而为一，他们知道什么哦！

自由与封圣——这意味着牺牲、再牺牲，牺牲财产，必要时还要牺牲鲜血，但是要牺牲在另一个地方、另一个舞台上，而不是在今天这场动荡的战争大戏里！巴枯宁结束十年的监禁和流放，出现在伯尔尼和平和自由大会上的时候，1848一代的朋友们团团围住他，要他撰写回忆录，写他的密谋和街垒战，他的死刑判决、流放和逃亡。"有必要谈我自

---

[1] Werner Sombart教授，《商贩和英雄》，页84—85。

　　[德文版编者注] 桑巴特（Werner Sombart，1863—1941），国民经济学家，他的《商贩和英雄》服务战争宣传、鼓动反英情绪。

己？"他说。他认为有比谈论自己个人更重要的事情要做。布洛伊有一句被很多人遗忘，但也许是我们这个时代最富宗教意味的话：

> 毕竟谁知道，崇拜的最积极的形式是不是由爱犯下的渎神、被遗弃者的祷告？

由此人们能明白，什么是自由与封圣了吗？

第一章
闵采尔反路德

1

全世界都已经了解并感受到,今天"泛日耳曼主义"(Pangermanismus)这个口号下汇集起来的各派别结成了怎样的可怕势力。如果想理解这一势力的发展道路,就必须远溯至中世纪。中世纪宗教权力和世俗权力、教宗的精神领导权和蛮族国王的狂躁野性相互争夺至高地位的斗争,决定了欧洲最初的历史。奥托一世(Otto Ⅰ)962年迫使教宗为自己加冕称帝,"德意志民族的神圣罗马帝国"从此成立。奥托三世(Otto Ⅲ)在位时还没有一个德意志民族,但是已经有了一个德意志的教宗。接下来是十字军东征,历任教宗利用多次十字军东征,巧妙地转移了傲慢的蛮族势力和德意志国王的注意,避免他们入侵蹂躏意大利。于是,实力见削的国家臣服于格里高利七世(Gregor Ⅶ)的教会。

中世纪教宗和皇帝的普世国家(Universalstaat)开启了德

意志各部族和当时世界最文明的国度——意大利——的亲密关系，如果说强悍的德意志国王接受祝福之后，只是变成罗马意志的行刑官和执行人，那么这番圣礼实则赋予了他们扩大教会疆域和传播福音的"文化使命"以及由帝国号手鸣锣开道的神学威严的纹章，这是直到今天德意志民族土里土气的想象力也无法设想的。在好几个世纪里，皇帝的剑传播基督教信仰，正如穆罕默德的剑传播伊斯兰教。德意志民族受上帝偏爱而且受天命拣选的乐观信念，并非今天才有，而是早在古滕贝格（Gutenberg）时代就已经出现在出版物中。[1]但德意志民族只是受枢机主教的拣选，受教宗的偏爱。德意志的国王用谋杀和暴力谋取自己的地位，他们的文化成就远落后于同一时期阿拉伯、西班牙和意大利在艺术、文学和科学上的成就。

今天我们德国的教师、历史作家和教育家仍然不曾认识到，没有理由为这一传统感到特别地骄傲。德国绝对不是舍勒先生想让人相信的"世界的道德心脏"。[2]道德感在德国，

---

[1] 古滕贝格印制的最后一本书，Johannes di Balis 的 *Katholikon* 诞生于1460年，全书结尾的下列文字几乎是古滕贝格的遗言："在至高者的庇护下，本书于主后1460年在繁忙的美因茨——这座城市属于凭精神的崇高光芒和自愿的奉献而配享上帝恩宠、优于世界其他民族、享有盛誉的德意志民族——印刷和出版。"（德文版编者认为该书作者是文艺复兴时期的天主教神学家，生卒年不详。——中译者）

[2] [德文版编者注] 舍勒（Max Scheler，1874—1928），哲学家、作家，1918年起任科隆大学教授，1928年后任教法兰克福大学。他先后致力于现象学和知识社会学，一度信奉天主教。他"一战"期间发表过一些支持德国的文章，如《战争天才》、《战争作为整体体验》(*Der Krieg als Gesamterlebnis*，1916)、《憎恨德国人的原因》。

如果不考虑个别神秘主义者和吟游诗人的话，是未成形、反常且粗糙的。这个国家是服务教权世俗目标的军械库和兵工厂。在这样的国家很难留出空间让高雅风俗生长。巴巴罗萨、奥托和弗雷德里希们为教宗们供应宪兵和恐怖。因此教宗给谁涂膏油加冕为帝，就分给谁这样的义务，让这类"使徒陛下"[1]——奥地利皇帝今天仍有这个头衔——不论以何种方式，都要扩张或保卫庞大的欧洲教会国家。

"德意志民族的神圣罗马帝国"毁于路德之手。只有走近皇帝和教宗之间的斗争，才能历史地理解路德刚硬强悍的人格。路德把德国同罗马分离开，从而创造了今天的德国封建主义独立的前提条件。他给德意志诸侯和特赖奇克、张伯伦等帝国先驱提供的自我中心、自高自大的意识形态，已经在全德国的将军及其下属宣传家的头脑里膨胀成了精神失常。从宗教改革时代开始，教宗就无法再让德国的势力服从精神的监管。路德成了历史的一个枢纽。

从路德起，一个新的普世国家开始形成，这个国家的核心不再是完全属于教会的权力，而是完全世俗的权力。1524—1525年伟大的德国农民战争的关键问题就在于，能否打碎德国古老的封建传统。这场（对今天而言比扼杀它的

---

[1] [德文版编者注]使徒陛下（Apostolische Majestät），匈牙利国王的头衔，1758年由教宗克莱孟十三世（Clemens XIII）授予神圣罗马帝国皇后玛丽亚·特蕾西娅（Maria Theresia），她同时是匈牙利女王。此后这一头衔由哈布斯堡家族的奥地利皇帝、匈牙利和波希米亚国王继承，它确认了哈布斯堡家族作为天主教会庇护人的地位。

改良重要得多的）德国革命失败了。封建主义更加强大地耸立着，而且在霍亨索伦（Hohenzollern）王朝的兴盛中焕发青春。霍亨索伦王朝的兴盛，引发了它与中世纪制度最后的残余哈布斯堡（Habsburg）王朝的竞争。当时，普鲁士内阁向维也纳学来了普世国家的政治和外交的宗教手段与世俗手段。今天我们看到，以无财产者、无产阶级为基础的同一个中世纪普世国家，正力图从柏林出发走向复兴。[1]

现在反了过来。帝制想要利用教宗（以及自由意识形态、精神力量），就像中世纪教宗利用皇帝那样。如果说哈布斯堡贡献了外交手段，那么罗伯斯庇尔就贡献了国家政治的手段，拿破仑贡献了军事手段。一支魔鬼的势力今天统治着德国，想要从那里出发征服世界。手段变成了目的。渎神者大获全胜，一切曾经独一无二的价值，现在都失去了价值。

但丁写《帝制论》（De monarchia）时，不曾想到他这样做给地狱帮了忙。上帝变成了帝制的工具。道德和宗教从属于全能的国家权力。这种反常的道德概念的结果是，以上帝之名颂扬最魔鬼的东西，人面对这种纯粹武力和权力的劣等福音时，丧失了任何感情和良心。

这种制度为了抓住人、把人变得驯服，以最机巧的方式利用任何一种神秘主义、任何一种宗教、任何一次灵魂生活

---

[1] 威廉二世（Wilhelm II）对欧洲的权力诉求不外乎就是这样。支撑他地位的，是国内对皇帝的忠诚。

和人性欲望的冲动，总之，利用所有对人而言神圣的东西。放血（Aderlass）取代了赎罪券（Ablass）。秘密警察取代了告解圣事。人类伟大的道德价值（灵魂、和平、信任、尊重、自由和信仰）要根据效果计量，被当作手段充分利用，去实现与这些概念的传统含义相悖的目的。教会的传信部（Collegium de propaganda fide）被新闻业的"宣战部"（de propagando bello）取代。欢乐和骄傲为这一可耻的制度服务，让人看见地狱的死亡之舞，德意志品质的残余就在这舞中腐烂。

2

我们反对这一制度，就不得不审查这个制度的英雄。必须像清扫个人偏见一样地清扫民族偏见，不能允许今天的社会主义者按照胡斯曼的看法把德国称为"路德的慷慨德国"（généreuse Allemagne de Luther）。[1] 路德的德国同慷慨没有丝毫联系。倍倍尔在他的《农民战争》中描绘了当时德国的景象，这部著作无论怎样强烈推荐都不为过。[2] 一个政治和

---

[1] Camille Huysmans,《塞尔维亚社会主义者对文明世界的呼吁·前言》（*Un appel des socialistes serbes au monde civilisé* avec preface, Appelbergs Boktryckeri A.-G., Uppsala 1917）。

［德文版编者注］胡斯曼（Camille Huysmans, 1877—1968），比利时政治家、社会主义者，1905—1921年任第二国际书记。

[2] August Bebel,《德国农民战争及中世纪的主要社会运动》（*Der deutsche Bauernkrieg mit Berücksichtigung der hauptsächlichsten sozialen Bewegungen des Mittelalters*, Leipzig 1876）。

精神上同样不健全的僧侣1517年的行动撕裂了欧洲，撕裂了基督教的文化统一，这个路德今天是大德意志封建政治的divide et impera［分而治之］的第一个欧洲代言人。[1]今天，四百年后的今天，如果听凭人们继续信仰官方的英雄和圣人，那么欧洲就只能停留在勉强拼凑在一起的状态。

围绕新人类的观念之争已经点燃，随着人类问题的解决，政治的解决办法也将找到。

中世纪的问题今天仍没有决出结果。欧洲仍缺少一种新的等级秩序，一种强大到足够取代中世纪宗教（geistlich）秩序的精神（Geister）秩序；仍缺少一种既适用于不同民族也适用于不同个人的、评定成就和能力的等级序列；仍缺少一个无形中分好层的精神社会和道德社会，让这个社会重新占据上风，压倒汇集在残余制度和观念里、今天正疯狂末日狂欢的世俗的撒旦崇拜。只有这样才能克服中世纪。

参与上个世纪的杰出精英曾致力的这一任务，会使我们

［德文版编者注］倍倍尔（August Bebel），德国社会民主党的创始人和领导人之一，著名的政论家、议会政治家、集会演说家。1872年和1886年分别因为冒犯君主和秘密结社（正值俾斯麦对社会民主党的禁令）两度入狱，巴尔多次引用的这部关于农民战争的著作便是倍倍尔在茨维考（Zwickau）狱中写成的，此书的基础是威美尔曼（Wihelm Zimmermann）的《伟大的德国农民战争》（*Allgemeine Geschichte des grossen Bauernkriegs*, Stuttgart 1840—1844）。巴尔对农民战争的观点即来自这两部著作。

[1] 这不是今天才有的新事。威美尔曼《伟大的德国农民战争》引用当时哈布斯堡王朝皇帝马克西米利安一世（Maximilian I）的说法，证明哈布斯堡内廷从路德叛乱产生政治影响的时刻起就明白它的意义。

德国人回到遥远的中世纪，回到路德时代。审查我们的思想史应当给我们以新的启发，一些我们曾经相信、别人曾使我们相信的东西，必将不复存在。

新的善与恶。新的良心斗争。神圣和魔鬼不再是宗教的意象，但绝不因此就代之以嘲讽和鄙夷。所有心怀善意的精神和工作所构成的这一等级，应当以新的上帝权利和人权的集合为己任。没有 Civitas hominum［人之城］就没有 Civitas dei［上帝之城］！新的共同体应当致力于开拓所有意志善良的人的王国。

如果德意志普遍性这个概念是真的，那么德国人为了展现他们要说的话，就要从他们的政治隔离区走出来。但不是用斗殴惯用的武器，而是用清晰思想的力量。重要的不是巴登亲王马克斯表面所相信的**面对**人类的责任感[1]，而是**和人类一起**、**在人类当中**的责任感。超人必须让位于邻人。不是创造苦难，而是消弭苦难。只有这样才存在希望，让已经变得自动的世界里自动开启的命运，让位于个人的自决，从而让位于自由。

---

[1] 见亲王 1917 年 12 月 14 日著名的和平演说。同时他 1918 年 1 月 12 日致霍恩洛厄（Alexander zu Hohenlohe）的信透露了真实的想法。

［德文版编者注］巴登亲王马克斯（Max von Baden, 1867—1929），巴登大公国继承人。他 1918 年 10 月 3 日任帝国首相，罢免鲁登道夫，向威尔逊总统议和。他同月 28 日创立了议会制度，但很快被十一月革命推翻。

3

教会书写的德意志帝国历史不利于对路德展开反思，这也证明了反思路德的必要。在路德的时代产生了德国资产阶级和封建制度的联盟，这个联盟熬过了全部欧洲革命，今天仍想要堵住欧洲的嘴巴，把欧洲打倒在地。路德是这个联盟的先知和先驱。他在赎罪券论争中表态，将地方特权等级（Landstände）、诸侯和市政官员兄弟般地团结在一起。他让良心接受世俗诸侯的保护，从而促使产生了国家法利赛主义（Staats-Pharisäismus）。君权神授、符合上帝意志的依附性、"实用基督教"（praktisches Christentum）等陈词滥调一同成了这种主义的象征。他在农民战争中的专制行径，把人民的事业出卖给了官僚国家。

绝不应当小看或贬低路德的行动。站在全德意志的立场，就必然要崇拜他。站在民主的立场，就必须唾弃他。谁像僧侣路德四百年前抗议那样，抗议今天的暴政，谁就有权利援引他。福音派也不应该没有他们的圣人，尽管这位圣人对诸圣人一无所知。瑙曼说："为了路德博士的缘故，小耶稣才降生。教宗与他相比差得太远。"[1] 不管怎样，我们尽可

---

[1] Friedrich Naumann,《路德的自由》(*Die Freiheit Luthers*, Georg Reimer Verlag, Berlin 1918).

［德文版编者注］瑙曼（Friedrich Naumann, 1860—1919），福音派神学家，基督教社会主义运动的参与者，在内政上拥护议会制，对外则捍卫德意志帝国的帝国主义政策，见《民主与帝制》(*Demokratie*［转下页］

以听任这类崇拜。那个给他的儿子小汉斯写知心短笺的路德，那个翻译《圣经》、烧掉破门令的路德，永远都留在记忆里，是新教的手工业者和农民的模范好父亲，正如拿撒勒的约瑟之于天主教一样。但是还有另一个路德，他为了煽动的目的，充分利用全德意志的流言蜚语。另一个路德"为了一个将要诞生天才的民族"，"从复调音乐中开辟出轰然作响的道路"。[1]

这里我们并不是站在诺瓦利斯（Novalis）的立场上，他写过："那曾是光辉美好的时代：欧洲是一个基督教国度，一个基督教世界居住在这片具有人形的大陆上。"[2]我们不是天主教浪漫主义者，以未来和当下为代价吹捧过去。我们反对路德，不是因为和特奥多·莱辛一样相信："只要天主教伟大的世界观念还让欧洲气息相通，那么从朴素的日常生活中也会绽放出单纯的美。"[3]我们主张的不是天主教文艺复

［接上页］*und Kaisertum*，1900），1910年促成左翼自由主义团体联合成立"自由思想联合会"（Freisinnige Vereinigung），1915年发表一个中欧经济区的规划纲领《中欧》（*Mitteleuropa*），1919年成为德国民主党（Deutsche Demokratische Partei）主席。

[1] Theodor Däubler，《音乐艺术指南》（*Lucidarium in arte musicae*，Hellerauer Verlag Jakob Hegner，Hellerau 1917），页53。

[2] Novalis，《基督教或欧洲》（*Die Christenheit oder Europa*，Inselverlag，Leipzig）。（中译参见诺瓦利斯，《夜颂中的革命和宗教：诺瓦利斯选集卷一》，刘小枫主编，林克等译，北京：华夏出版社，2007年，页202。——中译者）

[3] Theodor Lessing，《亚洲和欧洲》（*Asien und Europa*，Verlag der »Aktion«，Berlin 1918）。

　　［德文版编者注］特奥多·莱辛（Theodor Lessing, 1872—［转下页］

兴这种暧昧的宣传，它希望重现"中世纪的美妙作品"，或者像舍勒先生一样执着于"德意志和基督教欧洲合一的精神战胜周围背叛的世界"。[1]我们反对宗教改革、路德和新教，是因为我们认为他们是民族孤立的堡垒重镇。如果要人类的团结统一，就必须消灭民族的孤立。我们也不相信，有必要"从奥义书和佛陀的世界，引进治疗欧洲退化的灵药"。[2]这种做法只会增长学识，却削弱力量，就像德国的现状一样。前人的所思所述早已足够。我们需要的，只是从现有的东西中提取出精华，因为巴枯宁1840年从柏林致赫尔岑信中形容德国人的话，今天依然适用于他们："假如他们丰富的精神意识有十分之一转向生活，他们就会是辉煌的人。"[3]

让我们挖掘出我们的图书馆！让我们烧掉一切多余的东西，而不是寻找新的"灵药"！让新的良心洪流席卷德国。

［接上页］1933），出版人和哲学家，汉诺威工业大学（TH Hannover）讲师，1933年被迫流亡，同年在玛丽亚温泉市（Marienbad）遭纳粹分子暗杀。莱辛的家庭与兴登堡有故交，他呼吁反对选举兴登堡担任德国总统。主要著作有《作为赋予无意义者意义的历史》（*Geschichte als Sinngebung des Sinnlosen*，1919）。

[1] 参舍勒发表于天主教杂志《高原》（*Hochland*, Jos. Kösel'sche Buchhandlung, München）上的数篇关于战争的文章，以及迈内克（Friedrich Meineke）对他《憎恨德国人的原因》的书评，载于*Neue Rundschau*, Berlin，1918年1月。

[2] Victor Fraenkl,《保卫信仰》（»Eine Streitschrift vom Glauben«），载于*Aktion*, Berlin，第47/48期，1917年。

[3] M. Dragomanow,《巴枯宁与赫尔岑、奥加辽夫社会政治通信选》（*Michael Bakunins Sozial-Politischer. Briefwechsel mit A. Iw. Herzen und Ogarjow*, Th. Schiemann博士编, Cotta Stuttgart 1895）。

要重新衡量的不仅有政治问题，还有德国的精神英雄们的业绩和抉择，衡量标准是今天欧洲的要求。

4

称路德为第一位冲破中世纪制度的伟人，如果这里指的是宗教制度，当然是有道理的。路德钉在维滕贝格教堂上的《九十五条论纲》，论述的是"自由恩典"。由此产生的赎罪券论争，迅速发展成了争夺教宗权力的斗争。瑙曼说："如果上帝的恩典自由地起作用，那么对圣物的一切集中管理就终结了。"[1] 它实际上也终结了。自由的恩典就是自由的良心，从此就可以独立地思考幸福、正义和不义、此岸和彼岸。一个基督徒的自由，这意味着，市民个人愿意从此凭自己的良心，决断存在的终极问题。在这一点上可以说，我们直到今天仍是路德宗的信徒。

路德冲破的宗教制度，是信仰事务的集合概念，不仅是对圣物也是对良心问题的集中管理，是宗教军国主义，是纪律的总和。个人敢于为了灵魂得救的原因拒绝服从。对此，瑙曼温顺的文章当然不置一词。如果注意到，路德起初以怎样良好的自我感觉，让单个的人肩负起所有的灵魂斗争，所有关于生死存亡的形而上学忧虑，他那个时代纷繁复杂又吹毛求疵的宗教问题的全部重担，那么就可以一目了然地看到

---

[1] Naumann，《路德的自由》，页15。

路德登场时的民主信心。世纪的全部罪责现在由个人承担，但是人们出神的眼睛里放射出所有灵魂的幸福。路德在《施马尔卡尔登信条》中说："教宗不想让人信仰，而是宣称人应当服从他。但是我们不想这么做，宁愿以上帝之名为此而死。"[1] 有谁曾敢对今天的纪律制度下的书报检查和戒严令说这样的话？兜售战争债券和中世纪的赎罪券交易就那么不同？旧制度的教士们和新制度的教授们之间，特策尔和桑巴特之间，有那么大的区别吗？[2] 瑙曼先生也许会回答说，有法律和福音、外在权威和内心权威的区别。这是1517年的路德提出的区别——它保留在了哪里呢？它曾在俄国重生，但是在德国已经看不见了。

路德本人就曾自夸，他确定了法律和福音之间必要的区别。1534年他还说：

> 我必须不断渲染、灌输、强调、楔入这两种权力的区别，哪怕它写得、说得如此频繁，以至于令人恼火。

---

[1] [德文版编者注] 施马尔卡尔登（Schmalkalden），图林根城市，1531年新教各等级在这里结成以黑森的菲利普（Philipp von Hessen）和萨克森的弗雷德里希（Friedrich von Sachsen）为首的、反对皇帝查理五世（Karl Ⅴ）的施马尔卡尔登联盟。《施马尔卡尔登信条》（*Schmalkaldische Artikel*），路德为教宗保禄三世（Paul Ⅲ）预备1537年在曼托瓦（Mantua）召开的宗教会议所写的教派文献，1580年收入《协同书》（*Konkordienbuch*），从而成为路德宗的有效信条。

[2] [德文版编者注] 特策尔（Johann Tetzel，约1465—1519），多明我会僧侣，拥护赎罪券的布道者，直接促使路德在维滕贝格张贴论纲。

因为讨厌的魔鬼不停地把这两个王国一锅乱炖。世俗君主总想掌控基督教,指示它如何领导它的教会和僧侣团。正如伪教士总想教导和掌控人应当怎样安排世俗政治。[1]

对政教分离的最清晰的表述莫过于此,然而我们今天仍没有这样的分离。

但是路德也自夸:"自使徒的时代以来,还没有博士或经师、神学家或法学家如此辉煌而清楚地确证了各世俗等级的良心。"[2] 路德认为在他的时代,没有人对世俗当局有任何一点了解,人们不懂它从哪里来,它的职责和工作是什么,它应当怎样侍奉上帝。最后他的话证实了他赋予国家怎样可怕的、中世纪闻所未闻的权力。帕多瓦的马西利乌斯和马基雅维利很早以前就指出了国家自己的任务。[3] 但是学者们将世俗当局看作异教的、不神圣的东西,称之为危害神福的等级。路德第一次以《圣经》为依据,要求承认国家当局的神圣起源。因此当地方政权开始劫掠教会以自

---

[1] 《路德与国家》(»Luther und der Staat«),载于 *Süddeutsche Monatshefte*,特刊《新教》(*Protestantismus*,München),1917年10月。
[2] 同上。
[3] [德文版编者注] 帕多瓦的马西利乌斯(Marsiglius von Padua,1280—1342/43),巴黎大学校长,先后服务于意大利吉伯林派和(1326年起)巴伐利亚路德维希宫廷。他在1324年的《和平的保卫者》(*Defensor pacis*)中提出政教分离,认为神职人员只应当献身于宗教事务,而国家的法律秩序要服务于和平。

肥的时候，国家的全能就得到了保证：路德用他自己的话证明他是"伪教士"，教导和掌控"人应当怎样安排世俗政治"。他赋予国家以之前难以想象的"良心自由"和权力，同时却宣称信奉宗教的个人对国家事务的制度不抱兴趣。德国诗人、学者和哲人所有脱离现实世界的品质，源头正在这里。鄙夷的轻视态度——今天德国的封建政治家仍这样对待本应监督他们的本国知识分子代表——也可以追溯到路德。一个二把刀的神学博士的幼稚，使人民听凭容克地主、官僚和诸侯的无休止的训导，喝令人民要保持忠诚和信仰。他要为所有德国精神活动在政治和社会上直到今天的无所作为，负最大的责任。

魏玛的首相米勒记载，拿破仑1813年骑马去埃卡茨贝加（Eckardsberge）时说："假如查理五世擎起宗教改革的大旗，这倒是明智之举。根据当时的民意，借此实现对全德意志不受限制的统治并不困难。"[1]这当然是显而易见的，但是不能据此得出结论说，哈布斯堡家族没有在路德生前就非常留意地关注他的影响，没有哪怕考虑利用他的影响。查理五世的前任马克西米利安一世，曾愉快地对萨克森选侯的顾问普费芬格（Degenhardt Pfeffinger）提出策略问题："你们那

---

[1] 参Hermann Bahr，《维也纳》（Wien, Carl Krafube Verlag, Stuttgart 1906），页21。

［德文版编者注］米勒（Friedrich von Müller, 1779—1849），1815年起担任魏玛首相，晚年歌德为数不多的密友之一，著有《1806—1813年战争时期回忆录》（Erinnerungen ausden Kriegszeiten 1806-1813）等书。

个教士在维滕贝格做什么？他的话确实不能小觑。"他还给出建议："应当小心看好这个教士，因为可能有朝一日会用得着他。"[1]路德成了诸侯独立政权的宣传家。如果当时的几任皇帝都像赫尔曼·巴尔说的[2]，"耻于"借此谋求大事，那么当1871年时机已然成熟的时候，他们就不以为耻了。新教成了普鲁士皇帝与亲爱的上帝建立外交关系的经理人。路德"为了一个将要诞生天才的民族"从中"开辟出轰然作响的道路"的复调音乐，成了道德模棱两可、含混不清的复调。他不仅肯定了权力当局——"如果当局说，二加五等于八，那你就必须违背你的知识和感觉相信这一点。"[3]——他也许可了战争。在一篇论文《战士是否也能列真福品？》（»Ob Kriegsleute auch in seligem Stande sein können?«）中可以看到这些糟糕的话：

> 战争是多么可怕的灾难，对此已经说了很多、写了很多，这些都是对的……即使战争和宝剑的职责令人窒息和作呕，也必须以阳刚的视角看待。于是这就自然而然地证明了，它是一个本身神圣的职责，对世界而言就

---

[1] W. Zimmermann,《伟大的德国农民战争》第1卷，页345。
[2] [德文版编者注] 赫尔曼·巴尔（Hermann Bahr, 1863—1934），奥地利作家，引文出自他的《维也纳》，页21。
[3] 转引自Maximilian Harden发表于《未来》（*Zukunft*, 1918年1—2月）杂志的文章。

像饮食或其他任何一项工作一样必要和有益。[1]

5

路德的实际行动是僧侣对赎罪学说的一场反叛。尼采称路德"不可能做僧侣"。路德猛烈热血的天性，在反抗魔鬼肉体和精神上挑战的绝望斗争中，找到了一个突破口，即从原则上质疑无法遵守的修院纪律的必要性。对自己性情的徒劳愤怒和修会会规，令他扔掉袈裟，不再指望完满的苦行带来拯救的希望。他背弃了入会的誓言，从此主张这样一种观点：为享真福，人并不需要成为僧侣或修女。于他而言修院的斗室是监狱，赎罪学说是拷打。

他脱掉袈裟，就开始满腔热情地试图为他的行为方式称义，而且相信凭信仰称义。唯独《圣经》是上帝的戒律。它没有一个字提到僧侣制度。基督为全世界的、每一个个人的罪而死在十字架上。承认这罪就足够了，就会给人带来恩典。无论是教友还是大师，谁承认他的罪，谁就能得到且将得到救赎。基督在十字架上的死和无限的牺牲，包含了与被

---

[1] 转引自 Aktion, Berlin 1918，第3—4期："拿破仑——当然没有哪家大报粉饰他的生平——曾认为：'战争有朝一日将变成过时的东西。请相信我，文明将获得抵偿。有一天胜利将不用大炮和刺刀夺取。'那个要为宗教改革负责的僧侣则相反，路德也对这篇题为《战士是否也能列真福品？》的论文负有责任。这篇文章写着下列难以置信的东西……"（后为引文）

人类伤害的上帝的和解。

路德的称义学说对他个人的意义,是为他违背僧侣誓言的行为辩护。但是自行称义的尝试,同时也是对他因为不能胜任而逃离的制度的复仇。

"人不需要成为僧侣或修女,才得享真福。"当然不需要,否则教友就从来都不可能享真福了。但是由此受到路德蔑视的修院制度和风纪理想,意义不只在于展开赎罪的修行,以获得真福、无限的谦卑和上帝的宽恕。僧侣修会包含着基督教的秘密学说。僧侣的宗教修行,目标在于解放人的天性中的所有精神力量和奇迹力量。僧侣是自我牺牲、同上帝 unio mystica〔神秘合一〕、西方的感性的和道德的意识形态等奥秘的掌玺大臣。身体的纪律不仅是为恩典和救赎的状态所做的准备,也是一种精神纪律、一种灵魂感知的 Ars magna〔伟大技艺〕的初级阶段,目标在于内心生活战胜身体束缚、战胜因果律的一切强制。基督的榜样使僧侣成为一座 in spiritulibus〔精神领域〕高等学校的奠基人,这座学校对我们今天的人仍然具有未磨灭的非凡意义。

席克勒在《反意志的教师——罗耀拉》(»Lehrmeister wider Willen: Loyola«)[1]这篇说理透彻的文章里,证明了西

---

[1] René Schickele,《大道上的喊叫》(*Schreie auf dem Boulevard*, Verlag der » Weissen Bücher «, Leipzig 1910)。

〔德文版编者注〕席克勒(René Schickele,1883—1940),出生于阿尔萨斯的德国作家,父母分别是德国人和法国人,他尝试在两国之间斡旋调解,1914—1920年在苏黎世出版杂志《白页》(*Die weißen*〔转下页〕

班牙僧侣纪律和今天的知识分子之间仍然存在的联系。圣方济各和圣多明我的英雄的谦卑理想,在痛苦和屈辱中让自己缓慢地接近上帝,并以此克服天主教的教条——这与路德浅薄而物质的世俗欢乐是何其不同!席克勒说:

> 对于我们而言,他们的著作始终是他们纪律的记录,是人如何变得柔韧、敏感而又镇定的范例。即使当他们的利己主义最终导向道德使命的暴戾恣睢,我们也只看见他们自己内心的斗争。我们的感觉把信仰斗争变成争夺人的外在自由的斗争。如果我们服从纪律,宗教沉思就将变成内心永恒之美的文化。

教宗制度的精神力量和思辨力量,没有因为一个皮糙肉厚的德国奥斯定会僧侣管教宗叫作"魔鬼的猪"而被克服。等级秩序作为精神的范畴,没有因此就被废除。一个凶神恶煞的僧侣哪里知道生命神圣的历险、受难的信仰狂热!后者正是严格的天主教神秘主义的结果。他哪里知道圣德兰或奥尔蒂斯在炽烈的禁欲中所赢得的绝对信心!奥尔蒂斯敢满怀上帝信仰地对他的女友埃尔南德斯(Hernandez)说,她已经达到完满的境地,无须再留意禁欲

[接上页] *Blätter*)。他和支持协约国的胡果·巴尔不同,持和平主义立场。代表作有长篇小说三部曲《莱茵河畔的遗产》(*Das Erbe am Rhein*, 1925—1930)。

之类低等的事务。[1] 这般中世纪的上帝狂热，同样突破了天主教官方制度，不过突破的方法是马丁这位忠心的弟兄一辈子都不会了解的。那些禁欲主义者在无限的灵魂斗争中，体验到宗教分解为泪水和悲伤等宗教原始要素，体验存在的无意义，体验人痛苦和毁灭的疯狂嘶吼。在西方最纯洁的精神——亚西西的方济各身上，所有灵性和重现的生命热情都有了神圣的符号。

路德的抗议是"健全人类理智"的抗议，是含糊不清的哲学论证的抗议。他对僧侣事业的背叛，鲜明地体现出敌视知识的特点。我不了解奥斯定会当时的会规，但是这个修会用来给自己命名的教父，是所有服务教会的人里面最专横的之一。他不赞成恩典。他奠定了最不宽容的正统教义体系。波斯形而上学的吹毛求疵，对恶的起源、对灵魂本质令人头晕目眩的追问、徒劳的解释，用莱基的话说，令奥古斯丁"敏锐地感觉到包围着我们的黑暗，给他学说的每个部分都染上了黑暗的色彩"。作为怀疑的敌人，他不畏惧哪怕如此激烈的结论。"他似乎乐于将人的欲望都贬低得贱如尘埃，要人习惯于驯服地接受最岂有此理的原则。"[2]

---

[1] ［德文版编者注］圣德兰（Therese，1515—1582）又称亚维拉的德兰（Teresa von Avila）或耶稣的德兰（Teresa de Jesus），西班牙加尔默罗会修女，在十字若望的支持下改革加尔默罗修会。

奥尔蒂斯（Diego Ortiz，1510—1571），西班牙作曲家，教堂乐师。

[2] W. E. Hartpole Lecky,《启蒙运动在欧洲的起源和影响》(*Geschichte des Ursprungs und Einflusses der Aufklärung in Europa*, C. F. Winter's che Verlagsbuchhandlung, Leipzig u. Heidelberg 1868）第2卷，页16。

这一精神的某些成分，虽然经过当时僧侣制度的各种蜕变，一定仍然存留在德国奥斯定会中。经由这条严格教规的道路，西班牙和意大利的僧侣迈向了闻所未闻的精神高度，路德则避开了这条路。他不能吃透的东西，就甩到一旁。他本人无法超越自己所属的群体。纪律将他踢了出来，因为他不能胜任纪律。[1]

小家子气的资产阶级的宗教、"辛勤劳动"的宗教以机会主义为前提，路德以世俗的热忱用这门宗教为自己创造了廉价的替代品。面对自己的天然欲望，价钱是思考的出发点。他的理性立场偏爱安逸和享受，又一辈子忍不住要幸灾乐祸地回望难以实现的属灵理想。但是他也始终无力像意大利文艺复兴时代常见的那样，不怀恶意地肯定感觉，始终无力良心坦荡地享受身体和灵魂的舒适。因此他不信任胡滕这

［德文版编者注］莱基（William Edward Hartpole Lecky，1838—1903），英国历史学家，文中所引著作的英文原版题为《理性主义精神在欧洲兴起和传播的历史》(*History of the Rise and Influence of the Spirit of Rationalism in Europe*，1865）。

[1] 牧师之子尼采在这一点上赞赏路德。尼采同叔本华的圣徒学说、禁欲学说的关系，重演了路德同僧侣理想的关系。"对无法实现的理想的批判。我们必须做到，对上帝、基督和基督教圣人的理想里的不可能、不自然、完全幻想的东西感到理智上的恶心（！）。榜样不应当是幻影。"（*Werke*，第11卷）或："新柏拉图主义和基督教，虔诚者，更高贵的人！宗教改革拒斥这种更高贵的人，否认能够实现伦理和宗教的理想。路德对 vita contemplativa［沉思之人］十分不满，与他们充满矛盾。"（同上）或："大造福者路德。路德最大的意义在于，他唤起了对圣人和所有基督教沉思之人的不信任。"（*Werke*，第9卷）——但是，理想无法实现，便足以说明抛弃理想是正当的？这就是问题所在。整个法国文化都致力于传统概念和意象的升华，它否定了这个问题。

面公开的旗帜，不信任伊拉斯谟这位爱反讽的开明人文主义者。[1] 因此就有了知识上的不确信和迷信的恐惧，这使路德对待《圣经》文本就像对待罗盘一样，在当时的所有危险和问题中都牢牢遵循。因此人们尽管崇拜罗曼国家的文艺复兴精神，但对这种精神在德国的勃兴又抱有反犹一般的偏见。[2]

路德成了市民阶级的先知，市民阶级不愿自己优渥的懒汉乐园荒芜，又伪善地害怕审判和清算，预感到自己堕落不堪、罪孽深重。新教徒的所有法利赛人气质和粗鄙无知的撒谎天性都要归结到这个维滕贝格僧侣。他可疑的学说大获成功，产生出那种不可靠的贪婪，在政治上的表现就是今天

---

[1] [德文版编者注] 胡腾（Ulrich von Hutten，1488—1523），拉丁语和德语作者，1517年得到皇帝马克西米利安授予的桂冠，曾任职于美因茨大主教阿尔布雷希特（Albrecht）宫廷，受伊拉斯谟和罗伊希林（Reuchlin）影响，后支持路德和济金根（Franz von Sickingen）反对教宗，在济金根死后得到苏黎世茨温利（Zwingli）的接纳，1520—1521年仿照路吉阿诺斯（Lukian）先后用拉丁语和德语写作《对话》。

伊拉斯谟（Erasmus Desiderius von Rotterdam，1466—1536），人文主义者和语文学家，1499年在巴黎受圣职以后成为教会的批评者，但不追随宗教改革，他捍卫自由意志、反对路德，他的"基督教哲学"（philosophia Christi）不像路德以保罗为依据，而是以登山宝训为依据，他1521—1530年出版的教父著作使人重新接触到早期基督教，还出版有希腊语《新约》的第一个考证版本。

[2] 路德的精神伙伴是丢勒（Dürer）和克拉纳赫（Cranach），二人既没有文艺复兴初期异常崇高的上帝观念，也没有文艺复兴晚期华丽纤巧的幻想和繁缛的、消融在姿态里的感官迷醉。路德的朋友如果不是犬儒主义者，就是麻木的现实主义者，他们熟悉而且喜欢美化小家子气的老一套东西：肥胖的市政厅长官，挑剔的女市民。是人消融在上帝中，还是上帝消融在人中，这是彻底区分开宗教精神和犬儒精神的标准。路德时代唯一的英雄艺术家是格吕内瓦尔德（Matthias Grünewald）。

的德国官方；他产生出那种良心的不诚实，不尊重任何清楚的原则，表现为道德和胃口之间、禁止和许可之间、真实和虚伪之间的不断摇摆；他产生出一种拉伯在《饥饿牧师》[1]——虽然运用了多到与之不相称的幽默——中精彩地刻画过的信念：

> 人生来就对无限感到饥渴，而且很早就感觉到了这一点；但是当人到了理智的年纪，通常就轻易而迅速地扼杀了这种饥渴。大地上有万物如此美妙而营养，有太多东西人想塞进嘴里或兜里。

6

假设《圣经》和所有其他书一样是一本书，固然是最值得崇敬的一本，但也是所有书中的一本，那么最终岂不是语文学家比那些一心求解放的精神，更应该感谢路德？一个基督徒的自由，大概等同于可以阅读《圣经》的自由、根据本人判断来解读《圣经》的自由？语文学家群体中的新教《圣经》信仰，是一个宗教的误会？路德是自己民族的语文学系的 rector magnificentissimus [总督学][2]，新教是一场语文学

---

[1] [德文版编者注] 拉伯（Wilhelm Raabe，1831—1910），诗意现实主义小说家，《饥饿牧师》(*Hunger Pastor*) 是其代表作。
[2] [德文版编者注] 对大学校长（rector）的惯用敬称是 Magnifizenz，这里使用了该词的拉丁语最高级形式。

家运动——人们会甘愿接受这样的说法吗？瑙曼教授就是一面不错的风信旗，他已然心甘情愿地只称"路德教授"。学者共和国（Gelehrtenrepublik）把僧侣视为创始人，他是这个民族所有经师或语文学家的家长。[1]

路德对文字有无限的信仰。因为《圣经》里没有出现教宗，所以他拒绝接受教宗。僧侣和修女也一样。但是皇帝、当局和战争则不然，因为《圣经》里有它们。能想象比这更迷信的文本崇拜，或者更痴狂的献身吗？自路德时代以来，从来没有任何一本书像《圣经》一样被阅读。《圣经》从此属于人民。神学考订、论文、注释、宣传册的泛滥，突显了一个从不止一个角度看都深为可惜的事实：这个民族钻入一个教士的语文学圈套，从此一心要抓住书本，而不是抓住生命。德国人谈一场轰动事件会说它引人"注目"*，而这里我们看到的，却是所有人都战战兢兢、汗流浃背地埋首书堆。单纯的人也受困于最繁杂的问题，只能皱着眉头、硬着头皮忍受。而且既然路德同时把修道院的全部神学传统扔给了日常生活，那么全民族，独一无二的神学家民族，就淹没在了一堆不易消化、杂乱无章的东西里。"这里教的是"，"这里

---

[1] 尼采在片段《我们语文学家》（»Wir Philologen«，载于 Werke，第10卷）中指出，文艺复兴的理想是作为世俗知识代表的积极反教会的语文学。他相信，教会总体上已经成功地把进犯的语文学家转变成了业余学者。但整个新教就是这种进犯的语文学。路德就已经非常严肃地代表着文艺复兴时代的世俗的诗人语文学，尼采只是它的最后余脉。

* "注目"（Aufsehen）的本义是仰视，与下文的"埋首"形成对比。（凡以此符号标示的均为中译者注，全书同。——编者）

教的是",梅兰希通(Melanchton)编辑的《施马尔卡尔登信条》中的数篇信条这样开头。[1]这里教的东西,全民族、每一个个人都要学。甚至拉特瑙也承认:"德国的自由概念,几乎是博学之士的创造。"[2]什么时候才能清楚纯粹地区分不同范畴?新教是一门语文学,不是宗教。反叛的路德对教宗说:我们不再信仰你,我们想看一看文件,我们只相信文件。[3]但是这里面有什么创造性的新东西,有一门新的宗教吗?那么今天也该有一门新宗教,向柏林的教宗索要关于世界大战的文件,并要求翻译外国与此相关的文件。还有新教徒吗?*哪里还保留着良心问题?说白了,《圣经》也是一团废纸。今天国际条约比《圣经》重要得多。如果撕毁国际条

---

[1] 梅兰希通也编辑了《奥格斯堡信条》(*Augsburgische Konfession*)这部奴役德国良心的耻辱文献。凭借《奥格斯堡信条》,路德和梅兰希通在皇帝和诸侯面前,郑重地放弃了个人的良心自由,而个人良心自由原本是路德最初的福音。《奥格斯堡信条》建立起新的(抗议宗)教会,新教会和世俗权力的关系,只有拜占庭教会可以与之相比。《奥格斯堡信条》以上帝之名认可了绝对主义,授予国君至高的宗教地位,使得有多少新教诸侯就有多少新教教宗。《奥格斯堡信条》今天在德国仍然完全有效。一个德国共和主义政党纲领最要紧的重点之一,就是为了良心自由废除这一信条。
[2] Walter Rathenau,《论将来临的事》(*Von kommenden Dingen*, S. Fischer Verlag, Berlin 1917),页227。
[3] 路德对教廷的态度,受到了瓦拉证明的关键影响,瓦拉证明君士坦丁向罗马主教赠土的文件建立在一系列伪造之上,而教廷此前的教令已经收录了伪造的内容。
  [德文版编者注]瓦拉(Laurentius Valla,1407—1457),意大利人文主义者,希罗多德和修昔底德的翻译者。
* 此处使用"新教徒"(Protestant)一词的本义"抗议者"。

约，要流的血比20个上帝能宽恕的还要多。你们应当坚持的是罪责问题。你们不需要害怕书本上的道德。一个新欧洲就是道德。

欧洲当时的斗争围绕文化基础展开。这又是一个教育问题。阿拉伯、希腊和犹太的文化因素互争高下。意大利和法国的文艺复兴选择了希腊传统，由此给欧洲带来了光照和启蒙的光明浪潮。路德和德国人选择了《圣经》，也就是选择犹太传统。这意味着无限的黑暗，用神学毒害全民族，更甚于之前教宗统治的神学，因为现在每一个个人都明确地变成了神学家。由此产生了一个犹太—德意志秘密联盟，它的纽带是共同的神学，它的表现是今天的战争贩子。[1]宗教改革本可以迫使整个大陆重新严肃地思考宗教问题，但实际只让它重新严肃地阅读书本，并多了一群益发粗俗的教士。

《圣经》今天对我们而言意味着什么？戚美尔曼仍称它

---

[1] 此处援引尼采关于犹太道德和德国道德的关联的一些说法："被钉上十字架的基督教采取天主教形式时，罗马因素占优势，采取新教形式时则以犹太因素为主导。"（Werke，第11卷）"欧洲也许从来没有像吸收犹太教文献这样如此主动地压抑自我。"（同上）"犹太人是世界上最坏的民族，这正好说明下面这个事实：正是从犹太人当中产生了基督教所谓人完全是有罪、可鄙的这种学说，而且犹太人又从本民族驱逐了这种学说。"（同上）

[德文版编者注]这里反映了胡果·巴尔率混同新教与犹太教的做法的又一个来源——尼采。尼采浅露、犬儒的攻讦得到学术界的严肃对待，而巴尔出自人道热情的批判则没有这样的待遇。

为"人类最神圣的宪法文件"。[1] 但是不需要加以区分吗？《旧约》是专制主义的，《新约》是共和主义的。法国革命的《人权宣言》已经帮助我们发现了这一点。上帝不再显现自己，人显现自己。瑙曼，同一个瑙曼，1918年在德国仍感觉如此良好，以致建议开启"共同的德国自由之声"[2]，现在甚至称《圣经》为"自由的《大宪章》"。[3] 这怎么可能？他的毛病是混淆专制和福音，混淆《旧约》和《新约》，这是从路德起全德国就害上的病。因为可以拿出充分的证据证明，由于我所不知道的某个犹太神学家的魔鬼念头，《旧约》和《新约》装订成了一本书，以致把《圣经》变成了一部不自由和模棱两可的《大宪章》，让千年的日食降临欧洲。不仅《旧约》，就连救赎学说对我们来说也已经变得陌生。我们如果不自己救赎自己，就会走向灭亡。恩典已经变得毫无意义。因为对于我们已经犯下和每日在犯的罪，尽管上帝没有不再存在，但不可能再有恩典。一个谦卑和爱的天才被钉上十字架的动人传说——今天谁还能理解呢？胖乎乎的市民——他相信，他愿意相信他将能得到救赎吗？谁应当来救

---

[1] 戚美尔曼没有依从习惯称它为"圣经"（Heilige Schrift），而且没有考虑费尔巴哈和鲍威尔（Bruno Bauer）恰好在19世纪40年代对《旧约》的彻底批判。
[2] 见《斯图加特日报》（*Stuttgarter Tageblatt*）社论《德国的自由信仰》（»Der deutsche Freiheitsglaube«）。按照政府意图建立的"自由与祖国联盟"（Bund für Freiheit und Vaterland）很可能也是他的杰作。瑙曼博士已经成了"普鲁士自由"这家剧团的经理。
[3] 《路德的自由》（*Die Freiheit Luthers*，Berlin 1918），页21。

168 赎呢？从哪些恶当中救赎出来？为什么人抱着《圣经》不放？今天的宗教改革处理的问题是战争罪责和战争原因。[1]

世界大战最恶劣的原因之一就是16世纪的宗教改革。重新挖掘保罗传统的基督教，又是其中最坏的部分。保罗谈到当局时说，每个人都要"战栗颤抖"地"臣服"于当局；保罗，如哈特瓦尼（Hatvany）所说是"基督的报道者"；保罗，第一个利用神学家的装饰夸大并改编了那个谦卑的天才带来救赎的犹太神话，也通过融合无法和解的东西、让被钉死的反叛者基督臣服于旧的犹太上帝，给《新约》和《旧约》、审判的上帝和反叛的儿子之间，看似带来了和解的和平。限于篇幅，此处不再展开证明，请参考尼采在《朝霞》里所呈现的拉比保罗的心理。[2] 路德从保罗推出了犹太教的道德失败主义：基督的正义不是挺身反抗不义，而是献出生命和财产，剥夺的人将受剥夺。受苦，受苦，十字架，十字架，这就是基督的正义。

---

[1] 战争爆发时就已经提出过罪责问题，它最初只有纯粹政治的意义。这个问题针对的是特定的政府奸谋。但不久以后，它就上升到针对整个制度的政治和道德基础。我想把它再扩展到针对德意志民族的历史发展过程，以此重提罪责问题、展开宗教清算。如果承认并肯定了罪责问题，德国或将不仅在政治上重建和平，而且在道德、哲学和宗教上重建欧洲以基督教为基础的文化统一。

[2] 这则格言的标题是"第一个基督徒"，说："除了少数几个专家，又有谁知道，《圣经》同时也记录了一个最狂妄和最不安分的灵魂的历史，一个既迷信又狡诈的头脑的历史，使徒保罗的历史？"（中译参见尼采，《朝霞》，田立年译，上海：华东师范大学出版社，2007年，页101—102。——中译者）

那么神圣个人的学说呢？我们仍相信个人能够救赎我们？难道我们不该和舒舒服服的天才崇拜决裂？天才崇拜吸干了人民的所有力量，听凭每一个不是天才的人沉湎于自己的惰性，相信反正有别人、有天才为他解决或已经为他解决。这种偶像崇拜式的尊崇耗尽了民族的理智，请看半神瓦格纳、俾斯麦、兴登堡——这种尊崇难道不是救赎者思想的余波吗？社会的每一个成员都必须能够独自做出判断。必须和任何一种救赎体系决裂，不管它表现为秘密哲学、秘密音乐、秘密文学还是秘密外交。所有这些都是一种神秘主义救赎思想、救赎者迷信的残余，它在德国输得比其他地方都惨。[1] 如果有什么事情真的秘密发生了，那么它就必然因此是神圣的？把我们从救赎者手底救赎出来吧！

"你们的著作毫无用处。"路德对一个没落的中世纪神秘主义民族说，并献身于《圣经》的东方精神。"条顿民族"今天那么反犹，当时又是什么样？重申摩西律法的犹太复国主义者现在又在哪里？今天的文化基础是以登山宝训开头的《新约》。这事关欧洲的命运。[2]

---

[1] 苏格兰、英格兰的自由教会和英国国教会之间的斗争所引发的英国革命，在欧洲最早和个人救赎者思想决裂。

[2] "克服宗教杂烩，克服亚洲性质！"尼采高喊，"欧洲纵容东方的道德在自身内部无节制地蔓延，这种无节制正是犹太人的发明和体验。"（*Werke*，第10卷）

　　[德文版编者注] 胡果·巴尔似乎不甚了解路德的反犹立场，如路德的煽动文章《论犹太人及其谎言》（»Von den Jüden und ihren Lügen«）。尼采对犹太人的反感（Antijudaismus）固然无以复加，但他（转下页）

由此可以从路德的语文学工作总结出下列格言：

德国的先知必须大声叫喊、吐字清楚，因为这个民族是耳背的。些许思想的无穷重复最终不会不起作用。

必须把重要书籍翻译出来，交给人民。不会再有秘密文献。

应当精读少读，但是如果有一本书合乎人的心意，就要像圣物一样好好保存。

针对一本重要的书，不论怎样论述、宣讲、辩论和讨论都是不够的。

应当坚守救赎之言，并期待救赎之言后有救赎的行动。

至于作为档案的书籍，应当废除监护制度。应当废除把这些圣物集中在虚假宣传手里的制度。

7

国内和国外一样，从来没有注意到一个值得重视的事实：曾经发生过一场德国革命。1524—1525年伟大的农民起义，既是一场宗教运动，也是一场政治运动的爆发，从诺曼底经日德兰、图林根、弗兰肯一直席卷至匈牙利。它遭遇的屠杀镇压，是令一般官方历史学家尤其令路德宗历史学家尴尬的一页。

（接上页）（和巴尔一样）不赞成反犹主义（Antisemitismus）。他谈到过他赞赏的犹太人，巴尔则没有明确的类似表态。

德国的课本里很少介绍相关内容,但当时的一系列农民起义,是欧洲所经历过的反抗贵族和教士的最猛烈、最血腥的反叛之一。[1]路德宗的历史学家有双重的理由绕开这一章。路德对这场遍及各地的人民起义的态度,是如此专制反动,与任何福音、任何登山宝训都如此相悖,以致一旦上述事件的意义真正大白于天下,这位宗教改革家的声望就必然显得严重受损。而且如果人们发现,那个时期虽然主张基督徒在教会层面的自由,却愈加粗暴地拒绝了政治自由,那么不仅这位创始人,连新教本身的宗教价值也会岌岌可危。研究农民战争的杰出历史学家戚美尔曼指出:

> 即使个别部分的某些撰写者具有比较自由的思想,在处理他们的题材时,也几乎是畏畏缩缩,不敢把历史事件的本质,即一方面是统治者的滔天罪恶,另一方面是被逼走上绝路的人民的伤痕累累的心灵,充分揭示出来。*

于是诡计得售,让人从来只知道宗教改革,而一直不知道给那个时代打上烙印的革命。还有另一种得逞的诡计,虽

---

[1] 德国历史课为了避免自己毫无政治气节,就把经过歪曲和裁剪才交到教师手上的事实材料,只是制作成图表向学生展示。教师既没有动机,也没有接到指示要调动激情。
* 中译参见戚美尔曼,《伟大的德国农民战争》,北京编译社译,北京:商务印书馆,1982年,页5,略有改动。

然承认路德在农民战争中的态度是他一生中的一个污点,但只视之为总体而言次要的插曲,哪怕他1525年的拒斥态度实际上导致了革命的失败,而且使他自己所鼓舞的政治反叛者陷入绝境。[1]当时全德意志人民对教士、学者和容克地主都涌起了满腔愤怒,不仅要推翻僧侣阶级,而且要推翻神权统治的盘剥,这一点怎样着重强调也不为过。正是路德当时阻碍德国跻身自由文明的最前列,作为福音共和国成为法国的先行者——这一点怎样大声宣扬也不为过。一个迷信的僧侣,不能体察本族人民更深切的苦难,狂暴、教条。一个专制主义者,当时代要求他将自己的学说贯彻到底时,这个僧侣阻碍了德国按照基督教的联合(Korporation)理想结成各福音部落和城市的一个自由联邦,而不是今天这样封建集中制的军国主义国家。

农民战争几乎席卷整个欧洲。它的爆发不是突然的,相反有着相当的准备。历史学家已经指出,教宗-皇帝的双重统治用可怕的压迫和剥削摧毁了农民,只有今天霍亨索伦-哈布斯堡的双重统治才有同样可耻和狡猾的程度可与之相提并论。占星术士和预言家预言世俗当局和宗教当局的倾覆,使人期待这一天的到来。文艺复兴又给人以刺激。

布雷西亚的阿诺德在十字架上受火刑而死,因为他公开了教会内部的腐朽状况,宣传自由和人民主权的学说。阿伯拉尔在法国教导:"人不能相信任何他之前没有用理性理解

---

[1] 路德焚烧破门令表示在政治上拒绝服从。

的东西。向别人布道宣讲本人和听众都不能用理性理解的东西，是可笑的。"方济各会僧侣鲍尔在英格兰说："要么一定是现在，要么永远也不会发生。我们所有人都必须向年轻的国王索要自由。如果他不给，我们就自己来。"这是弗拉芒的征税官掀起少女的裙子，检查她们是不是男人、因而有缴税义务的时代，犹太人和容克地主的匪帮横行各地，一部瑞士编年史写道："暴政如此之剧，先知和布道师也在附和或沉默。"愚昧和全能的贫困掌握统治大权。人民麻醉而瘫软在香火里，正如今天在硝烟里一样。[1]

但是在德国出现了一位思想和行动的天才，将使路德的荣誉黯然失色。不是僧侣，而是一位 Magister artium［人文学者］，他试图根据神秘主义精神中的民族最内在本质，领导本民族斗争。此人是如此卓越地超越了他那可怕的时代，以至于他撕裂了天空，全新地解释上帝、基督教、《圣经》和神学，向异教徒和土耳其人致以兄弟般的问候——他饱受精神和民族的折磨。

---

[1]［德文版编者注］布雷西亚的阿诺德（Arnoldo da Brescia，1100—1155），意大利神学家，阿伯拉尔的追随者，教会等级制的严厉批评者，因此1139年受到教廷处罚，被迫流亡，1147年重回罗马，支持城市反对教宗统治的斗争。他反对教会占有世俗财产，反对教宗和主教的世俗权力要求。皇帝弗雷德里希（又称"巴巴罗萨"）抓获他后，将他移交给教宗哈德良四世，后者下令对其处以绞刑。

阿伯拉尔（Petrus Abaelardus，1079—1142），巴黎经院哲学家，与爱洛伊丝（Héloïse）相恋，后入圣德尼修道院。

鲍尔（John Ball，1335—1381），英格兰牧师和僧侣，英格兰农民战争的重要领导者，1381年受绞刑而死。

8

闵采尔属于那样一个精神的等级,对他们来说,诚如席克勒所言:

> 神秘主义和理性主义的冲动同样宝贵,他们希望二者带来感觉生活的更高的且欲望调和的统一、多姿多彩的美、内心生活节制的和鸣。这些意识形态家痛苦地感到自己倾心于行动;一旦行动完成不了,他们恐怕就要四分五裂,或像俄耳甫斯(Orpheus)那样被撕成碎片。行动确证他们,因为他们天性就无依无凭。[1]

施托尔贝格(Stolberg)的闵采尔成为1525年德国农民革命的领袖。从来没有比他更崇高、更纯洁的精神领导过一场革命。让我们不要被几百年来的路德宣传蒙蔽了眼睛!在民族最前方站立的人彰显出这个民族最优秀的力量。在德意志精神第一次迈进近代历史时,站在民族最前面的是这样一个人,他集先知和圣人、哲学家和革命者于一身。他有方济各的天性,在人民的官方代表失职的时候,自己投身于世俗的行动。这不是他最情愿的选择,他却充满百折不回的激情。

---

[1] Rene Schickele,《反意志的教师:罗耀拉》(»Lehrmeister wider Willen: Loyola«),载于 *Schreie auf dem Boulevard*。

所有伟大的天主教徒都是神秘主义者。他们将教会的超验世俗化，使之转入生活：帕斯卡和巴阿德。[1]什么是精神？良心，运用于文化的良心。什么是文化？相信最贫困的人、最卑微的人身上蕴含着至高者和整个天国，去支持他们。这类人的行动，就是音乐的精神和秩序所翻译成的尘世语言。哥特的秩序动摇并颠覆了世俗的秩序，产生了一种新的因果关系，这种因果关系对当下嗤之以鼻，面向遥远的世纪。哥特的秩序反对政治制度对它的戏仿、警察制度对它的亵渎。他们的精神体现出怎样的勇敢、天真和幻想等品质！他们深层的对称物，福格威德的瓦尔特（Walter von der Vogelweide）所称的"群众"，感到自己同现实的荒唐格格不入——这就是他们的苦难、他们的智慧、他们的悲剧。他们一出现，所有的谎语癖便戛然而止。巴阿德和叔本华就是这一类人。为了应对占据日常生活的恐慌，数代人不得不陷入全体蒙昧。悲剧不在于体会到这一点的人的个人命运，而在于自身最深刻地撼动了自身的理性骤然照亮。用天主教秩

---

[1] [德文版编者注] 帕斯卡（Blaise Pascal, 1623—1662），法国哲学家和数学家，对组合数学和概率论有贡献，在经历神秘体验之后，于1654年退隐于与天主教会敌对的冉森派的中心皇港修道院，反对耶稣会，他未完成的《思想录》（*Pensées sur la religion*）汇集了他对基督教的辩护，1670年出版。

巴阿德（Franz von Baader, 1765—1841），慕尼黑天主教神学家和哲学家，他的著作较少为公众所知，但对浪漫派文学和哲学（谢林）及19世纪天主教神秘主义运动有影响，本书对他的着重援引使他重新受到关注。

序重整万物的愿望破土而出。悲观主义不外乎是可能事物与已见事物的矛盾。做一名先知意味着知晓未来各民族竣工的大教堂的草图。

闵采尔就是一位先知。他预见到了整个俄国和启蒙运动，早在启蒙发端以前就为它封圣。他没有碰上一位好传记作家。路德的朋友梅兰希通，《奥格斯堡信条》的阴险的起草者，一会儿主张两件圣事，一会儿主张七件，一会儿又主张九件，他注定理解不了此人的一生——在闵采尔身上，炽烈的幻想激情和铁一般的力量、不羁的自由欲望和对受苦生灵最谦卑的爱融合为一。也没有人不带偏见地搜集整理闵采尔在那个时代留在档案和文献中的所有言论、书信和著作。尽管如此还是有众多材料留了下来，让我们一窥他人格的风貌。

对《圣经》、神秘主义和启示录的研究教育了他。他应当除了路德的文章，没有读过任何非宗教的书籍。他说他的老师是12世纪的先知、卡拉布里亚的修道院院长约阿希姆。[1]后者教导说：

> 精神的时代将要到来，一同到来的还有爱、欢乐和

---

[1]〔德文版编者注〕约阿希姆（Joachim von Fiore，又作Joachim von Floris，1130—1202），意大利的熙笃会修道院院长，1190年前后在卡拉布里亚建立会规严格的佛罗伦萨教团（Floriazenser）。他主张三个王国的学说，即圣父王国、圣子王国和圣灵王国。他认为他所渴盼的"第三王国"圣灵王国将于1260年开启，是地上一个真正的精神王国。他对"第三王国"的弥赛亚希望，影响了后世的乌托邦作家，如胡果·巴尔伯尔尼时期的友人布洛赫（Ernst Bloch）。

自由。所有书本知识都将毁灭，精神从文字的外壳里自由地显现出来。文字的福音是有时间限制的，它的形式是易逝的、暂时的；精神的福音是永恒的。然后大地上会有众弟兄的、属灵者的、精神之子的共同体。根据这个共同体的精神，永生之水是那不用墨和笔在纸上，而用圣灵之力在人心的书里写下的字。上天的崇高一经启示，所有尘世的高贵都要土崩瓦解。[1]

建造业公会（Dombauhütten）的浪荡（Libertinage）传统一定也对闵采尔有过影响。以施托希为代表的茨维考政治狂信者，滋养了他的满腔热忱。[2] 施托希视建立千年王国为天生的使命。他宣讲世界即将毁灭为荒野，末日审判即将到来，将灭绝一切怪物和渎神者，用血清洗世界，只留下善人。[3] 兰克说："他们几乎想要自行开启剧烈转折的工程。"[4]

闵采尔鄙弃神学的博学。他高喊："不管是《圣经》（Bibel）还是巴别塔（Babel），人都必须匍匐在角落里和上

---

[1] 参Münzer,《论严密的信仰》（*Vom getichten Glauben*）和Zimmermann,《伟大的德国农民战争》第2卷，页55—56。
[2] ［德文版编者注］施托希（Niklas Storch，又作Nikolaus Storch，1500前—1536后），宣传神秘主义学说，在宗教问题上拒绝成体制的教会和世俗的权威，1521年在茨维考对闵采尔产生了深刻影响。
[3] Zimmermann,《伟大的德国农民战争》第2卷，页59。
[4] ［德文版编者注］兰克（Leopold von Ranke，1795—1886），著名的新教史学家，柏林大学教授，代表作有六卷本《宗教改革时期的德国史》（*Deutsche Geschichte im Zeitalter der Reformation*，1839—1847）。

帝说话。"[1]他强调要和上帝结成直接的共同体,认为上帝在异象、梦境和启示中显现自己。教会和国家应当在自由人和圣徒的王国中解体,开启属于全人类的真正的教士制度。

他提出的纪律的方法,今天仍有时代和精神力量:一切行动的任务是,在弃绝一切欲望和享受之后,通过孤独、悔悟和内省,盘点自己信仰的根基。上帝给饱受折磨和拷问的人以记号。谁勇敢、热忱而严肃地讨要这个记号,上帝就会给他。基督教会起源自基督,而不是保罗。人必须深入到基督内部。路德的宗教改革只进行了一半:必须汇集上帝真正的孩子,他们天生有上帝的精神而且受这精神本身支配,让他们构成完全纯粹的教会、地上的圣徒王国。不忍受痛苦就想变得接近基督,这是渎神的。所有的恶、所有阻碍每一个个体自由发展的东西,都必须废除。"神子说:文字给出证明。这些钻研文字的学者却说:文字给出信仰。"每一个人,哪怕是异教徒,没有一本《圣经》,也可以有信仰。[2]

他抨击路德的称义学说:僵死的信仰学说比教宗的学说更加损害福音。"如果像布道说的那样,因信仰而非善工称义,那会远远地偏离目标。"人应当进的天国,要在此世的生命中寻找,也必将找到。圣灵是每个人都具备的,因为它不是别的,就是我们的理性和我们的理智。不存在地

---

[1] Otto Merx,《闵采尔与普菲弗》(*Thomas Münzer und Heinrich Pfeiffer*, Göttingen 1889),页20。
[2] J. K. Seidemann,《闵采尔》(*Thomas Münzer*, Dresden u. Leipzig 1842),页60—61。

狱或永罚,具备圣灵即具备理性的人只是会犯下罪过。人的天性希望人为邻人做自己想为自己做的事情,这样的愿望就是信仰。[1]

他拒绝所谓基督已经赎清所有罪孽这种"迎合欲望的学说",拒绝圣人崇拜,拒绝炼狱学说,拒绝向死者祈祷,认为基督不是上帝,而只是先知和教师。闵采尔不进行圣礼就食用被他称为"我主上帝"的圣体,这甚至令卡尔施塔特惊恐不已,他写信给闵采尔:"Ut autem cesses hostiam sustollere, et hortor et obsecro, quod blasphemia est in Christum cruzificum.[我告诫并请求你,不要领受圣体,因为这是亵渎钉死在十字架上的基督。]"[2]

这是亵渎钉死在十字架上的基督?闵采尔读到这封信大概会付之一笑。他认为基督是"受难的至高典范,对此人只须认识到,基督是上帝之子"。基督是"上帝的众子里最高的","人如果具有神圣意志的敏感,就再也不可能真正地再

---

[1] 闵采尔对塞巴斯蒂安·弗兰克(Sebastian Franck)和梅兰希通说的话,见闵采尔《揭露伪信仰》(»Ausgedrückte Entblössung des falschen Glaubens«)和路德《告诫安特卫普基督徒警惕新先知》(»Warnung vor den neuen Propheten an die Christen zu Antorf«)。
[2] 卡尔施塔特致闵采尔的信,1524年7月19日,转引自Seidemann,页128。
  [德文版编者注]卡尔施塔特(Andreas Karlstadt,1480—1541),原名Andreas Bodenstein,后以位于下弗兰肯的出生地为姓。作为神学家,他1510年起先后在维滕贝格和巴塞尔大学任教授,最初与路德同道,后反对路德,原因之一是圣餐问题,他倾向茨温利的看法。路德坚持基督的血和肉真实地临在于圣餐中,而茨温利认为葡萄酒和面包只是血和肉的符号,加尔文又认为血和肉精神地存在于葡萄酒和面包中。

去信仰圣父、圣子或圣灵"。[1]

我不知道还有什么关于基督教、受难和上帝信仰的话比这些更深刻、更自由。闵采尔这些话不仅包含着一门痛苦和绝望的哲学，也包含着一种精神根据其受难能力而划分的等级秩序。这些话的意义超越了整个中世纪，和欧洲最高的灵性相通。宗教无政府主义使他和托尔斯泰相通，"上帝和人民"（dio e popolo）使他和马志尼（Mazzini）相通，同苦痛结盟使他和瓦莱斯相通，圣徒学说使他和埃洛相通。[2]

路德怎样对待他同时代人的这些话呢？他视之为"虚荣恶意的亵渎文章"，视为"魔鬼罕见的作祟"。他给斯帕拉廷的信中说，闵采尔操弄"如此异常而且违逆《圣经》的言辞，简直可以视作一个神志不清的醉汉"。[3]

1523年7月13日，闵采尔感到不得不给约翰公爵写信：

> 如果您希望我接受那些维滕贝格人的审讯，那么我不会认罪。我想要罗马人、土耳其人和异教徒一同到场。因为我要对他们发言，要把不理智的基督教彻底批倒。我明白要对我的信仰负责。如果您愿意让我

---

[1] Herzog,《新教神学百科全书》(*Enzyklopädie für protestantische Theologie*) 第10卷，页109。

[2] [德文版编者注] 瓦莱斯（Jules Vallès, 1832—1885），法国作家，1871年参与巴黎公社，被视为穷人和受压迫者之友。

[3] De Wette,《路德书信》(*Luthers Briefe*) 第2卷，页379，1523年8月3日。
　　[德文版编者注] 斯帕拉廷（Georg Spalatin, 1484—1545），路德信徒，萨克森选侯的亲信。

的书出版，我不胜荣幸。但如果您不同意，那么我愿按上帝的意志行事。我愿意忠实地将我所有的书寄送给您以供审阅。[1]

路德在给萨克森诸侯的信函里就要求各邦君"严肃对待狂信者的狂潮，把事情限制在圣言的范围内，防止诱发动乱"。因为"如果有人自夸圣灵附体，除了用言论以外还想用拳头解决问题，而不是甘愿忍受一切，那他就不是基督徒"。[2]闵采尔出逃，才侥幸躲过了抓捕。

9

必须谈一谈农民战争本身。如果实现上帝之国的革命愿望，按施莱格尔（Friedrich Schlegel）的说法，是"渐进的文明生气勃勃的基点和现代历史的起点"[3]，而热情是神圣思

---

[1] 致曼斯菲尔德（Ernst von Mansfield）伯爵的信中也有类似内容，参C. E. Förstemann,《宗教改革福音派文献新编》(*Neues Urkundenbuch zur evangelischen Kirchenreformation*, 1842)，页229—231。
[2] 《为反对叛逆的妖孽致萨克森诸侯书》(*Briefe an die Fürsten von Sachsen von dem aufrührischen Geist*)。但为什么偏偏是农民，而非诸侯，应当受苦、做逆来顺受的基督徒？受难学说招致而且认可了众多不幸，它是路德以来国家站在教会的位置上宣讲的那种道德失败主义的重要源头。基督教负有消灭苦难的使命，而非施加苦难。逆来顺受、宿命论的基督教属于中世纪，属于专制的教会和国家，而积极有为、解放人的基督教是新的民主时代的理想。
[3] Friedrich Schlegel,《断片集》(*Fragmente*, Inselverlag, Leipzig)。（转下页）

想和神圣情感明朗的混乱,那么闵采尔则站在一个今天绝没有结束,但我们已经失去线索的历程的开端。我们对谁负责?对一个肆意妄为的政权还是对人类?对一个嗜杀的当局,还是对存在者的兄弟之爱、团结、伟大和尊严?

修道院院长约阿希姆的革命观念在闵采尔这里变成了革命行动。路德对狂热精神和狂飙精神的毁谤是对热情的拒斥。他承认这些精神作为精神的地位,但认为它们蕴含的不是神圣的,而是撒旦的力量。

"我们苦于不能从根本上受苦。我们能感受的苦难太少。"[1]这句当代德国人的格言揭示了德国的野蛮的全部原因。因为如果不能受苦(leiden)和不能同情(mitleiden)不是野蛮,还有什么是野蛮的?如果不要消灭痛苦而要增加痛苦的意志不是魔鬼,还有什么是魔鬼的?外界的枷锁令人的天然枷锁加倍沉重,这是魔鬼的力量在起作用。存在没有减轻每个人与生俱来的痛苦,反而加剧了它,这是魔鬼的力量在起作用。法律和教条的谎言、统治者和神学家的杜撰联合了起来,将凡是反对他们篡权的一概斥为魔鬼。生命的意义不外乎是自由。外在的自由只是内在自由合乎逻辑的结果,但二者都是必不可少的,因为只有二者一道,才能满足在歌德看来不朽最根本的条件,"整个人超越自我迈向光明"。道德是

(接上页)(中译参见施勒格尔,《雅典娜神殿断片集》,李伯杰译,北京:生活·读书·新知三联书店,2003年,页91。——中译者)

[1] Oscar Loerke,载于 *Neue Rundschau*,Berlin,1917年12月。

受到贫穷和同情约束的浪荡。

在黑暗的时代看见理性孤独地起作用,能令人感到些许欣慰。1523年闵采尔开始系统地阐发自己的观点。自1524年起他猛烈地抨击路德。他认为,"维滕贝格的教宗"用宗教掩饰他政治上的纵容(Indulgenz),比罗马的教宗危险得多。1524年春他写信给梅兰希通,指出梅兰希通和路德用他们的文字工作,误导了正在形成中的新教会:

> 你们温顺的书斋学者不要不情愿,我并没有其他的办法。[1]

他以他们的仇恨为代价,换来行动的自由。他揭露那些"亵渎神明、把上帝变成描画出来的渺小人物的衮衮诸公"。他的风格是情绪激昂而富鼓动性。他要"用新的声响充满"光明的号角。

> 整个世界必须经受一次大震荡;这将是不敬上帝的人垮台而卑贱的人翻身的一场戏。[2]

必须满怀敬意地重视当今世界的新运动。过去的武力将完全不再起作用,因为就像先知所说,它只是虚

---

[1] Zimmermann,《伟大的德国农民战争》第2卷,页56。(中译参见戚美尔曼,《伟大的德国农民战争》,页212。——中译者)
[2] 同上书,页78。

荣的浮沫。如果谁现在要讨伐土耳其人,那么他不应劳师远征,土耳其人就在国内。但是谁要做新教堂的一块砖,他就得敢于拼死一搏,否则就要为匠人所弃。[1]

他援引《路加福音》第19章第27节:"把我那些仇敌拉来,在我面前杀了。"他拒绝接受基督所说的"恺撒的物当归给恺撒",坚持遵照《旧约》:奉先知之命诛杀君王,以上帝之名弃绝君王;对他们的孩子斩草除根,不放跑一个。

人民的物当归给人民,这就是口号。因为基督有一条主要的教导:所有人都是一个父的孩子,是彼此平等的弟兄。《圣经》里没有一个字提到宗教诸侯的权力的合法性,但也没有提到世俗诸侯的权力的合法性。

> 上帝在愤怒中给世界派来了君主和诸侯,又会在愤怒中把他们遣走。为了叫人屈从这些玩意儿,就要让群众害怕他们甚于害怕上帝。
> 只是由于人对刽子手的恐惧才有诸侯存在。他们不外乎是刽子手和差役,这就是他们的全部手艺。
> 如果暴怒狂(官僚)想立规定,要你们顺从你们的诸侯和君主,那么你们就该回答他们说:诸侯和君主占有并管理一时的财富,除此以外他们也没有别的

---

[1] [德文版编者注]参《旧约·诗篇》第118章第22节:"匠人所弃的石头,已成了房角的头块石头。"

权力。[1]

这也意味着主张政教分离,但要求诸侯无论如何臣服于精神的权力。他向各邦诸侯说:

> 最尊敬、最亲爱的执政者!你们从上帝口中好好听一听你们的判决,不要受你们伪善的教士的引诱,不要同虚假的宽容和善心纠缠。[2]

对路德则是下面一番话:

> 为什么你称他们为诸侯殿下?他们的头衔不应给他们,而应给基督。为什么你称他们为出身高贵的?我以为你是基督徒,可你这样是一个大异教徒。[3]

> 看看吧,我们的诸侯和邦君就是重利盘剥、偷盗抢劫的祸首。他们把一切造物,水中的鱼、空中的鸟、地上的植物,通通攫归私有。然后他们却要向穷人们宣说上帝的清规戒律:你不应该偷窃。但是这个戒律对于他

---

[1] C. E. Förstemann,《宗教改革福音派文献新编》和《历史文物研究通讯》(*Neue Mitteilungen historisch-antiquarischer Forschungen*)第12卷,1867。
[2] Zimmermann,《伟大的德国农民战争》第2卷,页69。
[3] Thomas Münzer,《事出有因的辩词,兼复维滕贝格空洞无神、贪图安逸的皮囊》(*Hochverursachte Schutzrede und Antwort wider das geistlose, sanftlebende Fleisch zu Wittenberg*, 1525)。(后文简称《复维滕贝格贪图安逸的皮囊》。——中译者)

们自身则是不适用的。因此他们对贫苦农民、手工业工人和所有活着的人都想方设法进行盘剥搜括。如果农民和手工业者只消误取一丝一毫，就得上绞索。[1]

1524年农民战争在德国南部爆发。闵采尔支持自卫。"诸侯的权力终有一个尽头，它不久以后就要转交到普通人民手里。"这番话和路德那套奴隶的基督教学说是多么不同！

闵采尔："疑虑或伪装无济于事。真理必须挑明。人们在受饿，他们想要也必须要填饱肚子。"[2]

路德："无论谁只要力所能及，无论是暗地还是公开，都应该把他们戳碎、扼死、刺杀，就像必须打死疯狗一样。"[3]

闵采尔："上帝啊，农民都是可怜人。他们努力糊口度过自己的一生，只是为了填满暴君的喉管。"[4]

而路德，同一个路德，他的山鲁佐德（Scheherazade）

---

[1] 闵采尔对邦君的讲话，参 Th. C. Strobel,《闵采尔的生平、著作和学说》(*Leben, Schriften und Lehren Thomas Müntzers*, Nürnberg 1795)，页51—52。(中译参见戚美尔曼,《伟大的德国农民战争》，页211，略有改动。——中译者)

[2] Zimmermann,《伟大的德国农民战争》第2卷，页82。

[3] Luther,《反对杀人越货的农民暴徒》(*Wider die räuberischen und mörderischen Rotten der Bauern*, 1525)。路德在这部著作里甚至宣称，废除农奴制是"严重违背福音且等于抢劫的"念头，因为这会使每个人的身体都属于自己而不再属于他的主人。(中译参见戚美尔曼,《伟大的德国农民战争》，页773，略有改动。——中译者)

[4] Merx,《闵采尔与普菲弗》，页24。

——胡赫称,他开口说出的话就是诗[1]:"Cibus, onus et virga asino[给毛驴饲料、重负和荆条]。普通人就是得背上重担,否则他们就敢胆大妄为。"[2]

迫于一再的告发,闵采尔逃往纽伦堡。纽伦堡市政厅没收了他的宣传册《复维滕贝格贪图安逸的皮囊》。闵采尔在这篇文章里承担起人类在这个世纪的斗争:

> 你发昏了,难道你想当世界上的盲人领袖吗?根据你的奥古斯丁理论,你用一种错误的信仰把基督教世界弄得一片混乱,当危急临近时,你不能正确地做出解释。因此你就向诸侯献媚。只因为你骗取了盛名,就反而说情况变好了。你助长了不敬上帝的歹徒的权势,使他们停留在老路上。因此你的处境将如被擒之狐。人民将获得解放,只有上帝是他们的主宰。[3]

---

[1] Ricarda Huch,《路德的信仰:致一位友人的书信》(*Luthers Glaube. Briefe an einen Freund*, Inselverlag, Leipzig 1916),页5。

[德文版编者注]胡赫(1864—1947),德国女作家,她的代表作之一是篇幅宏大的三十年战争史《德国的伟大战争》(*Der große Krieg in Deutschland*, 1912—1914)。

[2]《反对杀人越货的农民暴徒》。又参路德致吕尔(Rühl)博士的信:"给毛驴饲料、重负和荆条,给农民燕麦秆。他们不听话又愚蠢,所以必须尝一尝鞭子和猎枪的滋味。我们希望他们服从;如果不服从,那就没什么慈悲可言。尽管让猎枪朝他们招呼,不然他们还要更凶顽一千倍。"

[3]《复维滕贝格贪图安逸的皮囊》。(中译参见戚美尔曼,《伟大的德国农民战争》,页236。——中译者)

再洗礼派和狂信者是他的同谋和密使。他在十五岁的少年时，就参与过反马格德堡大主教恩斯特（Ernst von Magdeburg）的密谋。现在他建立了阿尔施泰特联盟（Altstedter Bund）和曼斯菲尔德矿工联盟（Mansfelder Bergarbeiterbund），抵制高利盘剥，发动起义。据他报告，1525年7月15日已有"超过三十起暴动"：

> 我要在所有邦国发动起义，总之，我们必须承担起我们世代居住的土地上的责任。你们不要像所有暴君都失落了他们的心那样，听凭你们自己的心沉沦。暴君都固执到冥顽不灵，这正是上帝公正的裁决，因为上帝要把他们连根拔除。

他自称为"使铁锤的闵采尔"。他在赤脚修士（方济各会）修道院请人铸造大口径火炮。他在战场上高擎一面白旗，旗上是一道彩虹。而当路德在奥拉明德（Orlamünde）现身的时候，人们朝他扔石头。

饱受坏血病和饥馑折磨的农民和无产者被野蛮地屠杀。登山宝训、穷人的福音，遭遇了一次血腥的失败。梅兰希通记载："Omnia sunt communia［一切归公］是他们的信条。"[1]闵采尔遍受酷刑以后自述，是他组织了起义，"目标是全体

---

[1] Melanchthon,《图林根暴乱首领闵采尔传》(*Die Historie von Thome Müntzer des anfengers der döringischen Uffrur*, 1525)。

基督徒的平等"。

1525年人民流血，1790年在法国贵族流血。什么时候德国能和法国联合起来？

THOMAS MUNZER
STOLBERGENSIS PASTOR ALSTEDT
ARCHIFANATICUS PATRONUS ET CAPITANEUS
SEDITIOSORUM RUSTICORUM
DECOLLATUS
［托马斯·闵采尔
施托尔贝格人，阿尔施泰特牧师
起义农民的
保护者和领导人
被斩首］

时年二十七岁。什么时候德国，什么时候欧洲会为他竖立一座纪念碑？

10

路德的行动将民族从欧洲教条的监护下解放出来。但他也因此在民族——历史后果可以证明——仍不成熟的时刻，要民族负担起自己的责任。路德固执地想要自己解释《圣经》，结果归于可悲的失败。他狂妄到要自主地为人民决断欧洲的良心斗争，鄙视高深明智的传统，鄙视教父、大公会议、教宗和哲学家形成的光辉谱系，助长了卑鄙的强权，导

180

致它凌驾于观念之上，产生了比教会的教条主义在它最不宽容的时代还要更坏的一种奴役制度，更恶劣、更腐化的一种暴政。[1] 路德给封建邦君们卸下了原先查理大帝幸运地给萨克森诸侯们戴上的锁链。德国宗教改革让历史退回到异教时代。一个法国人在这里讲到了点上：

> 无疑教会里曾经存在弊端：买卖圣职、出售赎罪券。但是现在平信徒的政府里也有：巴拿马丑闻、买卖勋章。只要有一个干练的教宗，就足以纠正这些令人遗憾的错误。路德和加尔文，一个僧侣和一个教士，都是可怕的人物，他们的抗议不是针对弊端，而是针对教会本身，他们制造的宗教改革带来了耶稣会士、教条的强化和天主教长时间的不宽容、不向宗教改革分子做任何让步。[2]

---

[1] Bakunin,《日耳曼鞭刑帝国与社会革命》(»*L'Empire knoutogermanique et la révolution sociale*«, 1870/71), 页451—452："要相信德国路德宗教会延续至今的独特精神，只需去读这个教会的每个牧师在普鲁士王国就职以前所必须签字和宣誓遵守的宣言或诺言。这些条文没有超出沙俄神职人员承担的义务，但就奴性而言则别无二致。在普鲁士，每一个牧师一辈子都在宣讲要做他的君王和主人的忠实臣民，但这位君王和主人不是亲爱的上帝，而是普鲁士国王。他们必须永远谨听神圣的号令，时刻不敢轻忽他们陛下神圣的利益。他们还必须把这样的敬意、这样的绝对服从教给他们的羔羊，必须汇报可能触犯政府意志或利益的所有倾向、所有事情、所有活动。和他们一样，受命负责领导普鲁士国民教育的奴隶们（文化部）也有同样的工作。上述种种要求无异于毒化大众、系统地宣传奴隶制学说。"（原文是法文。后文简称《日耳曼鞭刑帝国》。——中译者）

[2] Jules Lemaître,《君主制研究》(*Enquête sur la Monarchieed*, Nouvelle Librairie Nationale, Paris 1909), Charles Maurras编。

如果说加尔文把改革扩展到国家层面，那么路德则是将完全未分得教会所要分配的各种祝福和圣礼的人民，骗到了专制制度手里。[1]欧洲其他地区太迟才觉悟到，路德在教宗和皇帝的斗争中的立场意味着什么。路德向封建制度出卖了它今天用以进行有史以来最厚颜无耻的斗争之一的精神武器，从而将封建制度保存下来。路德防止了英国革命和法国革命那样伟大而现实的自由体验，所以对此负有罪责——德国今天对外国仍然没有政治良心。路德真正的创造是"秩序的上帝、设立当局的上帝"，是用奴隶的基督教为国家封圣。由此他让王公和将领心安理得，把德意志人变成一心反动的民族，变成"世界道德秩序"的守卫以服务神权统治，变成每一次自由运动的剿灭者以服务妒忌成性的可耻的"上帝旨意"。Res publica［共和国］变成了警察国家、监视国家，它的使命是从挪威北角到巴格达、从芬兰到西班牙，以《圣经》、耶和华、耶稣之名施行惩罚、处决和绞刑。路德创立的道德自由主义变成自由的滑稽戏，鼓励人在国家的庇护下尽情享受。

为国家自身而存在的国家里充斥的只有堕落，它的国民

---

[1] 费希特还承认："每个人一俟自己愿意，就可以向教会宣布，他不再服从教会……契约被解除了，他把他尚未动用过的教会天宝完好无损地归还给教会，同时他也允许教会有一种自由，那就是允许教会在不可见世界里向他发泄自己的全部愤怒；教会又重新还给他信仰自由。"(《德意志信仰》[*Deutscher Glaube*]，页27)（中译参见《费希特著作选集》第1卷，梁志学主编，北京：商务印书馆，1990年，页394—395。——中译者）

要么正在腐化，要么已然腐化。一个受崇拜的僧侣把他的民族掷回了最黑暗的时代，阻挠和破坏所有民族争取解放、追求唯一民主的努力，奠定了不道德（Immoralität）的基石，正是不道德在1914年导致德国对英国宣战以及整个世界大战。[1]

有人认为，路德的责任在于，用信仰问题上一种新的严肃态度，阻碍并摧毁了文艺复兴。但观念无法摧毁，只会复归——"复兴"这个词就说明了这一点。路德犯的罪实则更为恶劣，他把上帝出卖给强权，他为武力征伐创立了一门宗教，他为战争本身鼓动战争，以"虔信"为借口。个人"良心"的重负无法用国家政治来疏导，整个民族都染上了忧郁症和疑心病。这个民族变得脾气古怪、喜怒无常又满腹怒气。巴枯宁所形容的"对自己不满的自我满足"、吹毛求疵、怨天尤人和精神的无能，成了德国人的标志，让他们笨拙贫弱，事事无成。歌德评论克洛普施托克（Klopstock）时也指出，伟大人物如果没有与之相配的广泛影响范围，就会陷入怪诞。尼采补充说："但我们整个民族就这样受怪诞的煎熬。"欧洲其他地区始终叛逆的精神，就与德国的风俗、与军事制度的那种封建伦理、与特权外交、与自命良心的军国主义产生了矛盾。

---

[1] 尼采也认为："宗教改革使我们远离古代——这是必然的吗？它重新发现了一对古老的矛盾：异教—基督教。"（*Werke*，第10卷）但是他选择日耳曼的异教，而非罗马国家的基督教，这犯了根本的错误。为此他必须付出高昂的代价。

如同神迹一般,路德成了他那个时代的法官。这个民族如果想拯救它的名誉,今天就要下决心以1525年的伟大革命之名为那个时代重新洗礼,以此明确表示:宗教精神高于世俗精神、公民权力高于军事强权、红血高于蓝血。

戚美尔曼描述过,仅仅闵采尔的名字,对路德和路德得力的喉舌梅兰希通就有怎样的影响:

> 每逢他们写到闵采尔的名字时,他们觉得仿佛他会进来,走到他们面前似的,但是,他们还是要提他的名字,写他的事情。他们两人关于闵采尔的几乎所有的文章和言论中,都明显地表示有一种像是负担、像是梦魇、又像是内心恐惧的东西;他们似乎在想:能说吗?能写吗?会不会引出鬼来呢?*

这种恐惧、这种梦魇,今天在德国似乎再度启动。精神显现,死者觉醒。Civitas pauperrimi et sanctissimi hominis〔最贫困最神圣人的国〕的观念就像班柯的鬼魂一样来临。胜利的将是班柯们还是麦克白们呢?[1]

---

[1] [德文版编者注]班柯(Banquo),莎士比亚悲剧《麦克白》(*Macbeth*)中死于麦克白之手的正面人物。

* 中译参见戚美尔曼,《伟大的德国农民战争》,页690,略有改动。

第二章
新教哲学与法国革命的自由概念

1

我们的新教是一座坚固的堡垒——这句民族格言从诞生起就击垮了多少精神!虚假逻辑的忏悔教义疯狂蔓延。自欺欺人地把有利于健康感觉的东西视作严重的堕落,这种自欺败坏了天性,损害了自由的视野、对善与恶的本能认识、对天生道德力量平衡状态的洞察。[1]这个民族早已忘记了笑。葬礼献诗、亡故者名录、忏悔日演奏的音乐、赞

---

[1] 这是奥斯定会的礼物,除路德以外,他的神学老师陶勒也宣扬奥斯定会的精神。陶勒说:"我们由于自己的罪孽,天生就要承受怒火、永死和永罚。"圣奥古斯丁说:"人由败坏的质料组成,发臭且腐朽,是一块烂木和粪土,结局就是永死。"Wilhelm Preger,《中世纪德国神秘主义史》(*Geschichte der Deutschen Mystik im Mittelalter*, Leipzig 1893)第3部,页177。

[德文版编者注]陶勒(Johannes Tauler, 1300—1361),多明我会修士,重要的德国神秘主义者。

美诗、合唱、声乐套曲，都在同"罪"和感性生活这些可憎的魔鬼作斗争。马特松（Johann Mattheson）《荣誉之门》（*Ehrenpforte*）所记载的德国音乐家的暗淡的人生历程，见证了三十年战争留下的惨状和痛苦。利希滕贝格（Lichtenberg）说："要知道，整个国家五百年来没有一个人是在欢乐中死去的。"[1]

虔信主义一统天下，讲台上的布道者夸夸其谈。虔信主义将新教正统导入新教启蒙。虔信主义之父斯彭内尔，出于教育的原因反感严格科学的思维。富朗开不同于斯彭内尔，是一位"行动派"、无所顾忌的鼓动家、不好相处的同事、不妥协的敌人、控制欲强烈的组织者。他的传记作者形容他是一个虔信主义的超人。那是一个小型《圣经》社团、芥菜籽一般的修会四处涌现的时代，社团的核心是兄弟之爱。《圣经》被视为完备的预言体系，1836年世界就会毁灭。还能有什么好转？没有谁笑话这些人，没有斯卡龙写关于他们的小说，没有伏尔泰为德国拯救出法国宫廷笑声的回音。[2]

---

[1] Georg Christoph Lichtenberg，《合编文集》（*Vermischte Schriften*，Göttingen 1844）第1卷，页252。

[2] ［德文版编者注］虔信主义（Pietismus）是新教内部产生于17世纪的一个流派，得名于拉丁文pietas［虔信］。胡果·巴尔似乎不知道，虔信主义是不满于路德宗正统而与之对立的派别。他们用"生动的"、强调感情的信仰取代路德的"称义"，认为这样的信仰将在此世带来"重生"。这种宗教情感的内向化，在18世纪中期也体现为文学中的感伤主义（Empfindsamkeit）。

斯彭内尔（Philipp Jakob Spener，1635—1705），新教神学家，凭借其著作《虔诚的欲望》（*Pia desideria*）成为虔信主义之父，（转下页）

在学术上争论神学问题的，是有理智的犹太教拉比。[1]

商业阶级将启蒙运动传到了欧洲的大港口和贸易都市，和启蒙一道传来的还有宽容。犹太人移民受到宽容，流亡者受到宽容，因为他们带来钱和人脉。培尔[2]、蒙田和笛卡尔都得到了宽容，因为他们是理性主义者；他们是理性主义者，因为他们怀疑。这就是法国早期的哲学。笛卡尔专门与经院哲学作斗争，从意识出发建构起全部知识。他的cogito ergo sum［我思故我在］变成了哲学个人主义的原则，在德国最终导致了学者的绝对主义。即便有利希滕贝格这样清醒而理性的人针锋相对地指出，要像说"打闪"一样说"思考"[3]，也无法阻止个人主义仗着路德的顽固不化，甚至到法

（接上页）曾在美因河畔的法兰克福、德累斯顿和柏林担任牧师。

富朗开（August Hermann Francke, 1663—1727），新教神学家，1687年经历"重生"，被莱比锡大学神学系禁止教学，他在斯彭内尔的帮助下得到哈勒大学的教职，并在哈勒建立了附有孤儿院、出版社、药店和传教团的富朗开基金会（Franckesche Stiftungen）。

斯卡龙（Paul Scarron, 1610—1660），法国作家，写作喜剧和流浪汉小说，代表作为《滑稽小说》（Le roman comique）。

[1] 最早严肃地尝试《圣经》批判的，理所应当地是一个犹太人——斯宾诺莎（Baruch Spinoza）。

［德文版编者注］此处有误。注释所举的哲学家斯宾诺莎（1632—1677）非但不是"拉比"，而且因为主张泛神论思想被拉比们开除出了犹太社区。他的泛神论对德国古典主义者（如歌德）和浪漫派影响巨大。

[2] ［德文版编者注］培尔（Pierre Bayle, 1647—1706），法国哲学家，是怀疑论的启蒙主义者，因此1693年被剥夺鹿特丹的教职。他主张信仰自由和政教分离。

[3] Lichtenberg,《合编文集》第1卷，页99："应当像说'打闪'（es blitzt）一样说'思考'（es denkt）。因为cogito必须译为'我思'，这就已经表述了过多的东西。实际需要做的，正是想象、假设这个我。"（转下页）

国革命早已用大写字母在欧洲的天空上写下"博爱"这个词的时代，依旧只从"我"当中得出各种观念——请看费希特，这个席勒（Friedrich Schiller）称作"奥斯曼施泰特（Oßmannstedt）伟大自我"的人。

如果说怀疑来自法国，那么新道德就来自英国。博尔格塞教授非常正确地指出，尽可以把泛日耳曼主义者罗尔巴赫的"德国观念在世界"改成"英国观念在德国"。[1]尼古拉教授在他备受赞誉的新书《战争生物学》中指出，康德和德国人在多少关键的地方受到了英国道德的影响，又在多少其他地方遗憾地脱离了它。[2]而且还可以进一步

（接上页）（"打闪"在德文中是无人称动词，利希滕贝格以此类比，认为"思考"也应当这样使用。——中译者）

[1] G. A. Borgese,《意大利和德国》(*Italia e Germania*, Fratelli Treves, Milano 1915)。

[德文版编者注] 博尔格塞（Giuseppe Antonio Borgese, 1882—1952），意大利文学研究者、作家。胡果·巴尔1917年在伯尔尼与之结识，非常赞赏他的《意大利和德国》。博尔格塞1931年移居美国，1940年娶托马斯·曼之女伊丽莎白为妻。

罗尔巴赫（Paul Rohrbach, 1869—1956），新教神学家、作家，德国文化帝国主义的代表人物，1903—1906年任德国在西南非洲定居点的皇帝专员，1914年起出版杂志《更伟大的德国》(*Das größere Deutschland*)，代表作有这里提到的《德国思想在世界》(*Der deutsche Gedanke in der Welt*)。

[2] G. F. Nicolai,《战争生物学》(*Die Biologie des Krieges. Betrachtungen eines deutschen Naturforschers*, Orell Füssli Verlag, Zürich 1917)，页343及以下。

[德文版编者注] 尼古拉（Georg Friedrich Nicolai, 1874—1964），柏林夏里特（Charité）医院医生，1914年志愿在野战医院服务，因发表批评德国发动战争的言论，受处分降级离职。1918年初流亡丹麦，1919年起在柏林担任生理学教授，遭遇激烈争议之后于1922年前（转下页）

说，康德不仅受到洛克和休谟的直接指引，而且还经由卢梭——他的社会契约思想应归功于英国——接触到了西德尼的思想。[1]除了康德以外，那个时代两位最伟大的德国哲学家也拜入英国人门下：德国哲学光芒四射的宝塔巴阿德、唯一的幽默作家利希滕贝格。两人都在英国度过了他们思想发展中最关键的岁月。[2]但是在路易十四留给世人一片道德混乱以后，最早尝试重建一个新现实世界的，是法国人——卢梭和伏尔泰。

在英国哲学家已经根据有益于社会的工作和行为推导所有道德的时代[3]，在法国的卢梭和伏尔泰分别试图解救善良天性、克服宗教狂热的时代，德国依然在争辩神学形而上学问题。尼古拉虚拟了一场英国大使戈申和德国帝国首相贝特曼·霍尔韦格的对话，让英国的"功利哲学"和德国的"定言令式"在1914年各自证明自己[4]：德国总参谋部破坏了比

（接上页）往阿根廷科尔多瓦（Córdoba）任教。胡果·巴尔两次提到他的著作《战争生物学》，另一次是《自由报》（*Freien Zeitung*，Bern，1918年第53期，7月3日，页214）上巴尔的文章《尼古拉教授丹麦流亡记》（»Aus der Zeit. Prof. Nicolais Flucht nach Dänemark«）。

[1] [德文版编者注]西德尼（Philip Sidney，1554—1586），英国诗人、外交官和军人，他的田园小说《阿卡迪亚》（*Arcadia*）代表了人与人和平共处的理想。

[2] 马萨里克（Th. G. Masaryk）教授已证明休谟对费尔巴哈伦理学（人本主义）以及由此对马克思的决定性影响，见氏著《马克思主义的哲学和社会学基础》（*Die philosophischen und soziologischen Grundlagen des Marxismus*，Verlag Karl Konegen，Wien 1899），页35及以下。

[3] 这正是桑巴特等德国斗士们今天仍在诋毁的"功利哲学"的意义所在。

[4] Nicolai，《战争生物学》，页350—351。

利时的中立,但是英国人民感到自己有义务维护保障比利时中立的条约。不谙世情的德国大学教授们构筑的巴洛克楼阁不堪一击,而且不为饱受教士和诸侯蹂躏的人民所了解。心中的道德律感到自己与头顶的星空相亲,却忘记了自己身边最近的环境;那位德国教授最引以为豪的"道德世界秩序",只在他一个人的头脑里存在。

康德的功绩是伟大而不朽的。他没有像海涅轻率以为的那样砍了上帝的头[1],反倒是砍了虔信主义的头。他将神秘化驱逐出理性王国。他最早的传记作者之一认为[2],康德(通过在形而上学当中分裂彼岸和此岸)教导年轻神学家远离"虚假、轻浮、夸夸其谈而毫无成果的启蒙"[3]——这就错了。无论如何,康德并非海涅所猜想的刽子手。他的严厉更多地针对方法,而非方法的对象。他将上帝虚化为理念,于是无论是黑格尔、叔本华和尼采等无神论者,还是他在《纯粹理性批判》里请下宝座,但就在降级并同科学分离以

[德文版编辑注]戈申(Sir William Goschen),英国1907—1914年驻德大使。(贝特曼·霍尔韦格[Bethmann Hollweg, 1856—1921],1909—1917年的德意志帝国首相。——中译者)

[1] Heinrich Heine,《论德国宗教和哲学的历史》(*Zur Geschichte der Religion und Philosophie in Deutschland*, Verlag Otto Hendel, Leipzig),页84。

[2] 普鲁士王家随军牧师和教区委员博罗夫斯基(Ludwig Ernst Borowsky)。他的传记的初稿写于1792年。

[德文版编辑注]博罗夫斯基(1740—1831),新教神学家,柯尼斯堡主教,1804年为他的老师康德编写了一部传记。

[3]《同时代人记述中的康德生平》(*Immanuel Kant, sein Leben in Darstellungen von Zeitgenossen*, Deutsche Bibliothek, Berlin),页41。

后又在《实践理性批判》里重新开启的神学,都完全可以引用他作为依据。

博罗夫斯基是康德最年长的弟子之一,他的观点至少证明,即便我们最得普遍公认的哲学也是多么暧昧不清。如果不注意德国哲学在怎样的政治环境里诞生,评价它的优缺点只会完全不得要领。费希特1799年尚且写下:

> 德累斯顿的科学主管部门已经公开表示过,致力于新哲学的人不能得到提升,或者,如果已经提升了,就不能再升。在莱比锡的公费学校里甚至连罗森米勒式的思想启蒙都被认为是有危险的;最近那里再次采用了路德的教理问答手册,并要教师们根据公认的信条重新施坚信礼。这种情况将愈走愈远并愈演愈烈。[1]

那么普鲁士士兵王统治下的教学自由又会是怎样的景象?温克尔曼(Winckelmann)1763年曾形容普鲁士:

> 一想到普鲁士专制主义和各民族所受的压榨,我就

---

[1] 转引自Heine,《论德国宗教和哲学的历史》,页110。(中译参见《海涅全集》第8卷,孙坤荣译,石家庄:河北教育出版社,2003年,页303,略有改动。——中译者)

  〔德文版编者注〕罗森米勒(Johann Christian Rosenmüller, 1771—1821),莱比锡医生、解剖学家,著有《解剖学手册》(*Handbuch der Anatomie*, 1808),是启蒙思想的代表。

从骨髓到脚趾一阵战栗。它对各民族的压榨让这个天生受诅、被利比亚的黄沙覆盖的国家遭人憎恶，要永世受诅咒。[1]

在普鲁士，克里斯蒂安·沃尔夫因为干预了弗雷德里希·威廉一世（Friedrich Wilhelm I）的逃兵丑闻，就不得不为躲避鞭刑而逃离哈勒大学。[2]按照《奥格斯堡信条》[3]

---

[1] 温克尔曼1763年1月15日致乌斯特里（Usteri）的信，转引自Franz Mehring，《莱辛传奇：论普鲁士专制主义和古典文学的历史与批判》（*Die Lessinglegende. Zur Geschichte und Kritik des preußischen Despotismus und der klassischen Literatur*，J. W. Dietz Verlag，Stuttgart 1913）。

[2] ［德文版编者注］克里斯蒂安·沃尔夫（Christian Wolff，1679—1754），哲学家、数学家，启蒙运动的代表人物，1723年因被虔信派攻击为"宗教之敌"失去哈勒大学的教职，后任教于马堡，直到1740年奉弗雷德里希二世命重新任教于哈勒。

[3] ［德文版编者注］《奥格斯堡信条》（*Augsburgische Konfession*），拉丁文作*Confessio Augustana*，是路德宗新教的教派基础文献，由梅兰希通用拉丁文和德文起草，在1530年奥格斯堡帝国议会上呈交给神圣罗马帝国皇帝查理五世，分两部分28条信条，构成路德宗信仰的基础。梅兰希通1540年的《修订版信条》（*Confessio variata*）在圣餐问题上趋向于加尔文宗的观点。但路德宗教士在1560年的魏玛会议上决定以未经修订的版本为准并作为最终确定的版本，称为《原版信条》（*Confessio invariata*）。《奥格斯堡信条》不仅有路德宗神学家，而且有新教诸侯的联署。它力图实现天主教和路德宗各邦之间的宗教和平，因此它所反映的新教教会的信仰内容比实际情况更贴近天主教会的信仰内容。

通过1555年的《奥格斯堡宗教和约》，邦君们就臣民的信仰问题达成了一致。路德宗和天主教都得到承认，而加尔文宗、茨温利宗和再洗礼派则没有。直到三十年战争后的1648年，归正宗即加尔文宗教会才得到承认，成为路德宗和天主教会以外的第三支教会。《奥格斯堡宗教和约》最重要的标志——宗教强制（Zwangs-kirchentum），遭到胡果·巴尔最严厉的抨击。只有邦君有权选择教派，而且他们（转下页）

那些条款，各邦诸侯具有最高的宗教地位，教授作为诸侯的工具和仆人履行职能，以加强诸侯的权威和诸侯显赫的绝对权力，同路德的《基督信仰小问答》保持一致就是第一位的诫命。由此也可以明白，人类对1530年以来的德国新教大学能指望些什么。只有对德国整个教育制度的最彻底的改革，能消灭数个世纪之久 ex officio［照章］栽培出来的法利赛主义。[1]之前每一次自由的冲动都必须当作违禁品，借辩证法的密道传输；为了谨慎，必须采取任何时刻都留下后门的方法——这样说仍要假设一个前提：那位教授真正严肃地愿意为了真理违背自己的效忠宣誓，而非意图用诡辩术调和时代的革新与绝对主义的教义。

（接上页）在路德宗各邦拥有宗教事务的最高司法权，他们规定自己的臣民接受自己的信仰，既是他们臣民的主人，又是他们教会的主人。邦君对他们的所有臣民施行宗教强制。非农奴的臣民虽然可以迁移，但为了得到迁移许可，必须出卖自己的财产并缴纳特别税，以致沦为赤贫的流亡者。

宗教改革希望实现个人的信仰自由，却带来了它的反面。这正是胡果·巴尔愤怒于宗教改革的原因。教宗很远，而邦君很近。对邦君的依附取代了对教宗的依附。Ius reformandi［宗教改革的法］经常被总结为 cuius regio, eius religio［教随国定］，掌握统治权的人决定他境内的所有居民的宗教。路德宗教会和天主教会在德国的长期争斗过程中，一直严厉执行宗教强制。

1555年以后的德国只有邦君、帝国议会的世俗等级、帝国直辖城市和骑士阶级享有宗教自由，普通人没有宗教自由。这正是胡果·巴尔所抨击的"宗教改革的后果"。

[1] 政教分离是最必不可少的要求。其次，用哲学、道德和美学的阐释解读《新约》，以此作为神学改革和教育体制改革的基础。全部课程的出发点是福音传统，教学对象是基督教共和国。制定规模宏大的编辑计划，搜集并整理出版所有基督教英雄的著作，以供人民和教育需要。

博罗夫斯基说过,康德的"道德并不特别地与基督教的伦理学说相矛盾",这是什么意思?这话应当是指定言令式、康德的人格概念同士兵训练师弗雷德里希·威廉一世的关系。但是康德还有句著名的格言:"要这样行动,使得你的意志的准则在任何时候都能同时作为一种普遍的立法的原则。"*它否定了路德宗的国家概念?这个格言难道不是包含着对所有臣民的断然警告?难道不是一则强制教育的格言?普鲁士的立法和登山宝训有什么共同之处?在康德的道德格言后面,弗雷德里希·威廉一世的皮鞭军团和弗雷德里希的义务理想不是都伪装成定言令式了吗?直到今天,我们的整个立法仍与原始的基督教伦理学说相矛盾。至于当时,普鲁士人理解的基督教伦理学说,除了最严格的国家路德宗教,还能是什么?但是那个康德,遇到邻居的公鸡打鸣太响、吵个不停就要搬家,没有什么友好的善意[1];那个康德,毫不宽容地到警察局去要求禁止监狱犯人唱歌,因为歌声在他写作道德律令时打扰了他[2]——他要把他的格言不仅抬升为普遍

---

[1]《同时代人记述中的康德生平》,页57。
[2] 同上。同一位传记作者记述,街道上的孩子经常把石头扔过花园栅栏砸向这位哲学家。
* 中译参见《康德著作全集》第5卷,李秋零主编,北京:中国人民大学出版社,2007年,页33。

法则，而且抬升为普遍的自然法则！[1]可见他个人身上也显露出专制主义的特征。对普遍有效的法则的思索，如果出自一个固执而孤僻的人，其结果不外乎如此。[2]

这里没有必要探讨康德的危险区分，他撕裂了统一的良心，试图孤立地推导出彼此不可分离的两种良心力量——理智与情感——从而区分智识和道德、精神人格和社会影响。正是梅西耶枢机主教在长年的行动中，最近在他令阿奎那（Thomas von Aquin）的伟大宗教学说重显威力的杰出著作里，证明康德主义的实质就是一种令道德秩序基础出丑的教条。[3]他以我们伟大的巴阿德的精神，证明了康德哲学的反基督教内核。"撒旦分裂，基督统一。"巴阿德说。而对实验科学的完全崇拜无视道德和社群（Sozietät），起的是分裂作用。实验科学崇拜的方法是理智的分析，其结果是分崩

---

[1] "普遍道德律令也可以表述为：要这样行动，使得你的意志的准则能作为一种普遍的自然法则。"见《德意志人：我们古典作家的自白与要求》（*Der deutsche Mensch. Bekenntnisse und Forderungen unserer Klassiker*, Eugen Diederichs Verlag, Jena 1915）。

[2] 此外博罗夫斯基还写道："我由衷地希望，康德不仅把实定宗教，特别是基督教，看作国家需要或看作为了弱者的缘故必须要容忍的一种制度，而且能完全认识到基督教具有笃定、使人向善和使人幸福的一面。"（《同时代人记述中的康德生平》，页91）

[3] Mercier，《现代生活中的基督教》（*Le Christianisme dans la vie moderne*, Perrin & Co., Paris 1918），页92："我们发现，道德秩序的基础已经受到损害，今天他精神的继承人不再相信科学的客观价值。"（原文是法文。——中译者）

　　[德文版编者注]梅西耶（Désiré Mercier，1851—1926），天主教神学家，鲁汶大学教授，1906年起任梅赫伦（Mecheln）大主教和比利时首席主教，是"一战"期间比利时抵抗德国占领军的精神领袖。

离析。"客观科学"在德国甚嚣尘上。原因、道德和社群通常未经探究便已无人问津。这里是抽象知识教条的老巢，而认识论和科技最发达的国度，在时机成熟的时候，创下了不道德的记录。没有哪里比德国更严重地暴露了智识和社会感觉、人性批判和理论批判之间的统一已经丧失。有一技之长的知识分子，精通专业的魔鬼，这已经臭名昭著的德国"文化"的顶点，还一点都不知道它们的丑恶根源在哪里——就产生自康德的《纯粹理性批判》。

由于康德，激昂的理智要变成对付上帝、天才和所有天真事情的秘密警察。哲学想要知晓并占有那些它永远无法接近的东西。"哲学只是一种方法。"多尔维利说。[1] 讲台变成了西奈山，上帝在这里和教授先生说话。经典的书本知识传播这样一种偏见：只有学者能够进行哲学思考，而农民就不行。请把康德和一个俄国农奴（Muschik）放在一起比较，看看谁正确，谁离道德律令和灿烂星空更近。

理性主义在康德出现之前已有其传统。洛克、休谟、斯宾诺莎开启了对理智趋向完善的深入思考，但没有做到以理智原则为基础奠定一门道德。康德的几部主要著作的标题误导人混淆理智和理性，或按巴阿德所说，混淆逻各斯和逻辑。理智文化，而非理性，在康德著作里大获全胜。康德在

---

[1] Barbey d'Aurevilly,《过去的先知》(*Les prophètes du passé*, Calman-Levy, Paris 1889)，页7："哲学的抱负，哲学在它最卓越的思想者的头脑里产生的体系的力量，归根结底不外乎是人的理智为了抵达真理所必然不断重复的对方法的伟大尝试。"（原文是法文。——中译者）

《纯粹理性批判》里以精巧的公文风格,从可见的世界中抽离出"物自体";他所有时候都最强调内在权力和外在权力的区别,并以此审判现代德国的一切野蛮现象——这些是理智行为。理智行为就是那些在语文学上堪称干净的美德,它变成了学者们严苛的理想和对人民的暴政。尽管如此,这位瘦骨嶙峋的理性主义者,如此谨慎地对待天文学和星体,以至于把现实称作"现象世界"并站在不可饶恕的遥远距离上宣称它是虚幻——他自己不也始终是一个神秘主义者吗?他排成一圈的十二范畴,同耶稣的、施托希的十二使徒就那么不同?先验理性的三种功能难道不是在不自觉地宣告经院哲学的圣父、圣子、圣灵三位一体?

康德的新教信仰无可否认。据考证,在他写作《单纯理性限度内的宗教》时,书桌上放有一本教义问答,他以路德宗的教义问答为检验的标准。[1]在这本书出版时,作者却和普鲁士内阁产生了矛盾。这本书的第一篇论文《论根本恶》(»Vom radikalen Bösen«,1792)可以联系到法国的极端激进派埃贝尔派,最终仍得到发行许可,只做了一个可疑的补充说明:"因为只有深入钻研的学者才阅读康德的书。"[2]但是

---

[1] 博罗夫斯基:"也许有人会觉得这件确有其事的逸闻使人惊奇:康德在《单纯理性限度内的宗教》付印之前,非常仔细地通读过我国最早的教义问答之一(约1732年或1733年的)《基督教学说基础》(*Grundlegung der christlichen Lehre*)。"(《同时代人记述中的康德生平》,页79)

[2] Paul Deussen教授,《从笛卡尔到叔本华的现代哲学:康德与书报检查》(*Die neuere Philosophie von Descartes bis Schopenhauer. Kant und die Zensur*,F. A. Brockhaus,Leipzig 1917)。

第二篇,《论善的原则与恶的原则围绕对人类的统治权所进行的斗争》同时遭两名书报检查官查禁。1794年10月,内阁下令申饬作者"歪曲且贬低《圣经》和基督教的一些主要和根本学说",禁止柯尼斯堡大学的神学和哲学教师开设关于康德著作的课程。

智识自由同我们所有人所臣服的时代陷入矛盾,观念和经验之间暴露出一条鸿沟。康德对此如何反应?他对弗雷德里希·威廉二世做出书面保证:"放弃一切涉及基督教的公开演讲,在讲课和写作中做陛下最忠实的臣仆。"在他的遗物里发现了一张字条,写着:"收回或否认内心的信念是可鄙的,但是在当下这样的情况下,沉默是臣仆的义务。"这无疑是联通起观念和经验世界的实践理性。智识自由始终完好无损。但是,这样的实践理性在普鲁士是由国王讲授的。

有人(门德尔松)[1]曾说康德能使一切"尽化齑粉"。也有人(瓦格纳)这样形容贝多芬。今天的人还这样形容兴登堡。但是要知道,强大不表现在碾压,而是表现在解救和解放,表现在平衡。一支力量,如果它的周围不能产生与之平衡的力量,那么即使它的目的是高贵且人道的,它

[德文版编者注]埃贝尔(Jacques-René Hébert,1757—1794),人称"杜薛斯涅神父"(Le Père Duchesne),因为他出版有同名报纸;法国大革命时期国民公会最激进派别埃贝尔派的领导人,该派别曾成功地驱逐吉伦特派,最后被罗伯斯庇尔派处决,埃贝尔本人也同时死于断头台。

[1] [德文版编者注]门德尔松(Moses Mendelssohn,1729—1786),德国哲学家,莱辛的朋友,启蒙主义者克里斯蒂安·沃尔夫的学生,怀抱宽容的理想,是莱辛戏剧《智者纳坦》(*Nathan der Weise*)中纳坦的原型。

也是一支败坏的力量。自康德以来，认识论喂养出来的营养过剩，把全民族都卷入了抽象思辨，对头脑的健康消化能力造成了最极端的损害。请听一堂德国的逻辑学课，翻开我们繁衍不息又受专利保护的哲学官员们东拼西凑起来的认识论杂拌，或者试着读一本股票福音派拉特瑙《精神的力学》（*Mechanik des Geistes*）（"灵魂的伦理学""灵魂的美学""灵魂的语用学"）之类的书，就能了解今天的人仍在以怎样的艰辛，折腾吹毛求疵的难题，在无话或没多少话可说的地方装出思想深刻的样子，用烦琐冗长的甜言蜜语掩盖真实想法。[1]

可惜这个民族没有出过一个培尔。那是道德问题上杰出的艺术家和平衡大师（Equilibrist），思考本民族的以及欧洲

---

[1] [德文版编者注] 拉特瑙（Walther Rathenau，1867—1922），工业家、政治家、作家，柏林通用电气公司（Allgemeine Elektrizitäts-Gesellschaft，AEG）创始人埃米尔·拉特瑙（Emil Rathenau）之子，1915年接替父亲掌管公司，1914—1915年在柏林为国防部建立战争原料供应部门，战后作为德国民主党党员出任重建部长，最后任外交部长，他极力主张与法、俄和解，签订《拉巴洛条约》（Rapallo-Vertrag）。

胡果·巴尔对拉特瑙的批评与穆齐尔（Robert Musil）如出一辙，后者的长篇小说《没有个性的人》（*Der Mann ohne Eigenschaften*）里的阿恩海姆（Paul Arnheim）博士是拉特瑙的漫画像，阿恩海姆随身带着自己的灵魂，就像带着一个皮夹，是一个面目模糊、装腔作势的人物。瑞士德语作家瓦尔泽（Robert Walser）多次在随笔中讽刺过拉特瑙这个影响广、读者多的作家——这个作家同时是保障德国经济在"一战"中坚持如此之久的卓越经理人。但是民族主义者没有因此感谢这位爱国的德国犹太人，1922年6月24日他在柏林的格伦瓦尔德（Grunewald）遭右翼极端分子暗杀。胡果·巴尔在《自由报》（1918年第4期，1月12日，页17—18）发表过文章《拉特瑙》。

的利弊得失的心灵，收录各种可能性的词典和句法书，所有技能的辩证法大师，映照时代谬误的明镜，而不是一个执掌抽绎出的道德观和抽象义务的专制君主。我赞同卡斯纳的说法：

> 仿佛西方永远只有几个头脑、几个哲学家和历史人物在思考，而印度则是灵魂本身在思考……仿佛他们的思想太讲究，总是太过或又不及，太古旧或太暴虐。仿佛他们思考是因为他们没有爱。[1]

2

有一个出自特赖奇克的说法，所谓我们的古典文学同周围民族的文学相比，更多样、更勇敢、更人性自由。[2] 同一个特赖奇克清楚地知道，三十年战争时代"所有民族的渣滓都在蹂躏德意志的土地"；他知道，三十年战争中帝国"自愿地脱离了强国之列"；这场战争夺走了"民族的三分之

---

[1] Rudolf Kassner，《印度观念论》（*Der indische Idealismus. Eine Studie*，Hellerauer Verlag，Dresden-Hellerau 1915），页21。

　　[德文版编者注] 卡斯纳（Rudolf Kassner，1873—1959），奥地利文化哲学家、散文作家，主张一种趋向神秘主义的面相学，一种灵魂与身体合一、人与地球及宇宙合一的学说，代表作有《面相学》（*Physiognomie*，1932）。

[2] 《德意志民族性》（*Deutsches Volkstum*，Eugen Diederichs Verlag，Jena 1914），页64。

二","这个仍在肮脏与贫困中艰难生存的荒蛮种族","再也表现不出德意志民族性过去的宏伟，再也完成不了祖辈的坦荡明朗的英雄壮举"。[1]他谈到"路德宗歌曲的英雄旋律"，谈到"靠异国小玩意儿装点的贫瘠语言"，还谈到"神圣罗马帝国不可救药的腐朽"。怎么可能，一百五十年内就在这样一个国度创造出最多样、最勇敢、最人性自由的文学？特赖奇克解释这个奇迹的术语是：信仰自由和普鲁士国家实现了这一点。前者指信仰自由使他所说的这个"荒蛮种族"重拾对自己的信仰（！）；后者指普鲁士国家"迫使德意志人再次相信英雄壮举的奇迹"。

为了维护我的民族，我必须假设特赖奇克夸大了它的荒蛮程度，以便更漂亮地包装他这本关于普鲁士国王陛下、特别是关于弗雷德里希二世（Friedrich II）的著作。如果有人更深一步地研究三十年战争对我国古典文学的影响，就会给特赖奇克所描述的历史进程致以极其感伤的一击。[2]《强盗》粗糙特异的风貌，《葛兹》的强权法则和刺眼的粗话，《浮士德》对生活享受的放肆追逐，费希特过分的教育崇拜，都不过是道德和精神双重灾难的一目了然的余波。如果说那个时

---

[1]《德意志民族性》，页61—62。
[2] 参见博尔格塞对德国人文主义和马基雅维利主义的批判，见《意大利反德国》（L'Italie contre l'Allemagne, Payot & Co., Lausanne 1917），尤其是他论述席勒《强盗》（Räuber），歌德《铁手骑士葛兹》（Götz von Berlichingen）、《浮士德》，以及费希特《对德意志民族的演讲》（Reden an die deutsche Nation）的那些章节。

代还做了什么治疗创伤的大事，那么它留下的不朽业绩，也只不过是这样一种高超技巧，它用古典主义的缤纷繁饰、用迫不及待且脱离人民的调和折中、用乐观、用流连于宫廷，诱使人忘却实际苦难和现状。简言之，德国人漫无节制地赞誉本国的赫尔德、席勒、费希特、黑格尔等人的主要原因之一，是偏要无中生有的民族自豪感。由此产生的萌芽在19世纪历史上构成了文化教育的狭隘基础，但一进入20世纪这个扫清极端民族主义、确立新政治道德的世纪，就不足以再承担新的建设任务。

最早的经院哲学家之一拉巴努斯在他的著作《论虚无与黑暗》（*De nihilo et tenebris*）里说[1]，"不存在"（Nichtsein）是如此可怜、荒凉、可厌的东西，对如此可悲的情形洒多少眼泪都不为过。我们的先祖在三十年战争的灾难以后辛苦搜寻可能带来重生的元素时，也许就是这番感受。也许他们正是这么想的，才在建设一个新德国时不惜借助普鲁士专制主义、马基雅维利主义。但是我们今天，在民族立身不正、站在不道德的基础上以后，还要走上老路而不同其他民族一道？还有什么东西比不虔诚、不道德的民族主义更可怜、更

---

[1] [德文版编者注] 拉巴努斯（Hrabanus Maurus，780—856），拉丁文作家和教师，822年起任富尔达（Fulda）修道院院长，847年起任美因茨大主教。除大量的宗教著作以外——如正文提到的《论虚无与黑暗》——他还著有《论神职人员的教育》（*De institutione clericorum*），此书推荐教士研读古希腊罗马的作家和哲学家，他因此被尊为 Praeceptor Germaniae［日耳曼导师］。他的二十二卷著作《论自然之物》（*De rerum naturae*）是总结当时知识的百科全书。

荒凉、更可厌？路德创造了这种民族主义；费希特的"观念论"这门自我中心的哲学又批准并巩固了它[1]；德国总参谋部1914年则试图把它当作统治世界的准则。歌德取笑过的爱国狂热，今天以德国之名肆虐欧洲，它已经在威胁发动下一场战争，因为：

> 这场战争，即使行将结束，也不会满足任何一个列强的最终愿望，甚至无法完全补偿任何一个列强的牺牲。倒是很有可能旧恨又添上罪责问题所激化的新仇。民族主义不仅会在政治领域，而且首先会在经济领域重新觉醒。[2]

如果这话是对的，那真要为人类的未来感到绝望。然而具有象征意义的罪责问题和对此的彻底拷问，有希望将诸多战争根源一举消灭。主要的战争根源之一，便是国家和伪宗教共同煽动的民族主义，必须要以原始基督教的观念和一个自由欧洲的名义驱逐这种民族主义。个人和民族将享有最高自决权，不过只能在共同体内行使，因为只有这样他们才能完成他们与生俱来的最高使命。他们绝没有权利强暴或欺骗其他个人和民族，因而更不得藐视全体（Gesamtheit）的发

---

[1] 费希特承认："教会的改良令德国人产生的完全摆脱对异族声望的所有信仰的努力，成为他们的新动力。"（《德意志民族性》，页19）
[2] Walther Rathenau，《论将来临的事》（*Von kommenden Dingen*，S. Fischer, Berlin 1917），页282。

展,而只有全体才是最高使命的前提和尺度。

我希望,德国的大学校长、教育部门和教会监理会能读到我下面的话:对我们古典作家的优越性的信仰是一种新教的先入之见。我说新教的,意思是不宗教虔诚的,其原因已在前一章加以论述。[1]

没有人否认观念论哲学起源于新教。特赖奇克承认:"现代历史最有影响的文学,从根本上来说是新教的。"[2]海涅在他反驳梅特涅(Metternich)和斯塔尔夫人的《论德国宗教和哲学的历史》一书中明确认可"从新教中产生了德国哲学"。[3]克洛普施托克与莱辛(Gotthold Ephraim Lessing)、维兰德与赫尔德、歌德与席勒、康德与费希特,所有为德意

---

[1] 我想更进一步指出:所有着重强调的、坚信不疑的、奉为原则的个人主义都是不宗教虔诚的,结果都是虚无主义,导向虚无与毁灭。路德、康德和尼采在个人主义的基础上奠定一门道德、一门宗教的尝试,必将导向荒谬和灾难。道德和宗教正是面对整体、在整体之中用纪律节制和扬弃个人。个人的最高美德是热情(Enthusiasmus)。知识分子的困扰就在于,个人悲伤而痛苦地洞察到自己与全体之间界限分明这一神秘的事实。

[2] 《德意志民族性》,页64。

[3] Heine,《论德国宗教和哲学的历史》,页16。(中译参见《海涅全集》第8卷,页186。——中译者)

[德文版编者注] 斯塔尔夫人(Anne Louise Germaine de Staël-Holstein, 1766—1817),法国作家,她的著作《论德国》(*l'Allemagne*)理想化地介绍了德国和德国浪漫派,在法国产生了非凡的影响。她塑造了德国人作为远离世事的思想家、诗意的梦想家的形象。海涅1834年的著作《论德国宗教和哲学的历史》即试图纠正这一在法国,最终也在德国广泛传播的形象。斯塔尔夫人还著有倡导自由恋爱和妇女解放的小说《德尔菲娜》(*Delphine*, 1802)和《科琳娜或意大利》(*Corinne ou l'Italie*, 1807)。

志大名增光的人物，他们最初所受的教育，都来自路德宗所建立并用自己的思想观念填充的机构。甚至弗赖塔格称，德国自宗教改革以来，几乎没有哪个杰出人物的祖先里没出过一个教士。莱辛与谢林、费希纳与冯特、蒙森与兰普莱希特、哈纳克与尼采——都是牧师之子。[1]今天德国仍有1800个新教牧师家庭，已经组成了半支或一整支军团——没有人羞于承认这一点。[2]

---

[1] [德文版编者注]弗赖塔格（Gustav Freytag，1816—1895），时评作家、小说家，民族自由党支持者，一度是该党的帝国议会议员。他的长篇小说《借方与贷方》（*Soll und Haben*，1855）赞扬德国资产阶级，贬低犹太人和波兰人；篇幅宏大的六卷本小说《祖先》（*Die Ahnen*，1872—1880）美化德国古代。他在1918—1945年间比他生前拥有更多的读者。

费希纳（Gustav Theodor Fechner，1801—1887），物理学家、哲学家，1834年起任莱比锡大学物理系教授，进行了大量经验心理学和生理学实验。他认为世界具有灵魂，质料只是外表。

冯特（Wilhelm Wundt，1832—1920），心理学家、哲学家，1874年起任莱比锡大学教授，并建立了第一座实验心理学研究所，成为以自然科学为基础的心理学的开拓者。1914年他是战争的积极鼓吹者。

蒙森（Theodor Mommsen，1817—1903），杰出的历史学家，1858年起任柏林大学古代史教授，著有1854年开始出版的五卷本《罗马史》（*Römische Geschichte*）。他是自由党在普鲁士邦议会的议员，俾斯麦和特赖奇克的尖锐批评者。

兰普莱希特（Karl Lamprecht，1856—1915），历史学家。

哈纳克（Adolf von Harnack，1851—1930），影响广泛的新教神学家，代表作有三卷本《教义史教程》（*Lehrbuch der Dogmengeschichte*，1885—1889），曾任今天的马克斯·普朗克研究所的前身"威廉皇帝研究所"（Kaiser-Wilhelm-Gesellschaft）的首任主席。

[2]《新教牧师家庭对德国精神生活的意义》（»Die Bedeutung des evangelischen Pfarrhauses für das deutsche Geistesleben«），载于*Süddeutsche Monatshefte*特刊《新教》（*Protestantismus*，München，1917年10月）。

新教福音派的牧师里当然有过正派干练的人！只要他们只信守福音！德国的牧师家庭当然促进过科学和艺术的勃兴。但是牧师家庭的基础是儿女众多、舒适安逸、尽享天伦之乐的此世生活，免受观念风暴的打扰。路德对第四个祈求的解释*——他算作每日饮食的，不仅有吃的喝的，还有房屋和庭院、农田、牲畜、金钱和财产、虔诚的配偶、虔诚的孩子、虔诚的仆役、虔诚而可靠的君上、良好的治理等[1]——是在为德国人的勤恳辩护。这种向上帝祷告里的卑贱（Bassesse），这种粗糙的、物质的贪求，变成了民族的标准和精神的基础（Basis）。

"以农业维生的人把他的年成资本化为宗教观、政治观。"拉特瑙的嘲笑当然有道理。如果他这是想说，利益创造信仰，那么这也不比信仰创造利益更坏。因为只有同样出身神学家家庭而且还曾是黑格尔主义者的马克思，才能说出"思想一旦离开利益，就一定会使自己出丑"**这样的话。前文引述过的拉特瑙先生的另一段话可以说明这一点：

> 德国哲学总是恪尽职守又忧心忡忡地重新捡起它的

---

[1]《路德与国家》（»Luther und der Staat«）一文，载于特刊《新教》。
* 第四个祈求，即基督教主祷文中的"我们日用的饮食，今日赐给我们"。参《新约·马太福音》6.9—13。
** 中译参见马克思，《神圣家族》，载于《马克思恩格斯文集》第1卷，中共中央马克思恩格斯列宁斯大林著作编译局编译，北京：人民出版社，2009年，页286。

工作，整理纷繁的线索，发明出永恒的目的、法则、律令。白费力气！它思考过每一个批判的问题，学会了怀疑概念和世界，怀疑上帝和存在，然而它由于纯粹理性而不加察觉地放过了最简单的预设问题：进行思维、度量、比较的理智，背诵乘法表和提问为什么的技巧，是且一直是永恒精神唯一能够实现人的神圣性的力量。德国哲学始终是理智哲学（Intellektualphilosophie）。[1]

Pseudologia phantastica［幻想的虚假逻辑］[2]以批判主义之名接受洗礼，受到了路德宗正统非常严厉的管教，以至于它在欧洲思想发展最重要的阶段，即法国大革命爆发之前，根本无法理解真正有成效的批判，无法理解以思想介入事件。莱辛激动地叫喊：

> 牧师先生，如果您要让我国的路德宗牧师们变成我国的教宗们——他们能规定，我们应当在哪里停止研究——他们可以限制我们的研究，那么我就第一个宁要罗马教宗也不要这些小教宗。[3]

---

[1] Rathenau，《论将来临的事》，页209。
[2] ［德文版编者注］此处有误，正确写法应作Pseudologica phantastica。
[3] 《德意志信仰：历史和当代的宗教自白》（*Der deutsche Glaube. Religiöse Bekenntnisse aus Vergangenheit und Gegenwart*，Eugen Diederichs, Jena 1914），页24。

问题就在于，那时已经抛弃了教宗而请来了小教宗们，已经丧失了中世纪大学的宏阔视野与独立传统，已经变成抗议宗——也就是变成民族的、受局限的。批判主义者只知道同牧师纠缠，没想过分析路德；只知道遵循概念，没想过遵循事实。经院哲学芜杂的智慧已经湮灭。善工和高度的哲学传统都遭到同一个路德的鄙弃，他充斥着十字军精神的可耻权威正在复苏，是今天值得忧虑的事情。在信仰同知识、天主教徒同新教徒的毫无成果的争执里，精神消磨殆尽。就连歌德也厌倦"现代德国的宗教爱国主义艺术"，厌倦"新教和天主教、文学和宗教完全陷入疯狂的蒙昧主义"。[1]歌德不忌非议，倾慕切利尼和意大利文艺复兴，就连他也没有鼓动人乐观地相信，在可预见的未来能有什么改变。[2]用多尔维利、埃洛、布洛伊和梅西耶枢机主教等人的著作，完成经院哲学的文艺复兴，为新教的时代掘好坟墓，这始终是法国和比利时的任务。[3]

---

[1] 歌德致哥达图书馆馆员雅各布斯（Friedrich Jakobs）的信，信中说"人为制造的野蛮新近散发出雾气"。

[2] 施泰因夫人（von Stein）记述："有人称赞从伊尔姆山谷（Ilmthal）眺望到的远景，他回答说：'没有远景。'看起来颇为不乐。"这是在他从意大利之行返回以后。

［德文版编者注］切利尼（Benvenuto Cellini，1500—1571），著名的意大利金匠，曾作自传。歌德翻译了这部自传，发表于席勒主编的刊物《时序女神》（Horen，1796—1797）。

[3] 多尔维利激烈反对路德，他在《过去的先知》中写道："烧掉路德的书，灰烬还是像种子一样落在欧洲大地上。假如烧的不是书而是路德这个人，世界就得到了拯救，至少有一百年安宁。但是，比爱惜人的（转下页）

3

一位霍夫曼先生谈起"德国人道理想的英雄主义悲剧意义"。我之前已提到过他作序的小书,即《德意志人:我们古典作家的自白与要求》,而且是专门为战地出的便携版本。[1] 霍夫曼先生说:"道德自由,意味着把握住现有的存在,即感性的存在。"

现在终于知道,牧师之子们所说的把握感性存在是什么意思了,因此他们不需要再有什么"观念论"哲学。但用来迷醉我们士兵头脑的德国人道理想的英雄主义悲剧性,有其政治的深层含义。这层含义更清楚地体现在同一丛书的第二本,我前面引用过的《德意志信仰:历史和当代的宗教自白》,也体现在第三本《德意志民族性》和第四本《德国政治》中,其中最后一本单独献给特赖奇克先生。因此,更进一步探究这种英雄主义悲剧性是有意义的。

这套丛书没有给迪德里西斯出版社带来太多荣誉。[2] 今

(接上页)鲜血更重要的,是尊重人类的良心和理智。而路德把二者都歪曲了。"

[1] 出版社补充说明:"战地便携丛书,在战争最初的半年里取代了出版社的文化杂志《行动》(Die Tat),但是后者已从1915年3月起复刊。两者努力发挥相同的作用:追随费希特和拉加德(Lagarde),在民俗和宗教的基础上为新的德国观念论做好准备。"

[2] [德文版编者注] 迪德里西斯(Eugen Diederichs, 1867—1930),出版商,1896年创建以自己的名字命名的出版社,社址最初在莱比锡,后迁往耶拿,主要出版各民族的神话童话集以及宗教学文献。第一次世界大战期间,他依靠发行战地便携版本获利颇丰。

天把康德、赫尔德1780年论英国人、法国人的说法投递给战地邮局，这么做已等同于伪造，即使不谈这一点，想用德国"观念论"做丢脸到家的政治的遮羞布，却不让这种观念论和民族的宗教理想一道出丑，也是行不通的。而且，我们"古典"哲学修辞上的含混不清，既在肯定又在否定这套丛书的意图。迪德里西斯这样著名的出版社，不久前还体现着德国最高雅的教育思想，因此本不应该沾染这种一时激奋的英雄主义。

德国的人道理想既不是英雄主义的，也不是悲剧的。上述两种性质的前提条件在于，国内和国际的政治形势不至于让纯粹个人的抗争表现为一场笑剧。但是当时德国历史的全部景象是：各自为政的成千个邦国、社会上和幻想中的市侩小城、随处可见的四分五裂——这里头怎么能产生悲剧和英雄主义？只有少数一些人的境遇是英雄主义的、悲剧的。他们看得越清楚，受的苦越重，越是被幸灾乐祸、可悲可叹的时代逼入窘境，他们就越是闭口不谈他们的人道理想。这里说的是莱辛，还有利希滕贝格、弗里德里希·奥古斯特·沃尔夫和歌德。[1]

启蒙运动艰难地抵抗神学家的暴政。当启蒙胜利时，康德的批判主义败坏了文学，席勒和克莱斯特成了康德批判主

---

[1] [德文版编者注] 弗里德里希·奥古斯特·沃尔夫（Friedrich August Wolf, 1759—1824），古典语文学家，古典学（Altertumswissenschaften）的创建者之一，1783年起任哈勒大学教授，1810年起任柏林大学教授。

义的牺牲品。[1]直觉和体系、目的和感情相对立，对一切天才创作的怀疑，这些都瘫痪了热情、惩戒了感觉。牧师家庭陈旧的爱的概念、学者共和国监督下操练出来的学究气，把一个"眼里照耀出正义的棒小伙子"[2]变成了个论文写手，一受别人刺激就喷射毒液和胆汁，穿毛拖鞋、长痔疮，给巧妙构思出来的世界秩序加上棘手的诡计。

席勒把他原本考虑私下献给"诗人的羞耻心"的稿本，写成了向学者和牧师公开的论文，并加上高蹈的标题"论人类的审美教育"。这么做是英雄主义吗？因为歌德、席勒约定写悲剧，人道理想就有悲剧意义了吗？歌德之所以拒绝写喜剧，据他所说，只是"因为我们没有社会生活"。[3]席勒笔下的英雄人物和诗歌的巴洛克激情[4]，论勇气还不及歌德顶着地方议会的头衔依然坚持的反抗天性。[5]

---

[1] 众所周知，克莱斯特深受康德之害。康德摧垮了克莱斯特的直觉，这是克莱斯特真正的病因所在。同样众所周知的是，席勒受康德误导形成了怎样的思维结构，以及歌德怎样同康德作斗争。

[2] 见Christian Reutter,《舍尔穆夫斯基》(*Schelmuffsky*, Reclam-Verlag, Leipzig)，此书是对当时的粗野大学生的戏仿。

　　[德文版编者注]罗伊特（Christian Reutter, 1665—1712），德国作家，《舍尔穆夫斯基》是一部名噪一时的巴洛克流浪汉小说，作者因诽谤在莱比锡被处以禁闭。主人公舍尔穆夫斯基是一个牛皮大王，喜欢吹嘘自己并未经历过的旅行。布伦塔诺（Clemens Brentano）重新发掘出这部被遗忘的作品，浪漫派认为此书印证了他们对市侩的批判。

[3]《同时代私人通信中的歌德》(*Goethe in vertraulichen Briefen seiner Zeitgenossen*)，页517。1795年5月席勒致克尔纳（Körner）的信。

[4] 伯默尔（Karoline Böhmer）1796年就嘲笑过席勒《缪斯年鉴》(*Musenalmanach*)里"趾高气扬的诗歌、押韵的形而上学和道德"。

[5] 席勒1790年11月1日致克尔纳的信："我也不十分喜欢他的（转下页）

性格必须符合神学的、学者的时代传统,这是精神的灾难,正如今天的灾难是性格必须符合国家宣传和完美的坚持到底的形象。维特(Werther)和浪漫派的不幸,不正在于精神的扭曲,在于神经过敏、软弱和热情使人无力表现出预期的"性格"?赫尔德1795年致鲍迪辛(Baudissin)伯爵夫人的信中谈到《威廉·迈斯特的学习时代》(*Wilhelm Meister's Lehrjahre*):

> 不论在艺术还是在生活中我都不能忍受,为了人们所谓才华的东西,牺牲掉真实的,特别是道德的存在。玛丽安和菲林们,这整个营生,都令我厌恶。[1]

克洛普施托克1776年直接致信正在愉快地享受社交的歌德:

> 歌德对不起公爵、朋友、妻子、母亲、整个国家和整个学者共和国,因为将来不会再有君主同诗人来往。[2]

(接上页)哲学,他的哲学从感觉世界里采用的东西太多。总的来说他的想象方式太过感性,给我太多负担。"克尔纳1790年11月11日致席勒:"我也认为歌德在哲学上太过感性;但我相信,和他相互切磋于你我而言都是有益的,他可以在我们的智力活动迷失得太远的时候警醒我们。"

〔1〕《同时代私人通信中的歌德》,页513。(玛丽安和菲林是《威廉·迈斯特的学习时代》里的女演员。——中译者)
〔2〕同上书,页199。

甚至还有席勒致克尔纳的信（1787年8月12日）：

> 歌德的精神……对所有思辨和实验都抱有骄傲的哲学上的蔑视，钟爱自然到了依恋的程度，顺从他的五官感觉——简言之是理性的某种人为的单纯。观念可能是完全健康而善良的，但也可能太夸大。[1]

歌德"热切地憎恶神秘主义、矫揉造作、杂乱无章"、所有功利、所有浮夸。克尔纳徒劳地指出，歌德的主要性格"不是因传统的英雄主义，而是因人性才如此动人"（1788年）[2]。因为歌德损害了"尊严"（Würde），全体的贵族和半个德国为之震怒。

问题就在这里：存在着一个尊严的党派，该党的代表是莱辛和康德。一到紧急的情况，比如当歌德在尖刻的《赠辞》（Xenien）中说十字架于他而言就像"臭虫、大蒜和烟草"一样讨厌，他们就激动起来。他们在外国的通讯员是拉瓦特尔（Lavater）和裴斯泰洛齐（Pestalozzi）；他们的常客是克洛普施托克、赫尔德、费希特和谢林。[3]

---

[1]《同时代私人通信中的歌德》，页357。
[2] 同上书，歌德致席勒的信，页371。
[3] 只有回顾同时代人的议论，才能想象《赠辞》引发的强烈轰动。柏林书商尼柯莱在一篇批评文章中说：也许让歌德略受莱辛惩戒——就像莱辛希望的那样——是非常有益的。康德收到一篇抨击《赠辞》的文章以后，反应是："康德对席勒和歌德有伤尊严的举动至为不满，特别是对前者极为愤怒。他对您反击后者恶毒进攻的做法深表赞许。"（转下页）

这也可以说是一个知识分子的党派,他们的共识就是人道理想。赫尔德应歌德邀请任魏玛"教区总牧师和宫廷高级布道师"时说:"宗教是人最高的人道,不必奇怪我这么说。"[1]但是要感到奇怪,至少得知道当时的宗教和人道是什么意思。这两个词在德国的意思和别处不同。萨克森宫廷高级布道师赫尔德的宗教,自然就是国家的路德宗;他的人道是一种宽容和启蒙的组合,就像文雅的姿态那样,在紧要情况下不必费多少踌躇就可以抛弃掉。请听费希特的说法:

> 这样的时代哲学……已经变得太肤浅、病弱而贫乏,它呈上某种人道、自由和通俗性,当作它最宝贵的财产……自法国革命以来,人权、自由和所有人生而平等的学说……我们中的一些人也曾在热烈的论战中太过强调地(!)讨论过。[2]

只是德国概念哲学的抽象风格,害得外国人没有及早看清古典人道主义的修辞。人道理想是高度理论化的。从费希特的话里恰好可以看出,当革命开始把自由、人类和

(接上页)(《同时代私人通信中的歌德》,页596)拉瓦特尔致施托尔贝格(Friedrich Stolberg)伯爵的信中写道:"我们希望镇静、有力、谦卑、勇敢地以明朗的智慧和尊严,迎战污秽的无套裤汉主义,绝不允许自己受到他们污染!歌德现在,我不得不说,也已经成了一帮无套裤汉的长官。"(页597)

[1]《德意志人》,页97。
[2] 同上书,页30。

权利等崇高概念从理论翻译为实践时，这些概念会发生怎样的转变。[1]

把握现有的感性存在！请对比从蒙田和沃维纳格到拉罗什富科和尚福尔的法国道德主义者如何洞彻并升华了现有的感觉和利益！[2]在法国，人道变成关于身体和灵魂的知识；在德国，学者圈子互相推出进口的人道主义。在德国"生活作为行动"，在法国"行动作为生活"。赫尔德致哈曼（Hamann）信中所形容的"无人理解的（！）观念和情感吸食鸦片后的甜蜜神秘的幻梦"[3]，一旦受统治者、利益和形势逼迫，就会迅速投降。

这里该谈一谈德国的普遍性（Universalität）。在尊严的党派那个时代，普遍性的意义也只在于把握现有的感性存

---

[1] 同样的情形又发生在1914年。请看托马斯·曼、豪普特曼、德默尔、韦德金德（Frank Wedekind）等人的表现，更不用提"哲学家"们了。

[德文版编者注] 德国知识分子在1914年及其后的表现参Steffen Bruendel,《人民共同体或人民国家：1914年的观念与"一战"德国新秩序》（Volksgemeinschaft oder Volksstaat. Die Ideen von 1914 und die Neuordnung Deutschlands im Ersten Weltkrieg, Berlin 2003）; Kurt Flasch,《精神动员：德国知识分子与第一次世界大战》（Die geistige Mobilmachung. Die deutschen Intellektuellen und der Erste Weltkrieg, Berlin 2000）。

[2] [德文版编者注] 沃维纳格（Luc de Clapiers, Marquis de Vauvenargues, 1715—1747），法国作家，属于18世纪的"道德主义者"。

拉罗什富科（François de La Rochefoucauld, 1613—1680），法国作家，黎塞留的反对者，他精辟的代表作《箴言集》（Reflexions ou sentences et maximes morales, 1665/1670）的影响已超出了法国文学。

尚福尔（Chamfort, 1741—1794），原名Sébastien Roch Nicolas，法国作家，善以风趣机警的箴言针砭时弊。

[3] 《同时代私人通信中的歌德》，页281。

在。知识领域扩张,像有上千条触角一样向外膨胀,但这只是因为人所接触的东西比人转化成生命和气血的东西多得多。普遍性就成了缺乏立场和信念、缺乏统一和从属关系所产生的多样性。精神徒劳地试图重返教会。路德摧毁了万民法和万民的良心,即欧洲对谦卑和互助理想的普遍皈依,没有留下替代物。青年人弥合这一断裂的努力尤显感人。既然宗教和道德相敌对,就有人试图用文学——优美的幻象——来解决。施莱格尔写道:

> 德国声名狼藉的模仿癖经常遭受的嘲讽,有时的确不无道理。但总的来说,多样性体现了审美水平的真正进步。因而德国人所谓的毫无个性,也远比其他民族矫揉造作的个性要好得多。[1]

类似的说法也见于威廉·冯·洪堡(Wilhelm von Humboldt)。但是这种普遍性难道不是一个骗人的花招、一个借口、一个困窘与绝望的突出样例?[2]恰好民族的领袖们证明了这一点。歌德、康德和尼采都苦于不能为他们的品德找到清晰的良心形式,就连天才也始终是漂泊无根的

---

[1]《德意志人》,页46—47。
[2] 累德堡(Ledebour)1918年10月28日在德国帝国议会——用抬高的音调——自白:"我不会因为属于社会主义国际,就不再是一个德国人。"在可以不必承认自己的德意志民族性的情况下,他恰恰做出了这次自白。这番自白的目的是反对波兰对西普鲁士的合理的领土诉求。

（déraciné），他们宏伟的辩证法和多样性，都不能弥补他们所失去的对民族、对基督教根基的紧密影响。

老师和学生都招架不住的难以通览的成堆材料，对不断翻新的材料的贪求，共同导致思想与文学的消化不良。直到今天也没有人愿意正视，高雅的升华没有带来多少"原始现象"（Urphänomen），反倒带来浮士德从欲望到享受的心醉神迷。权力、魔鬼，在这位德国人心中取代了崇高，成了他的虚无主义信条，实际成了所有恶的根源。他要在天堂地狱之间、布罗肯山（Blocksberg）山顶漫游骑行，才认识到，填海造陆比纵情享受爱情、战争、哲学与商业更明智。《浮士德》是戏谑（Persiflage），对大学教授的戏谑。浮士德学富五车，是四门学科的博士。他的所有知识都来自书本，来自他人转述。魔鬼滋长他的邪念。他引诱了一个姑娘致其怀孕，上演了古希腊悲剧，升入天堂（此前还欺骗了魔鬼）。所有这一切都是怀着深刻思想与信靠上帝之情完成的。[1]

德国的人道主义最终同"道德的世界秩序"一致？道德

---

[1]［德文版编者注］作者此处对歌德《浮士德》的批评，十分接近下文多番引证的捷克哲学家、政治家马萨里克的观点，符合作者对德国"神权统治"的一贯批判。马萨里克认为歌德的浮士德是泰坦精神（Titanismus）的化身，是19世纪的真正病症所在。歌德的浮士德——马萨里克欣赏的是莱瑙（Lenau）的《浮士德》——具有一心追逐私利的统治者天性，要求所有人和物服从自己的愿望，不在乎为此要造成多少牺牲。浮士德是彻头彻尾反民主的人。见Peter Demetz，《马萨里克的浮士德》（»Masaryks Faust«），载于 *Sprache im technischen Zeitalter*，第124期，1992年12月，页416—429。

的世界秩序又同路德宗的正统一致？奇谈！德国人只信奉德国人提出的世界秩序，看到威尔逊总统的倡议，便拒绝接受。但是，如果存在着一个道德的世界秩序，那么任何英雄主义道德的前提，难道不正是一个不道德的世界秩序？费希特说：

> 存在着一个道德世界秩序，这是完全没有疑问的，而且是本来就有的最确实的情况，甚至是所有其他确实性的根据，是唯一的、绝对有效的客观事物。[1]

谢林向我们解释为什么："整个世界是我的道德财产。"又说："这个道德世界里各方面的经验教导我：我身处一个具有道德本质的王国。"[2]这真是妙极了，我们还能希求什么？满世界讲道德的小市民，他们丝毫不怀疑，他们同绝对主义合谋的结果是一个道德的世界秩序。他们只焦虑地担忧一件事：有什么巧妙办法把"根本恶"——这恶当然来自别人，来自反叛的臣仆——纳入这个道德的世界秩序。[3]还能设想比这更令人绝望的傲慢，比这更轻率、更非人地放弃任何道德批判吗？一个人只要手拿说明书，就有道德了吗？费希特的道德的世界秩序就是一部题为"宇宙"（Universum）

---

[1]《德意志信仰》，页26。（中译参见《费希特著作选集》第3卷，梁志学主编，北京：商务印书馆，1997年，页393，有改动。——中译者）
[2]《德意志人》，页17、19。
[3] 不仅费希特，康德、洪堡和黑格尔，甚至叔本华，在讨论国家的任务时，都以普遍的恶为前提。

的日耳曼教授的说明书，可他的"宇宙"砌上了形而上学的围墙。一旦把这本说明书编写出来，所有（自上而下的）道德就齐备了。"自由是强制的目的。"打开，合上——辩证法的把戏。无套裤汉、罗伯斯庇尔、马拉都是这样搞破坏的，必须远远避开他们。

费希特变成张伯伦的祖先，最热心地致力于抬高"德意志思想"。唉，他把自由混淆成了蒙受恩准又可撤销、可废止的思想自由。

> 所有那些或者在生活中富于创造精神和能生产新东西的人，或者所有那些即便不能如此，也至少坚决不做无意义的事情，而留意本原生活之流是否会在什么地方感召自己的人，或者所有那些即使没有达到如此高的程度，也至少猜想到自由，不憎恨或不害怕自由，而喜爱它的人——所有这些人都是具有本原精神的人，当他们被视为一个民族的时候，他们就是一个本原民族，一个单纯的民族，即德意志人。[1]

好一番蚕食精神的宣言！不过正是这个费希特，一度（1799年）写下今天依旧具有高度现实意义的话：

---

[1]《德意志民族性》，页30。（中译参见《费希特著作选集》第5卷，梁志学主编，北京：商务印书馆，2006年，页363。——中译者）

这是确凿无疑的事，如果法国人不争得最最巨大的优势，并在德国，至少在它的大部分土地上实行一次变革，那么几年之内在德国就不会再有以在他的生涯中具有自由思想而出名的人物，找得到一个安身之处了。[1]

什么是费希特所想的自由？尽管有1799年的经验，他还是在耶拿战役失败以后建议将青年交付给国家，建议国家按照裴斯泰洛齐的方法培养裴斯泰洛齐式的教师以教育这些青年。真正费希特式的自由，特点就是糟糕的记忆力和永不气馁的乐观主义。幸运的是，普鲁士国家没有理解他，否则产生出的结果就是一种邦君监管下的虔信派的耶稣会学校。不，费希特没有以思想征服别人，却预言了身后。[2] 他说：

---

[1] Heine,《论德国宗教和哲学的历史》，页110—111。（中译参见《海涅全集》第8卷，页303，略有改动。——中译者）

[2] 海涅已经指出这一点："费希特的唯心主义属于那种在任何时候人类精神所能想出来的最大的迷妄之一。它比最粗野的唯物主义更不信神、更该诅咒。"叔本华则说："为了了解德国人的思想特征，我确定了几个任何情况下都值得留意的要点：第一，费希特，这个康德的最出众的小丑，自出道以来四十年名字还总是和康德一起出现，好像他就是康德第二。Ἡρακλῆς καὶ πίθηκος [赫拉克勒斯与猴子]！"——迪德里西斯出版社的先生们1914年还在"追随费希特和拉加德，在民俗和宗教的基础上为新的德国观念论做好准备"，对上述评论会怎么看？——另外还有几句拉加德先生的名言：

"20世纪的基督学说不会是教条，而是关于故乡的知识。"

"每个民族都必须要有一个民族宗教，理由如下……"

"但是国家有一个作用，它能够为宗教铺平道路，它也必须为宗教铺平道路。"

"我们的任务不是创立一门民族宗教，而是做一切适当的（转下页）

终于——终点究竟在哪里?——终于必定会百舸归航,回到永恒的宁静与极乐的那个安全港湾,终于必定会出现那个神圣王国和上帝的权柄与荣耀。[1]

这个王国已经出现。

4

1789年6月17日革命在法国爆发。够了,形而上学(Assez de la métaphysique)!法国希望知道关于人的知识。欧洲的哲学降临人世。法兰西民族想要知道,人可以希求什么,即使要为此流血,遍洒鲜血。无神论和非理性现身,到处是惊恐,到处是狂喜。

我们要拿下巴士底狱(Nous voulons la bastille)!中世纪的城墙土崩瓦解,轰然坍塌。以人类的名义夺取权力。"你们想要绿色,希望的颜色,还是要红色,辛辛纳图斯协会的颜色?"德穆兰手持左轮手枪,站在街上的一张桌子上

(接上页)工作,来为一门民族宗教铺平道路。"
"同全能的造物主、救世主亲密无间地度过一生。对所有不属于神圣种族的东西,施以君王的威严和统治。"
"我们不应属人,而应是上帝的孩子。"
(海涅引文中译参见《海涅全集》第8卷,页301,略有改动。——中译者)

[1]《德意志信仰》,页35。(中译参见《费希特著作选集》第5卷,页157—158。——中译者)

高喊。"绿色，绿色。"群众兴奋地拍手欢呼。演讲者跳下桌子，摘一片树叶插上礼帽。王宫的栗树被剪下了所有叶子，群众一边手舞足蹈、挥舞礼帽，一边游行前往雕塑家库尔提乌斯那里。[1]

谁要说些什么，谁就到街上来。谁不来街上，谁就是个蠢货。Sub spezie temporis［从时间的角度］[2]对待哲学。永恒的事情发生了，因为再也没有人考虑永恒。加代说："'陛下'这个词，以后只有在谈到上帝和人民时才能使用。"[3]

自决、自由、平等、博爱：上天的词语纷至沓来。热情和欢乐将巴黎抬上巨人的肩膀，使它成为世界的首都。教宗、刽子手和王位在黑暗里沉没。看吧，你们的邻人诞生了。"德性是一种热情"（La vertu est un enthousiasme）：不再有受苦的信仰，不再有教条。教条死了，在西奈山上发明教条的那个迂腐上帝死了。做一个人，就是要能跳能喊——所

---

[1]［德文版编者注］辛辛纳图斯（Lucius Quinctius Cincinnatus），公元前5世纪的古罗马统帅，两度当选为独裁官，血腥镇压反抗共和国的起义。在完成职责以后，他辞官归乡务农。辛辛纳图斯协会由参与过美国独立战争的美国和法国军官于1783年在美国建立。

　　德穆兰（Camille Desmoulins，1760—1794），科德利埃（Cordeliers）俱乐部成员，占领巴士底狱的领导者之一，丹东的朋友，和丹东一道被送上断头台。

　　雕塑家库尔提乌斯（Curtius），未详。

[2]［德文版编者注］拼写有误，应作sub specie temporis，化用自常用语sub specie aeternitatis［从永恒的角度］。

[3]［德文版编者注］加代（Marcel de Guadet，1758—1794），法国革命家，吉伦特派的领导成员，被处决。

有精神力量同时从身体涌流而出。

《卡马尼奥拉》号叫,《马赛曲》轰鸣。思绪沸腾,口沫横飞。布里索说[1]:

> 祖国已陷于危急,不是因为缺乏军队……是因为有人使祖国的力量瘫痪了。是谁呢?只有一个人,就是宪法规定的国家元首,就是卑鄙无耻的谋臣们使他变成祖国敌人的那个人!有人说要当心匈牙利国王、普鲁士国王……我却要说,这些国王的主要力量就在宫廷,必须首先在宫廷击败这些国王。有人对你们说,要在全国各地打击反抗派的教士……我却要说,打击杜伊勒里宫廷就等于同时打击了这些教士。有人对你们说,要惩治一切阴谋分子、暴乱分子、叛国分子,我却要说,打击了杜伊勒里宫廷,这一切就会消灭。因为,这宫廷是牵线的中心,所有的阴谋活动都是从那里酝酿、从那里发动的!国民成了这个宫廷的玩具。这是我们当前局势的奥秘所在,是罪恶的根源,应该首先从这里下药。[2]

---

[1] [德文版编者注]《卡马尼奥拉》(*Carmagnole*),与《马赛曲》同时的法国革命歌曲,一度成为国歌。

布里索(Jacques Pierre Brissot de Warville,1754—1793),《法兰西爱国者报》(*Le patriote frarnçais*)主编,吉伦特派领导人之一,1793年被处决。

[2] Mignet,《法国革命史》(*Geschichte der französischen Revolution 1789-1814*, Reclam-Verlag, Leipzig),页174—175。(中译参见米涅,《法国革命史》,北京编译社译,北京:商务印书馆,1977年,页131,略有改动。——中译者)

人民说，啊哈，宫廷，国王的宫廷！——我们德国人却只抓住天主教中央党——人民说，啊哈，发号施令的蒙昧人，部长和地主老爷！出去，到太阳底下去！给国王戴上红帽子，拉到国民公会上去，让他老实交代。他的谋臣们在哪儿？我们不听命于宫廷，只听命于我们自己。新宪法，新法院！我们受了欺骗，我们要报复！即使最好心肠的人民，也不要再受愚弄！

他们因怒火而如痴如醉；假如我们德国人有一天发现我们受欺骗受愚弄，也会同样如此。骄傲的法兰西心灵希望自己解救自己，因为时代已经无可救药，也没有救世主来临。伊斯纳尔在演讲台上高喊：

> 我们要告诉欧洲，人民在专制君主的命令下进行的一切战争，就像是无耻的阴谋家挑拨两个朋友在黑暗中互相厮杀。只要天一亮，两个朋友就会丢下武器，互相拥抱，并且惩罚欺骗他们的那个人。同样，当敌我两军交战时，一旦哲学的光辉照亮了人们的眼睛，人们就会当着被推下宝座的暴君，当着欣慰的上天和大地，互相拥抱起来。[1]

---

[1] Mignet，《法国革命史》，页153。（中译参见米涅，《法国革命史》，页115—116，略有改动。——中译者）
　　［德文版编者注］伊斯纳尔（Honoré Maximin Isnard，1758—1825），法国香水商人，革命的支持者，1791年成为吉伦特派，绰号"吉伦特派丹东"。

是的，法国大革命是实践的哲学。两位伟大的作家为它做好准备：伏尔泰和卢梭。伏尔泰——作家（écrivain）的最高典范。在喧嚣（Eclat）中指引方向是他成功的秘密。作品面世以前，公众和各党派就要在激烈的争论中亮明立场。书稿要应对所有的异议、恐吓和期望，而公众怀着忧惧和狂喜期待着。这样的情形只可能发生在法国：阴谋、赌局和决斗抢在书出版前头，而书的出版只不过是确认、裁决、宣判。卢梭——新道德的立法者。歌德按照他的格言生活，半个欧洲的文学传扬他的声名。《社会契约论》成为返老还童的各民族的登山宝训。科西嘉人和波兰人向他请教，得到了自己的宪法。但是革命要进行检验。革命是一个民族的所有当代精神的焦点。谁才是那一个？每个人都在表达思想，革命的时刻对他们做出裁判。

法国的人民起义体现了对哲学的惊人运用。对体系的批判和对所有体系的批判，这就是口号。拿破仑到德国时谈到的意识形态，他在马科利尼宫（Marcolini Palais）输给梅特涅时谈到的哥特式偏见，都在法国大革命中灰飞烟灭。从那时开始，人不再关心装模作样的表现，而是关心隐藏在深处跳动的心脏。假崇高消失了。

1793年宪法确定了群众的统治。群众是权力的来源，也是执行权力的依据。德布瓦高喊："国家机体流的汗越多，它就越健康。"但国家机体流的是血，而不是柠檬水。对于丹东这样的人，为了人的事业，他们的党派高于宽容、法律，高于人性，思想变得放浪，脑袋不再稳稳地长在肩膀上。德穆兰嘲笑圣茹斯特,说他"恭敬地用肩膀端着脑袋,就像端着圣体"。人们早已在咒骂革命的断头台,却忘记了天才和美德的那些节日,忘记了罗伯斯庇尔那陶醉如狂的话:"人民,让我们今天沉醉于纯粹的欢乐!明天我们重新同罪行与暴君酣战。"[1]

"各种不同思想体系让它们诞生的那个世纪天翻地覆,革命就是这些思想体系的反映。"[2]米涅说。这个世纪是启蒙的世纪、人道的世纪,由断头台来检验。德国除掉那些空话,还剩下什么东西?革命是对独断专行和家长制、对教条和经院哲学的反感的根本爆发。[3]它那渎神的战斗,是远早于尼采的一种尽情享受生命(Sichausleben)的形式。

但这同时也是转折点。一次具有普世意义的行动已经发生,现在可以一切从头开始。法国庄严地宣告,英国、意大利、俄国接收到了信息。理性得到崇拜,被付诸行动,人的心灵开辟出新的空间——它的确曾经发生过,从此可以重

---

[1] [德文版编者注]德布瓦(Jean Marie Collot d'Herbois,1750—1796),法国革命家,公安委员会成员,对大规模处决负有责任,1794年被流放至圭亚那。
　　圣茹斯特(Louis Antoine de Saint-Just,1767—1794),国民公会成员,作为国民公会特派员在阿尔萨斯施行血腥统治,是罗伯斯庇尔的支持者,随他一同被推翻及处决。1793—1794年法国革命恐怖统治期间纷纷落地的人头就包括德穆兰以及最后圣茹斯特自己。
[2] Mignet,《法国革命史》,页287。(中译参见米涅,《法国革命史》,页217,有改动。——中译者)
[3] 值得注意的是,这场革命伟大的党派教义学家里,没有任何一位活过了革命。

新开始封圣。欧洲目击了自由，毫无保留的自由，终极问题——无论是天国的还是堕落的——要在外部世界解决。全世界所有民族都收到邀请，要为民主而斗争。使徒的布缠绕着纯洁的与不纯洁的生灵——那是三色旗在冲锋。

德国人做过什么事情，可以与这些壮举相提并论？教授们研讨《圣经》的小社团？警察总长和枢密顾问，教授和学监？德国人想永远保持特殊，永远自绝于世界吗？

法国大革命的事件似乎震惊了所有人。哲学家一般访问英国，艺术家一般访问意大利，没有人去巴黎。唯独洪堡以密探的身份（àtitre d'espion）参加过国民公会的几次会议，因为他之后要就职普鲁士政府，并出席维也纳会议。

知识分子党派的首脑们只是根据道听途说来认识这场伟大的革命。伏尔泰占据了人的精神，卢梭占据了人的情感。但是弗雷德里希二世征召百科全书派赴柏林以后，还有谁会晤过他们？[1] 普鲁士1785年开始展开缔结"诸侯联盟"（Fürstenbund）的秘密谈判（目的是维护稳定和君主们的尊荣）。

魏玛的卡尔·奥古斯特（Karl August）公爵也被吸引，流露出在政治上一展身手的雄心，因此歌德感到自己的艺术抱负将要落空。1789年他出现在美因茨，身着肉桂色大衣，

---

[1]［德文版编者注］百科全书派，1751—1780年在巴黎出版的《百科全书，或科学、艺术和工艺详解词典》的编者，法国启蒙运动的代表，主要人物有狄德罗、达朗贝尔、卢梭、格林、伏尔泰、霍尔巴赫。伏尔泰一度居住在普鲁士国王弗雷德里希二世在波茨坦的宫廷里。

脱去帽子（chapeau bas），随身佩剑，像最呆板的廷臣一样说着恭维话。"我再也不相信歌德会为一个高远的理想而振奋。"胡贝尔（Huber）致克尔纳的信中说。同一个歌德1792年随反法联军出征法国时——他刚按王公的规格改建了自己的宅邸——被描述为："敦实、宽肩、面庞圆润、双颊下垂。"[1]

康德1792年写了一篇论"根本恶"的论文，显然是针对埃贝尔派；他在革命仍威胁着欧洲的时候，1796年出版了《论永久和平》。1790年他还把战争称作一种"崇高的"现象。[2] 根据康德对术语的谨慎使用，这应当指一种"高于人的力量"的崇高现象，但这又是什么？即使舍勒先生那样机智的头脑也误解了这个词。[3]

康德在《论永久和平》里认为"永久和平"的前提条件是共和国宪法。他在别的著作中甚至谈到过议会制度，《法

---

[1]《同时代私人通信中的歌德》，David Veit 致 Rahel Levin，页477—478。
[2] 见《判断力批判》§23。其后皮舍格吕1795年占领荷兰，建立巴达维亚共和国。普鲁士由于英国停止援助、俄国和英国持敌对态度，处境不利，退出了反法同盟战争，不得不签订《巴塞尔和约》，割让莱茵河左岸的领地给法国。

　　[德文版编者注] 皮舍格吕（Charles Pichegru，1761—1804），法国将领，1794—1795年占领荷兰，荷兰随即以巴达维亚共和国的名义并入法兰西共和国。1795年4月1日镇压雅各宾党人起义。后成为保王党。
[3] 参 Nicolai，《战争生物学》，"对康德的滥用"部分，页439—442。我的论述与尼古拉的相悖，会令德国的共和主义者感到痛苦，但是我相信我的论述更为正确。我们的古典作家证明的东西并不多，他们模棱两可。我们必须创造一个新的传统。

兰克福报》（*Frankfurter Zeitung*）又在一百三十年后兴高采烈地发掘出这些言论。本来据此就可以说，康德没有对当时的事件充耳不闻，可惜费希特已经告诉我们，那个时代的学者共和国所说的"共和国"到底是什么意思。[1]尽管报纸早已报道过拿破仑登陆埃及并顺利地完成了远征，但康德仍然先验地——不错，先验——否定拿破仑登陆埃及的可能。[2]但是关于法国人的整体特点，他写过：

> 事情的另一面，是没有充分地用深思熟虑的原理来约束的活跃和虽有明见的理性的一种漫不经心，仅仅由于某些形式被评定为陈旧的，哪怕只是被评定为过分的，尽管人们在这些形式上感觉良好，也不让它们长久存在。还有一种传染性的自由精神……[3]

---

[1] "在中世纪，一个城市在脱离了遥远的、从未向它提供保护却又令人讨厌地赖在那里的帝国以后，就称自己是自由的，是一个共和国。……这个解放运动的全部成果一般都有这样的结局：人们不再是巨大的无政府状态的一个成员，而是自己给自身设置一个自己的无政府状态，人们从此之后的胡作非为都是由自己的双手造成的。"见Fichte，《论马基雅维利》（*Macchiavell*，Verlag Felix Meiner，Leipzig 1918），H. Schulz编，页7—8。费希特这里所形容的，是当时普鲁士和"帝国"的关系。康德所假想的，应是神圣罗马帝国解体为诸多贵族共和国，以此与进犯的法国人达成妥协，而绝不是今天意义上的普鲁士共和国或德意志共和国。（中译参见《费希特著作选集》第5卷，页191。——中译者）

[2] E. A. Ch. Wasiansky，《康德的最后岁月》（»Immanuel Kant in seinen letzten Lebensjahren«），载于 *Immanuel Kant, sein Leben in Darstellungen von Zeitgenossen*，Deutsche Bibliothek，Berlin，页224。

[3] 《德意志人》，页38。（中译参见《康德著作全集》第7卷，李秋零主编，北京：中国人民大学出版社，2008年，页308。——中译者）

费希特也关心年轻的法兰西共和国:

> 所有容易理解的国家学说的基本原理,包含在马基雅维利说的这段话里:"任何一个建立共和国(或一般国家),为这个国家颁布法律的人,都必须假定,所有的人都是怀有恶意的,一俟他们有为恶的可靠机会,他们就会毫无例外地发泄他们内心的恶意。"[1]

(那么教授们也这样咯?)至于自由,费希特认为自由最好的保障是"法律",而且

> 只有德国人能保障,德国人数千年来都致力于这个伟大的目标,为了它奋勇冲杀……人类还不曾有其他力量能推动这一进程。[2]

波茨坦出生的洪堡获悉法国大革命后立即赶赴巴黎。他的著作《论国家的作用》(*Über die Grenze der Wirksamkeit des Staates*)按照普鲁士的精神阐释卢梭的那句话:民主的群众权利也"会强迫单个的人做自由的人"。[3]洪堡的方法,

---

[1]《德意志民族性》,页26。(中译参见《费希特著作选集》第5卷,页203,略有改动。——中译者)
[2] 同上书,页51。
[3] 要举德国人效法、解读卢梭这句话的例子,请再看谢林的一个说法,他以为"自由是强制的目的"这句话是康德的创造。他说:"不(转下页)

如范登布鲁克先生所说，是引用他作为康德主义者常用的"伦理自由"。而卢梭已经声明，伦理自由不属于他要论述的对象。[1]

德国人对卢梭的阐发非常有趣，他们现场拆穿了哲学的故弄玄虚。卢梭在《社会契约论》开头写下深思熟虑的革命口号："人是生而自由的，却无往不在枷锁之中。"席勒根据康德的思想模板，引申出："人被创造成自由的，即使生在锁链中也是自由的。"范登布鲁克说："洪堡正是试图保障这种自由（生在锁链中！）免于国家的侵犯。"后来在维也纳会议上，"哈登贝格（Hardenberg）、梅特涅、塔列朗（Talleyrand）等人在教养，更不必说在作用上，都无法与洪堡相比"，而一旦普鲁士"被迫把重点从个人和自由诉求，

（接上页）容忍自愿道德（原文如此）、不准许社会发展的统治者，用康德的话说，这些人强制的目的就不是自由，这些人是专制君主。"很多事实充分地说明了卢梭对康德的影响："康德的客厅里摆着卢梭的铜版画像，除此以外，他整个家里再也没有画像这类东西。"（据博罗夫斯基）

[1] Arthur Moeller van den Bruck，《洪堡与普鲁士的自由》(»Wilhelm von Humboldt und die preussische Freiheit«)，载于Feuilleton im roten »Tag«, Berlin, 1918年冬季刊。范登布鲁克为明登（Minden）的Bruns出版社出版的豪华巨著《德国人：我们的历史》(*Die Deutschen. Unsere Menschengeschichte*)撰稿。这部大著分为八卷，一至二卷《迷途与引航的德国人》，三至四卷《狂热与决断的德国人》，五至六卷《创造的德国人：歌德》，七至八卷《失败与欢笑的德国人》。范登布鲁克先生预计马上要续写九至十卷《单调与刻薄的德国人》，那时他会承认我的评论。

［德文版编者注］范登布鲁克（Arthur Moeller van den Bruck, 1876—1925），保守派政治家、政论作家，支持官方的民族和社会政策，反对自由主义，1923年出版的《第三帝国》（*Das dritte Reich*）为1933年到来的"第三帝国"起到了意识形态的铺垫作用。

转移到国家和强制的需要",他就承认了"整体的稳定大于个人的自由"的现实。塔列朗提议应以公法（Öffentliches Recht）的名义召开维也纳会议，洪堡则回答："这里要公法做什么？"[1]由此可以看到完整的发展轨迹：从柯尼斯堡经耶拿到维也纳。

似乎只有一个利希滕贝格理解法国。他的政治评论里的许多话今天仍有价值，他不隐瞒对革命的高度关注和同情，但也不讳言他的忧虑。

> 开窗通风在我看来，是民族的启蒙所必不可少的。我认为法国人摒弃基督教并不是特别恶劣的一件事。如果这个民族没有受到任何外在的强制，现在重回基督教的怀抱，那会怎么样？为了净化并重新树立基督教，也许就必须把它完全消灭一次。[2]

> 法国革命给我们带来的最悲伤的事情无疑是，所有正义地向上帝发出的理性的诉求，都要被视作叛逆的萌芽。[3]

---

[1] Ch. Seignobos,《1815—1915年：从维也纳会议到"一战"》(*1815-1915. Vom Wiener Kongress bis zum Krieg von 1914*, Payot & Co., Lausanne 1915)，页5。
[2] Lichtenberg,《合编文集》第1卷《政治评论》(*Politische Betrachtungen*)，页225、243。
[3] 同上书，页240。

1796年又说：

> 法律睡足醒来以后，我们拭目以待，法兰西共和国究竟会变成什么模样。[1]

这就是可爱、聪明的利希滕贝格，他比尊严的党派的所有人物加起来更聪明。

后来发生了什么？德国各邦政府按照"畏邻如己"的格言，依靠宫廷人道主义者、国家人道主义者和享乐人道主义者们，将法国大革命关于自由的各种观念消解为没有约束力的东西。[2] 只要哲学家和学者先生们不从"思想自由"中得出实践的结论，各邦政府对此也就并不在乎，允许把"思想自由"当作 summa cum laude［最优］的民族特色在大学讲授。德国所谓的民族独立战争——受普鲁士资助的游击队员起义[3]——使这个受愚弄的民族甚至能够以英雄主义之名，为他们对进步的仇恨、对错失机遇的恼火施洗。正是合谋反对进步，才让德意志同普鲁士结成联盟。

---

[1] Lichtenberg，《合编文集》第1卷，页253。（《政治评论》附录）
[2] 这句严厉的批评也适用于席勒。他（或无论是谁）被当作革命的荣誉公民，就要用散文宣扬新理想，而不应用韵体仿效拉辛从而把新理想贬值为审美和装饰的东西。封建贵族博爱精神的人道狂热的结果是真切地知晓了非人道和不自由的现实，世故的人道主义的结果是承认"民族边界"。
[3] ［德文版编者注］游击队员（Francs-tireurs）起义，1870—1871年普法战争期间法国反德国占领军的抵抗运动。（作者以此指称德国民族统一的战争，或含讽意。——中译者）

5

如果不了解普鲁士的义务理想的发展历程，就无法理解它视为必要的谦卑和它必然导致的人格堕落。它的基础今天仍然存在，是君主与其臣仆之间的一种无声的契约关系。臣仆有义务"服务"，为此君主就要照管和"保护"他们。凡是有家长和君主的地方，就存在类似的契约。但是在普鲁士还有其他因素：三十年战争这场灾难在德国土地上留下了所有民族的渣滓，即雇佣兵兵痞，他们无人约束，纪律废弛，杀人越货，横行全国。或许是迫不得已，或许是出于虔诚——穷人和警察在新教国家的确是携手同行的——大选侯弗雷德里希·威廉一世创立了 miles perpetuus［职业军人］，即常备军。兵痞终于找到了落脚的地方。但是义务从只需廉价地承认选侯的仁慈，变成了"该死的义务和责任"。

职业军人是一种极其可鄙的东西。他们要感谢上帝，选侯没有绞死他们，而是减其刑为终身服役。选侯当然绝不是什么仁君，他最为严厉地制裁麾下军官的抗命、斗殴、无纪律等行为，他对决斗者及其助手处以死刑。同时，他凭借充足且"按时支付"的军饷，也凭借他的"基督徒"人格的魅力，牢牢抓住了士兵和军官。

普鲁士军国主义就其根本而言是一种"实用基督教"的体制，这是显而易见的。受命于上帝的当局赦免罪人。这是宗教军国主义，如果再抬高赎罪的概念，就可以从中抽取出一种普鲁士军人天主教。而我们因为缺乏有创造力的头脑，还没有走到这一步。但是既然舍勒先生也曾着手考虑这个问题，那么我们不妨想象，天主教在这一点上甚至可以与普鲁士精神融合。那时，花花公子也要志愿从军。

"该死的"义务和责任说明这是一个无路可逃的地狱。职业军人的操练与耶稣会士的神操（Exerzitien）同样置人于悲惨处境，同样没有意义，而且令人痛悔。兵营、修道院和监狱相互竞争谁环境更贫苦，饮食更恶劣，谁更蔑视人的尊严。士兵王弗雷德里希·威廉一世的普通军事条例与罗耀拉的神操在条款上也彼此相似。第一条：

> 首先必须注意，凡士兵持枪时，特别是身处训练场时，必须展现良好风貌，即保持头、足、躯干正直、自然，同时收腹。

第七条：

> 操练第一步必须是训练新兵学习一个士兵的精神面貌，从身上赶走农民的习气。

针对军官的第二条：

> 不敬畏上帝的士兵也难以忠诚地为主人服务，难以真正地服从长官。因而军官要注意督促士兵砥砺基督徒的诚实品德，如果获悉士兵的不敬神行为，要予以训

诚，如果士兵仍然再犯，军官必须将其交给牧师。

以上见于波茨坦1726年3月1日发布的《普鲁士王家步兵条例》(Reglement, Vor die Konigl. Preussische Infanterie)。[1]这部条例受到了西班牙人1681年的军事条例的影响，后者曾由国王下令译成德文，经少量改动以后又传给了弗雷德里希二世。弗雷德里希二世有一段话也清楚地透露了普鲁士士兵的起源：

> 一位君主让他的队伍穿上蓝军装，军帽上装饰白绶带，让他们右转、左转，让他们为了荣誉踏上战场，而这群废物只是为了把拦路抢劫当作正经营生来做，才无奈受雇来干杀人的活儿，这样的君主难道不应被尊为这些废物的统帅？[2]

显然，普鲁士军队激发了哲学思考。说普鲁士军国主义立足于"宗教哲学"之上，也并非玩笑。普鲁士军国主义起源于西班牙，它的惩戒和鞭刑也都来源于那里。只有以耶稣

---

[1] 见Tim Klein,《德国士兵：记录他们的真实本色》(Der deutsche Soldat. Zeugnisse von seinem wahren Wesen, Franz Hanfstängel, München)。这本书是"为了纪念我们的牺牲者"，以莱辛和歌德的引言为题记。(后文简称《德国士兵》。——中译者)
[2] 弗雷德里希二世1773年11月27日致伏尔泰的信。

会为榜样、用纪律约束起来的精神才能战胜它。[1]普鲁士军队就其起源而言，是蒙受君主恩典的罪犯团伙。今天军官和士官的严密纪律，规定交到自己手里的兵员必须绝对服从的军事练习和兵营操练，仍然同监狱制度多有相似之处，这相似性可以作为神学论文的研究对象。

复仇是勃兰登堡王室哲学的出发点。即便康德的严格主义（Rigorismus）也不能够摆脱这种哲学，性情更严厉的人也无法不对这种哲学抱着怀疑的兴趣。普鲁士体制所要求的人的从属地位，甚至吸引了罗马天主教会的兴趣。如果我们不证明自己强过这帮魔鬼，我们最精心呵护的那些心灵就要弃我们而去。弗雷德里希·威廉一世听见高个儿小伙子们隆隆的整齐步伐、看见身体和方阵准确的移动时，不是一定感到阵阵狂喜吗？"军队是一个新娘，众人围着她跳舞。"[2]新兵要尽终身服役的义务。棍棒的管理不讲情面。[3]"我们置身于理性的纪律之下。义务和本分是我们必须仅仅给予我们

---

[1] 什么时候普鲁士军官会变成耶稣会士呢？
[2] 弗雷德里希·威廉一世致"老德绍人"安哈尔特-德绍的利奥波德一世（Leopold von Anhalt-Dessau）的信，利奥波德是他主要的训练官和指挥官。
[3] 被赦免的罪犯里还有从外国败类里新招募来的甚至暴力胁迫来的雇佣兵。梅林《莱辛传奇》引用的档案显示，弗雷德里希·威廉一世曾下令，织工在普鲁士相邻各邦不受法律保护，抓捕他们时可直接将他们击毙。普鲁士军队是外籍军团最坏的一种，就像"外籍军团"这个名字令人想到的恐怖故事那样。"我就这样找到一个荒凉的空地，要在上面建造房屋。"弗雷德里二世写道，见《勃兰登堡家族历史大事记》（*Denkwürdigkeiten zur Geschichte des Hauses Brandenburg*）的前言。

与道德法则的关系的称谓。"[1]康德写这番话难道是巧合？难道他不也为之着迷？他不是像弗雷德里希·威廉一世的好学生一样，精彩地描写了国王的军团？"义务！你这崇高的、伟大的名字！你在自身中不包容任何带有谄媚的讨好之物，而是要求服从……"*今天的天主教徒、波兰人和西班牙人投向康德，投向普鲁士，其原因难道不正藏在这最卑躬屈膝的拜占庭风气里吗？[2]

康德为这个"义务"寻找"出身高贵"的根源。他感到作为普鲁士人、作为人有义务为魔鬼的现实找到神圣的根源。他发现这根源，即"尊严"，就是对诫命和命令的自愿认同，是对命令的预先推定（Antizipation）。他以"人格"（Persönlichkeit）的名义称对命令的预先推定为"定言令式"。没有这个前提，还能理解下面这句话吗？康德写道：

> 一个正直的人，处身于生活的极大不幸（兵役）之中，只要他能够漠视义务，就能够避免这种不幸，难道

---

[1]《实践理性批判》。康德继续写道："我们虽然是一个通过自由而可能的、由实践理性介绍给我们去敬重的道德之国的立法成员，**但毕竟同时是这个国的臣民，而不是它的元首**，而错认**我们作为受造者的地位等级**并对神圣法则的威望作出自大的拒斥，这已经是在精神上对这法则的背弃了，**哪怕这法则的字句得到了履行**。"（中译参见《康德著作全集》第5卷，页88。着重标记系胡果·巴尔所加。——中译者）

[2]［德文版编者注］拜占庭风气（Byzantinismus），西方对东罗马帝国首都拜占庭的刻板印象，认为那里蔓延着媚事高官、奴役下属的风气。

* 中译参见《康德著作全集》第5卷，页92。

第二章 新教哲学与法国革命的自由概念 | 131

不还是这种意识支持了他，即他毕竟保持了他的人格中的人性的尊严并尊重了这种人性，他没有理由**在他自己面前感到羞愧**，没有理由畏惧自我反省的内在目光？[1]

人们还是总把康德当作远离世情的书斋学者吗？难道不是正好相反，他半是牺牲品，半是帮凶？他那些抽象匿名的语句的基底难道不是弗雷德里希·威廉一世的暴力统治制度？还有人相信他是无缘无故就成了张伯伦之流的"新娘，众人围着她跳舞"的新娘？他让普鲁士臣民都良心平静地忍受鞭打、忍受言论钳制，尽管他这么做不无小心谨慎。他是路德之后第二个背叛良心的德国人。他背叛得如此高雅、如此抽象、如此隐秘，以至于读者需要机警地回到他的原始语境。康德将普鲁士的皮鞭捧进了形而上学王国。[2]

谦卑理想必然导致、实际也已经导致犬儒主义，与谦卑理想紧密相连的，是勃兰登堡王室故作声势进行威慑（formidabel）的传统。大选侯写过："我们的先祖就已经是全世界的巨人。他们只轻轻一动，万物就要发抖。"[3] 这句话

---

[1] 《实践理性批判》。（中译参见《康德著作全集》第5卷，页94，略有改动。括注和着重标记系胡果·巴尔所加。——中译者）

[2] 可以轻松举例证明，他作为普鲁士的国家哲学家根本不会有其他的思考。《奥格斯堡信条》把他变成他君主的宗教工具。国王作为最高主教保证他的教授席位。他从就职起就有义务作为忠实的臣仆，只服务于邦君的利益与尊严。

[3] 1675年的一份传单《当今形势下德国的真正利益》(»Teutschlands wahrhaftes Interesse bei jetzigen Konjonkturen«)。

变成了家传祖训。弗雷德里希·威廉一世叮嘱他的继承人：

> 我的继任者必须注意，要让全国各省，特别是普鲁士的贵族入伍服役，儿童进入军校。这样就能威慑他的臣民与军队，国内就会更加安宁无事。至高的幸福是上帝的，但其他所有东西必须归我。[1]

弗雷德里希二世1768年的《军事遗嘱》："为维护国家声望而进行的战争是好的战争。没有什么艺术比用兵的艺术更优美、更有益。"[2]

但同时还形成了另一个传统——普鲁士总参谋部的传统。大选侯时代仍有军人打架斗殴。"首先，高级军官和其他军官、骑兵和脚夫，以及所有在军队服役的人，都要对主人忠诚、勤恳、服从并乐于奉献。"[3]在弗雷德里希·威廉一世统治下，军官条例要求部队记录"军官是否酗酒，是否头脑敏捷、思维开阔，或者是否愚蠢"。[4]弗雷德里希二世解除了市民出身的军官的职务，贵族军官团里产生了一种容克地主意识，按特赖奇克的话说，这种意识"对人民而言，变得比之前的笨拙粗野还要更难以忍受"。"名誉"（point

---

[1] Klein，《德国士兵》，页26。
[2] 同上书，页72。
[3] 《勃兰登堡选侯国战争法》（*Churfürstliches Brandenburgisches Kriegs-Recht oder Articuls-Brieff*，1656）。
[4] Klein，《德国士兵》，页33。

d'honneur）观念得到提倡。一个将领要满足这样的要求：

> 他具备城府的同时应表现出天性流露，既仁慈又严厉，保持怀疑，永远沉静，出于人道精神会爱护他的士兵，但必要时又挥洒士兵的鲜血。[1]

军队在耶拿和奥尔施泰特溃败以后，沙恩霍斯特、格奈森瑙、格罗尔曼和博延重新组织军队。[2] 总参谋部的"观念论"传统由此开启。此处援引文献的编纂者认为："这四人形成的同盟的确是如此崇高，16世纪宗教改革家以降的历史上都找不到可以与之相媲美的人物。"[3] 这肯定也是军校教师

---

[1]《弗雷德里希二世论战争的一般原则》（*Friedrichs des Grossen General-Prinzipa vom Kriege, appliciret auf die Tactique und auf die Diszplin, derer Preussischen Trouppen*，1753）。

[2] ［德文版编者注］沙恩霍斯特（Gerhard Johann David von Scharnhorst，1755—1813），1808年起掌管新建的普鲁士战争部，在军队改革中推进实施普遍义务兵役制。1813年任布吕歇尔军团的总参谋长，在吕岑会战中负伤不治。

格奈森瑙（August Wilhelm Anton Graf Neithardt von Gneisenau，1760—1831），最初服役于参与美国独立战争的安斯巴赫（Ansbach）军团，1785年后在普鲁士服役，1807年起和沙恩霍斯特共同实施普鲁士军队改革，措施包括引入现代阵法、废除肉刑等，在沙恩霍斯特死后出任布吕歇尔的总参谋长。他本人在1813年莱比锡战役和1815年滑铁卢战役对拿破仑的胜利中贡献巨大，是拿破仑最强的军事对手。

格罗尔曼（Karl von Grolmann，1777—1843），1815年任布吕歇尔的总军需官，后任总参谋长。

博延（Hermann von Boyen，1771—1848），普鲁士军官，沙恩霍斯特的同事，1814—1819年任柏林的战争部长。

[3] Klein，《德国士兵》，页98。

们的信念。但如果我们不考虑格罗尔曼和博延，而换成布吕歇尔和克劳塞维茨这两个今天仍妇孺皆知的名字[1]，就会发现当时普鲁士军队的四位大英雄都成长于贫寒的家境，没有接受常规的学校教育。也许这对于"观念论"军官来说并不要紧，却非常典型。

沙恩霍斯特——"他的父亲是汉诺威龙骑兵中士。他幼年家贫，未入学校。"[2]他的执念（idée fixe）是国家民兵，正因此他羡慕法国革命。他的改革始终着眼于"争取自由的战争"。全民武装是他的梦想——这样能使人变得多么有威慑力！他恨法国人。为什么呢？沙恩霍斯特说过："如果上天直接向人启示过某种新的制度，那就是常备军的纪律。"[3]既然他又同时鼓吹普遍义务兵役制，那么他的理想就是：老普鲁士的职业军人，即供国家使用的犯人。

格奈森瑙享受过"耶稣会士和方济各会士的精神贫乏又

---

[1] ［德文版编者注］布吕歇尔（Gebhard Leberecht von Blücher，1742—1819），后封瓦尔施塔特（Wahlstatt）侯爵，1757年起在瑞典军队任军官，七年战争被俘后在普鲁士军队服役。1773年退役，1787年重新入伍，1801年授中将衔。作为西里西亚军团的最高指挥官，在莱比锡战役和滑铁卢战役对拿破仑的胜利中起到关键作用。

克劳塞维茨（Carl von Clausewitz，1780—1831），普鲁士军官，曾参与沙恩霍斯特和格奈森瑙的军队改革，1812年后为了对抗拿破仑前往俄国服役。他的著作《战争论》直到今日依然是关于战争的重要哲学论著。

[2] Klein，《德国士兵》，页98。
[3] M. Jähns，《军队宪法与各族生活》（*Heeresverfassungen und Völkerleben*），沙恩霍斯特论常备军。

迷信的课程"。[1]他欣喜若狂地在法国革命中看到了"迄今为止受束缚的人民力量的释放"。他坚信，普遍义务兵役制和人民参与政治生活，将"理所当然地相互补益"；他本人反对冯·施泰因（Freiherr vom Stein）的观点，主张废除肉刑，并将这一主张诗意地称为"脊背自由"。[2]他在呈给国王的报告中写道："宗教、祷告、对君主的爱，都无非是诗。王位的稳固就奠基在诗上。"[3]

布吕歇尔的生平也有这句话："童年未受任何学校教育。"[4]围猎、饮酒、妇人、赌博、斗殴的放荡生活是他的品行证书。他给格奈森瑙的信中说："请问候我的朋友沙恩霍斯特，告诉他，我建议他开始考虑建设一支国民军队。"（1807年）给沙恩霍斯特的信：

> 一旦事关祖国和自由，我就一刻都坐不下，吃不下……让那些外交官的把戏全都见鬼去。为什么不狠狠地揍那些法国人揍到他们上天……所以我说，起来，向前进，拿起剑捅进敌人的胸膛。[5]

---

[1] Klein,《德国士兵》，页118。
[2] 他这么主张是因为他害怕旧普鲁士的杖刑和鞭刑会妨碍普遍义务兵役制。他是向市民妥协，而不是向自由精神妥协。参Delbrück,《格奈森瑙》(*Gneisenau*)。
[3] 1811年8月。见Klein,《德国士兵》，页131。
[4] 同上书，页136。
[5] Johannes Scherr,《布吕歇尔：他的时代与生平》(*Blücher, seine Zeit und sein Leben*, Leipzig 1862/63) 三卷本，1887年第4版。

克劳塞维茨和格奈森瑙、沙恩霍斯特、布吕歇尔一样，所受的学校教育有限。[1]他的"忏悔录"写于1812年，出版于1867年，证实他的祖父的确是神学教授。此外这部自传既无聊又讲究。和他们几个人不一样，克劳塞维茨在全世界都臭名昭著。这是因为他那部《战争论》，陆军元帅、总参谋长施里芬伯爵曾为此书撰写导言。我忍不住从这篇导言里至少引用一句话："本书长久的价值不仅在于它高明的伦理学和心理学内容，还在于对灭绝思想的着重强调。"[2]

伦理价值和灭绝思想？克劳塞维茨对士兵的良心和他们血腥的手艺产生矛盾的时刻有很多思考。他是为战争封圣还强词夺理掩盖自己令人发指的犬儒主义的牧师之子们当中的耶稣会士。他在怀着康德式野心的胡言乱语里得出结论：坚定、克制疑虑，"无非就是人的尊严的情感，是最高尚的自豪感，是内心最深处的要求，要求随时随地像一个有洞见和理智的人那样行动。因此我们说，刚强是指在最激动的时候也能保持镇静"。[3]

---

[1] Klein,《德国士兵》, 页145。
[2] 同上书, 页153。
  [德文版编者注] 施里芬（Alfred Graf von Schlieffen, 1833—1913），1891年起任普鲁士总参谋长，1905年起提出应对两线作战的施里芬计划。根据这一计划，德国对俄国最初只应采取防御态势，而军队主力从西线进攻法国，以强势的右翼兵力破坏荷兰、比利时、卢森堡的中立，取道三国占领法国北部，对法军形成合围，并给瑞士造成压力。按这一计划进军的德军在"一战"迎来惨败。施里芬设计的包抄阵法早在古罗马便已闻名，汉尼拔以此阵法在公元前216年赢得坎尼会战的胜利。
[3] Clausewitz,《战争论》(*Vom Kriege*), 见Klein,《德国士兵》,（转下页）

今天全世界都知道，是总参谋长毛奇在波茨坦那场重要会议上的蛮横要求，触发了世界大战。俾斯麦仍有力量与老毛奇所代表的总参谋部相抗衡。[1] 今天再也没有俾斯麦们了，1914年的外交官要为军事强人让路。发动战争的总参谋部四年以来徒劳地想要打赢战争，因为战争罪责让他们一定要头戴桂冠凯旋。因此他们需要士兵，需要越来越多的士兵，于是要吞并领土——这就是普鲁士政治的秘密。

自克劳塞维茨以来，就连德国的道德也是总参谋部制定的。这个民族还要长久地容忍下去吗？我们已经沉沦到面对辩证法的怪物再也无动于衷？已经沉沦到再也没有哪个军官的荣誉感能悚惧警醒？国家是一个实用的因而次等的工具，总参谋部却是一门不请自来的虚无主义哲学。

如果我说我写的这些文字会在外国传阅，就没有人羞愧脸红吗？这个国家对人与公民的主权已经扩张到了如此地

（接上页）页160。（中译参见克劳塞维茨，《战争论》第1卷，中国人民解放军军事科学院译，北京：解放军出版社，2005年，页60—61。——中译者）

[1] 参Maximilian Harden,《脑与剑》(»Hirn und Schwert«)，载于 *Zukunft*, 1918年1月19日。

　　［德文版编者注］毛奇（Helmuth von Moltke, 1848—1916），功勋卓著的普鲁士总参谋长老毛奇（Helmuth von Moltke, 1800—1891）的侄子，1906—1914年接任施里芬担任总参谋长，按施里芬计划积极备战。他极力主张先发制人的战争，因为他知道，在法俄两国有时间进一步扩充军备的条件下，德国无法与两国的实力抗衡。同时他预见到了战争的毁灭程度并为此感到担忧。德国第一、第二集团军在1914年9月马恩河战役的失败，宣告了战争的转折和施里芬计划的破产，毛奇作为责任人，于9月14日被法金汉（Falkenhayn）接替。

步,今天一个野人组成的等级就可以教训这个民族什么是道德伦理?[1]以至于为了合理完成他们作为臣下的职能而履行义务的官员,都狂妄地要做宗教与哲学的鸿篇大论?以至于教士、艺术家和哲学家,在任何一个粗野的低级军士或书记员——他们自以为是威慑四方的国王陛下的制度的坚固柱石——面前都要瑟瑟发抖?所有这一切每天都在这个民族发生,甚至已被确立为它的法典,而它竟自称为诗人与哲人的民族!

6

哈布斯堡历代皇帝治下的帝国内政荒废,才有普鲁士的兴起,才有普鲁士的专制暴君同德意志人民的相互吸引。前拿破仑时代德国浪漫主义的慵懒浮华、普鲁士军事独裁者的灵活统治,如此截然相反的两个事物最终能够合为一体,也许能让人看出,法纪废弛、秩序紊乱已经到了多么无法忍受的地步,神圣罗马帝国的僵死制度最终变得多么混乱不堪。有人非常正确地指出,问题不在于帝国的天上日不落,而在

---

[1] 参 Wilhelm Dittmann,《关于戒严、预防性拘留和书报检查的三篇演讲》(*Drei Reden über Belagerungszustand, Schutzhaft und Zensur*, Der Freie Verlag, Bern 1918),1916年1月18日、5月24日、10月28日于帝国议会。巴伐利亚战争部封禁慕尼黑的文学杂志《论坛》(*Das Forum*)时,给出的理由是:"宣传不爱国的唯美主义和市民趣味",传播"大多来自国外的个别和平主义者、空想主义者的不正确、误导人的观念和主张"。

于太阳在它运行的轨道上会看见什么。它在哈布斯堡的世界帝国会看到：东边是土耳其战争和种族屠杀，西边是宗教裁判所和对丐军的迫害，中间是烧杀抢掠到精疲力竭的宗教战争。[1]

使徒陛下缺乏新鲜的号召力和集权的实力。逃避争端、模仿十字军、僵死的天主教教条、耶稣会的巴洛克风格，都再也无法胜任一个四处联姻的世界帝国在新时代的贪婪诉求。1648年必须承认荷兰的独立，1763年必须承认普鲁士作为帝国之内强国的地位。还有同丐军、普鲁士人一样难以制服的匈牙利贵族，也变得愈发咄咄逼人。他们终于在19世纪——同俾斯麦结盟的结果——成功夺取了这个多瑙河君主国的一半政治权力。

不断战胜新对手的普鲁士君主的兴起，与哈布斯堡皇室的衰微同步发生。后者失去了多少道德影响力，就有多少德国人转向支持普鲁士，普鲁士虽然在奸猾、残忍、诡诈上丝毫不逊奥地利，但是在功业上胜过它。

俾斯麦有一句话："普鲁士是完全孤立的，它唯一的盟友就是真正理解它的德国人民。"大选侯就已经有了这样的经验。他在普法尔茨王位继承战争中支持皇帝反对路易

---

[1] [德文版编者注]"帝国的天上日不落"，语出席勒剧本《唐·卡洛斯》里的西班牙国王腓力二世（Philipp Ⅱ，1527—1598）；另说本出自神圣罗马帝国皇帝查理五世。

　　丐军（Geusen），荷兰语意为乞丐，反对西班牙腓力二世统治的尼德兰独立运动战士如此自称。

十四，反被皇帝抛弃，陷入绝境，1675年突然同时面对法国和瑞典两大强敌。[*]他当时向全德意志发出呼吁，追述"我们祖先的威慑传统"[1]，主张德意志各部族团结起来，以图举事反叛皇帝。当路易十四迫使他单独签订那个时代的《圣日耳曼昂莱条约》时，他诅咒奥地利："Nostris ex ossibus ultor［从我们的骨殖上长出复仇者］。"类似地，当查理六世1713年违背《国事诏书》的规定，剥夺弗雷德里希·威廉一世的继承权时，后者指着他的儿子、后来的弗雷德里希二世说："这就是将来为我复仇的人！"[2]

弗雷德里希二世是第一个在反天主教奥地利的斗争中成功争取到全德国——准确说，新教的北方德国——同情的普鲁士国王。如果不想对1648年以降的普鲁士政治不得要领，就应按照唯一可以理解它的形式来理解——作为宫廷马

---

[1]《当今形势下德国的真正利益》。
[2]［德文版编者注］圣日耳曼昂莱（St. Germain en Laye），法国城市，奥地利和协约国于1919年9月10日在此签订《圣日耳曼昂莱条约》。条约迫使奥地利同匈牙利分离，承认捷克斯洛伐克、波兰、匈牙利和南斯拉夫的独立，不与德国统一。（德国已于1919年6月28日签署《凡尔赛条约》）

《国事诏书》（Pragmatische Sanktion），神圣罗马帝国皇帝查理六世为了确保其女玛丽亚·特蕾西娅的继承权于1713年颁布的哈布斯堡皇室法令。诏书规定皇帝最年长的子女无论性别均拥有继承权，以及哈布斯堡家族领土不可分割。尽管如此，玛丽亚·特蕾西娅仍必须在1740—1748年的王位继承战争中捍卫自己的继承权。

[*] 此处有误，勃兰登堡大选侯弗雷德里希·威廉在法荷战争（1672—1678）而非普法尔茨王位继承战争（1678—1679）中对抗法国和瑞典，其中1675年击败瑞典。

基雅维利主义与路德宗伪道德的体现。弗雷德里希二世1785年成立的诸侯联盟是俾斯麦1871年成立的第二次德国诸侯联盟的前身，后者更周密、更广泛，但完全符合大选侯和老弗里茨原来的普鲁士统一德国的构想。* 无论第一次还是第二次，关键的都不是各民族的利益与福祉，而是诸王的"荣誉与稳固"。

霍亨索伦家族视弗雷德里希二世为他们传统最敏捷的代表，也是最机智的代表——如果可以把爱骗人与轻浮刻薄算作机智的话。但首先是最敏捷，他拥有异常的战斗力和惊人的自主性格。

他的战役不是兵法的杰作，拿破仑曾加以嘲笑。[1] 他在合适的时候出击，没有过多的考虑；随即遭遇高明对手的打击，也没有过多的考虑。他的哲学就在于一种躁动的（agaçant）犬儒主义，急切地要"为名誉"不假思索地牺牲掉他的——哪怕他内心深处信赖的——天赋与洞见。[2] 他的全部忧郁、他独自吹奏长笛的习惯，似乎都源自这个事实：令他"不情愿地"心潮澎湃的天才，陷入了同普鲁士的监刑官不可化解的矛盾。

---

[1] 见Gourgaud将军，《法国历史回忆录：拿破仑在圣赫勒拿岛》（*Mémoires pour servir à l'histoire de France, sous Napoléon écrites à Sainte Hélène*, Paris 1823），德译本作《拿破仑随想与回忆录》（*Napoleons Gedanken und Erinnerungen*, R. Lutz, Stuttgart）。
[2] "军队在普鲁士必须占有第一的地位。"（1752年《政治遗嘱》）
* "弗里茨"（Fritz）是"弗雷德里希"的昵称，常用于指称弗雷德里希二世。

他突出的特点是他的坚韧，这是一种灵活性，又伴随着毫无差池的准确，把控局面又回避现实。不是无忧宫的"哲学家"，不是战略家，也不是让理性在押韵的竖栏里着魔般行进的诗人，而是一个什么事都要管一点的愣头青，迫使德国人"再度相信英雄壮举的奇迹"。归根结底是一个做事不顾输赢的人，一个想要扫清成规、套话、浮夸和文牍的人，一头咆哮龇牙的老虎，兼有书生和笨人、行家和空想家的气质。

莱辛有时还视普鲁士人为半开化的民族，但他惊讶地发现，他们身上有"斯巴达人一样与生俱来的英雄气概"。罗斯巴赫会战征服了之前就是"弗里茨仰慕者"的歌德等人。[1]如果按特赖奇克所说，德国思想的英雄们曾长期难以"理解我们民族唯一生机勃勃的邦国"[2]，那么弗雷德里希二世就重现了"德意志民族古老的军事辉煌"，而"观念论"则尽其所能地弥合对立。新教封建制度的荷兰脱离帝国，曾令歌德和席勒写诗和文章欢庆。普鲁士在北方的反叛，即弗雷德里希二世的封臣（Vassall）起义[3]并不完全符合他们的

---

[1]〔德文版编者注〕罗斯巴赫（Rossbach）位于梅泽堡（Merseburg）西南，弗雷德里希二世在1757年的罗斯巴赫会战中战胜法国和帝国军队。
[2]《德意志民族性》，页19。
[3] 这是一场封臣起义。弗雷德里希二世自己写道："如果我死后，继位的侄子松散懈怠……皇帝（约瑟二世）就会吞并各国，最后让整个德国臣服于他，夺走全德国的主权君主的权力，好建立一个法国那样的君主国。"（1782年5月9日）

自由主义，但总得接受现实。[1]

是什么原因，让我们美因河南岸的祖辈尽管也曾抗拒和犹豫，最后还是变成了普鲁士君主主义者？神圣罗马帝国在垂死挣扎，实际上，自路德以后它就不复存在。学者共和国能保证一定程度的独立，尽管这独立是临时性质的。只有各自随心所欲的想入非非，人人为己，上帝为所有人。没有对"暴民"（Canaille）的挑唆和情绪，一切都是安宁与和平！从同情普鲁士，到把普鲁士的肉刑推广到整个帝国，中间还有好一段路。奥地利也还有机会。

一个东西将诗人、哲人和普鲁士统治者团结起来，而且它在当时就已经显得可疑——新教意识形态。弗雷德里希二世发现："我几乎就是路德宗的教宗、归正宗的教会首脑。"[2] 从此，原则上他实现德国野心的道路上就再无障碍。康德哲学征服了席勒、洪堡和克莱斯特，新教的国家观念征服了费希特和黑格尔，而之前七年战争就已经征服了歌德。在掠夺战争的遍地烽烟里，同时受到古典主义和路德宗败坏

---

[1] 歌德和席勒的《哀格蒙特》（*Egmont*）、《斐爱斯柯》（*Fiesco*）和《唐·卡洛斯》（*Don Carlos*）十分清楚地反映了他们的政治理想，就是人道主义狂热所鼓舞的新教贵族起义。他们在政治上还活在路易十四之前的时代，相信自上而下的改革。他们所谈的自由，是诸侯所保证的宗教自由和思想自由，是同礼仪规范相对的伦理自由，即自愿地认同"律法"。他们恰恰误解了弗雷德里希二世的教导（1768年《政治遗嘱》）："你们记住，没有哪一位伟大的君主，不时刻考虑扩张自己的统治。"席勒笔下造反的儿子因暴虐的家长、因"道德的世界秩序"而崩溃。在他看来悲剧性的是父亲，而不是儿子。这已经是我们不熟悉的事情。

[2] 1752年《政治遗嘱》。

的民族，感激地找到了一份能拿来作诗的素材。"我猛地抓起金色竖琴，急奏一曲弗雷德里希的颂歌。"[1] 弗雷德里希难道没有赐予思想自由吗？这打动了席勒的心（见《唐·卡洛斯》里的波萨侯爵）。他难道不具备"伟大的实用才智"吗？这正是歌德赞赏的英国人的品质。而且既然弗雷德里希用法语写作，同伏尔泰和百科全书派的关系比同魏玛和耶拿的更亲密，那么除了普鲁士及其军队，还有谁可以抵御巴黎那野兽一样可怕的造反者？

建立在一个死的上帝之上的哈布斯堡神权统治，将德国封存在苦痛和悲惨里。这样的境况使我们理解祖先所做的决定。他们无法预测将产生什么后果。但是今天，我们既然看到野兽就在我们中间，普鲁士已经丧失理智，变成肆虐全德国的灾难，我们还有什么理由不扫清军阀，迎接共和国的到来？

弗雷德里希作为统治者并非毫无顾忌。《亨利亚德》[2] 的影响比他自己承认的更深刻。他在《反马基雅维利》中写道："无休止的贪欲只是非常卑下的灵魂的标志。"而且："借劫掠邻人以自肥的欲望，不会轻易在任何一个尊重世界的正派人心里滋生。"而且："罪人只需要出身显赫，就能指

---

[1] 施瓦本诗人舒巴特（Schubart, 1739—1791）如是说，此前他曾称颂过"大地上几乎所有君王的肆意妄为"。他的诗作在雷克拉姆（Reclam）出版社出版。
[2] ［德文版编者注］《亨利亚德》（*La Henriade*），伏尔泰纪念法国国王亨利四世所作的史诗，1723年出版。

望得到大多数人的拥护。"[1]

德国今天仍有人认为"现实"生活会清扫这样孩子气的观念论，并把自己的看法当作哲学。这个看法恰恰是在道德上当逃兵，恰恰暴露了我们的思维方式非英雄主义的实质。国王清楚知道这一点，他的厚颜无耻就体现在，他理解了统治者的真正任务以后又背叛了它，而且还从中总结出一套哲学。

一旦时机成熟，他就发兵西里西亚。但这里应当注意（见马萨里克）[2]，反叛只有在出于人的同情心、基于必需和权利、得到集体的良心的支持、多次请求伸张权利徒劳无果后被迫起义的情况下，才不是背叛。

1741年国王承认："普鲁士武装的声名和王室的荣誉决定着我的行动，直到我死亡都指引着我的方向。"[3]但一个君

---

[1]《反马基雅维利》(*Antimacchiavell*, 1739/40)。
[2]［德文版编者注］马萨里克（Tomáš Garrigue Masaryk, 1850—1937），捷克哲学家、政治家，1918年建国的捷克斯洛伐克第一共和国的国父。他对胡果·巴尔影响甚巨，本书中多处注释详细地引用了他。他对德意志帝国和奥地利帝国的神权统治的批判，他对以美国——他的妻子加里格（Charlotte Garrigue）出生于纽约布鲁克林——和法国为榜样的共和政体的维护，他对19世纪自吹自擂的德意志意识形态的批判，等等，都与巴尔高度一致，巴尔的立场很可能就来自他的启发。二人显著的不同点在于，马萨里克拥护新教，特别是拥护尊奉胡斯（Jan Hus）而非路德的波希米亚弟兄会，反对为哈布斯堡王朝起合法化作用的天主教。二人都对作为制度的教会抱有同样的怀疑。见 Karel Čapek,《马萨里克谈话录》(*Gespräche mit Masaryk*, Stuttgart München 2001), Camill Hoffmann、Eckhard Thiele 译，附 Hans Dieter Zimmermann 的文章和 Eckhard Thiele 的后记。
[3] 弗雷德里希二世4月8日致普鲁士亲王奥古斯特·威廉（August Wilhelm）的信。

主的虚荣和普鲁士武装的权力欲，同我们有什么关系？人民的福利才和我们密切相关。他宣称："普鲁士国王无论如何必须把战争当作自己的主修课，必须为那些投身高贵而危险的军人职业的人点燃热情。"[1]这样的普鲁士内政与我们何干？惯于发动战争，这撒旦的手艺就是伟大？一夜之间，羔羊变成了咬人的狼。这发生在德国人当中并不奇怪。托马斯·曼1914年春仍热情地评论克洛岱尔（Paul Claudel）一部简单的圣诞剧《宣告》（Verkündigung），同样马上从羊变成了狼。而且他的本性也是一个弗雷德里希，因此他关于普鲁士国王的那本书能给人一些启示。[2]

奇怪的事情发生了：普鲁士保卫"欧洲的自由"！弗雷德里希宣称"要庇护新教的事业和德国的自由免受维也纳宫廷的侵害"！[3]在屡次递交给英国宫廷的备忘录中，他甚至这样问："德国和新教是否将继续存在下去？人类是否能保

---

[1] 弗雷德里希二世1752年的《政治遗嘱》。
[2] 《弗雷德里希和大同盟》（Friedrich und die grosse Koalition, S. Fischer, Berlin 1915）。
　　[德文版编者注]这里指的不是托马斯·曼著名的文集《一个不问政治者的看法》（Betrachtungen eines Unpolitischen），因为它出版于1919年——《德国知识分子批判》出版的同年，胡戈·巴尔写作时还不可能知道这本书。但巴尔的《批判》读起来就像是为反驳曼这本小册子所写的。后者试图反击法国意识形态，捍卫德意志意识形态，反驳法国民族主义者所习惯宣称的"文化对野蛮"的对抗，主张"文化对文明"的对抗，并认为"文明"恰恰是相对肤浅的。论战者各自都认为站在"文化"的一边。
[3] 出自1756年7月一篇反奥地利的宣言。

第二章　新教哲学与法国革命的自由概念

留住自由的思想？"[1]这甚至预见到了俾斯麦后来发动的出色的"文化斗争"。[2]他现在发现，他"几乎就是路德宗的教宗、归正宗的教会首脑"，于是把法国的耶稣会士派往西里西亚，以对抗奥地利的耶稣会士。[3]这是"实用基督教"最早的一次尝试！因为他不仅是辩护士，而且是哲学家，所以他让舒瓦瑟尔公爵、施特林泽伯爵和苏格拉底来了一场"死者对话"，以期用妙语的智慧为普鲁士传统增辉："政变

---

[1]《关于当前欧洲局势的第四篇备忘录》(*Vierte Denkschrift über die gegenwärtige Lage Europas*，1756年11月中旬)。

[2] [德文版编者注] 文化斗争（Kulturkampf），俾斯麦主政时期普鲁士国家1871—1887年对天主教会的打击。由于天主教会之前对自由主义持拒斥态度，自由派也支持这场旨在限制天主教会权力因而并不符合自由主义的斗争。1871年的"布道坛条款"（Kanzelparagraph）对布道做出限制，1872年全面禁止耶稣会士的活动，1873年的"五月法令"（Maigesetze）确定了国家对教会的监督权，神职人员必须通过"文化考试"，只有经省行政长官批准才能上任。天主教会拒绝接受这些法令。在随之而来的教会迫害中，多名神父和主教被捕。俾斯麦曾下令逮捕所有主教，一度使所有普鲁士教区职务全部空缺。1875年的"面包篮法"（Brotkorbgesetz）——得名自"必须把他们的面包篮吊得更高"——取消了国家对教会包括医疗护理在内的工作的所有补贴，同年的"修道院法令"解散了包括从事医疗护理的所有修道院。愤怒的天主教居民因此大量涌入天主教的中央党。最终俾斯麦做出妥协，削减了上述禁令。1886—1887年的"和平法令"最终废除了"五月法令"的几乎全部规定。巴登和黑森也发生了类似的文化斗争，不过严厉程度不及普鲁士。导火索是1870年梵蒂冈大公会议宣布的信仰和伦理问题上的教宗无谬误论。根本原因在于天主教会的跨国组织，它在普鲁士的党派中央党支持天主教的波兰、阿尔萨斯和洛林，因此天主教会在以民族特别是以新教和小德意志为特征的帝国看来构成了威胁。

[3] "为了筑起祭坛对抗祭坛，我已召来法国的耶稣会士，让他们教育西里西亚的贵族。"（1752年《政治遗嘱》）

不是犯罪，所有带来声名的东西都是伟大的。"[1]

但是他1780年又通过柏林Decker出版社出版了小册子《论德国文学》(*De la allemande*)，据我所知只有梅林充分地重视过这本书[2]，而它产生的后果实则为害最剧。在弗雷德里希建立诸侯联盟以前，他的意图明显是要封上狂飙突进作家吵闹的嘴巴。不仅歌德的《葛兹》、《斯黛拉》(*Stella*)和《维特》，而且席勒的《强盗》和莱辛的《萨拉小姐》(*Miss Sarah Sampson*)都已经问世，还产生出一个自我意识觉醒的市民阶级。这就可能危险了，必须严肃应对。

弗雷德里希的小册子提出了原则和趣味标准。它就像晴天的一道霹雳，拿年轻的德国原创天才同波舒哀、芬乃伦、帕斯卡和培尔来比较！[3] 普鲁士在观念领域也要走在最

---

[1]《舒瓦瑟尔公爵、施特林泽伯爵和苏格拉底的死者对话》(*Totengespräch zwischen dem Herzog von Choiseul, Graf Struensee und Sokrates*, Februar 1772)。

[德文版编者注] 舒瓦瑟尔公爵 (Etienne Frarnçois Herzog von Choiseul-Amboise, 1719—1785)，法国政治家，蓬巴杜夫人的宠臣，与百科全书派交好，曾在法国禁止耶稣会。

施特林泽伯爵 (Johann Friedrich Graf von Struensee, 1737—1772)，丹麦国王克里斯蒂安七世 (Christian VII) 的私人医生，凭借和王后玛蒂尔达 (Caroline Mathilde) 的关系掌握政治权力，作为启蒙运动的支持者推行改革，1772年遭丹麦贵族推翻和处决。

[2] 见《莱辛传奇》。

[德文版编者注] 梅林 (Franz Mehring, 1846—1919)，德国政治家，帝政时期社会民主党的领导人之一，独立社会民主党的创建者之一。他的著作《莱辛传奇》(*Lessing-Legende*, 1893) 激烈批判封建的普鲁士，胡果·巴尔多有引用。

[3] [德文版编者注] 波舒哀 (Jacques Benigne Bossuet, 1627—1704)，法国神学家、著名的布道者，1681年起任莫城 (Meaux) 主教。

前方，从此就成了明确的事实。这里无须再引证原文。这本风格豪迈、视野宏阔又随意口授而成的小册子，令乡土研究本就少得可怜的专家更是大为逊色，俘获这些专家就像蛇俘获鸟一般。歌德的母亲读到以后震动不已，歌德想要撰文回应，但是哥达宫廷示意反对，回应就未能面世。赫尔德决定彻底修改他早先出版的片段《论现代德语文学》(»Über die neuere deutsche Literatur«)，也完成了这个工作。维兰德在《德国信使报》(*Der teutsche Merkur*)发表文章说：

> 多年以来我们都深信，这位高贵的作者从不接触哪怕一丁点儿我国的文学。现在我们看到，不久以前他已经开始钻研我国文学，并对它抱着最大的善意，还欣然为它献上最良好的祝愿。

克洛普施托克觉得自己被小册子批评得最惨，用一连串浮夸的颂歌发泄他的怒气。[1]

国王已经证明，他不仅懂打仗，也是德国知识分子的大师。国王明确地昭告世人，传教士在普鲁士遭野蛮杀害的时

芬乃伦（François de Salignac de la Mothe-Fénelon，1651—1715），法国神学家、作家，他的《忒勒马科斯历险记》(*Les aventures de Telemaque*, 1699)塑造了开明君主制的榜样。

[1] 转引自Friedrich der Grosse,《论德意志文学·导言》(*Über die deutsche Literatur*. Einleitung, Reclam-Verlag, Leipzig)。

代已经过去了。[1]

他的想法本应当有人追随，正好可以带来一些补救和自由。一个王室赞助的法文翻译协会，就像诺维科夫（Nowikow）和叶卡捷琳娜二世在俄国那样[2]，比魏玛的票友剧院更切合民族的急需。本应当有人向国王建言，由国王推荐一批法国经典作家，下令翻译他们的全部著作。这本会成为一项不朽的工程，却没有付诸实施。我们本可以在法国大革命爆发时更好地理解它，甚至可以免去拿破仑和拿破仑战争之苦，连同免去拿破仑战争所导致的各邦国对普鲁士的依附。没有人这么做。弗雷德里希二世证明自己是"双重"的英雄，受到了更甚于以往的崇拜。他更有理由相信他之前假定的：知识分子一党处在从属地位，也可以算作一队"职业军人"。

---

[1] 传布福音的布拉格主教亚德伯（Adalbert）、奎尔富特的圣布鲁诺（Bruno von Querfurt）先后于997年、1008年被异教的普鲁士人杀害。1255年波希米亚国王奥托卡（Ottokar）不得不率十字军进入普鲁士。他建立了柯尼斯堡城。1400年前后，即基特佐夫（Dietrich von Quitzow）的时代，边区盛行的是最原始的丛林法则，到处都有强盗拦路抢劫。三十年战争中没有哪个地区像勃兰登堡边区那样遭受践踏。歌德还提到过柏林，说那里盘踞的是"鲁莽灭裂的一类人"。

[2] Ludwig Kulczicky,《俄国革命史》（*Geschichte der russischen Revolution*, F. A. Perthes, Gotha 1910）第1卷, 页43及以下。据此书介绍，诺维科夫出版了440种不同的书，其中绝大部分以共济会会员的方式探讨道德问题。

[德文版编者注] 叶卡捷琳娜二世（Katharina II，1729—1796），俄国女沙皇，凭借严酷的统治和数次战争，使俄国跃升为欧洲一大强国。她深受启蒙精神影响，组织人力进行了大量翻译，文中提到的诺维科夫即负责人之一。

第二章 新教哲学与法国革命的自由概念

之后就是诸侯联盟。这成了迈向德意志民族的普鲁士帝国的第一步。新教知识分子早在他们真正弄明白这是怎么回事以前,就被捆上了手脚。

7

但是,卢梭令法国反叛,卢梭令俄国反叛,有一天他也要令德国反叛。人不是机器——回归自然。人不是魔鬼——回归基督教。人不要居住在洞窟里——回归故乡。天堂已经失落了。所有人都有罪,是日常生活中的怪物。所有人都背负着习俗的原罪,是他们童年的叛徒。所有人都顺从,是因为每个人都顺从。但灵魂并不天生就是个普鲁士人,人并没有谋杀自己的兄弟。废除所有今天的规范、律法、伦理、文化、幻想和制度。同上帝、同人类unio mystica[神秘合一]。

在法国,对一个已经变得不可能的世界的判决,足够让人们投入行动。断头台变成了从娼妓腹中剖出新人类的手术刀。

在德国,卢梭哲学使观念论者依靠魔法逃入浪漫主义。德国的理想曾经是沉思的,而非好战的,是超验的,而非弗雷德里希式的。如果说我们的先祖真的曾经"威慑整个世界",那么教会费了多少辛苦,才让他们踏上内心的十字军征讨,怀着闪耀的幻想,伴随着受难和凯旋的音乐,死神追在他们脚后,魔鬼就要抓住他们的脖颈,但他们在心中始终是结为兄弟的狂信者。

在德国，卢梭激烈的思想变成了渴望和忧郁，变成了天才崇拜和多伊布勒所说的"发自乡愁（Heimweh）、来愁（Herweh）和去愁（Hinwegweh）"的一种音乐。[1]浪漫派逃离，因为他们不能也不愿应对周围环境的残暴。日常生活对于他们而言太狭隘、被糟蹋得一片狼藉，背负着再也无法挣断的枷锁。[2]退隐、逃离和放弃：这就是他们在著作和翻译里记录的自己。这些东西是他们的唯灵论，却给我们灌注了一种让现实不得不避让的精神。我们不再是浪漫主义者，我们是未来主义者。

---

[1]《音乐艺术指南》(*Lucidarium in arte musicae*)，页92。这里还有一段话十分精彩："安布罗西乌斯（Ambrosius）和格里高利（Gregorius）是知识渊博的大师，他们深知朝故乡的方向倾听和融入宁静境地是多么阴森。一个僧侣将基督教对安宁的全部追寻浓缩为：Ut queant laxis resonnare fibris / Mira gestorum famuli tuorum / Solve solluti labii reatum / Sancte Johanne［沙哑的声带吟唱你所行的奇迹，可以纠正嘴唇急躁的错误，圣约翰］。"

［德版编者注］拉丁文是施洗者约翰的颂歌，似拼写有误，姑且尝试译出。

多伊布勒（Theodor Däubler，1876—1934），出身于的里雅斯特（Triest）双语环境的德语诗人、散文作家。

[2] 对施莱格尔起过关键影响的尚福尔（死于1794年）的一句箴言是："在当今社会的条件下，似乎不可能有哪一个人会向他最好的朋友袒露他灵魂的深处、性格的细节，更不用说他的弱点。换言之，人要摆出拒人千里的优雅，才能免得像剧团里的小角色那样受大演员的鄙夷。"《尚福尔文集》(*Œuvres*，1824）第5卷，P. R. Auguis编，页379。（原文是法文。——中译者）

施莱格尔宣布：

> 浪漫诗是渐进的总汇诗……它力求而且也应该把诗和散文、天才和批评……时而混合起来，时而融汇于一体，把诗变成生活和社会，把生活和社会变成诗……通过幽默给各种各样文化教养的材料灌注灵魂。……浪漫诗在所有诸艺术中的地位，就像机智在哲学中，社交、友谊和爱情在生活中的地位一样。[1]

> 超验的滑稽丑角（Bouffonerie）是内部的一种气氛，视一切而不见，无限提高自己，超越一切有限，甚至超越自己的艺术、美德和天才。[2]

> 只有浪漫诗是无限的，就像只有浪漫诗是自由的一样。浪漫诗承认，诗人的随心所欲容不得任何限制自己的规则，乃是浪漫诗的最高法则。[3]

这是自由而伟大的口号。歌德重新发现了"精灵的（dämonisch）自然"和追寻的深渊：浮士德与布罗肯山。他

---

[1] Schlegel，《断片集》，页53—54。（中译参见施勒格尔，《雅典娜神殿断片集》，页72—73。引文与施莱格尔原文有出入。——中译者）
[2] 同上书，页22。（中译参见同上书，页24。——中译者）
[3] 同上书，页55。（中译参见同上书，页73。——中译者）

发现了天才的自然概念：艺术当中不可通约的成分。[1]他通过五官感觉，发现了物理和伦理的原始现象以及这些现象的散布，发现了光与颜色学，发现如何与太阳神秘合一，后者体现为他的临终遗言：多一些光。

浪漫派就来源于此。浪漫派是爱、敬意与兄弟意识所组成的一个精灵的等级王国，成为了第三帝国的建造业公会。受圣灵感召，诺瓦利斯写下《奥夫特尔丁根》(*Ofterdingen*)，贝多芬写下"思想之国是此世和彼世的一切王国中的第一个"[2]，致凯鲁比尼的信中有豪迈的宣言："艺术统一万物（L'art unit tout le monde）。"[3]他那团结各族人民的旋律，升腾起来向上帝争取弃民和穷人的权利。反抗星辰和命运的基督徒革命，在狂喜的（extatisch）紧迫中迎来了黎明。无论如何，人是善的。贝多芬要为饱受罪恶伤害的最贫苦的人讨回天堂。[4]

---

[1] 所有这些本质上都是卢梭的说法。重点是"自然"这个词。歌德是一个卢梭主义者，程度远甚于人们所知道和所能知道的。

[2] 维也纳会议期间致高卡（Kanka）的信，见Romain Rolland,《贝多芬传》(*Beethoven*, Max Rascher, Zürich 1918)，页52。（中译参见《傅雷译文集》第11卷，合肥：安徽人民出版社，1983年，页43。——中译者）

[3] 1823年。
　　［德文版编者注］凯鲁比尼（Luigi Cherubini, 1760—1842），在巴黎成名的意大利作曲家。

[4] 这样的精神必须借道托尔斯泰，才能在德国重生。《半月丛刊》(*Cahiers de la Quinzaine*)主编佩基——罗曼·罗兰是他热情的同道——的编辑室里悬挂着托尔斯泰的巨幅画像。莱昂哈德·弗兰克（Leonhard Frank）的小说集《人是善的》(*Der Mensch ist gut*, Max Rascher, Zürich 1917)和鲁比纳（Ludwig Rubiner）的《中间人》(*Der Mensch in*［转下页］

诺瓦利斯代表着基督教的全面文艺复兴。1799年他的文章《基督世界或欧洲》发表在施莱格尔兄弟的《雅典娜神殿》(*Athenäum*)上。他说:

> 路德专断地对待基督教,错误地认识基督教的精神,引进了另一套文字和另一种宗教……最值得注意的是这段现代无信仰的历史,它是理解近代一切异常现象的关键。……即使在这里——也像在科学领域里一样——欧洲各国之间更密切和更多样化的联系和接触……重新激活至今昏睡的欧洲,即使欧洲想再次醒来,那又怎样![1]

受难的欢乐升华而成的狂喜是他的宗教。他读《威廉·迈斯特的学习时代》,却沮丧地发现原型是伏尔泰。他

[接上页] *der Mitte*, Verlag der »Aktion«, Berlin 1918)都受到了托尔斯泰的启发。贝多芬似乎已遭到人们遗忘。

[1] Novalis,《基督世界或欧洲》(*Die Christenheit oder Europa*, Inselverlag, Leipzig),页39、47、57。这篇文章在结尾写道:"难道不会很快有一大批真正的圣人重新出现在欧洲,难道所有真正热爱宗教的人不会对见到人间天堂充满着渴望……?基督世界必须重新恢复活力……基督世界将从一个值得尊敬的欧洲红衣主教会议的神圣怀抱里站立起来,唤醒宗教这项任务将按照一个包罗万象的神圣计划来实现。然后,再也不会有人抗议基督教的和世俗的强制,因为这个教会的本质将是真正的自由,一切必要的改革将在教会的领导下作为和平的与正式的国家措施加以完成。"(中译参见诺瓦利斯,《夜颂中的革命和宗教:诺瓦利斯选集卷一》,刘小枫主编,林克等译,北京:华夏出版社,2007年,页206、211、216、217—218。——中译者)

写道:

> 这是一本反对诗歌的《憨第德》(*Candide*),一本贵族化的小说。奇迹在这本书中都明确地被当成诗歌和狂热。艺术的无神论是这本书的核心精神。[1]

他本人要求艺术作品将奇迹呈现为一种寻常、普通的东西,甚至也这样要求生活。[2] 他认为自然和人的精神里运行

---

[1] Franz Blei,《诺瓦利斯》(»Novalis«),载于 *Vermischte Schriften*,第6卷,Georg Müller, München 1912, 页136。又见雷克拉姆出版社《诺瓦利斯诗集》的前言。

[2] 此处需要补充对浪漫派宗教的解释。我不像布莱(Franz Blei)那样认为,浪漫派的基督教是一门"发轫于古典时代,在自己的宗教崇拜里比任何其他宗教更有力地保存了异教信仰"的宗教。但我同意,正是"纯粹理性在理论和实践中的艺术杰作出现以后"各种感觉的再度觉醒,使新教北方的敏感天性投向天主教。布莱所描述的"异教徒的天主教"有"节日与游行、五彩的衣裳与塑像、音乐与男女诸神","视醉意为神圣,承认肉体的力量高于一切",以至于把抑制肉体的教义作为第一位的教义。简言之,布莱、舍勒、博尔夏特(Borchard)、维格勒(Wiegler)等先生所说的文艺复兴天主教——我们已经看到了这种天主教的物质属性的好战后果——是一门装饰性的天主教,抛弃了严厉的旧传统,也许正契合晚年的施莱格尔兄弟。它不是巴阿德、诺瓦利斯和贝多芬的精神王国。诺瓦利斯说:"我对索菲的感情是宗教,不是爱情。"众所周知,贝多芬因为莫扎特的《唐璜》而厌恶他。在诺瓦利斯和贝多芬看来,亵渎爱情就是亵渎天才。感动二人的,绝不是"异教徒的天主教",也不是"以用罪孽渎神的方式敬神",而布莱将后者形容为多尔维利和波德莱尔的道德(!)(页116)。相反,感动他们的是基督的受难精神、通向彼岸的魔法之桥、所有自然与人在受难的上帝当中的融合,上帝也要为此鼓舞。参Beethoven,《1819—1820年谈话录》(*Gespräche 1819-20*):"苏格拉底和耶稣曾是我的榜样。"

223 着同样的神奇力量,认为他的生命和他的爱人就像同一枝干上的花和叶。映照在他血里的世界神秘而青葱。动物、人和灌木变成一个王国。他和方济各所不同的,只有悲伤、意大利的太阳和蓝天。他同花、同上帝、同将死的姑娘索菲一道受苦和同情。[1]他爱她,因为她与彼岸相通。但是他有一句话超越了所有浪漫派,并指向遥远的未来:"如果说我们应当爱上帝,那么上帝必然是需要帮助的。"[2]

兰道尔极力介绍荷尔德林,才使荷尔德林现在为人所知。[3]荷尔德林同时在谦卑里、在团体的酒神精神里追寻民

---

[1]〔德文版编者注〕索菲(Sophie Kühn),1795年13岁时同诺瓦利斯订婚,但1797年3月19日即夭折。诺瓦利斯认为他和她的结合跨越了死亡,见其《夜颂》(Hymnen an die Nacht)。

[2] Blei,《诺瓦利斯》,页109。这则箴言位于《宗教的任务:同情神》(»Die religiöse Aufgabe: Mitleid mit der Gottheit zu haben«)开头。

[3] Gustav Landauer,《荷尔德林及其诗歌》(»Friedrich Hölderlin in seinen Gedichten«),载于 Die weißen Blätter,1916年6月。

〔德文版编者注〕兰道尔(Gustav Landauer,1870—1919),作家、政治家,受克鲁泡特金的影响信奉非暴力无政府主义,因加入巴伐利亚苏维埃共和国,在共和国倾覆后遇害。他的莎士比亚研究著作(两卷本,1920年)比他对荷尔德林的论述更为重要,荷尔德林的重新发现更多应归功于格奥尔格(Stefan George)圈子。对胡果·巴尔的后ева思考产生重要影响的历史背景还有:1918年11月7日至8日,慕尼黑工人、士兵代表会议选举德国独立社会民主党(因不满德国社会民主党大力支持战争路线而从中分裂出来的党派,简称USPD)政治家艾斯纳(Kurt Eisner)为总理,艾斯纳宣布巴伐利亚成立共和国,巴尔对他表示过欣赏和赞誉。独立社会民主党在新选举出来的议会中只有三个席位,占据多数的是巴伐利亚人民党(Bayerische Volkspartei)。艾斯纳在前往议会的途中遭阿科(Arco)伯爵枪杀。随后苏维埃共和国宣告成立,兰道尔在其中任职。1919年5月初,帝国军队占领慕尼黑,苏维埃共和国灭亡。巴伐利亚邦议会在此前已逃往班贝格(Bamberg)。1919年9月15日(转下页)

族的统一。他忍受着时代纷乱的无可言状的痛苦。他对事物的理解自由飘逸，任何后来者都难望其项背。他的颂歌是爱的激情温柔斟酌所成的法典。法国大革命令他震撼的骚动和期盼，使他质问：我们落后，我们缺少天赋、行动力和主动性，或者我们就是要久久地留待特殊的任务？他的回答是："好人们啊！我们拙于行动却富于思想。"[1] 但他在《许佩里翁或希腊的隐士》里悲叹：

> 德国人的美德却不是别的，只是锃亮的污秽；因为它们只是穷厄之作，出自懦弱的恐惧，用奴隶的辛苦，为芜秽的心所勉强，这里纯洁的心灵没有安慰……他们为尊贵的元素的神圣和谐所宠爱，无法忍受这些人的僵死秩序的喧嚣。我告诉你：在这个民族中，没有什么神圣不被亵渎，不被贬低为鄙陋的权宜之计，而甚至在原始人那里还保持神圣纯洁的，也被这些工于心计的野蛮人践踏，他们像开作坊那样对待神圣，也别无他径，因为人的生灵一旦被驯化，就只恭奉它的用途……然而你会拨正航向，神圣的自然！只要这些人虚心，不将自身当作他们其中佼佼者的法规！只要他们不诽谤异己的存

（接上页）的班贝格宪法宣布巴伐利亚为自由邦。

[1] Landauer，《荷尔德林及其诗歌》，页201。兰道尔："如果我们需要的不是毁灭的、狂怒的英雄，而是建设、整理、祝福的英雄，如果我们需要爱的英雄，那么荷尔德林就是领导我们未来和我们当下的英雄。"（页211）

在,即使恶语中伤,只要不亵渎神圣![1]

但他和施莱格尔一样认为,德国人的原罪是"人的力量的彻底分裂与破碎"。[2]

这里还应当想到另一位浪漫主义者——格奥尔格·毕希纳(Georg Büchner)。他参与建立革命组织"人权协会"(Verein für Menschenrechte)。哪个德国人不感欣慰?他从vita contemplativa[沉思生活]跃入政治,"就像找到了逃离精神困境和痛苦的出路"。他躲避警察的追捕逃亡斯特

---

[1]《许佩里翁或希腊的隐士》。(中译参见《荷尔德林文集》,页145—146,略有改动。——中译者)

[2]《许佩里翁或希腊的隐士》:"言不中听,但是我说的是实话:我不能想象哪个民族比德国人更支离破碎。你看到的是手艺人,但不是人,思想家,但不是人,牧师,但不是人,主子和奴才,少年和成人,但没有人。这难道不像是在一处战场,手、胳膊和身体肢解得横七竖八,血肉模糊,脑肝涂地吗?"荷尔德林第一个试图——尽管只是通过颂歌——重建民族的精神统一。整个浪漫派就是这样一门文学和艺术,它反路德与康德、反个人主义和启蒙的人格与哲学。它是一场密谋,或者换句话说,一个共济会。巴阿德和歌裳将中世纪的宗教原始统一与中世纪的深渊象征带入近代。叔本华始终是颠覆理智哲学、颠覆扁平化的亚历山大体(Alexandrinertum)的有力推动者。贝多芬释放了民族的热情和酒神力量。瓦格纳将民族接引回但丁、安布罗西乌斯和乔托(Giotto)那里,回到甜美的圣母和圣物的集中管理。音乐代表着所有魔法的与祭司的教义。尼采第一个试图将这种音乐的精神转入生活,推翻神圣罗马帝国的权威和伪道德,把所有怪兽般的野蛮的黑暗、野蛮的严酷、野蛮的分裂扫到太阳底下。但现在的音乐本身就已是渎神、不信神的,与音乐高远的目标相矛盾,庞大的市侩王国令它堕落。尼采发觉得太迟。而且他本人只是异端,只是新教徒。我们恢复健康的条件就是:毁灭这个市侩王国,回到经院哲学与神秘仪式!回到文艺复兴以前的时代!(中译参见《荷尔德林文集》,页144—145。——中译者)

拉斯堡。警察在楼下蹲守他时，他在楼上写下了《丹东之死》（*Dantons Tod*）。警察迫使他把自己的反叛倾向记录在文学里。他没有复述1789年的教条——党派丑闻哪是他关心的！——而是呈现了他这个受苦人的心灵，浸透着最深刻悲哀的宿命论。[1] "创世是一道伤口，我们是上帝的血滴。"他向今天的青年赤诚地呼喊："这个世界就是混乱，是虚无，是将要降生的尘世之神。"在吉森，他"满怀忧愁，耻于在奴仆当中做一个奴仆，讨好教堂仆役组成的贵族统治"。[2]

这些最德意志的精神想把一种圣人和天才的诗抬高成世界宗教。[3] 他们认为这样的诗是所有生灵甚至所有有机造物的统一[4]，认为上帝就显现在这预示未来的诗里。感动他们

---

[1] 参《毕希纳〈丹东〉的宿命论和他与浪漫派的关系》(» Der Fatalismus des Büchner'schen »Danton«, und seine Beziehungen zur Romantik «)，载于 *Wissen und Leben*, Zürich, 1918年春季刊。

[2] 同上。

[3] 这一圣人学说发端于巴阿德和诺瓦利斯，得到叔本华和瓦格纳的发扬。尼采和卡斯纳还提过"知识的圣人"的理想，浪漫派（在他们的印度研究里）也发扬过这个理想。

[4] 诺瓦利斯的"花姐妹"对应阿西西的方济各的"狼兄弟"。海涅将诺瓦利斯比作能随心所欲地使每块石头具有灵魂的阿拉伯魔法师。"诺瓦利斯到处看到的只是奇迹，娇媚可爱的奇迹：他倾听花草树木的交谈，他知道所有含苞待放的玫瑰的隐秘，他终于和整个大自然合而为一，当秋天降临，叶子飘落，他也就死去。"(《论浪漫派》[*Die romantische Schule*, Hendel Verlag, Halle]，页72）另参见对诺瓦利斯产生过重大影响的巴阿德："你看，花迎向她的新郎太阳！她吸吮阳光，耀眼地绽放。夜晚和黑暗环绕着她，她枯萎了。这样的情形每天都按照人们所说的物理规律，在我们眼前发生。同样的规律难道不也在事物内部、在精神世界起作用吗？我的心灵真有我们猜想的那么孤立、隔绝而任性？不，我的心灵向上追寻源泉，追寻所有生灵的太阳，阳光、真理、（转下页）

的，是生气勃勃的对善的热情。上帝下降到自然中、所有生灵返归上帝的渴望，在他们看来是天国的理性。

博尔格塞警告法国人和意大利人，不要在德国19世纪的无神论者和自然主义者里寻找思想的盟友。"谁把基督教道德视作旧偏见的避难所，谁就是在思想上站在德国人一边。"[1]我不"站在德国人一边"，而是赞同博尔格塞。这就迫使我批驳海涅。

海涅不幸彻底地受惑于新教和德国哲学。他认为路德是"最伟大而且最为德意志式的人物"。[2]他开了一个令人悲伤的玩笑（Pläsanterie），说有一个"勃兰登堡侯爵"准许了"思想自由"；他把康德和费希特视为反叛者，可惜这并不正确；他将普鲁士Credo quia absurdum［唯其荒谬，故而信仰］的辩护士黑格尔先生称作"伟大的黑格尔，德国自莱布尼茨以来所产生的最伟大的哲学家"。[3]相反他攻讦浪漫派是蒙昧

（接上页）善良和天国的欢乐充满了它，所有这一切都遵循着同样的永恒物理规律！我们的自我感觉也能证明这真正的汇流，这是所有祈祷的唯一真正的哲学与物理学。"（海涅引文中译参见《海涅全集》第8卷，页102。——中译者）

[1] Borgese,《意大利反德国》，页145。
[2] 《论德国宗教和哲学的历史》，页36。（中译参见《海涅全集》第8卷，页211。——中译者）
[3] 同上书，页118："毫无疑问，他远远超过了康德和费希特。他像前者一样敏锐，像后者一样坚毅，此外他还有一种有构建力的内心的平静（！），有一种思想和谐（！），这是我们在康德和费希特那里看不到的，因为在这两人身上更多的是革命精神（！）在起作用……黑格尔是个有性格的人。"（中译参见同上书，页312。括注系引者胡果·巴尔所加。——中译者）

主义，因为浪漫派从普鲁士逃向维也纳又逃向罗马、支持梅特涅，还因为浪漫派对普鲁士的思想自由、对其余的新教自由都不以为然。但是1852年在巴阿德的著作和日记重新出版以后[1]，他收回了原先的观点，也许他已经看到，他的鼓动制造了多少恶果。[2]但是他没有收回那本反浪漫派的书。他太乐于把浪漫主义运动的缺点视为这场运动的本质，不攻击引发这些缺点的制度，而是机灵地闭上眼睛，同怀疑的民族主义者和老饕一样，站到分发紫袍和烤肉的人一边。[3]

[德文版编者注]"唯其荒谬，故而信仰"出自德尔图良（Tertullian）的《论肉体复活》（*De carnis resurrectione*），认为上帝不受限于人的理性，因为它高于人的理性，所以在后者看来会显得荒谬。这一思想经常被强加给天主教神学，但毋宁说适用于新教宗教哲学家克尔凯郭尔（Søren Kierkegaard）开启的辩证神学。黑格尔也不能按照本书观点归为"唯其荒谬，故而信仰"的代表人物，在他看来，世界是更高的理性（世界精神）的表现，这种理性的作用正是人需要认识的。

[1] [德文版编者注] Franz Xaver von Baader，《巴阿德全集》（*Sämtliche Werke*，Leipzig 1851-1860）16卷，F. Hoffmann等主编。

[2] 他1852年5月写于巴黎的第2版前言说："我要坦率地承认，在这本书中尤其是一切涉及关于上帝的重大问题，都是错误的、不审慎的。同样不审慎的、错误的，是我重复学派中的一些人的看法，说自然神论在理论上已被彻底打倒，只是还在现象世界中苟延残喘罢了。理性批判曾经摧毁了自从坎特伯雷大主教安瑟伦以来关于上帝存在所做的种种证明，但如果认为理性批判也结束了上帝存在本身，不，那是不真实的。自然神论还活着，活得生气勃勃，它没有死，至少是最新的德国哲学并没有杀死它。这个像蜘蛛网一样的柏林辩证法并不能从炉灶门口引诱出一条狗，它也不能杀死一只猫，更不要说是杀死一个上帝了。"（中译参见《海涅全集》第8卷，页180。——中译者）

[3] 他强调："当然，为了取得胜利，精神的利益必须永远和物质的利益结成同盟。"（《论德国宗教和哲学的历史》，页34）这完全不是浪漫主义者，而是地地道道的实证主义者。这是海涅、马克思、拉萨尔、（转下页）

奇闻！一个来自杜塞尔多夫的领土收复主义者（Irredentist）抹黑热情与狂喜绽放的花朵——德国拥有的唯一的基督教文学！如果没有浪漫派的基督教灵性，还有什么能把我们与各民族结合在一起？巴阿德是这个流派的勃朗峰，他难道不是同俄国正教精神[1]，同阿西西的方济各的意大利以及整个早期哥特传统，同帕斯卡的痛苦的启示（inspiration douloureuse）以及梅西耶枢机主教的托马斯主义（Thomismus），都建立了深刻的联结吗？[2]他在日记里难

（接上页）拉特瑙等先生，唯物主义的亲合力所收养的新教徒。（中译参见《海涅全集》第8卷，页209。——中译者）

[1] 见Wladimir Solovjew，《选集》（Ausgewählte Werke）第3卷《神人类学讲演录》（Vorlesungen über das Gottmenschentum, Eugen Diederichs, Jena）；另参Th. G. Masaryk，《俄国和欧洲》（Russland und Europa）第1卷，页250。后者证明了不仅萨马林、霍米亚科夫、基列耶夫斯基等伟大的俄国正教徒，而且神圣同盟的建立者沙皇亚历山大一世，都受到巴阿德的影响。因为神圣同盟的最初构想来自巴阿德，所以可以说，正是他推翻了无神论实证主义者拿破仑。

［德文版编者注］萨马林（Samarin）、霍米亚科夫（Chomjakow）和基列耶夫斯基（Kirejewskij）都是俄国斯拉夫派。斯拉夫派形成于十二月党人起义后的知识分子阶层。"莫斯科的大学生几乎全是贵族大地主的儿子，如赫尔岑、奥加辽夫、巴枯宁，他们中有的人彼此还有亲戚关系，如霍米亚科夫和基列耶夫斯基是兄弟，后者又是诗人茹科夫斯基（Schukowski）的外甥……他们深受德国观念论哲学（黑格尔、谢林）和文学（席勒）的影响。西欧派和斯拉夫派两个历史哲学派别形成的直接契机，是普希金的友人、贵族地主恰达耶夫（Tschaadajew）在十二月党人起义以后撰写的、1836年才在莫斯科的《望远镜》杂志发表的《哲学书简》的第一封。"（Hans von Rimscha，《俄国历史》[Geschichte Rußlands, Darmstadt 1970]，页461）

[2] 1786年的日记："天晓得我多么同意帕斯卡，多么经常地与他感同身受：各种思辨和证明让我们在这个世界上永远与上帝相隔绝。真的，（转下页）

道不是温和又有力地指出德国泛神论哲学的不虔诚？[1]不是试图用慷慨的改革倡议，根除天主教和新教之间的永恒冲突？[2]他说："必须告诉大家，国王是国家的罪人，所有富人

（接上页）你的形而上学上帝是一个精巧、纯粹的精神小火苗，既照不亮也不温暖，每个善良的决心靠近它都要冻僵。"1796年他发表论文《论康德实践理性的演绎与其绝对的盲目性》，其后1804年有《论钦佩与敬畏的情感》，1823年《论宗教信仰与知识的分裂作为宗教社群和政治社群衰落的精神根源》。巴阿德对浪漫派有魔法般的巨大影响。不仅诺瓦利斯，而且施莱格尔、歌德和席勒都曾受益于他。然而理性主义和黑格尔之流淡化他的地位。从他这里可以挖掘出基督教哲学的宏大宝藏，蕴含着无法抵挡的拯救力量。

[德文版编者注] 托马斯主义，得名于托马斯·阿奎那（Thomas von Aquin, 1225—1274）。

[1] 《黑格尔哲学在基督教问题上的谬误》（*Revision der Hegel'schen Philosopheme bezüglich auf das Christentum*, 1839）。他将自笛卡尔和洛克以降的整个现代哲学视为一次精神疾病，尽管这场病尚不足以永远摧毁人思维能力的健康构造。他认为一场伦理大灾难正在迫近。他在1786年写道："医生和所有通达自然之理的人一致认为，所有肉体，就其现在的生活方式而言，都是败坏的。到处激增的精神衰弱和神经衰弱以及我们有教养群体里的启蒙，不幸都明确无误地预兆着一场普遍临近的革命。我们用各种无意义、不敬神的诗歌、行动和毁灭所填充起来的肉体，只是虚弱可怜又多病无力的侏儒，是大洪水以前的巨人、用肉身立起通天塔的英雄的微缩版本。建造通天塔的人罪孽在于泰坦式的雄心，而我们这些侵犯天国的小兵罪孽在于一无所成。在孕育着人的形象的小血滴里，心是第一个出现的器官，而正是心的形成，是整部悲喜剧的最终目的。"

[2] 他认为教宗统治不是天主教的根本制度。他赞赏新教否定等级制和专制，但认为其后果是世俗统治教会，即产生皇帝教宗（Cäsaropapie）。相对于天主教、新教，他更推崇希腊—俄国教会作为教会组织的榜样。他1818年发表的论文《从内在本质而非外在表象看东西方天主教》（» Der morgenländische und abendländische Katholizismus mehr in seinem inneren wesentlichen als in seinem äusseren Verhältnisse dargestellt «）中说："不仅浪漫主义者，而且许多西方的新教徒都怀着优越感，误以为自己能够蔑视希腊—俄国教会作为ecclesia pressa［压迫的教会］像警察（转下页）

都是食利者。"[1] 他向认识论的领袖康德和黑格尔证明，他们混淆了逻辑和逻各斯。这些话难道不是闵采尔和波墨在同时借他之口发声？他对谢林说：

> 你说过上帝通过自然法则向宏大宇宙中的每一个个体启示，你恐怕根本不会听说人性对人的启示？你对上帝中的人性一无所知，就像你根本不知道人当中的神性。你想要知道吗？那就记住，你的理性在感性经验以外对你毫无用处，只会让你在不洁的辩证法皮影戏里来回乱窜。因而理性的做法，甚至最伟大、最纯粹的理性就是，在你永远无法知道时直接信仰。[2]

（接上页）一样依附国家的性质。他们本该明白，这类依附性的存在不是本质的，而是偶然的。而无论天主教会还是新教教会的情况都与此相反，前者只知道通过无条件臣服于一个宗教主权者来摆脱世俗主权者，后者虽然自称摆脱了对宗教暴君的臣服，但办法只能是尊奉世俗君主为最高的牧人和最高的主教。"——在1824年致恩赛（Varnhagen von Ense）的信中，他称新教为"教会的庞大下院"，在另一封信中又写道："新教应当创造出自己的 status quo ［现状］。福音派应当有一部福音。如果新教创造不出这个现状，那就毁灭吧！"（*Kleine Schriften*, Leipzig 1850，页380、382）他将宗教希望毫不含糊地寄托于东西方教会的重新统一。巴阿德相信，东方教会以合议形式管理教会更符合教会的集体性质，具有更原始更纯粹的圣礼管理形式，对已经不自由的人类在怎样的条件下才能摆脱罪孽和罪责的支配，有更纯粹的理解。德国观念论哲学在他看来，只是新教解体的先声。

[1] 《1786—1793年日记》(*Tagebücher aus den Jahren 1786 bis 1793*, Leipzig 1850)，页253，载于 *Gesammelte Schriften*，第11卷。
[2] 同上书，页82。

要承认，恐怖的浪漫派、骑士的浪漫派、浮华的浪漫派，还有瓦格纳序曲的传令官号声，都开启了德意志帝国的建国之路。施莱格尔上年纪以后，成为教宗的骑士团的一员。但是除了依附权贵的蒙昧主义者，难道就不存在纯粹、热忱、独立的神秘主义者，让我们睁大眼睛寻找我们必须相信的东西？难道不存在一个ecclesia militans［战斗的教会］？它的首都是巴黎，它的父亲是帕斯卡、闵采尔和恰达耶夫[1]，它的上帝在未来等待，必须要靠斗争才能迎来，它的国不属于此世而属于一个新世界，我们将创造这个新世界，而且只有在无限中才能走进这个新世界。

当然，懒惰、自为存在的恶习、禁欲、浪漫派呈现出堕落一面的避世，都不是什么神圣的标志，它们是绝望，是可怕的保罗的教义的后果：上帝死了，上帝死在十字架上。今天的浪漫派还有一句名言：教会有副好肠胃，能够消化腐尸烂肉。这话不适用于新教会——战斗的民主制度。我们再也不是怀疑的哈姆雷特，不是糟糕的保罗信徒。我们是基督怀中的密谋者。[2]海涅说："新法国浪漫主义者是基督教的门

---

[1]［德文版编者注］恰达耶夫（Pjotr Jakowlewitsch Tschaadajew, 1794—1856），俄国哲学家，批判俄国社会现实，代表作有两卷本的《哲学书简》（*Philosophische Briefe*），最初于1829年用法文出版，后于1836年出版俄文版。

[2] 赫伦（George D. Herron）说："我们有一种感觉，基督就在我们当中。过去从没有过这种事情。"见《日耳曼主义与美国的十字军东征》（*Le Germanisme et la croisade américaine*, Atar, Geneve 1918）。（原文是法文。——中译者）

外汉，他们狂热地追随教会，却不顺从教会的标志。他们是天主教的玛拉诺。"[1]我们承认他是对的。我们不是吉卢安（René Gillouin）论勒梅特、莫拉斯和巴雷斯等亲教廷派的文章里所正面形容的那种亲教廷派。[2]海涅评论斯塔尔夫人："她谈起我们的诚实、我们的美德、我们的精神教养——她没有看见我们的监狱、我们的妓院、我们的兵营。"[3]对她的批驳当然十分漂亮，然而海涅用错了武器。

我们相信堂吉诃德，相信所有生命里最富幻想的气质。我们相信锁链必然挣脱，再也没有奴隶的苦役。我们完全甘愿牺牲，康德的义务理想在我们看来也只是道德的业余爱好者。我们不相信有形的教会，但相信将有一个无形的教会，谁愿为无形的教会而战，谁就是它的一员。我们相信将有一场神圣的基督教革命，相信被解放的世界的神秘共融。我们相信团结成兄弟的人、动物和植物拥抱亲吻，相信我们所立足的土地，相信照耀在地上的太阳。我们相信人类的无限

---

[1]［德文版编者注］玛拉诺（Marrano），西班牙对犹太人的蔑称，犹太人虽然在宗教裁判所的压力下改宗天主教，但仍在15世纪末被驱逐出西班牙和葡萄牙。
[2]《法国信使报》(*Mercure de France*, Paris)，1916年11月第1期。
　　［德文版编者注］勒梅特（Jules Lemaître, 1853—1914），法国剧作家、批评家、诗人，研究法国文学，著有卢梭、拉辛等人的传记。
　　巴雷斯（Maurice Barrès, 1862—1923），小说家，对他之后的纪德（A. Gide）、德蒙泰朗（H. de Montherlant）等一代人产生了重要影响，推崇浪漫主义对"土地和死者"的崇拜，晚年倾向民族主义，代表作有三卷本的《民族力量小说》(*Le roman de l'energie nationale*, 1897—1902)。
[3]《随感录》(*Gedanken und Einfälle*)，载于*Vermischte Schriften*，第22卷。

欢呼。正如吕斯布罗克在他的《十二开端之书》(*Buch der zwölf Beghinnen*)中所说[1]：

> 融化进爱的面容，
> 完全浸入爱里，
> 这么做有福了。

浪漫派在德国突破了1517年的传统，这是它的壮举。它重建了同欧洲的古老灵性的纽带，它试图对新教做出批判，并超越了教派纷争。它有足够的力量给德国带来一场基督教的文艺复兴——只要人们愿意。圣人和天才不能永远是孤独的、是偶然的，但愿他们变得同寻常人、普通人一样向我们走来。万圣节是最基督教的节日。

8

按洪堡的规划1810年建立柏林大学，是梅特涅和洪堡达成一致的反革命措施之一，他们五年以后在维也纳会议上庆祝成功镇压"暴起的等级"。

洪堡对反动派的功绩至今为人所低估，范登布鲁克先生

---

[1] [德文版编者注] 吕斯布罗克（Jan van Ruisbroeck，1293—1381），弗拉芒神秘主义者，在布鲁塞尔附近的格罗南代（Groenendal）建立奥斯定会主教区修道院并任首任院长，中古荷兰语散文的杰出作者。

的著作对此给予了应有的关注。洪堡的"理想国家",试图在理论上让"道德的世界秩序"在普鲁士落地生根,结果在实践上是一种强制的、追求稳定的制度,"保证德国人民国际的安全和国内的自由"。范登布鲁克说,在德国人当中,"稳定和自由一直是套话和口号里最理所当然又最紧急迫切的"。[1]这种国家制度的原则,在不久前巴林赐予我们的金句"闭上嘴,干到底"(Maulhalten und Durchhalten)里登峰造极。[2]

洪堡对一座柏林大学的构想,在我看来,作为反动的规划具有重要意义。请想一想:普鲁士国王是他首都大学的总督学!宗教改革之前的总督学是教宗,之后的总督学是新教的邦君!既然普鲁士国王同时还是国家教会的最高主教和掌握绝对统治的士兵王,于是这座新成立的首都高校就成了一个宗教和军事上的受保护机构,它的所有条件都表明,只需再有一位机灵的阐释者,就能以可怕的方式取代中世纪的教宗专制。这位阐释者不久就出现了。

黑格尔1818年前往柏林,他要感谢普鲁士作为重建普世国家的基础。这个普世国家用尘世的利益代替了天国的利益,为柏林提供了一个代替罗马的犬儒方案,用全能的官僚僧侣代替了神职人员;这个普世国家以国家实用主义之名产生了一门新的经院哲学,普鲁士国王依靠枢密大臣和教授

---

[1] Moeller van den Bruck,《洪堡与普鲁士的自由》。
[2] [德文版编者注]巴林(Albert Ballin,1857—1918),汉堡海运企业家,将他的企业"赫伯"(Hapag)发展成为最大的海运公司之一,深得皇帝威廉二世赏识。

们，像最高宗教与世俗权力那样统治他的臣民们监狱一般败坏的世界。

黑格尔本人是一个来自施瓦本的相当可笑的小市民。他在图宾根神学院"接受学校教育成为神学家"。[1]他在海德堡、纽伦堡和耶拿做过教授和校长。那是诗歌的激昂和夸张甚至感染了市侩的年代。有人在信中写道："那时我们身体里还涌动着彼此相亲的浪潮。"[2]如果有人体验过亲眼目睹拿破仑这样无可名状的幸运，就会像歌德一样称拿破仑为"已经可见的最高理念"，或像黑格尔一样称他为"马背上的世界灵魂"。[3]

黑格尔1801年8月27日的教授资格论文题为《道德科学的原则是对神意的敬畏》(» Principium scientiae moralis est reverentia fato habenda «)。[4]他的传记作者说，伟大的黑格

---

[1] Karl Rosenkranz,《黑格尔传》(*Georg Friedrich Wilhelm Hegels Leben*, Duncker & Humblot, Berlin 1844)，页48。
[2] 胡夫纳格尔（Hufnagel）1803年5月4日致黑格尔的信，见Rosenkranz，页224。
[3] 这封信的其他部分也很有趣："耶拿，1806年10月13日，星期一，白天耶拿被法国人占领，拿破仑皇帝入城。皇帝，这个世界灵魂，我看见他骑马穿城而过让众人瞻仰。看见这样一个人真是非常奇特的体验，看见一个席卷世界、统治世界的个人，现在就集中在一个点上，坐在马背上。现在所有人都和我以前一样祝愿法国军队好运，看到他们的领袖和普通士兵同他们的敌人（普鲁士人！）的惊人差别以后，根本没有人不会这么做。我们这个地区很快就要从洪水中解放出来。"——我要说，一个奇怪的爱国者！但是他的文集编者宣称，他完成了"德国观念论的全部创造"之中的"最高成就"。见K. P. Hasse博士，《黑格尔哲学·前言》(Vorwort zu »Hegels Philosophie«, Deutsche Bibliothek, Berlin 1917)。
[4] Rosenkranz,《黑格尔传》，页159。他的教授资格论文的开头（转下页）

尔的抱负是"成为德国的马基雅维利"。[1]黑格尔说，一个国家的健康"不体现在和平的宁静，而体现在战争的运动"中[2]，尼古拉教授到了1917年仍必须要反驳这句话。黑格尔说，每个诸侯是"他的武装力量天生的将领"。而且——这里存在因果关联——他兴奋地抬高新教，称新教"重建了责任心与良心自由，重建了神性与人性的统一，这尤其突出地体现为，一个新教国家的君主同时也是国家教会的最高主教"。[3]黑格尔着重谴责了"这样一种不祥的谬误：人自以为能够彻底地建构一个国家，却不将信仰上帝确立为所有思想和行动的最本质的原则"。他毫不迟疑地把新教和基督教等同于世界上最自然的事，然而恰恰他所理解的新教有碍邻人的灵魂得救，违背了登山宝训，而且绝对不向人类负责，而是首先对作为更高原则的异教的监视国家（Aufsichtsstaat）负责，对王朝的兴盛发达负责。[4]

（接上页）两句话是：Ⅰ.» Contra-dictio est regula veri, non contradictio falsi «［矛盾是真实的准则，不是谬误的准则］；Ⅱ.» Syllogismus est principium Idealismi «［三段论是观念论的原则］。

[1] Rosenkranz，《黑格尔传》，页236。
[2] 同上书，页239。
[3] 同上书，页411。神性与人性的统一，这就是新教全部渎神的地方。普鲁士士兵王所代表的神性与人性的统一，这是树为教义的撒旦崇拜，路德神学对此负有罪责。
[4] 黑格尔从来不谈私人的道德，处处只谈等级、国家、全体的美德。他的迷信就是"集体"（Kollektivum）这个概念。他的概念王国要人忘却个人的不道德，为道德寂静主义开脱。他的哲学是逃入抽象。他把矛盾置于自己哲学的开端，矛盾消灭了道德，因为上帝和魔鬼都享受同样的权利。矛盾（通过正题和反题表现出来），这个黑格尔最特有的问题，（转下页）

后来的黑格尔派说起黑格尔哲学与普鲁士国家的"世界历史"意义的联系时惯用的浮夸套话,早已全部出现在黑格尔在柏林的就职演说里。在他看来,柏林大学是"中心的大学",也必将成为"所有精神形成和所有科学的中心"。[1]他和之前在海德堡演说时一样,赞扬德意志人是"上帝在哲学中拣选的民族"。[2]但他首先做的却是重新遮蔽康德的成就,比如他这样评论康德对蒙昧主义和纯粹理性的区分:

> 所谓的批判哲学最终让人心安理得地对永恒、对神

(接上页)需要在合题、在更高的概念里被遗忘和埋葬掉。这就是马克思所说的"意识形态上层建筑",而这个上层建筑的基础,他认为是最粗糙的物质主义和宿命论。所有那些混乱的辩证法过程——黑格尔相信历史经由这些过程将抵达道德——只是掩饰初始的不道德和恶心的物质主义贪欲的绝望尝试。没有谁比埃洛更深刻地揭示了黑格尔哲学的道德虚无主义,参见他恢宏的著作《哲学与无神论》(*Philosophie et Athéisme*, Perrin & Co., Paris 1903)。"黑格尔的对立同一理论将引人走向何方?如果肯定与否定真的是同一的,那么所有学说就变得相同且无关紧要。黑格尔宣布存在和虚无是相同、同一的,这是本世纪彻底的、本质的、惊人的错误,是否定之母,是绝对的怀疑,是建立在绝对哲学当中的哲学本身的缺席。"他进一步指出这门虚无哲学的根源:"现代社会的大灾和原罪就是——新教。"(*L'Allemagne et le Christianisme*,页247—260)(埃洛原文是法文。——中译者)

[德文版编者注]埃洛似乎没有理解黑格尔的辩证法,黑格尔辩证法绝不是说事物与其对立面的同一,而恰是引导正题通过反题向合题运动的辩证关系,合题也不是正题与反题的同一。

[1] Rosenkranz,《黑格尔传》,页328。
[2] 他的"海德堡演说"着重提醒人们犹太人是上帝的选民。

[德文版编者注]"海德堡演说"指黑格尔1816年在海德堡大学开始为期两年的教学时的就职演说。胡果·巴尔认为黑格尔这篇演说指出了德意志民族和犹太民族的相似之处。

性一无所知,因为它保证自己已经证明,关于永恒和神性,人无法知道任何东西。这种所谓的认识甚至狂妄地自称为哲学。[1]

黑格尔自己则相信从永恒和上帝得到了**绝对**知识。他承诺一门有"内容"的哲学,为此呼吁仍未受到"虚荣的否定精神、无内容的单纯批判意图"桎梏的青年支持他。然而黑格尔实际所想的这个"内容"是什么,从他1830年庆祝《奥格斯堡信条》三百周年的纪念演说就可以知道。

《奥格斯堡信条》是路德宗最高贵的典范书籍,是普鲁士德国的拜占庭风气的主要文献。只有彻底废除它,才能为基督教重新赢回德国。黑格尔没有深究核心要点,就称《奥格斯堡信条》是"新教的《大宪章》"(由于唯独因信称义)。[2]

---

[1] Rosenkranz,《黑格尔传》,页328。此处还指出,黑格尔"本人的哲学最本质的要点要归功于起源于普鲁士的康德哲学",这也是正确的。

[2] [德文版编者注] 唯独因信称义(sola fides justificat)学说是路德神学的核心。这一学说的出发点是"无论如何严格地恪守僧侣的誓言,依然体验到自己有罪,而且体验到教会以圣体的形式提供的恩典根本无效"。(Peter Blickle,《帝国的宗教改革》[*Die Reformation im Reich*, Stuttgart 2000],页47)路德这一主观的经验"和前宗教改革时代传播广泛的基本神学观念相冲突"。(同上)路德也否认了"善工"的作用,认为只有信仰和上帝的正义能帮助罪人。"唯独因信使人称义不是自为存在的现状,而是依赖于对上帝的信仰,始终是一个成为义人的过程。"(G. Ebeling,《路德》[»Luther«],载于 *Die Religion in Geschichte und Gegenwart*,第4卷,1960年,页501)对上帝的信仰和上帝的恩典相互关联:simul iustus et peccator [既是义人又是罪人]。

>（他描绘）天主教教宗制度导致教会腐化，教会施行暴政压制科学的所有独立性。他描绘生活变得不道德，因为神父不婚的义务摧毁了家庭，因为对贫困和懒惰的崇拜、愚蠢的假虔诚摧毁了劳动的肉体，因为迟钝、幼稚的顺从摧毁了责任心，漫不经心地把自己的行为责任拱手让给教士，最终因为不承认真正的君主权威而摧毁了国家。[1]

简言之，他描绘了所有我们今天要斥为《奥格斯堡信条》和建立新教教会造成的恶果、要归罪于国家路德宗的东西：教会遭腐化（因为依附于诸侯的权力），科学受奴役（因为依附于诸侯的权力），生活变得不道德（因为毫不迟疑的实证主义），家庭被摧毁（因为战争和驱逐），劳动生活被摧毁（因为垄断和特权），贫困受崇拜（因为外国的失败主义宣传），责任心被摧毁（因为剥夺了政治权利）。

柏林市政府借这次纪念活动提醒公众注意，柏林还没有一座大学教堂。此时已是校长的黑格尔"尽全力"促成此事，比如他要求如果还无法建造教堂的话，至少"首先批准一座祈祷室"。他认为一座特殊的教堂符合"一座大学的规格"，在大学扩大到有1800名学生以后，大学就同超过100名讲师及其家庭组成了一个不容小视的教区。[2]黑格尔作为

---

[1] Rosenkranz，《黑格尔传》，页411。
[2] 同上书，页412。

校长与邦君作为总督学在神学问题上彼此的关系，就如同布道士与主教。

黑格尔哲学的目标是扩张新教思想和绝对主义意识，而非真理与知识。黑格尔《法哲学原理·序言》那句"凡是合乎理性的东西都是现实的，凡是现实的东西都是合乎理性的"，与独断地怀疑和诅咒神圣罗马帝国一切现状的做法相反，这句话或许曾是承认现实的壮举。但是这句话从来就不曾包含过什么认识，它笼统地承认丑恶的和被美化的事物，不过只能在一个满足于用理智让抽象与概念保持平衡的体系内成立。黑格尔的另一句名言，"哲学用以观察世界的唯一的思想便是理性这个简单的思想，理性是世界的主宰，世界历史因此是一种合理的过程"[1]，这话不也是一番谬论、一番清楚无误的道德投降论调？只有对神学问题毫无批判的民族，才会看不见隐藏其中的对荒谬的阴险信仰。[2]

---

[1]《法哲学原理》(*Philosophie des Rechts*)，§341/342。(此处有误，原文出自《历史哲学》。中译参见黑格尔，《历史哲学》，王造时译，上海：上海书店出版社，2006年，页8。——中译者)

[2] 直到叔本华和尼采才提出了与黑格尔对立的体系，他们希望以历史的绝对非理性为基础建立一门新的（英雄主义的）观念论。叔本华将上帝赶出世界上的纷繁事务，就是废除了黑格尔乐观地设定的普遍理性这个前提。真正的神正论在黑格尔看来是"在历史上证实上帝"。(《历史哲学》)他写道："只有这一种认识才能够使精神和（普鲁士的）世界历史，和（普鲁士的）现实相调和——以往发生的种种和现在每天发生的种种，不但不是没有上帝，却根本是上帝自己的作品。"康德在《实践理性批判》里说过几乎同样的话。(中译参见同上书，页426。括注系引者所加。——中译者)

黑格尔的法哲学和历史哲学总共所起的作用，只是为他囿于新教教义的信念提供一种证明："普鲁士君主制是一个政治有机体的理想。"[1] 正如俾斯麦晚年相信"伟大的发展过程"，"在这个发展过程中摩西、基督教启示和宗教改革作为各个阶段依次出现"，黑格尔在《法哲学原理》里也相信"日耳曼精神"是"新世界的精神"，相信"可完善性的动力"。[2] 他是怎么解释的呢？"日耳曼世界的第三个时期便是从宗教改革起一直到我们现代。自由精神的原则在这里成为世界的旌旗，从这个原则产生了理性的各种普遍的规律。"[3]"讲到意见，我们已经说过，宗教和合法权利的调和

---

[1] 不仅普鲁士的君主制，还有普鲁士的绝对主义。"全部官吏就代表着政府（！），而以君主的亲自决定为至高无上，因为……一种最后的决定是绝对必要的。"又："一个民族能够遭遇性格高尚的君主，固然是一件十分幸运的事情，**但是对于一个伟大的国家**，因为它的实力在于理性，所以国君的贤不肖也就成为**平淡无奇**了。"又："应当由有知者治国，即 oi ἄριστοι [贵族]，而非无知无识，或者自以为优秀的人。"（《历史哲学》）普鲁士的军事绝对主义和黑格尔的理智绝对主义有同一个原因，就是三十年战争和哈布斯堡王朝以来持续至今的民族堕落带来的人性和道德的绝望局面。（中译参见黑格尔，《历史哲学》，页425、426，有改动。括注和着重标记系引者所加。——中译者）

[2] 马萨里克的《马克思主义的哲学和社会学基础》已简明扼要地指出，"可完善性的动力"和对"历史具有自然规律"的信仰导向了道德无政府主义。宗教和道德（意识形态）被黑格尔弃置不顾。只有命运是主宰。历史发展就是理性，自行决定一切。道德可以简单概括为：谁有权力，谁就有道理。道德现在就是"承认事实"，人有能或道德或不道德地行事的一切自由。结果就是无所顾忌的犯罪。

[3] 但是这里要指出，宗教改革竖起的自由旌旗不是来自政治，而是来自宗教，擎旗的传令官也不是那批准《奥格斯堡信条》的路德，而是受强烈深沉的宗教热情驱动、为了建立一个信仰自由的王国而迁入（转下页）

已经在新教教会内实现。"结论是:"没有什么神圣的、宗教的良心处在同世俗权利相分离甚至相敌对的地位。"[1]但是这句话置于黑格尔体系中就意味着:没有什么神圣的、宗教的良心处在新教绝对主义以外,或甚至与它相敌对。但这位可怕的耶稣会士倒是写过一句话:"世界历史是自由意识的进展。"*

怎么解释这种最奴颜婢膝的恭顺?黑格尔就职柏林大学时已认为,普鲁士是"绝对理想"。受雇于此是他在海德堡大学工作时就怀抱的最高梦想。是什么吸引他前往普鲁士?也许归根结底是普鲁士的"内容"?** 假如普鲁士没有超越其他所有国家,这个君主国怎么能建立柏林大学,给出优厚的待遇?[2]又怎么能把黑格尔这个穷汉召往柏林?他在耶拿时,歌德还要在寄给他的信里夹钱,因为萨克森的大学工资

(接上页)荒野的罗杰·威廉斯。参G. Jellinek,《人权与公民权宣言:现代宪法史的杰作》(*Die Erklärung der Menschen-und Bürgerrechte. Ein Beitrag zur modernen Verfassungsgeschichte*, 1895),页42。(中译参见黑格尔,《历史哲学》,页324。——中译者)

[德文版编者注]罗杰·威廉斯(Roger Williams, 1604—1684),英国神学家,在美国活动,主张各民族各宗教相互宽容,在罗德岛上建立普罗维登斯城。

[1] 《历史哲学》。(中译参见黑格尔,《历史哲学》,页426。——中译者)
[2] Rosenkranz,《黑格尔传》,页318—319:"教育部一直以特殊的方式支持黑格尔,时而支付可观的酬金,时而拨给慷慨的差旅费,还极尽客气地尽可能实现他的其他愿望。这一切使他感到满意,他享受着惬意愉快,放肆地希望扩大自己的影响力。谁知道他那强悍的精神将迎来怎样的前景!谁知道他有没有期望过跻身政坛?"
* 中译参见黑格尔,《历史哲学》,页17。
** "内容"(Gehalt)一词还有薪水的意思,含讽意。

不足以维生。[1]但是这也符合黑格尔的"思辨"和学院派神学。他考虑问题只在于尽可能地胜过洪堡的"理想国家"。这就是普鲁士邦君征召黑格尔的恶果。

于是黑格尔抓住了"世界灵魂",让它通过正题、反题与合题上升发展为普鲁士臣民与国家的自我意识。这对于世界灵魂而言是一个累人的过程,对于教授先生来说也是。这个过程有些晦涩,但是越是这样结果就越有利于玩把戏的人。黑格尔也早就知道:凡是反革命的,就是理性的,包括弗雷德里希·威廉三世在"德意志解放战争"以后用来亲切问候本民族的普遍义务兵役制——即便普遍义务兵役制,他也能从观念演绎出来,全然不记得自己1806年对法国的好感。他还从观念演绎出了王位世袭制、长子继承权和两院制。于是德国"观念论"变成了屋顶飘扬着理性与启蒙旗帜的秘密内阁,而屋内则是一个秘法师把浸润氯仿的面具罩在本民族的脸上,把被麻醉的臣民交给施虐狂的统治者摆布。

黑格尔为了把普鲁士像鸽子一样用魔法从世界历史中变出来,就将整个世界历史置于运动当中。在他之前,从没有任何人赋予这个君主国如此迷信的重要地位。对他的体系的

---

[1] 歌德1806年7月27日致黑格尔的信:"我亲爱的博士先生:收入虽然不多,但您至少可以把它看做是我暗中在不停地为您设法的一个证明。我本来想多搞一点,但这只能等待来日,这只不过是开了一个头。我本人生活很好,希望再见到您的时候,您是健康快乐的。"转引自Rosenkranz,《黑格尔传》,页223。(中译参见《黑格尔通信百封》,苗力田译编,上海:上海人民出版社,1985年,页106。——中译者)

荒诞不经的直觉预感，是黑格尔在欧洲大获成功的原因。但正是这个体系的江湖骗术与恣意妄为，令叔本华愤怒不已。[1]

9

有两种反叛是可能的。一种反叛挑战社会与良知的自然基础，它是愚蠢的犯罪。另一种反叛发自普遍的良知，保卫自然基础，它促进自由，而自由正是救赎一切的事业的最高成就。

无法理解，如何能把黑格尔当作自由意义上的反叛者。还记得海涅乐观的预言：

> 我们的哲学革命完成了。黑格尔结束了它的巨大的循环运动……请你们不要取笑我的劝告，一个梦想家的劝告，他告诫你们要警惕康德主义者、费希特主义者和自然哲学家。请你们不要取笑那个幻想家，他期望

---

[1] 如果认为歌德赞同黑格尔的"哲学"，那是错误的。他对这个懂得利用普鲁士的强盛来开拓自己职业道路的枯燥的施瓦本人抱有某种善意。1821年他寄给黑格尔一个酒杯，上面刻有一段反讽的赠言：
原始现象最适宜绝对者友好地接纳。
《浮士德》里有几句话，直到今天仍可以用来做黑格尔哲学的开卷语：
先父是个无名的正人君子，
根据无穷无尽的配方，
把相克者混合在一起。
（中译参见歌德，《浮士德》，钱春绮译，上海：上海译文出版社，1999年，页57—58。——中译者）

精神领域中已经出现的同一场革命也要在现象王国出现……[1]

无法理解，如何能把新教认作德国哲学和历史发展的原则，而且还期待将有一场"革命"从主张这种原则的教授们发端。我赞同法国历史学家杜雷（Théodore Duret）的看法，他在探讨革命在德国的可能性时曾怀疑地写道：

革命的观念，突然完成的深刻转变的观念，只有可能在法国这样的观念论的、天主教的拉丁国家诞生和发展出来。它在德国和英国这样的实证主义、新教的日耳曼国家一直不被接纳，也始终不会被接纳。[2]

路德宗新教非常特别地把物质幸福置于所有个人牺牲之上，把自利置于全体的所有目标之上。鲁钝和顽固是新教的根源，在良知问题上拒绝与任何人团结，在道德自由和政治自由的问题上摒弃那种崇高的敏感，道德和政治的自由归根结底起源于在集体中成长起来的几代人的自我意识。唯独集

---

[1] Heine，《论德国宗教和哲学的历史》，页121—124。（中译参见《海涅全集》第8卷，页315—319，略有改动。——中译者）
[2] 《革命在德国可能吗？》（*En Allemagne une Revolution est-elle possible?*，Albin Michel，Paris 1917），Marius-Ary Leblond 编，Barres, Huret, Lichtenberger, Rolland, Schure, Seignobos, Sembat, Wetterle 等人参与写作。（原文是法文。——中译者）

体意识能够感到个人或阶级的自负是对社会道德概念无可容忍的强暴，能够对此加以矫正。集体意识是任何建设性的反叛的前提条件。

德国人（无论叫路德、康德还是黑格尔）的反叛总是只反抗良知，反抗道德与社会的基础。个人、阶级或民族的新教，今天等同于对其他社会的个人、阶级或民族的强暴，新教原本从这些个人、阶级或民族产生，后又与他们相隔绝。如果宗教理想没有一次深刻的转变，今天德国就根本不可能有一场社会和政治革命，更不要说道德革命。我们所处的环境正在反叛，那是前宗教改革时代的基督教观念被压抑的传统，它的强劲动力是被压迫的个人（即现在的整个新教德国）无法长时间抵挡的。德国的新教是针对中世纪基督教共产主义的农民起义的反革命（Kontrerevolution）。

黑格尔反叛上帝的动机完全不是实现合题，而是毁灭，是虚无主义。从上帝很难推导出普鲁士，黑格尔自己清楚这一点，康德也同样清楚，他不再相信上帝，很可能只是因为他还了解普鲁士的现实以及弗雷德里希·威廉一世其人，并感到羞耻。于是必须从普鲁士推导出上帝，或者把上帝丢到一边，另找一个替代品。康德找到了"物自体"，黑格尔找到了"世界灵魂"。黑格尔的世界灵魂毕竟是一个值得尊敬的对象。没有哪位普鲁士君主能够抱怨，自己与世界灵魂的关系太过亲密。世界灵魂不如一个有神论的上帝崇高？上帝在性质上胜过的地方，世界灵魂一定程度上用广度弥补了回来。上帝和世界灵魂二者的崇高，只在于二者能够给出的神秘化"内容"。

"世界灵魂"被当作庄严隆重的上帝替代品。黑格尔让世界灵魂从亚当夏娃时代起就坐上轮椅，把正题和反题交到它手里做两根杠杆，让它在合题中不断运动。他称之为"纯粹理性从自在经由自为到自在自为的不断运动"，将它走过的路途称作进程或进步。世界灵魂在运行几千年以后抵达柏林，驻跸在王宫，大学生们朝它欢呼致意，还向这套机制的发明人黑格尔教授献上火炬游行。

这件事并不像听起来那么好玩。且不论每个人从此都想要发明这样一套辩证法机制——也就是所谓体系——黑格尔的世界灵魂还从旅途中给柏林人和他们国的王带来了点儿东西。世界灵魂的"礼品单"是：国家科学（Staatswissenschaften）的等级秩序和表格、院系和学科的功利主义家系图。巴阿德徒劳地指出，上帝的和人的思维过程，即形而上学和逻辑学，二者不能等同起来。[1] 他指出，奴性的人、虔信主义者和理性主义者由于per generationem aequivocam［犹豫不决的一代人］的怀疑制造了知识和信仰的对立。他在1830年9月30日致黑格尔本人的信中徒劳地说："四处都是魔鬼。您因为厌弃观念的天国形态，现在就必须为观念的地狱漫画像而颤抖了。"[2] 既然普鲁士国家确实

---

[1] 见《巴阿德全集》（*Werke*）第1卷，《作为思辨逻辑的哲学认识科学论文集》（*Gesammelte Schriften zur philosophischen Erkenntniswissenschaft als speculative Logik*，Franz Hoffmann博士编，Leipzig 1851）多处。
[2] Rosenkranz,《黑格尔传》，页408。

是世界历史的顶峰，还会按照可完善性的动力继续发展——这种动力后来在社会民主党那里变成了罐头食品、婴儿车和苏打水品质的完善——结果除了国家下属、国家支配和国家享有的科学以外，就再也没有别的科学。国家科学的内容则成了反基督教的陈词滥调。

学者共和国变成了什么？他们逐渐被衣食无着、直觉失灵的官僚等级取代，后者在"神圣罗马帝国"解体以后从奥地利转投普鲁士，而且带来了他们灵魂里教士与特权者的全部懒惰。这件事首要的和最有力的鼓动者就是官僚黑格尔——世界灵魂在柏林的创造者和操纵者。他用"错综复杂的套话"（叔本华的责难）瘫痪人的天性，办法就是把人的天性卷入世界历史进程，比如他1848年用空话套话和逻辑推理扼杀人民的怒火。他甚至用"自行运动的发展"这套理论安抚了19世纪的新生力量——革命的无产阶级。舒舒服服的"自行发展"，不需要反对活动！人人指望其他人，人人期待整体，没人想到自己要做点儿什么。黑格尔把彻彻底底的荒谬描绘得最为理性，因此让深受法国鼓舞的"青年德意志派"同一个国家建立起实用主义的关系，这个国家只要能抓住他们，就把他们当作罪犯赶进军队这座"学校"。所有这一切都伴随着世界灵魂自我满足的口头英雄主义傲慢的自我意识。这种英雄主义是只会说"是"和"阿门"的乐观主义，大学的杂役比老实听课的学生更容易看透。

10

上文已经指出德国大学和国家实用主义的问题，要真正脱胎换骨地解决这个问题，前提是当前帝国制度的彻底崩溃、民主的国际联盟和世界各国知识分子党派的协商大会。

只有豪迈地重新开启原始的福音传统、彻底地国际化大学教席、各国学术权威展开最活跃的交流互动，才有可能保证"大学"这个概念，特别是保证德国的道德和科学教育机构重获活力。[1]我们的大学数百年来依附于绝对主义的野蛮宫廷，归根结底是依附于所有人都谄媚侍奉的军事专制制度，这已经在德国人的头脑里造成了宗教信仰和自由信念的混乱。只有在官方和非官方的文献里徒劳地寻找宗教和自由的人，才能认识到这番混乱。由此产生的这个民族的知识分子病，只有合力动用其他所有民族的拯救力量才能祛除。柏林大学尤其成了我们的道德和文化力量的放血器，如果我们找不到占领这座巴士底狱和谎言铺子的援军，我们就要毁灭在长年的重病和蔓延的污染里。

我们的科学发现只要不在唯物主义范围内，就从来不是特别新奇的东西。利希滕贝格已经知道：

---

[1] Constantin Frantz,《欧洲和平学院》(»Europeen Peace Institution«)，载于 *The Chronicle*, 1874。他提议专门为历史和政治科学的研究建立国际学会（Internationale Akademie），作为建立和发展国际法的最重要机构。我们德国人当然比其他任何民族都更热衷于建立这类学会。

德国人喜欢夸夸其谈,因此不容否认,我们的博学更多体现在良好地掌握属于科学的内容,特别是能够清楚地复述这个人、那个人分别做过什么,而非自己再进行拓展。即使我们最伟大的作家当中,也有人实际上只是在精心编排和重印前人已经知道的东西。[1]

经过黑格尔,从前一度服务于天国的科学变得"理性"了,世界历史变得理性了,理性本身也理性了,任何普鲁士新教的东西都尽可以称为理性。日耳曼新教的理性国家(或曰西方道德的瓦解)变成了科学的最高原则。任何人都清楚,还残存有多少可怜的自由——只要不把今天柏林的哲学家、语文学家们的诡辩术当作深刻思想,而把柏林生物学家尼古拉那样的真正自由的学者的命运视为时代症候。

把理性带进历史,这是任何气魄宏大的思维的最高目标——这种思维就是要从事实推导出理性,从而让世界史和所有个人奋斗都归于静止?黑格尔知道:"自由这个理念是通过基督教来到世上的,按照基督教,个人作为个人有无限的价值。"他知道:"人自在地注定达到最高的自由。"他由此得到什么结论?他认为,自由"起初只是概念,即精神和心的原则","注定发展成为对象性",即发展为"法的、伦

---

[1] Lichtenberg,《文集》(*Schriften*)第1卷《文学评论》(*Literärische Bemerkungen*),页287。

理的、宗教的和科学的现实"。[1]沿着这条路，他得出了自己的实证法哲学，结尾是这样一句妙语：

> 政府的刑事司法权、行政权等等同时是政府去处分、去管理等等的义务，正如国民纳税、服兵役等等是义务。这在根本上是有效的：谁没有权利，谁就没有义务，反之亦然。[2]

黑格尔的哲学方法，只不过是承认从神学的和国家的基本概念中得到现存政权欣赏的价值，把这些概念改头换面以后建立起系统的相互联系。

对现存世界的每一次真正自觉的表态都必然是一次反叛。只有对现存事物的反叛、理性对已实现的事物（它总是也必然是不充分的，因为理想从来不可实现）的反叛，才可以享有把理性带进历史的权利。但这就等于审视历史，因为没有自在的历史理性或世界进程理性。我们今天生存并且要宣告我们希望如何生存，就只有发扬自己的观点，只有反叛历史传统留给我们的非理性，捍卫理性当中令我们感到亲近的极少部分，才能存在下去。没有人的意志无法突破的实用主义、观念或发展，没有所谓"必然性"。作为一个人意味

---

[1]《哲学全书》(*Enzyklopädie*)，§482。（中译参见黑格尔，《哲学科学百科全书Ⅲ：精神哲学》，杨祖陶译，北京：人民出版社，2015年，页274。——中译者）
[2] 同上书，§486。（中译参见同上书，页277。——中译者）

着高于自然，除此以外一切都是迷信。我们虽然无往不在枷锁之中，但按卢梭的话说是生而自由的。只有胆小、逃避和可怜的怯懦，才会让人更相信国家的教士、学者、鼓吹发展的神学家，而不相信天才。历史不会"不断向更高形式发展"，它不会"自动"这么做。

普鲁士国家在世界上制造屠杀，此前还试图侵蚀良知的基础。如果我们不向人类伸出援手，人类就要灭绝并朽烂。我们当中即使最微小的一分子也要为自由理性的这一事业出力，因为我们正是在为他的权利、为他的爱、为他的理性战斗。我们为此战斗，是因为只要人类社会最微小、最受压迫、最困窘的一分子无法发出自己的声音——他的声音里也许包含着全人类的救赎——我们自己的理性就要承受损失。没有人独自知晓万事；假如学者不背叛我们，假如我们每个人公开坚持自己的观点，就不会有国家妄称唯独自己最知晓万事。懒惰是人唯一的死罪，所有令我们败坏的不幸与困苦，都仅仅来源于懒惰。

国家显贵拉特瑙说："如果在德国不将所有实用主义视作且仅视作意志转述先验伦理的评价，那么我们就搞错了德国的使命。"[1] 谁是这个"我们"，谁不乐于接受这个说法？拉特瑙先生所说的"先验伦理的评价"是什么，我已经在论路德、康德、费希特和这里论黑格尔的部分阐明。上文已经证实，他们对德国的实用主义，即今天使人民血流成河的

---

[1]《论将来临的事》，页169—170。

"必然性"，予以肯定并献上他们魔鬼的祝福。对此还需再费口舌？突破这种实用主义、这种必然性，证明德国不是功成名就的拉特瑙们没有搞错自己使命的地方，这是我们所有人的任务。同一位拉特瑙先生在其他地方竭力为"西方世界的日耳曼君主"免罪，说他们没有支持今天的实用主义[1]，援引的证据是荷尔施泰因一家杂货店也"比一个美国教会更实在、更无目的、更不商业化"。但是这话也适用于通用电气公司和普鲁士总参谋部，或是适用于另外50家恰好以拉特瑙先生为spiritus rector［精神导师］的公司吗？如果您为强盗国家订购原料，就请抛开先验伦理的评价。如果您买卖股票，就请不要谈什么知识自由。

德国的大学剥夺了人民的行为能力，对任何不以战争、国家、爱国主义为目的，不搞乱人的头脑的科学，都予以排挤、制裁、扭曲、压制，或者利用它们损害人民的福祉。封建传统、兵营和军事化的大学对青年的教育让人的自由意识彻底萎缩和消逝。再也没有为自由服务的科学，有的只是镶了自由主义边的国家科学。

这是一个什么国家呢？它的赞颂者说它将宗教进步与科学、经济进步集于一身。拉特瑙先生谈到柏拉图、达·芬奇和歌德对"扎实可靠的物的世界"的探索之后，建议运转这

---

[1]《时代批判》(*Zur Kritik der Zeit*, S. Fischer, Berlin 1912)，《机械化与去日耳曼化时代的人》(» Der Mensch im Zeitalter der Mechanisierung und Entgermanisierung «) 一章。

样的国家要凭"扎实可靠的人的集体意识"。[1]

国家是一个实用的，因而次等的机构。它至多是一个公益机构，也只能这样，因为它总是迎合个人、君主、阶级或党派的利益。它是不敬神的、非基督教的，因为它只关乎物质利益。它保证的进步，至多是一种力图证明上帝不存在、以便更稳妥地扼杀自由的伪启蒙（Aufkltäricht）。无宗教的自由是不可思议的。

理智哲学把国家列为最高原则。但最高原则不是国家，而是个人的与全体的自由，科学与国家都要为这个自由服务。只有这个自由才保证上帝有一天降临尘世，因为我们用纯洁与善良迫使上帝不得不降临。

新秩序的任务：由我们克服国家；国家仅仅是我们手中的工具；大学完成我们的事业，即人民、自由与上帝的事业，而非君主、国家与国家仆人的事业。[2]但是哪里能找到

---

[1]《论将来临的事》，页18。
[2] 佩基赞同我的观点，不仅要政教分离，而且要让国家同形而上学分离。见 Charles Péguy,《论现代世界的知识分子政党的处境》(»De la situation faite au parti intellectuelle dans le monde moderne«), 载于 *Cahiers de la Quinzaine* VIII/5, 1906. "现代的知识分子党派有绝对的权利，把形而上学、哲学、宗教和迷信变得尽可能粗陋和愚蠢，只要他们自己高兴。我说的权利除了公民权，至少还包括社会和政治权利，总之是法定权利。但这里的问题在于，要知道现代国家是否具有这个权利，采纳、适应这种形而上学并动用政府力量的所有方式向全世界宣扬它，是否属于它的工作、责任、功能和职责。没有放之四海而皆准的形而上学，因而也没有具备政治和社会价值的形而上学。造火柴和开罚单的国家什么时候能明白，扮演哲学家和形而上学家并不是它的任务？我们已经解散了教会，我们什么时候也能解散形而上学？这个没有上帝的世（转下页）

榜样和事迹,引导我们更有力、更纯粹地承担起这样的天职?巴阿德说:

> 只有圣徒故事为我们纯粹而忠实地保存了这类事迹,以此为基础的精神物理学(可不是军事化学)也始终是最美、最人性、最适于我们有限能力的理论和哲学。[1]

(接上页)界一定会发生(毫无疑问您没有预料的)突变,产生出一部新的教义问答,而且是宪兵教导的、治安官好心参与制定的政府的教义问答吗?"(*Œuvres choisies 1900-1910*, Bernhard Grasset, Paris)饶勒斯(Jean Jaurès)的早年友人的这番话再怎么牢记也不过分。

[1] Franz von Baader,《日记》(» Tagebücher «),载于《巴阿德全集》第11卷,页113。

第三章
巴阿德与法国和俄国的基督教复兴

1

我们应当在讲话和著作里复归我们祖先的单纯,他们是记录真与伪的天国编年史家,从来没有人怀疑他们勤勉、坚韧工作的动机,对他们抱有 bona fides［真诚信仰］的人可以在他们的著作里读到,他们的 bona voluntas［善良意志］结出了同时有益于事实、作者和读者的三重硕果。你们的话,是,就说是,不是,就说不是。* 所有诡辩都是借口、软弱和错觉。在这样一个大概不同于以往任何时候的时代,意识形态变成煽动的工具,任何政治、社会和宗教的表态都沦为个人、社会和阶级的虚荣与利益的牺牲品,除了极度的正直,还有什么能让写的字、说的话恢复权威?

从霍亨索伦末世君主的演讲到报纸的启事,他们多么自

---

*　参《马太福音》5.37。

信满满地误导和欺骗！诚实是多么缺乏，滥用天真的信任是多么狡诈的用心！还有谁的动机与他写的字或说的话是一致的？谁还有勇气为他的体验、他的行动和他的信念负责？牺牲祖国的精华和个人的幸福——蔓延起来难道不是比瘟疫还凶？因为今天局势更不确定、更危险，这些做法就不那么可鄙了吗？

人，一母同胞的造物，由于日、月、星辰，我们血肉相连[1]、内脏外流、四肢碎裂地在狼藉的尸山里挣扎，在战俘营里啃食腐草，在肮脏的壕沟、监狱与转运的恐惧、折磨和酷刑中毙命。难道现在还不应该，我的弟兄们，结束同"敌国"的斗争，开始故乡的斗争？难道不应该除了遵从真理和正义，再也不听从别的东西？

本书讲的是自由和封圣，讲的是那些英雄的原则，他们将德意志民族的福祉同世界的安宁视为一致的，或者说，本该一致的。1793年一个名叫克洛斯的德国人登上国民公会发言：

> 我一辈子都在同尘世的和天国的君王作斗争。只存在一个上帝，那就是自然；只存在一个君王，那就是人类，他们通过理性联合为世界共和国的上帝子民。我现在站在宇宙的讲台上，重复一遍，人类是上帝——人民

---

[1]［德文版编者注］胡果·巴尔坚信所有人的共通人性。"一战"堑壕战的残酷屠杀是他愤怒的原因。

是上帝（le Peuple Dieu）！[1]

终归有人站出来说了这话。他梦想一个所有人的联盟，各民族消融在这联盟里。他建议法国人不再自称为"法国人"，而改称"普世人"（Universel）。他绝对不是煽动分子，而是雅各宾俱乐部的主席。他的同胞精神上都是鄙陋的抄写员，嘲笑这位未来德国的先驱，说德国人如果疯了，在疯狂程度上也胜过其他所有民族。但是这丝毫不能改变一个事实，1793年的法国也许没有人比他更强烈地预感和觉察到法国大革命的普世性。

19世纪的知识分子斗争是对1789—1793年法国大革命的阐释。自由原则，在文艺复兴和启蒙运动的时代是专制君主的自由，附加上平等和博爱的概念才有了基督教复辟的转向。虽然所有为世界谋幸福的观念和体系、十二月党人和无政府主义者的所有密谋、基督教斗士和社会解放者的所有乌托邦冲动，它们相互矛盾、彼此冲突，但是人权、群众和群众每一分子的权利、民族权利成为了永恒的财产。废除所有窒息人、压制人的专制暴力，为新人类立下良心的根基。

---

[1] *Moniteur*，1793年120号，转引自Tim Klein博士，*Süddeutsche Monatshefte*特刊《德国梦想家》（*Die deutschen Träumer*，April 1918）。
　　[德文版编者注] 克洛斯（Jean Baptiste Cloots du Val-de-Grâce, 1755—1794），又称Anacharsis Cloots，法国革命家，1790年起成为国民议会成员，自称"人类的演说家"，1794年被处决。"人民是上帝"的口号印证了胡果·巴尔的异端立场：上帝显现在历史中、在人类中，而不是在其他任何地方。

我们德国人最没有理由受反动派的诡辩者迷惑。他们想用漫画的方式丑化自由观念，因此对我们说，"那些自由不等于自由"，"那些自由根本不是自由，而是政治化的利益"，他们拿给我们"内心的上帝之城"作为政治自由的替代品。[1]我们知道，阶级政治没有促进博爱，而是让博爱萎缩成协会兄弟、俱乐部兄弟、党内兄弟或萎缩成经济利益团体的同志情谊。*我们知道，博爱在团体、协会和党派内特殊化以后，就变得"非人类"了。但这里只是针对博爱的实现方式，而不反对原则本身，不反对无保留的党派立场，更不反对席克勒早先曾说过的"为解放穷人而不断斗争"[2]。瑙曼、桑巴特、舍勒、拉特瑙诸位先生关于法国革命知道很多材料和很多无关紧要的细节，却丝毫没有感觉到观念的风暴。[3]这也是奇事一件。

今天世界正围绕我们信仰的新的民主制度的原则进行斗

---

[1] 见 Franz Blei,《对政治的人性观察》(*Menschliche Betrachtungen zur Politik*, Georg Müller, München 1916)。
[2] 《对民主的义务》(*Die Pflicht zur Demokratie*)，载于 *Die weißen Blätter*，1916年11月。
[3] 他们总是老调重弹：资产阶级自由，小商贩的自由，有名无实、不信上帝、庸俗化的自由。只是他们忘了，西欧民主制度在1830年没有停止发展，而是让宗教渗透并深化了那些"自由"。我们今天完全不再是神圣同盟的时代那样，作为神学圣物的捍卫者同理性主义的异教作斗争。相反，即便协约国的政治领袖们自己没有意识到，他们也是在向我们这些启蒙主义的魔鬼崇拜者和敌基督者发动宗教战争。加尔文和卢梭的观念交汇，产生了反对德意志意识形态的十字军东征思想。
* "博爱"(Brüderlichkeit)一词由"兄弟"(Bruder)派生而成。

争。新的民主制度不接受这样一种观点："上帝中的自由"能够与法律中的不自由、国家中的强暴、绝对主义中的暴政同时存在。新的民主制度也不接受这样一种观点：效仿西欧民主的议会制度将在德国解决今天使德国隔绝于世界的所有冲突。最坏的德国传统，是因为那句著名的只有理智才能理解的"上帝中的自由"而放弃政治自由，是因为1793年革命在爆发时"废除宗教"而谴责它。无视已经在英国、法国、美国和意大利取得政治成就的民主自由主义潮流，不去反抗今天毫无上帝中的自由的德国政府撒旦教，也同样是荒唐的。帝制德国今天代表着三个帝国和教宗国的反动手段最恐怖的累加。反对这座以柏林为中心的敌基督堡垒，必然要求检查上个世纪最革命的思想里的自由内容。只有这样，才可能有杠杆撬动那座魔鬼的老巢。

  法国重新发现了自塔博尔派和闵采尔的时代起就已经失落的共产主义思想。[1] 发现者叫作巴贝夫，经由邦纳罗蒂

---

[1] [德文版编者注] 塔博尔（Tabor），捷克语意为"营地"，波希米亚南部城市，1420年由胡斯派教徒建立，在宗教战争中是他们的重要据点之一。塔博尔派这里指胡斯派，即先于路德一百年的捷克宗教改革家胡斯（Jan Hus, 1370—1415）的信徒。胡斯是布拉格伯利恒教堂的布道师、查理大学教师，受英国宗教改革家威克里夫（John Wycliffe, 1328—1384）影响。胡斯主张预定论学说，反对神职人员的世俗化。1411年他被革除教籍，尽管得到皇帝西吉斯蒙德（Sigismund）保障安全的许诺，仍在1415年于康斯坦茨被判为异教徒处以火刑。胡斯创立了书面捷克语。胡斯派分为两派：温和的布拉格派，也称圣杯派（Utraquist），在圣餐时以面包和葡萄酒的双重形式领取圣杯；激进的塔博尔派，他们的榜样是基督教原始社区。在胡斯战争中，胡斯派曾占领波希米亚以及（转下页）

的密谋传承给魏特林（Wilhelm Weitling），魏特林在瑞士首次重新公开宣布了共产主义思想。布里索1780年就已经说过，财产是盗窃。蒲鲁东以崇高的形态将一种既英勇又智慧的观念论发展为对财产的批判，发展为抛弃国家的无政府主义。马克思，蒲鲁东和黑格尔的学生，发现了一门（无产阶级的和物质的）新历史观的原则。巴枯宁和他伟大的俄国老师——十二月党人佩斯特尔，提出联邦制和国家去集中化应作为斯拉夫世界和欧洲的新秩序。马志尼、拉梅耐、魏特林和托尔斯泰，试图独立于教会为自由封圣，由此创造了——向闵采尔致敬——基督教无政府主义者、民主主义者、共和主义者和革命家的概念。[1]

（接上页）周边地区。他们的主张除平信徒领取圣杯以外，还有神职人员守贫、由国家惩罚死罪（如对通奸处以死刑）等。1433年布拉格派平信徒领取圣杯的权利得到认可。1434年天主教会同温和的圣杯派联合进军终于打败了激进的塔博尔派。圣杯派的多数人后来转入路德宗，塔博尔派继续存在于波希米亚弟兄会中。

[1] ［德文版编者注］巴贝夫（François Noël Babeuf，1760—1797），法国革命家，雅各宾派，以格拉古（Gracchus）为笔名出版杂志《保民官》（*Le Tribun du Peuple*），他主张财产公有、施行平等的专政，是共产主义的先驱。

邦纳罗蒂（Filippo Michele Buonarroti，1761—1837），意大利裔法国革命家，1795年和巴贝夫一同建立先贤祠俱乐部（Club du Panthéon），力图恢复更激进的1793年宪法，因为参与密谋被驱逐出境。

蒲鲁东（Pierre Joseph Proudhon，1809—1865），法国政论家，是巴贝夫之后的社会主义创始人。"财产就是盗窃"这句名言概括了他《什么是财产？》（*Qu'est-ce que la propriété?*，1840）的主旨。他和马克思矛盾尖锐，后者著有《哲学的贫困》批判他的《贫困的哲学》。蒲鲁东是无政府主义的创始人。

马志尼（Giuseppe Mazzini，1805—1872），意大利复兴运动（转下页）

所有这些原则的总和必然通过我们的脑和手获得新生，只要我们不仅责骂而且击中并瓦解今天的德国国家制度。德国青年必须热情地准备着付出一切牺牲，面向所有害怕我们的民族，同他们的自由精神团结起来，只要这些自由精神不对本民族的前途感到绝望，不愿放弃斗争、摇尾乞怜。必须无所顾忌地揭露所谓德国精神生活的彻底贫乏，只有我们看清这个国家发生了多少罪孽、迟误和欺骗，只有我们当中有人自己鼓起勇气承认，我们在人类和人性的事业里是全世界最阴险、最懦弱、最懒散的民族，只有这样，我们才能找到坚实可靠的地基与各族一同建造正义的大厦，才能把这片沼泽地——它总是把伪装起来的奴性当作精妙和哲思，把宗教、艺术和哲学当作野兽面具——排干。

本书的前提是：新德国的政权今天胃口大开地吞下比利时人和法国人、意大利人和俄国人，让所有人看见它正致力于复兴霍亨施陶芬王朝的中世纪各邦联合而成的普世国家，

（接上页）（Risorgimento）政治家，反抗外国对意统治，追求意大利统一，他主张共和制和多民族的统一欧洲，反映了今天"欧洲联盟"的思想雏形。流亡瑞士期间，他试图在萨伏依（Savoyen）发动起义，1849年和加里波第共同领导了保卫罗马抵抗法国军队的战役。流亡伦敦期间，他建立了"欧洲民主主义中央委员会"。胡果·巴尔1924年受穆特（Carl Muth）邀请曾打算为《高原》杂志写一篇关于马志尼的文章，但因缺乏材料放弃了这个计划。

拉梅耐（Hugues Félicité Robert de Lamennais，1782—1854），原姓La Mennais，法国天主教神学家、政论家，拥护启示力量，反对蔓延的宗教冷淡主义，拥护教会自由，反对国家教会制度。他和教会审查制度的纷争导致他与教廷决裂，后成为社会主义的支持者。

它必将倒台，无论是由于军事失利、经济崩溃还是本国革命者统一的精神行动。这个妖魔国家和偶像国家，集中了一个伟大、勤劳的民族和它凶残的盟友的全部力量；这个国家的创建离不开对它负有责任的精神巨人的草率的乐观主义或野心；这个国家懂得吸纳任何反对派的图谋，或将他们无害化；这个国家自命为世界的道德法官和立法者，而自己却放肆地违反国际法和中立、发动战争并掠夺其他国家；如果要为人类的重新建设、为世界共和国、为战争受害国追求的和平与幸福提供保障，这个国家就必须被制裁、被打倒。这个国家的统治者阿提拉（Attila）般的姿态，它的谋士的好战政策，吸引了世界上所有见不得光、厚颜无耻的东西，所有秘密的大投机客和蒙昧主义者，还有教会的宫廷政治里耶稣会士的倒行逆施。这个强权将要也必将倒台，或早或晚。有责任感的知识分子将担负起这样的任务，防止在失去原则的民族内出现比战争的所有恐怖更残酷的屠杀。毁灭性的暴力将在本国肆虐，就像它在外国已经肆虐那样，没有单个人物足够纯粹和伟大到能够抵挡它。没有单个的人——无论他的道德力量和身体力量多么强健——能担得起重新震动世界的任务与欢呼。所有这些都是不可避免的，只要人在此世的存在不想变成动物的笑柄。

因此要寻找并树立自由的最高原则，人类未来的拯救取决于我们，就像我们曾让人类陷于贫困、悲哀和废墟一样。因此要从我们每个人所知道、所感受的东西中总结教训。因此要坚信得救的世界不会拒绝给出保证，要在我们民族内断然区分开正在败坏我们的比狗更像狗的施虐狂和迄今四年来受蒙蔽、受欺骗的民族"荣誉"捍卫者所受的超人苦难。我们除了在本国以外没有别的敌人，我们除了在堑壕的对面以外没有别的希望。1842年巴枯宁在卢格的《德国年鉴》[1]上发表了一篇题为《德国的反动》(» Die Reaktion in Deutschland «)的文章，结尾一段说：

> 让我们信任永恒的精神，它毁灭和消灭，只因为它是所有生命深不可测、永恒创造的源泉。毁灭的乐趣同时是创造的乐趣。

2

如果要清楚呈现德国在弗雷德里希二世和拿破仑的刺激下借助黑格尔的现实哲学和俾斯麦的铁血政策所进入的孤立状态，就必须写一部19世纪的基督教思想史。西西里人博尔格塞描绘过ecclesia militans［战斗的教会］的新理想，这一理想今天越来越转变为军队与哲学结成的反德同盟的良心：

---

[1]［德文版编者注］卢格（Arnold Ruge, 1802—1880），德国作家、哲学家，1838年出版青年黑格尔派系列著作《哈勒年鉴》(*Hallesche Jahrbücher*)，后更名为《德国年鉴》(*Deutsche Jahrbücher*)。1844年他在巴黎和马克思共同出版《德法年鉴》(*Deutsch-Französische Jahrbücher*)。1848—1849年是法兰克福议会成员，后流亡伦敦；1866年起成为俾斯麦的支持者。

> 一支歌曲响了起来，浑然忘我，就像梅赫伦（梅西耶枢机主教）的讲话一样。它像圣保罗的话一样炽烈，像帕斯卡的话一样纯粹。它卓越又朴素，神圣又凡俗，正统又理性，虔诚又英勇，既是欧洲的又是普世的，对布鲁日的贝居安会士同对高雅的精神而言一样优美。[1]

20世纪彼此争斗的精神叫作拿破仑和基督，德国知识分子的发展倾向可以概括为拿破仑主义这个主题。

> 1800—1801年的欧洲视马伦哥战役的胜利者为一个新时代的穆罕默德、一门新信仰的先驱，而今天的德国从特赖奇克和尼采的著作里学习"拿破仑主义"。科西嘉人打败了加利利人。[2]

相反可以证明，俄国、法国和意大利，甚至贵格会教徒与和平主义者所代表的英国和美国，都已经把基督教从正统中解放出来，重建了独立于教会与教条的基督教理想，从而比既往任何民族之间所能出现的民族差异和政治差异更深刻地使自己与德国区分开来。

博尔格塞指出了今天阅读托尔斯泰的《战争与和平》仍能带来的益处。他写道：

---

[1] Borgese,《意大利反德国》，页68。（原文是法文。——中译者）
[2] 同上书，页55。

在这本书里可以看到，既不是虚荣的观念体系的构造者也不是沙文主义者和民族主义者的俄国人，怎样在拿破仑战争期间，特别是在击败了那位万众敬仰的敌基督者的1812年战争期间理解俄罗斯民族的使命。

小说第一页安娜·巴甫洛夫娜就称拿破仑为敌基督者。"看这群异教的野兽啊！"法国人洗劫莫斯科而且侮辱尸体的时候，愤怒的群众喊道。托尔斯泰塑造了他的圣人、矮小的农民殉道者普拉东·卡拉塔耶夫作为拿破仑代表的暴力和力量崇拜的对立面，整本书呈现了基督教理想和拿破仑的偶像崇拜之间的对立。[1]

严肃、野蛮、金发、漂亮的野兽（施莱格尔、席勒、尼采、韦德金德）入不了俄国哲学家和诗人的门。相反可悲可叹的是，可怖的野兽总是还没有从人身上完全消失。那种模仿文艺复兴、崇拜力量出众的半神的文化，在德国颇有影响，而在别处经历拿破仑、司汤达等余波之后已经式微，无法腐蚀19世纪的俄国天才。[2] 非常典型的是，拒斥文艺复

---

[1] Borgese,《意大利反德国》，页71。
[2] 有人会对我喊：屠格涅夫！但是陀思妥耶夫斯基答道："屠格涅夫、赫尔岑、车尔尼雪夫斯基这些人给了我们什么呢？他们取笑神圣的美，但是我们在他们身上只看见虚荣、浅薄的傲气。"见Serge Persky,《陀思妥耶夫斯基的生平和创作》(*La vie et l'oeuvre de Dostojevsky*, Payot & Co., Paris 1918)。有人会喊：别林斯基！陀思妥耶夫斯基又说："他不能把他自己、把人民的引导者同上帝并列。他没有注意到，他和他们身上有多少虚荣、仇恨、急躁，特别是有多少自恋。他从来不曾自问：（转下页）

兴意识形态的先驱恰好是丹尼列夫斯基、斯特拉霍夫等斯拉夫派，德国人却怀疑他们是敌对的、扩张的、威胁"欧洲文化"的各种野蛮势力的代表。[1]

但是俄国人不仅向外，而且也向内反对敌基督者。分离

（接上页）我们用什么来取代基督？我们自己配吗？只有找出俄国人的阴暗面他才满意。"（同上）

[德文版编者注]司汤达（Stendhal，1783—1842），原名 Henri Beyle，笔名一说取自温克尔曼的出生地施滕达尔（Stendal）。曾任军官并在拿破仑政府任职，后任法国驻意大利领事。他欣赏由自发激情主导的人，称之为"超人"（homme supérieur），并视拿破仑为其中代表。代表作有《红与黑》（*Le rouge et le noir*，1830）和《帕尔马修道院》（*La Chartreuse de Parme*，1839）。

[1] 分析德国的"欧洲文化"概念可以知道，在德国这个最害怕"莫斯科野蛮人"的地方，盛行一种明显的自然崇拜。将神的思维过程等同于人的思维过程、从物质推导出精神，是19世纪德国哲学的两个基本观点，它们意味着毁灭观念、美化自然状态。天主教曾太过专制地维护精神的优先地位。但是宗教改革和它产生的法国大革命，通过知识分子的特权，通过奴役自然，令人遗憾地扬弃了这两个敌对王国的永恒矛盾。正是日耳曼天才释放和肯定了自然激情（席勒、克莱斯特、瓦格纳、尼采），而罗曼人和斯拉夫人，简言之天主教民族，一般用他们的精神劳动致力于升华和提高，致力于挣脱精神锁链、肉体锁链和自然锁链以求解放。在拿破仑的影响下产生的费尔巴哈、施蒂纳、尼采等先生的神人同形论（anthropomorph）学派，极其坚定地一齐朝"神圣妄想"投掷石头，他们没有任何理由害怕外界的野蛮人。他们就像陀思妥耶夫斯基、斯特拉霍夫、丹尼列夫斯基、索洛维约夫说的那样，他们的人的自大比宗教正统的"反动"教条更坏一千倍，更迫切地需要启蒙；宗教正统至少原则上坚守着正确的道路。

[德文版编者注]丹尼列夫斯基（Nikolai Jakowlewitsch Danilewski，1822—1885），俄国作家，主张俄国和斯拉夫人对欧洲负有特殊使命，代表作《俄国和欧洲》（*Rußland und Europa*，1869）。

斯特拉霍夫（Nikolai Nikolajewitsch Strachow，1828—1896），俄国作家，泛斯拉夫主义影响深远的代表人物。

教派在布道中说，东正教的独裁在宗教上是不可能的。他们最早把俄国独裁制度称作一个敌基督的国家。因此他们作为托尔斯泰的先驱提出了宗教无政府主义。十二月党人佩斯特尔和雷列耶夫1825年的教义问答有这样一段：

> 上帝的律法命令俄国人民和俄国军队做什么？忏悔他们长久的奴役制度，挺身反抗暴政和不敬神，发誓天上地下只有一位国王，那就是耶稣基督。[1]

恰达耶夫视东正教为最大的罪。"只有当我们脱口而出地忏悔过去所有罪恶，胸中迸发出悔恨与痛苦的强烈呐喊，只有那一天我们才是真正自由的。"[2] 他坚信，俄国的拯救既不能在东正教，也不能在天主教里找，而是要在新的、仍然未知的启示中找，这启示为教会、为地上天国立下新的社会和宗教基础，它虽然包含在基督的学说里，但是仍没有为人所理解。谢林视恰达耶夫为"俄国最富才智的人"，皇帝的诏书里宣布他是个疯子，而他在他的《墓园》（*Nekropolis*）里把整个东正教专制俄国埋葬。

陀思妥耶夫斯基用小说呈现了基督教对敌基督的最天才、最恢宏的斗争。因主张在德国建立一座犹太人大学而闻

---

[1] Dmitri Mereschkowsky,《沙皇与革命》(*Der Zar und die Revolution*, Piper & Co., München 1908) 的"宗教与革命"部分。
[2] 同上。

名的马堡大学教授科恩却认为,"只有当我们认识并克服了所有这些外国虚假的文学巨人同我们的差异,才能让我们的胜利逐渐变成全面的胜利"。[1] 还有巴布,一个小声小气的文人,甚至准备为了我们的"现实主义者"和理性主义者,把僧侣俄国的全部上帝狂热当作一起不值得关心的浪漫主义事件打发掉。[2] 但这样做的结果只能是一个可疑的局面:把

---

[1] Hermann Cohen,《德意志性和犹太性》(*Deutschtum und Judentum*, Alfred Töpelmann, Giessen 1915)。原话是:"不仅现实的困境,还有我们的未来同俄国帝国主义的关系,都要求首先注意到也许是最强有力的俄国诗人陀思妥耶夫斯基。他身上蕴含着拜占庭基督教和东方神秘主义狂热的全部危险,而且用他的力量释放并掩盖这危险。只有当我们认识并克服了所有这些外国虚假的文学巨人(原文如此)同我们的差异,才能让我们的胜利逐渐变成全面的胜利。"(页43)

[德文版编者注]科恩(Hermann Cohen,1842—1918),德国哲学家,新康德主义的奠基人,1876—1912年在马堡大学任教授,影响广泛,1912—1918年在柏林任犹太科学高等学校(Hochschule für die Wissenschaft des Judentums)讲师。"一战"期间发表多篇爱国主义著作,如《德意志性和犹太性》与《德国军国主义中的康德思想》(*Kantische Gedanken im deutschen Militarismus*, 1916)。他的短文《德意志性和犹太性》宣称德国新教和犹太教传统之间存在相似性。谁要批判胡果·巴尔将路德的宗教改革和德国的犹太教相提并论,就必须首先批判巴尔所回应的源文献,即科恩的著作。

[2] Julius Bab,《福丁布拉斯或19世纪同浪漫主义精神的斗争》(*Fortinbras oder der Kampf des 19. Jahrhunderts mit dem Geiste der Romantik*, Georg Bondi, Berlin 1914)。该书结尾:"新的精神、勇于行动的人、享受此世的人、浪漫主义的超越者要用什么颜色来画像呢?我们说的是铁,是火,是炮击!福丁布拉斯:'去,叫兵士放起炮来!'"(页208)(福丁布拉斯此语是莎士比亚《哈姆雷特》的最后一句话,译文据朱生豪译本。——中译者)

[德文版编者注]巴布(Julius Bab,1880—1955),德国政论家,魏玛共和国有影响的戏剧批评家,因犹太人身份1933年被迫流亡,死于美国。

文学托付给巴布先生,把哲学托付给科恩先生。

陀思妥耶夫斯基笔下的主要人物,从拉斯科尔尼科夫到卡拉马佐夫,比一般认为的更加现实、非浪漫;这些人物是昨天、今天和明天的政治或宗教叛逆、拿破仑式的罪犯和无神论者。梅列日科夫斯基说[1]:

> 对人的秩序的愤怒在他们心中也激起了对神的秩序的愤怒。陀氏不仅否定对宗教和基督教、对救世主的恨,他还自己作为试探者使这种恨走向对反宗教和敌基督的肯定。

但他最终认为俄国是"基督所拯救了的附魔者",无神论革命者是一群"鬼附上身的猪,摔下山崖而死"。他临终时遁入东正教,遗言是1881年3月1日死前在日记中对遁入东正教的解释。"世纪末日临近,敌基督就要来临。"他的学生索洛维约夫同样在《敌基督的故事》(*Geschichte des Antichristen*)中重复了这句遗言。索洛维约夫的学说认为,宗教正统的独裁是世界历史上通往末日野兽王国的最主要的道路之一,这不仅适用于俄国东正教,而且更适用于新教普

---

[1] [德文版编者注] 梅列日科夫斯基(Dmitri Sergejewitsch Mereschkowski, 1865—1941),俄国作家,象征主义的创始人,1919年起流亡巴黎,主张用基督教革新欧洲,著有长篇小说三部曲《基督与敌基督》(*Christ und Antichrist*, 1894—1902)。

鲁士的正统。[1]

意大利反对教宗和国王统治的斗争由禁欲者马志尼领导。在加里波第的武装支援下，马志尼1848年迫使教宗逃亡加埃塔（Gaeta）。他作为罗马共和国的总统，永远地推翻了神学在意大利人民的意识里建立的独裁。马志尼的独立基督教和宗教民主的观念坚定而严格，体现出最崇高的狂热。他的代表作《人的义务》（*I Doveri dell' Uomo*）反对法国大革命的启蒙主义理性道德，他也反对无神论和唯物主义的工人国际及其重享受的市侩气息，主张托尔斯泰和陀思妥耶夫斯基式的"牺牲中的最高幸福"。[2]

马志尼既然同时反对意大利的教宗统治和19世纪的无神论，就也反对哈布斯堡王朝宝座上的"使徒陛下"——梅特涅称他为"我最危险的敌人"——假如他1871年还够年轻的话，一样还会反对柏林的新教教宗。没有人比他更雄辩、更豪迈地要求与人权相对应的人的义务，因此他也和陀

---

[1] 索洛维约夫的最后一部著作《善的辩护》（*Die Rechtfertigung des Guten*，德文版 Eugen Diederichs, Jena）即针对敌基督者尼采。

　　[德文版编者注] 索洛维约夫（Wladimir Sergejewitsch Solowjow，1853—1900），俄国宗教哲学家。

[2] 陀思妥耶夫斯基的遗言（1881年日记）："俄国人的社会主义不是共产主义，不是占有机器力量。俄国人民相信，除了全体共融在基督中，别无其他的拯救：这就是俄国社会主义。"（Persky, 页454）托尔斯泰："你们要先求上帝的国和他的义。这些东西都要加给你们了：这是实现社会主义目标的唯一途径。"《托尔斯泰1895—1899年日记》（*Leo Tolstois Tagebuch 1895-1899*, Max Rascher Verlag, Zürich 1918），L. Rubiner编，页163。（陀思妥耶夫斯基原文是法文。——中译者）

思妥耶夫斯基、恰达耶夫一样，同"黑色的灵魂警察"结成了危险的同盟。但他最强劲的对手巴枯宁也必须承认，他始终是"宗教、形而上学和哲学的观念论的伟大掌印官"。[1]

在基督教对抗神权统治的斗争中，马志尼感到：

> 意大利的重生将是新生命的开端、欧洲各国结成新的强大统一体的开端。

欧洲出现了一个空洞。权威，真正的、善的、神圣的权威——对它的探索永远关系着我们生命的秘密——无论我们承认与否，都在遭受所有那些人不理性的否认。那些人只是否定偶像却自以为是在否定上帝，从而将这权威同幽灵，同那骗人的权威相混淆。[2]

他谈论历代教宗时说："他们曾经多神圣，今天就多可耻。"他谈到历次革命："革命必须用教育来准备，用谨慎来酝酿，用力量来完成，革命由于迈向普遍的善而封圣。"他勉励我们今天的共和主义者，就像他在青年德意志的时代勉励我们的祖辈：

---

[1] Michael Bakunin，《"国际"对马志尼的回复》(»Réponse d'un International à Mazzini«)，载于 *Œuvres*，第6卷，页110。

[2] Guiseppe Mazzini，《政治文集》(*Politische Schriften*) 第1卷《马志尼回忆录》(*Erinnerungen aus dem Leben Mazzinis*, 1861)，S. Flesch译为德文，Reichenbach'sche Verlagsbuchhandlung，Leipzig 1911，页28。

> 我年轻的兄弟们,拿出勇气,做一个伟丈夫!相信上帝,相信你们自己的权利,相信我们!高喊这口号向前进!当我们喊出"未来属于我们",发生的事情将会向我们证明,我们到底错了没有。[1]

还有《致19世纪的诗人》(*An die Dichter des 19. Jahrhunderts*,1832):

> 个人的世界、中世纪的世界已经过去了。社会的世界、新时代开始了。拿破仑以后谁敢在欧洲建立专制制度,用武力征服统治各个民族,用自己的思想取代文化的思想?一个世界共和国是必然的,一个世界共和国就要出现了![2]

意大利是政治密谋和宗教密谋的传统国家。除了俄国以外,哪里还有意大利的烧炭党和共济会这样反抗神权统治及其耶稣会士的力量呢?谁能知道,今天罗马的朱斯蒂尼宫(Palazzo Giustiniani)是否还会战胜梵蒂冈,人类和人性是否还会像在俄国战胜东方的沙皇那样,战胜西方的神学皇帝?消灭教宗制度这个哈布斯堡王朝和霍亨索伦王朝的最后支柱,有一天将成为意大利的不朽荣誉!

---

[1] 《政治文集》第1卷《论青年意大利》(*Vom jungen Italien*,1832),页155。
[2] 同上书,页256、261。

3

在德意志各邦询问有没有反对宗教专制的斗争,是非常有趣的。在德国几乎还没有人意识到这个问题。维也纳有一个说德语的"使徒陛下",柏林有一个新教的Summus Episkopus[最高主教][1],此外两个神权统治的制度同罗马教廷结成了一个神学同盟(Entente théologique)。这个敌基督倾向的可怕而强大的教条势力,正因为它的三重性、它时而敌对时而重归盟好的耶稣会式政治而难以捉摸。大概只有通过所有基督教民族关切此事的知识分子的普遍武装反抗,即十字军征伐,才能认识它、打倒它。

19世纪下半叶有两位血气英勇的人物,尼采和巴枯宁,受拿破仑的激发奋起反对它。[2] 尼采受个人主义的文艺复兴

---

[1] [德文版编者注]威廉二世作为普鲁士国王,不仅是普鲁士新教教会的最高庇护人,也是它的最高主教。1918年以前,德国新教各邦君主在教会享有最高权力,被称为"最高主教"(Summepiskopat)。这个词集中了胡果·巴尔对宗教改革的批判:路德令教会臣服于邦君的权力,邦君同时是"自己的"教会的最高主教。

[2] 尼采的《权力意志》是对拿破仑这个概念的一种哲学的阐释和运用。"人们已经做出了两种克服十八世纪的伟大试验:拿破仑,他重新唤醒了男人、战士、伟大的权力斗争——把欧洲设想为政治统一单元……"(《权力意志》,页104)巴枯宁《德国的反动》(»Die Reaktion in Deutschland«)称拿破仑这位"民主制的所谓驯服者"是"革命光荣的儿子,他胜利的大手一挥,革命的拉丁原则就在全欧洲传播开"(载于Ruge, *Deutsche Jahrbücher*, Dresden 1842)。(中译参见尼采,《权力意志》[下],孙周兴译,北京:商务印书馆,2013年,页1197。——中译者)

理想引导，巴枯宁是革命、群众、集体主义社群的旗手。尼采的错误在于，他相信反对神权统治的斗争必须升级为反对基督教本身的斗争。因此他同意大利、俄国和法国的众多心灵陷入敌对关系。[1]巴枯宁也同样与全体基督教知识分子处在矛盾中[2]，因为他把向神学国家发起的冲锋扩大到了上帝观念和观念论上。[3]两人都试图把骗人的权威连同神圣的权

---

[1] 我想提到的尼采反对者有：著有《我们与他们》(Nous et eux)的法国人苏亚雷斯（André Suarès），意大利人博尔格塞（《意大利和德国》与《观念之战》），俄国人索洛维约夫（《善的辩护》）。

[2] 这里应提到马志尼和陀思妥耶夫斯基。前者最初在半月刊《人民罗马》(La Roma del Popolo)的一篇文章中反对巴枯宁，从政治和宗教的立场攻击公社。这场世界闻名的辩论平息以后，他的朋友萨菲也在马志尼派的刊物《意大利统一》(L'Unita italiana, Milano, September 1871)上反对巴枯宁。陀思妥耶夫斯基用小说《群魔》里希加廖夫（Schigalew）和韦尔霍文斯基（Werkowensky）两个人物刻画的就是巴枯宁和他的朋友涅恰耶夫。Persky写道："关于希加廖夫提出的人类组织乌托邦方案，陀思妥耶夫斯基强调这样一个事实：这个方案要废除柏拉图、卢梭、傅立叶的所有体系，按照希加廖夫的看法，那些体系只可用于麻雀，不可用于纯粹理性性质的人类社会。"（Persky引文是法文。——中译者）

［德文版编者注］萨菲（Aurelio Saffi, 1819—1890），意大利政治家、革命家。

[3] 巴枯宁的主要论点是："所有尘世的或人的权威都出自属灵的或上帝的权威。但权威是对自由的否定。上帝或毋宁说上帝的虚构是为尘世所有的奴隶制度祝圣，是它理智和道德上的理由。不否定天国主宰这个灾难的虚构，就无法彻底实现人的自由。"（《上帝与国家》，载于 Œuvres，第1卷，P. V. Stock, Paris 1895，页283）以及："上帝的旗下现在站着什么人？从拿破仑三世到俾斯麦，从欧仁妮（Eugenie）皇后到伊莎贝拉二世（Isabel Ⅱ）女王，还有优雅地尊奉圣母的教宗，他们依次登场，所有皇帝、所有国王、所有佞臣、所有贵族和其他欧洲特权阶层，都仔细地记录在欧洲贵族名录《哥达年鉴》(L'almanach de Gotha)里；还有所有工业、商业、银行业的大吸血虫，被任命的教授和所有国家官员；（转下页）

威一道铲除；他们滑向深渊，因为他们不仅反对偶像，而且反对诸神。

尼采瓦解了道德，却任凭国家继续存在，这在任何其他民族都没有产生它在德国必然产生的恶劣后果。作为路德宗出身的真正的牧师之子，他的愤怒对准原则而不是原则的滥用，加剧了道德的混乱，从而不自觉地强化了国家的全能。[1]虽然巴枯宁想要在消灭国家、消灭神学的大地上树立新的团结理想，但他一以贯之的无神论，最终结果也是增强理性主

（接上页）高阶和低阶的警察、宪兵、狱卒、刽子手，不要忘了还有教士，他们今天是一类服务国家的黑色的灵魂警察；还有将军们，公共秩序的保卫者；被收买的新闻界的编辑，他们是所有官方道德的纯粹代表。这就是上帝的大军。"（《"国际"对马志尼的回复》，载于 *Œuvres*，第6卷，P. V. Stock, Paris 1913, 页110—111）但是他这里攻击的不是上帝大军，而是魔鬼大军，我们今天还可以为它补充其他的东西：理性主义"启蒙者"、常识的预言家、社会民主党大喊大叫的真雅各们、把神圣和卑鄙一律拉平的人。（巴枯宁原文是法文。《真雅各》[*Der wahre Jacob*]是德国社民党创刊于1879年的讽刺杂志。——中译者）

[德文版编者注]胡果·巴尔在这里反对他在别处赞同的巴枯宁。他认为，巴枯宁提到的所有东西即使都奉上帝之名，也不属于上帝大军，而属于魔鬼大军；上帝只在彼岸。巴尔的（尽管极端的）基督教立场使他判然有别于他在其他地方总是肯定援引的无神论者巴枯宁。

[1] 他的自由精神（Freigeisterei）只帮助到了俾斯麦及其后继者。自弗雷德里希二世以来，普鲁士就乐于准许反宗教的各色蠢话。仅凭这种环境就足以让人质疑和反对自由精神与无神论。这种自由的特点是，当它反对上帝观念时，就会导致奴役。

[德文版编者注]德国启蒙思想家，特别是康德和莱辛，不将批判的矛头对准封建国家，而是对准教会和基督教。康德的名文《什么是启蒙？》尤其体现了这一点，此文引导读者忽略国家而批判教会。德国知识分子（如费尔巴哈和尼采）长期满足于以教会代替批判的对象，正符合当局的利益。这也是胡果·巴尔着重批评他们的地方。

义的国家集团和暴力集团。他的冒险生活狂放的堂吉诃德作风、他的俄罗斯灵魂和他对自身使命的使徒式理解，在他的书信和著作里不止一处地推翻了文本的字面义。但是他对神权统治激烈的攻击，由于大规模的抹黑和压制运动，恰恰在它本应当发挥作用的地方——德国，始终默默无闻。所以也可以说，巴枯宁的无神论影响始终局限在"国际"的罗曼语区分部和俄国，并且在那里打击了敌手，从而最终获益者只有泛日耳曼主义。[1]尼采在德国首先挥动伏尔泰之鞭。但是在阅读巴枯宁的《反神学主义》（*Antithéologisme*，1867）和《上帝与国家》（*Dieu et l'État*，1871）之后，尼采观点的独创性便有些可疑，其中后者1882年由卡菲埃罗（Carlo Cafiero）和勒克律（Élisée Reclus）出版，尼采甚至可能读到过。[2]两

---

[1] 参见两篇马克思撰写并秘密传播的文献：其一是1870年3月28日给库格曼的信中所附的国际工人协会伦敦总委员会的《机密通知》，通知原文与对其内容的批注见Fritz Brupbacher博士，《马克思和巴枯宁》（*Marx und Bakunin*，S. Birk & Co.，München，页79及以下；其二是《所谓"国际"内部的分裂》（1872年5月），吉约姆在回忆录里对这篇文献做过订正和注释。另参James Guillaume，《泛日耳曼主义者马克思和1864—1870年的国际工人协会》（*Karl Marx Pangermaniste et l'Association Internationale des Travailleurs de 1864 a 1870*，Armand Colin，Paris 1915）。布鲁普巴赫尔谈到第二篇文献时说："想要做出正确评判，就请再查对一遍《机密通知》，请把它乘以10的幂。"（马克思的两篇文献见《马克思恩格斯全集》第16卷，北京：人民出版社，1964年，页465—479；第18卷，北京：人民出版社，1964年，页3—55。——中译者）

[2] 显而易见，巴枯宁的两篇文章尼采都知道。《联邦主义、社会主义和反神学主义》（1867）中的一些思想，尼采《道德的谱系》几乎逐字重复。尼采可能通过他和巴枯宁共同的朋友梅森布格（Malvida von Meysenbug）的介绍读到了《上帝与国家》。《上帝与国家》自1882年初版（转下页）

篇著作都有托斯卡纳共济会的背景，巴枯宁通过他们的多尔菲大师介绍，和他们建立了联系。[1]

在18世纪和19世纪之交，只有傲然独立的巴阿德，在德国有意识地用有力的论证捍卫基督教，捍卫神性的统一，反对敌基督的各色哲学。ἐν Χριστῷ εἰσι πάντες οἱ θησαυροὶ τῆς σοφίας καὶ τῆς γνώσεως ἀπόκρυφοι［所积蓄的一切智慧知识，都在基督里面藏着］*：他用philosophia occulta［神秘哲学］的这则格言反对泛神论和理性主义的万事通人文主义者，反对狂热信徒，反对康德、黑格尔，也同样反对谢林，谢林的自然哲学在他看来只是一个"基督教以及各色材料的杂烩"。

他没有建构体系，也没有编纂独家的礼法，而是提出了一种独立的基督教道德，作为"精神的高级物理学"。他在日记中写道：

> 所有对力量的滥用，所有的篡夺都必须彻底终结。它们要么毁灭，要么接受新的秩序。大多数人忍受着我们荒谬的政治，在可怜的自欺中呻吟，萎缩成卑弱的牲畜。

（接上页）以来已经翻译为几乎所有主要的语言。

[1] 时在1864年。《反神学主义》和《上帝与国家》最初是对教宗1864年冬禁书目录（Syllabus）的回应。巴枯宁在马志尼的建议下同托斯卡纳共济会建立了联系，当时正是他们在同教宗制度进行激烈斗争。

［德文版编者注］多尔菲（Giuseppe Dolfi, 1818—1869），意大利民主主义者、共济会会员。

* 出自《新约·歌罗西书》2.3。

善良的天性或毋宁说上帝，在每个人心中埋入了善良和伟大的理想和榜样，每个人终其一生都应当遵循和模仿，而且这理想和榜样随着人接近它们的程度而伸展、扩大——此世有谁曾彻底实现？[1]

他奉为生活准则的格言是：

制止所有恶最可靠的手段不仅有摩西石板，还有对善的鲜活热情。

每当我同类的生灵接近我，我就会在他身上认出同样的原则、同样的天性。这种（认识到的而非单纯感觉到的）理性共情就是口令（Schibboleth），根据这个口令，人在其他生灵中寻找、发现、认识、融合、爱自己和别人。[2]

他这样宣誓效忠真理："沉思全能者的思想，服从全能者的天国的理性。"[3]在一篇为圣诞节所作的哲学随笔里有这样辉煌的话：

---

[1]《作为未来哲学奠基人的巴阿德》(*Franz von Baader als Begründer der Philosophie der Zukunft*, Verlag H. Bethmann, Leipzig 1856), Franz Hoffmann 博士编，页12、18。
[2] 同上书，页17、19。
[3] 同上书，页13。

> 我们伟大的迦勒底人、星相家、预言家、占卜者，围绕这位不属于他们的和平的君，到底有什么可争的呢？他在伯利恒而不在巴别塔。他在哀哭切齿、谦卑的精神里，在破碎的心里，而不在他们的头脑、书本和高等学校里。[1]

深刻的神圣令他同阿奎那和方济各，同中世纪的伟大神秘主义者波墨相通，但也同帕斯卡、多尔维利、斯拉夫派萨马林和霍米亚科夫相通。[2] 他是德国曾有过的唯一一位伟大

---

[1] 这些话出自巴阿德著作何处未详，由东方圣殿会（Ordo templi Orientalis）的一位修女转告于我。（"和平的君"出自《旧约·以赛亚书》9.6："因有一婴孩为我们而生，有一子赐给我们。政权必担在他的肩头上。他名称为奇妙策士，全能的神，永在的父，和平的君。"——中译者）

[2] 马萨里克写道："斯拉夫派对德国哲学的依赖性似乎在不断扩大。巴阿德长期同俄国有亲密的联系。他呈给沙皇亚历山大一世、奥地利皇帝和普鲁士国王的一篇纪要预先提出了神圣同盟的基本方针，很可能促进了同盟的建立。这篇纪要（《论法国革命带来的对宗教和政治更紧密的新联系的需要》）献给亚历山大一世的朋友、当时的宗教事务大臣戈利岑（Golizyn）侯爵。为此巴阿德可以长期领取一份可观的月俸（140卢布）。亚历山大一世1815年委托他为俄国神职人员编写一部宗教著作。他希望在圣彼得堡建立一所考古学会，以此促进宗教、科学与艺术更紧密的联系以及三大教会的和解。他1822年启程前往俄国，但不得不在抵达里加前折返，因为他的资助人和旅伴魏克斯库尔男爵由于此前拜访贡斯当从而失宠，这一轻率之举也让巴阿德失去了月俸。"（Masaryk,《俄国和欧洲：俄国思潮研究》[Russland und Europa, Studien über die geistigen Strömungen in Russland] 第1卷，页250）为了避免混淆巴阿德构想的神圣同盟与梅特涅后来实施的反动的压制政策，有必要了解他构想的内容。"俄国、普鲁士和奥地利三国君主亲自协定的同盟在1815年9月26日的诏书中确定：三国君主只受基督教的准则即正义、基督之爱与和平的准则的指引；三国君主按照《圣经》的人人兄弟的精神，（转下页）

的基督教哲学家，却能取代——他的新版著作集将证明这一点——全部学派和整整几代人。只要青年人愿意理解他，他

> （接上页）未来以兄弟相待，他们的臣民应当把自己当作同一个民族的成员；三国君主只将自己视为神圣意旨的全权代表，使命是治理同一个家庭的三个分支，除了上帝、基督、至高者的生命之言以外不承认其他的主权者。"（《俄国和欧洲》第1卷，页80）多尔维利赞同他的构想。（《过去的先知》，页171）梅特涅重视实效因而取笑亚历山大的提议，但他也必须承认："神圣同盟不是为了压制人民权利，不是为了促进绝对主义或某种暴政，只是亚历山大沙虔诚情感的结果，是基督教原则在政治上的运用。神圣同盟的观念受克吕德纳（von Krüdener）女士和贝格塞（von Bergasse）先生的影响，从宗教因素和政治自由因素的结合里发展出来。没有人比我更详细地了解关于这个'喧嚣的小事'的所有情况。"（Metternich, *Nachgelassene Papiere*, 第1卷，页214）
>
> ［德文版编者注］波墨（Jakob Böhme, 1575—1624），格尔利茨（Görlitz）鞋匠，通过自学掌握了丰富的知识，依靠自身经验和阅读，提出了一套极为复杂的宗教世界观。他受西里西亚神秘主义和帕拉塞尔苏斯的新柏拉图主义影响，试图用自创的概念和意象理解世界，他认为上帝是善恶对立的终极原因和起源。他自称在三度"圣灵降临"以后开始写作，第一部著作是《曙光》(*Aurora oder Morgenröte im Aufgang*)。由于他攻击格尔利茨新教首席牧师，市政厅1612年对波墨下达了长达七年的出版禁令。波墨对1800年前后的哲学、文学影响极大，受影响者不仅有诺瓦利斯、谢林、哈曼和胡果·巴尔欣赏的巴阿德，还有他不欣赏的黑格尔。
>
> 萨马林（Juri Fjodorowitsch Samarin, 1819—1876），俄国政论家，一度为泛斯拉夫主义者的领袖。
>
> 霍米亚科夫（Alexei Stepanowitsch Chomjakow, 1804—1860），俄国历史哲学家，希望联合其他斯拉夫民族，发展出独立于西欧的俄国文化（泛斯拉夫主义）。
>
> 魏克斯库尔（Uexküll）男爵，波罗的海东岸德国贵族。
>
> 贡斯当（Benjamin Constant de Rebecque, 1767—1830），法国作家、政治家，法国大革命的支持者，1799年任革命法庭成员，后遭拿破仑驱逐，最初居住在魏玛，后同斯塔尔夫人居住在日内瓦湖畔科佩，1816年返回巴黎，代表作《阿道尔夫》(*Adolphe*, 1816)记述了他和斯塔尔夫人的关系。

就能像北极一样让整个民族手里的磁针向他转动。他认为上帝是原始社群（Ursozietät）。他——在德国人里是独一无二的怪人——既不抵制传统也不抵制经书，既不抵制善工也不抵制信仰。

思想力量不是我们必须为他封圣的最终原因。没有人像巴阿德这样清晰地认识到并全面地说明了背弃上帝的整个现代哲学的离心倾向。"爱"是他最优美的词语，

> 是纽结和交织宇宙中所有生灵的普遍纽带。没有亲合力，就根本无法想象有整体、有世界，我们的地球就是荒凉的、永远死寂的一片混乱。
>
> 撒旦搞分裂，从一开始就是凶徒。基督分裂，是为了融合为一。

"人为了赢得智识自由和社会自由就必须抛弃基督教，或人为了维护基督教就必须抛弃前两者"在他看来纯属妄想。[1]但是从没有人写过比下面更激烈的话来批评教士：

---

[1]《作为未来哲学奠基人的巴阿德》，页104。此书还有他对共产主义和社群的看法："只有当人同上帝结合以后，人才能够形成一个真正的社区（Gemeine）。在现代国家单纯外在聚集起来的生活中，每个人都有自己的（恶劣的，因为是抽象的）独立性，但这种独立性与其他人相对立，因而不仅是冷漠，而且是暗中的敌对。伟大的上帝之国的要义不外乎是把人结合成一个真正有机的同业公会（Innung），而且是——因为上帝只有在这个活生生的共同体中才在万物之上，为万物之主——在每个人身上以独一无二的方式显现的同一个生命精神。因此要实现（转下页）

教士，我也曾坐在你们的修室（Bude）里，你们虽然还有经书，但是经书对你们来说只是一座七重封印的宫殿，宫殿的钥匙你们早已丢失。你们抱着可怜的奴隶意识细抠字眼。你们的偶像是一具形式还完好的木乃伊。大巴别塔的市场上所有开着的店铺（Bude）已经空了，里头还在卖的无非是促销新近著作的焦油和油膏！[1]

这就是巴阿德。但是他哪里有后继者？除了他与伟大的神秘主义者、音乐家以外，德国还有谁写过一篇基督的申辩，有谁与敌基督斗争过？黑格尔也相信自己写了一部同基督教保持一致的神正论，但他只不过是同新教、同绝对主义的普鲁士国家保持一致。他由于他庸俗奴性的国家学说和法学学说是路德宗信徒和拿破仑主义者，对他所嘲笑的神圣事物全然无知。

他们全都成了马基雅维利主义者。弗雷德里希二世是马基雅维利主义者，费希特"埋头研究马基雅维利"。[2]黑

（接上页）上帝显现的总体性，每个人就需要其他所有人。每个人都是必不可少的，因为每个人都有其不同的天赋。上帝分在每个人中显现，这个秘密就是人类conjunctio in solidum［团结合一］的基础。"（*Werke* Ⅱ，页73）

[1]《日记》，页193。（1789年11月末）
[2] 费希特写作《马基雅维利》时，正任普鲁士的埃尔朗根（Erlangen）大学教授。1806年10月战役惨败以后，他认为继续留在敌人占领的柏林"同他的良心不相容"，于是经由波美拉尼亚逃亡柯尼斯堡。他始终为国王效命，1808年12月20日"从现在起直到退休被聘任为当地大学的讲席教授"。他的委任状上还写道："他同时负责检查当地报纸，（转下页）

格尔"仿佛想成为德国的马基雅维利"。特赖奇克和俾斯麦"扩展"了马基雅维利主义。尼采是马基雅维利主义者,今天的马基雅维利主义者是拉特瑙先生。最高原则是以个人利益和国家利益号令道德。哲学理想和文化理想为了支持国家,提出或颁布抽象的观念并要求人们服从。国家建立在臣民贪婪的顺从之上。权力意志本质上只等于无力,它为了成功实现目的,动用谎言、诡计和不忠的各种方法。这就是从康德到尼采的普鲁士德国哲学的马基雅维利主义密谋。但是所有这些人都是在理论上仿效光辉地倒退回异教时代的文艺复兴;所有这些人,任凭他们自己把自由和解放印在徽章上,把反叛和超人打在旗帜上,却是在帮专制制度的忙,服务于狡诈的末世野兽的王国。

索洛维约夫和莱基还说过理性哲学领域"德国人的优越性"。索洛维约夫是在反对斯拉夫派的沙文主义、想要羞辱

(接上页)因此他有义务查看,关于战争和其他公共事件的消息是否没有以诱导性的、打击爱国热情的语调报道,是否恰当地利用机会提振臣民的士气。"转引自Robert Prutz,《费希特在柯尼斯堡》(»I. G. Fichte in Königsberg«), 载于 *Allgemeine Zeitung*, München 1893, 副刊181。他的《马基雅维利》的编者说:"他现在在两个方向活动:讲课,只要有人听课;担任书报检查官,直到他卸任这个职务。"《费希特的〈马基雅维利〉,附克劳塞维茨致费希特的一封信》(*I. G. Fichtes »Macchiavell« nebst einem Briefe des Generals von Clausewitz an Fichte*, Verlag Felix Meiner, Leipzig 1918), H. Schulz编写考证版, 页Ⅶ。

[德文版编者注]1806年的惨败指1806年10月14日的耶拿—奥尔施泰特会战,是役普鲁士完败于拿破仑。

他们时谈到[1]；莱基是在他的《启蒙运动史》中谈到——这本书除此以外其实是基督教思想最优美的文献之一。但是为了抬高自己而把上帝贬低为人，这是什么可悲的优越性啊！这只会到处产生失望和灾难，因为这种优越性不知道节制，只会到处导致家长制、国家机器化和犬儒的强制制度。只要我们不继承我们真正的伟人们人性纯粹的传统，回忆起我们最独特的本质里的非理性（Irrationalität），那么我们就只不过是风中的秕谷。只要我们不在人同上帝的**矛盾**里觉察到非理性，不在理想同现实的**矛盾**里觉察到所有人的存在的非逻辑，那么我们抱着对我们粗劣优越性的偶像崇拜，就永远无法触及欧洲精神和全部人性的最高贵的成就，就不会理解别人教给我们的任何东西，我们再怎么努力和能干也永远是野蛮人。

请不要总是拿"理性女神"、1793年废除宗教和上帝信仰等事件做挡箭牌！法国大革命影响深远的原则，自由、平等、博爱，具有深刻基督教性质和神性。这场革命里复苏的奴隶解放，恰恰是符合基督教的。福音书作者和使徒、教父和康帕内拉、闵采尔、再洗礼派和一部分僧侣、贵格会教徒和那些俄国教派，他们恰恰是社会主义者。[2]

---

[1]《俄国和欧洲》(*Russland und Europa*, Eugen Diederichs, Jena 1917)。索洛维约夫这里对待自己的同胞非常不公正，出版社很可能只是出于沙文主义的理由，才把这个要证明俄国文学无足称道、证明"俄国之罪"的作品以单行本出版。
[2] 赫尔岑1849年就在一封信中指出："社会的观念不仅与政治（转下页）

即使是启蒙运动给了革命最初的动力，也无法长期向欧洲、向法兰西精神隐瞒法国革命的基督教内涵。如果说法国人1793年废除了宗教，那么1801年就重新恢复了宗教，而且半个法兰西民族都变得严格尊奉罗马天主教。如果说法国大革命一劳永逸地撼动了教会的教条，那么1801年起法国整个知识界的发展就是越来越自觉地回忆基督教传统、越来越深刻地理解和构建崇高的基督教价值观。我说的不是官方天主教和第二、第三等级的精神们的亲天主教立场，我说的是基督教的护教学所建起的那座宏伟教堂。从夏多布里昂、迈斯特和拉梅耐到佩基、苏亚雷斯和帕斯卡学派的布特鲁，基督教的护教学引导法国不依赖教会走向越来越人性和深刻的象征，走向越来越清晰和全面的意象，最后走向最温柔高雅的全民族贞德崇拜。[1]

（接上页）经济学，而且与普遍历史同时出现。对劳动资料不公平分配、对高利贷、对滥用所有权的每一次反抗都是社会主义。康帕内拉、闵采尔、再洗礼派、一部分僧侣、贵格会、摩拉维亚弟兄会、大部分俄国分离教派信徒都是社会主义者。"《社会主义的敌人》(» Die Feinde des Sozialismus «)，载于 *Aktion*，第41/42期，Berlin 1917。

[1] 苏亚雷斯1916年在Émile-Paul Frères出版社出版的一部论佩基的书中有一个典型的段落，1916年10月我曾为《白页》杂志翻译，引用在此处："不要以为，贞德对于佩基而言只是一个文学题材。贞德是他的终身事业、他的任务、他的使命。他认为自己为贞德而生，就像琼维尔（Joinville）为圣路易而生。他25岁写的第一本书就是关于贞德的。他曾对我坦白，如果他能活一百岁，也要用一生来写贞德。再写二十卷甚至三十卷也难不倒他。他将一切默默地献给贞德。他将一切事物翻译为关于贞德的作品，从而将它们抬升为更高的现实。贞德归根结底对佩基而言，是他当下所处的受难的法国。真正的基督不息地活在耶稣基督的激情里。佩基不知疲倦地活在我们这位可爱、英勇的奥尔良（转下页）

如果梅西耶枢机主教要做对立教宗（Gegenpapst）并建立一个基督教知识分子的教会，那么他首要的措施之一必然是设立一个翻译传信部，这个部门的任务是生动展现基督教文艺复兴的普世性，让准备就绪的东方教会同西方教会再度统一。[1]时机成熟了。一个共同的信仰复活了。但是那些德国亲天主教的派别，战争期间一味同情和期待本笃那声名狼藉的宗座[2]，他们在教宗的庇护下，既不会完成令科尔伯女

（接上页）姑娘的激情里。他的所有著作、宣传、论文、演讲本身就是圣女贞德在20世纪的抗争与战斗。"

[德文版编者注]夏多布里昂（François-René Vicomte de Chateaubriand，1768—1848），法国作家、政治家，一度担任驻柏林大使和外交部长（1822—1824）。法国浪漫主义的代表。代表作《基督教天才》（*Le Génie du christianisme*，1802）捍卫基督教，以《墓中回忆录》（*Mémoires d'outre-tombe*，1849）闻名。

迈斯特（Joseph de Maistre，1753—1821），法国作家、外交官，因反对法国革命，于1793年被迫流亡洛桑。他主张不立宪的天主教君主制，其中教宗拥有最高的世俗和宗教权力。

苏亚雷斯（André Suarès，1868—1948），本名Isaac-Felix Yves Scantrel，法国作家，写作赞美圣人和英雄主义的诗歌、戏剧和散文。巴尔欣赏苏亚雷斯的著作并翻译过其中一些，发表于《新讲坛》（*Die neue Tribüne*）和《白页》上，还在《白页》上给苏亚雷斯的《我们与他们》写过书评。

布特鲁（Emile Boutroux，1845—1921），法国哲学家、柏格森的老师，承续帕斯卡传统。

[1] Suarès,《评论四则》（»Remarques IV«），载于 *Nouvelle Revure Française*，1917年11月："假如教宗不执着于对尘世暴力的伤感和迷信，他就会有全部的权能。假如他独自一人，没有城市，没有梵蒂冈，也没有大军，他就有了权威，权能的灵魂。为什么？他不是独自一人，因为他有全体天主教信众甚至包括不去做弥撒的人做大军，他有西方世界做城市，他有整个世界做梵蒂冈。请您尝试，请您向前一步，本笃教宗，请您把教宗的三重冕交给梅西耶枢机主教。"（原文是法文。——中译者）

[2] [德文版编者注]本笃十五世（Benedikt XV）多次努力实现（转下页）

士振奋的善与恶的伟大决裂[1]，也不会实现最优秀的人们内心深处魂牵梦萦的全社会的上帝之城。[2]他们只会帮助反动派，促进基督教内的腐朽，正是这腐朽构成了今天教宗制度的基座。

（接上页）和平。1917年夏他通过宗座大使派契利（Pacelli）——后来的庇护十二世——致信德国首相贝特曼·霍尔韦格。他提议德国首先从比利时撤军并承认比利时为独立国家，停火以后进行无附加条件的谈判。不同于胡果·巴尔的说法，当时教宗在所有参战方都享有崇高声望。而且教宗的提议正当当时德国帝国议会的和平决议，"德国议会民主派多数的第一次行动"。（Michael Salewski，《一战》》[*Der Erste Weltkrieg*], Paderborn 2003，页259）然而帝国议会设立的七人委员会要求，作为撤军比利时的条件，法国必须保证承认阿尔萨斯和洛林无论任何情况永远是德意志帝国的领土。因为法国不能无条件放弃早已宣布的战争目标，所以提议宣告失败。但是即使德方没有提出这一要求，"许多证据也表明，协约国本身就会拒绝这一提议，那样一来包括圣座在内的各方都会谴责协约国为策动战争的势力。"（Salewski，页261）

现实与提议的预期相反，帝国议会内右翼与左翼分裂。德国独立社会民主党从德国社会民主党中分裂出来，认为后者背叛了社会主义。民族主义议员退出了所在的赞成和平决议的资产阶级党派，认为它们背叛了祖国，并建立了一个受到鲁登道夫和卡普支持的祖国党。由此产生的右派和左派激进势力，最终导致了魏玛共和国的灭亡。德国议会制度的一次契机彻底落空。胡果·巴尔没有注意到以上情况，他说的是政治以外的层面。宗座大使派契利以圣座之名斡旋战争各方却最终一无所成、徒令圣座陷入党派纷争的经验，可能影响了他作为教宗在"二战"期间时而难以理喻的退让态度。

[1]《一个德意志–法兰西女人的书信》(*Briefe einer Deutsch-Französin*，Erich Reiss，Berlin 1916）法文版，Atar，Genf 1917。

[德文版编者注] 科尔伯（Annette Kolb，1870—1967），德国女作家，致力于德法交流，其母亲是法国人，1933年流亡法国，1940年流亡美国，"二战"以后返回慕尼黑。

[2] 在德国有布莱致力于此，他崇高的活动涉及诸多领域，编有杂志《大全》(*Summa*)。

再说一点：任何神正论（Theodizee），凡是为了失败主义和宿命论的目的，把这场战争的兽行当作"上帝之怒"，从而一方面防止反叛，另一方面以为借此能创立一门非理性的哲学，它就是故弄玄虚（Mystifikation），而不是神秘主义（Mystik）。这些神正论承认敌基督，甚至认可他具有神性，做弥撒来安抚他而非消灭他。这样的神正论今天[1]试探亲德的教宗制度，但似乎只有在德国找得到学生，毕竟在德国再荒唐的东西也有人喝彩，也能为毫无建树的知识分子挽回颜面。[2]

4

随着拿破仑在各地冒头的空洞的大话，没有在哪里像在德国这样，受到如此热烈的尊崇，没有在哪里像在黑格尔及其后继者的哲学里这样，得到如此忠实的反映。现实拜物教和成功欲、对功名的肯定、野心和带有最绝望烙印的激情、

---

[1] 1918年春，意大利在伊松佐河（Isonzo）失败以后。
[2] 参马堡大学神学家、宗教哲学家鲁道夫·奥托（Rudolf Otto）的《神圣：论上帝观念中的非理性及其与理性的关系》（*Das Heilige. Über das Irrationale in der Idee des Göttlichen und sein Verhältnis zum Rationalen*, Trewendt & Grenier, Breslau 1917）。波墨就已经把"怒"（Grimm）这种旧约—条顿的激情归为上帝的本质，认为上帝本质的所有进一步显现都来自这一"原始启示"。鲁道夫·奥托因此在他对圣人和上帝情感的分析里，认为黑暗、恐怖源于《旧约》和路德，明朗、迷人源于福音书。非理性在这里只产生于《圣经》中的意识矛盾。

高人一等的姿态和自我批评的缺乏：这些就是构成无神论意识内容的各种动机。

就像东方很少受到黑格尔主义的腐蚀，西方一样也很少。俄国黑格尔主义者在莫斯科的派别，曾有斯坦科维奇、别林斯基、奥加辽夫和巴枯宁参与，很快就解散了，没有留下任何意义足以证明德国哲学具有影响深远的创造力。[1]斯坦科维奇早逝，别林斯基和赫尔岑兴奋地转向法国社会主义理论。根据巴枯宁的自白，他在1842年也已经认清了黑格尔哲学，从此"弃之不顾"。[2]他在《国家制度和无政府状态》（*Anarchie und Staatstum*，1873）中还攻击最激进的青年黑格尔派，说：

> 这一派的首领是著名的费尔巴哈，他使得逻辑上的彻底性不仅完全否定了整个神的世界，而且甚至否定了

---

[1] 索洛维约夫证实："这一时代的精神生活无疑因纯粹哲学的特征而与众不同，但是这没有在哲学作品中体现出来。这一时代没有给我们留下特别突出的纪念碑，只有一些毫无关联的铭文，也就是一些文章，它们有的受到西方哲学世界观的启发，有的反对西方哲学。"（《俄国和欧洲》，页20）

[德文版编者注]斯坦科维奇（Nikolai Wladimirowitsch Stankewitsch，1813—1840），俄国作家，他的人格比作品给年轻一代留下了更深刻的印象。屠格涅夫小说《罗亭》里的波克尔斯基（Pokorski）即以他为原型。

别林斯基（Wissarion Grigorjewitsch Belinski，1811—1848），俄国文学批评家，支持社会主义。

[2] 参瓦格纳自传中德累斯顿1849年五月起义期间巴枯宁的说法，见R. Wagner，《我的一生》（*Mein Leben*，Volksausgabe）。

形而上学本身。他不可能走得更远。费尔巴哈毕竟是一个形而上学者,他应当让位给自己合法的继承人、唯物主义或实在论学派的代表,然而,他们中的大部分人,如毕希纳先生、马克思先生等过去和现在都不能摆脱形而上学抽象思维的支配。[1]

就连这位最杰出的俄国黑格尔主义者——他曾把恰达耶夫和蒲鲁东这样的心灵引入黑格尔的现象学[2]——也很快不再相信德国的"精神优越性"。正是巴枯宁,后来从原则上挑战了索洛维约夫赞誉的那种"日耳曼哲学观念论"。[3]

---

[1] 今天德国人仍不能完全摆脱形而上学抽象思维的支配。年轻一辈哲学家们知性主义的著作证明了这一点。在比以往任何时候更要求作者和他所写文字保持同一的时代,情况尤其糟糕。在德国,《塔木德》式的理智爱好导致了迂回婉转的老好人做派和思维的不连贯。(中译参见巴枯宁,《国家制度和无政府状态》,马骧聪、任允正、韩延龙译,北京:商务印书馆,1982年,页143。——中译者)

　　[德文版编者注]毕希纳(Ludwig Büchner,1824—1899),作家格奥尔格·毕希纳(Georg Büchner)之弟,庸俗唯物主义的代表,有名言"人就是他所吃的东西"(Der Mensch ist, was er ißt),他的《力量和原料》(*Kraft und Stoff*,1855)在多国畅销。

[2] 据赫尔岑。他在回忆录里记载,巴枯宁1847年在巴黎同蒲鲁东讨论黑格尔,"滔滔不绝地谈论现象学":"那时巴枯宁和雷海尔(Adolph Reichel)住在塞纳河对岸布尔戈尼街一幢非常简陋的房子里。蒲鲁东时常上那儿听雷海尔演奏贝多芬的乐曲和巴枯宁讲黑格尔,但哲学辩论比听交响乐时间更长。它使人想起巴枯宁和霍米亚科夫当年在恰达耶夫家,在叶拉金娜(Jelagina)家进行的那些著名的通宵畅谈,那时谈的也是那位黑格尔。"(中译参见赫尔岑,《往事与随想》[中],项星耀译,北京:人民文学出版社,1993年,页431。——中译者)

[3] 他在1871年反对马志尼的宗教条教主义的一篇手稿里写道:"这(转下页)

青年黑格尔派的自我意识和现实教条在西欧，拿破仑主义和理性主义在俄国，撞上了同样的宗教精神抵抗。[1]卢格和马克思为了《德国年鉴》查封以后能在巴黎出版《德法年鉴》，1843年秋移居法国。这家杂志创刊时，发生了德国人迫于书报检查制度在国外出版图书时总要发生的事情。故乡的传播发行很快就遇到"无法逾越的障碍"，财政也难

（接上页）是我们青年岁月如此反叛、我们所有人或多或少都是观念论者的原因。由于我们的年轻幻想和我们血管里炽热的年轻热血，我们感到自己是无限的，就连可见世界的无限性在我们看来也太过狭隘。我们高翔着轻蔑地俯视可见的世界。飞向哪里去？飞向抽象的虚空，向虚无。是的，我们的无限就是虚无，'绝对虚无'，我们最热切地试图用幻影的图像、用我们谵妄幻想的梦填满这虚无。但是当我们细看这些图像，我们发现，我们看似无限而丰富的幻与梦，不过是我们所如此轻蔑的现实世界本身苍白的再现与畸形的夸张。我们最终懂得，我们飞得那么高直到飞向虚无，心灵和精神并没有变得更丰富，相反变得更贫乏，没有变得更强大，相反变得更无力。我们最终认识到，我们天真的娱乐——梦想着要灌注生命进入深不可测的虚空、上帝、我们自己的抽象能力或否定能力所创造的虚无——让社会、我们自己、我们的整个现实存在都陷入困境，我们因此成了预言家、梦想家，成了'世界的神圣观念'在宗教、政治和经济上的剥削者。我们追寻现实世界条件之外的观念自由，让自己陷入了最可悲、最可耻的依附关系。我们懂得了，要完成我们在尘世的命运，我们就该把我们的任何思想、我们的任何努力都只投入到人类社会此世的解放上去。"见 Max Nettlau,《巴枯宁传》（*Michael Bakunin, Eine Biographie*，London 1900）手稿胶印版，第1卷，页37。

[1] 陀思妥耶夫斯基毫不留情地同别林斯基、赫尔岑、屠格涅夫、车尔尼雪夫斯基等启蒙主义西欧派进行斗争。这场反对"自觉反叛者"的斗争的伟大纪念碑就是《群魔》。Persky写道："革命党是一群察觉不了真理的小流氓，被西方自由主义的风席卷播散，折断了他们在民族土地里的根。他们是群魔，是被鬼附身的人。"他希望借助宗教观念实现所有阶级的转变，警告无神论辩护士反革命（Gegenrevolution）将要来临，他们的末世巴比伦将要毁灭。

以为继。直到今天人们也没有从此事吸取教训：只有同爱国主义小团体果断决裂并且摒弃任何的模棱两可，才能够创造一个新基础，拓宽思想。1843年的青年德意志流亡者没有做到说服法国人相信德国的优越性，正如1914—1918年的新德国流亡者没有做到振奋欧洲观念，给自己的国家引进新的原则。[1] 海涅、海尔维格、雅科比、马克思、恩格斯和卢格共同参与过《德法年鉴》的编辑，领教了法国知识分子的拒绝。[2]

梅林，一位伟大的马克思主义者，也是一位伟大的爱国者，曾对此尖刻地评论说：

---

[1] 战争期间在瑞士出版的德语杂志——席克勒主编的《白页》和鲁比纳主编的《时代回声》(Zeitecho)——试图促进国际理解。然而两家杂志都不能下决心完全同德国的先入之见决裂，因此他们无论对德国还是对外国的影响，始终局限在那些今天仍不愿承认这场战争的意义、不愿承认这个民族反叛人类社群的圈子里。

　　[德文版编者注] 此处表明胡果·巴尔同德国流亡者在瑞士的两家杂志的分歧。前者坚定支持协约国，持激进民主主义、无政府主义立场；后者信奉和平主义，仍试图调和矛盾。

[2] [德文版编者注] 海尔维格 (Georg Herwegh, 1817—1875)，德国作家、政治家，在两卷本诗集《一个生者的诗》(Gedichte eines Lebendigen, 1841—1843) 里为自由和祖国疾呼，属于"青年德意志"派。1843年起他居住在巴黎，1848年曾领导巴登起义中的一支队伍，随着普鲁士军队镇压民主革命宣告失败，海尔维格流亡瑞士，1866年后他居住在巴登巴登。

　　雅科比 (Johann Jacoby, 1805—1877)，《德法年鉴》编辑之一，1848—1849年革命期间参与过德累斯顿起义，法兰克福议会的成员，1862—1870年任普鲁士邦议会议员，社会民主党党员，是俾斯麦的反对者。

拉梅耐对两位编者作了两小时关于他的宗教怪论的报告，然后宣称，在参加杂志的工作以前，他要对编者的活动观察一个时期。

（勃朗）这个战战兢兢的小资产者不能放弃那种用某种宗教的神光来包围实际生活斗争、从而阻止自己深刻认识这个斗争的可爱习惯。[1]

他们有一部分人（比如拉马丁）虽然答应写稿，可是没有兑现；另一部分人往往用很不客气的态度加以拒绝。[2]

但是梅林明显地又不公道地误解了当时的知识界环境，

---

[1] 因为马克思写作《共产党宣言》正是大量地借用了勃朗，相反，他1847年出版的《劳动组织》(Organisation du travail)对勃朗的借用则已不为人知。1833年勃朗就已经开始在他的《进步杂志》(Revue du Progrès)发表他的社会主义学说体系。参Wladimir Tscherkessow,《社会主义史文选：社会民主党的学说与行动》(Blätter aus der Geschichte des Sozialismus; die Lehren und Handlungen der Sozialdemokratie, 1893)；另参Arturio Labriola,《〈共产党宣言〉的著作权》(Die Urheberschaft des kommunistischen Manifestes, Berlin 1906)，此书证实了Tscherkessow的判断。

［德文版编者注］勃朗（Louis Blanc，1811—1882），法国政治家，主张社会主义，希望通过生产合作社等方式实现社会主义。1848年他是巴黎临时政府的成员，1848—1870年间流亡，后成为国民议会成员，1871年反对社会主义性质的巴黎公社。

[2] 《德国社会民主党史》(Geschichte der deutschen Sozialdemokratie, I. H. W. Dietz, Stuttgart 1903)第1卷，页157—158。（中译参见梅林，《德国社会民主党史》第1卷，青载繁译，北京：生活·读书·新知三联书店，1963年，页159。——中译者）

而且误解得最深。他说到拉梅耐的"宗教怪论",难道他不知道拉梅耐当时正同教会就原则展开伟大的对决?拉梅耐写道:

> 我们希望,把暴力王国掀翻在地,用正义和爱的王国取代它。新王国带来人类大家庭成员之间的团结一致,使每个个人都是整体的一部分,共享普遍的幸福。[1]

这是宗教怪论?百科全书派的无神论者曾排斥他,青年黑格尔派的自大狂和无神论者一样排斥他。他用宗教的兄弟情感的力量追求人类的解放,一旦无法实现自由,就英勇而坚定地同教会、同教宗格里高利决裂,而同一个教宗原来还曾称赞他是一位新波舒哀、最后一位教父。《一个信徒的话》的第四、十三、二十、三十五和三十六章是宗教怪论还是最现实的预言?我们可曾在我们的社会主义文献里为这位佩基

---

[1] 见他的杂志《未来》(*L'Avenir*),参Lammenais,《一个信徒的话》(*Paroles d'un croyant*, Reclam-Verlag),Ludwig Börne译为德文,前言,页15。此外他的《试论宗教冷淡》(*Versuch über die Gleichgültigkeit gegen religiöse Dinge*, 1817) 今天仍然值得推荐给社会民主党的先生们,他在此书中强调:"由于罪而败坏的思辨理性本身就无力认识真理。相反,真理由上帝启示,因而理性必须承认上帝启示是唯一的、确实的准则。"但是无产阶级的自我意识、阶级意识极度高涨的德国领导者/诱导者们,根本不想听一句罪孽、罪责、赎罪以及这类令人不快的话。没有启示,只有他们自己干瘪的教条。

的伟大先驱留下哪怕只是类似于佩基的位置?[1]这里也许应该提醒一点,伯尔纳[2]——梅林当然会和海涅一样轻蔑地说他是市侩——1834年把《一个信徒的话》译成德文,因为他认为"通过政治激进主义和宗教激进主义的结盟"比借助理性哲学更有可能"终结德国政府无可救药、卑鄙无耻的胡作非为"!

还有勃朗这个战战兢兢的小资产者:他"曾经由于德国青年开始注意生活实践而为德国庆幸",但是他警告他们避开无神论,"因为哲学中的无神论必然在政治方面产生无政府状态的后果"*——这不对吗?他提醒德国青年注意,他们作为青年黑格尔主义者,信奉狄德罗、霍尔巴赫和法国唯物主义者是迟到了几乎一个世纪的现象——这不对吗?巴枯宁在致海尔维格的信中写道(布鲁塞尔,1847年12月):

---

[1] 此处要引用献给年轻的德意志共和国的《一个信徒的话》中的一段话:"你们不要受虚荣的话欺骗。许多人都会试图说服你们相信,因为你们在纸上写下了自由两个字,把这样的纸贴到所有街道上,所以你们就真的是自由的。自由不是人们在街角读到的布告,它是人在自身当中和自身周围所感受到的活生生的力量,是家庭炉灶的守护神,是群体权利的保证。因此你们要小心那些人,那些喊着'自由,自由'却用自己的著作摧毁自由的人。"(页63)

[2] [德文版编者注]伯尔纳(Ludwig Börne,1786—1837),原名Löb Baruch,德国作家,1830年起居住在巴黎,在德国传播激进的自由主义思想,批判德国现状。他抨击歌德是唯美主义者,认为文学要为政治服务,这一观点在"青年德意志"运动中得到了实践。海涅是他在巴黎的文学和政治上的竞争者。

* 中译参见梅林,《德国社会民主党史》第1卷,页159。

德国人、手工业者、伯恩施太德（Adelbert von Bornstedt），在这里惯于制造灾祸。虚荣、恶毒、流言蜚语、理论上的自大和实践上的胆小，面向喜好文学和讨论的手工业者并令人作呕地同他们眉来眼去。"费尔巴哈是个资产者。""资产者"已经成了个重复到令人生厌的关键词，但他们所有人自己从头到脚就是地地道道的小城镇资产者……我远远地避开他们，而且已经非常明确地声明，我不加入他们的手工业者协会，不想同他们有任何关系。[1]

但是第一国际那场随便的论战，标志着德国社会民主党最初数十年特点的所谓"粪叉风格"（Mistgabelstil），恰恰让运动远了青年市民知识分子，而在其他各国如意大利、俄国、法国和英国，青年市民知识分子踊跃地成为先锋战士。直到最近几年，社会主义才成功吸引到更广泛的市民青年。

1840年的德国人夸大了黑格尔的成就。这些成就都有什么？他们来到巴黎时带来了什么？海涅说：

青年德意志派的作家不愿意区分生活和写作，他们从来不把政治和科学、艺术、宗教分离开来，他们既是艺术家，同时又是保民官和使徒。[2]

---

[1] Nettlau，《巴枯宁传》第1卷，页78。
[2] 《论浪漫派》（*Die romantische Schule*, Hendel Verlag, Halle），页95。(转下页)

虽然听起来自信又骄傲，但是"青年德意志"们的实际表现与此却有些不同。意大利人称，"青年德意志"这个总称本身是马志尼的馈赠，马志尼的文章《给"青年意大利"弟兄们的总指示》、《"青年意大利"宣言》和《论"青年意大利"》都问世于1831—1832年，登载于德语报刊时在德国引发的关注不亚于在欧洲其他地方。[1]

"青年德意志"的典型特点是缺少自由传统，与此相关的是缺少实践、缺少明确的进攻目标。他们忍受着所有50个弹丸小邦及其警察的书报检查制度，却不系统地攻击和揭露洪堡与梅特涅的中央内阁。[2]四面八方（希腊、佛兰

（接上页）（中译参见《海涅全集》第8卷，页133，略有改动。——中译者）
[1] 哈姆巴赫（Hambach）集会期间，马志尼的几篇文章发表在Wirth博士于茨韦布吕肯（Zweibrücken）出版的一家民主主义杂志上。
[2] 不应因此低估费尔巴哈的人本主义体系。即使今天他的体系要通过马克思、巴枯宁和尼采才获得通俗的影响，但是它体现了近代德国第一个纯粹的、现实的、社会反叛的哲学，因此属于这个民族真正的经典成就。费尔巴哈（*Werke* I，页XIV、XV）写道："那些谈到我只知道说我是个无神论者的人，对我根本一无所知。上帝存在还是不存在这个问题，有神论和无神论的对立，属于18世纪和17世纪。我否定上帝，这在我看来等于说我否定对人的否定，我用人感性的、现实的因而必然也是政治的、社会的位置，取代虚构的、幻想的、天国的因而在现实生活中必然变成对人否定的位置。"他将理性等同于爱（"爱是理性。"*Werke* I，页119），强调此世的任务和义务，从而以极成功的方式挑战了占统治地位的神权制度。马萨里克证实，费尔巴哈的影响恰恰对于马克思"非常关键，比以往一般认为的还要关键得多"。费尔巴哈写道："我的著作以及我的讲演的目的，是把人从神学家变成人类学家，从爱神者变成爱人者，从彼岸的等候者变成此世的进取者，从天国的、尘世的君主与贵族的宗教和政治上的仆人变成大地上自由、自觉的公民。"（《宗教本质讲演录》[» Vorlesungen Über des Wesen der Religion «]）马克思（转下页）

德、意大利、法国）传来的革命和哲学里批判的进步，促使他们从道听途说中滋长对反叛的同情。但是身体力行的反应，由于费希特和黑格尔的毒害，始终只是发出噪音。他们管歌德叫作"押韵的奴仆"，管黑格尔叫作"不押韵的奴仆"（伯尔纳）；他们同最优秀的古典主义文化传统决裂，却没有完全理解新的普鲁士文化传统。更糟糕的是，无论对古典主义体系还是对黑格尔体系的批判，都没有大范围地**走向人民**。新教—理性主义的哲学被视作革命的（见海涅），费尔巴哈则是极端革命的。他们相信自己胜过了伏尔泰，仅仅因为他们认为福音书批判里的辩证方法更能体现深刻思想，他们把更过分的无神论当作自由精神。[1] 还是海

（接上页）认为："只有费尔巴哈才立足于黑格尔的观点之上而结束和批判了黑格尔的体系，因为费尔巴哈消解了形而上学的绝对精神，使之变为'以自然为基础的现实的人'；费尔巴哈完成了对宗教的批判，因为他同时也为批判黑格尔的思辨以及全部形而上学拟定了博大恢宏、堪称典范的纲要。"（《神圣家族》[*Die heilige Familie*]，1845，页220）以费尔巴哈哲学为基础的马克思哲学提出要"变革的实践"："哲学家们只是用不同的方式解释世界，而问题在于改变世界。"费尔巴哈和马克思的关系揭示了青年德意志反叛者的基本特征，对此可参马萨里克的深入分析《马克思主义的哲学和社会学基础》（*Die philosophischen und soziologischen Grundlagen des Marxismus*, Carl Konegen, Wien 1899），可惜此书现在已经售罄，它是最优秀的马克思研究文献之一。（马克思引言中译参见《马克思恩格斯文集》第1卷，页342、504、506。——中译者）

[1] 海涅已经写过："我曾向他们（法国人）泄露过这后一种思想，它构成着所有那些体系的基础，而它恰恰与我们至今称为敬神的精神完全相反。哲学在德国同基督徒进行着它在古希腊同古老的神祇进行过的同样的战争，而在这里它又赢得了胜利。今日的宗教从理论上已被根本击败，它在观念上已死，只是在组织机构上还在苟延残喘，这就好像有人把一只苍蝇的脑袋割掉了，而这只苍蝇看上去还全无觉察，（转下页）

涅透露了他们在此寄予的希望：

> 当以后这个起着驯服作用的护身符、十字架一旦破碎时，古代战士的野性，以及为北方诗人歌唱和传诵如此之多的非同寻常的狂战士（Berserker）的愤怒，必将重新发出嘎嘎声……然后那古代石制的诸神就会从被人遗忘的废墟中站立起来，擦掉眼中的千年尘土，而雷神托尔（Thor）终于拿起巨人的铁锤跳起来，打碎那些哥特式教堂。[1]

他们没有系统地揭示这个时代强大的反动势力，没有形成世故老练的自由主义政策。即使海涅表现出萌芽意识，也是目标混乱、毫无节制。他们是没有现实的好辩者、好斗者、反叛者，尽管如此，他们作为黑格尔主义者觉得自己恰

（接上页）仍然信心十足地飞来飞去（1835年！）……我们现在有无神论的僧侣，由于伏尔泰先生是一个顽固的自然神论者，他便有可能被他们活着煎烤。我必须承认我不喜爱这种音乐，但也不畏惧它……伴随着这种古老信仰的教义的倾覆，古老的道德也被连根拔起了……民众不再以基督教的忍耐精神承受他们在尘世的苦难，而且渴求现世的幸福。"见《关于德国的书信》(» Briefe über Deutschland «)，载于 *Zur Geschichte der Religion und Philosophie in Deutschland*，页129—131。（中译参见《海涅全集》第11卷，顾仁明等译，石家庄：河北教育出版社，2003年，页209—211，略有改动。——中译者）

[1]《论德国宗教和哲学的历史》，页124。他指的大概是兰斯大教堂？（中译参见《海涅全集》第8卷，页318，略有改动。兰斯大教堂历史上曾是法国君主加冕的地方，"一战"期间毁于德军炮火。——中译者）

恰在现实感（和上百件其他事情）上比法国人优越。鲍威尔及其门徒，这些神学家（据梅林说）认为自己是"批判的化身，绝对精神的化身，绝对精神通过他们有意识地扮演世界精神的角色，同其余的人类对立"。[1] 但他们忽视了黑格尔同《塔木德》[2] 的关联；他们忽视了门德尔松的弥赛亚主义[3]，它在黑格尔"被拣选的"哲学里就已经非常有意识地

---

[1] 梅林说："如果说黑格尔哲学是关于神统治世界、精神统治物质的基督教日耳曼信条的思辨表现，那么《文学总汇报》就是批判的漫画，在这幅漫画里，黑格尔哲学本身把自己弄到荒诞无稽的地步。"（《德国社会民主党史》第1卷，页195）《文学总汇报》（*Allgemeine Literaturzeitung*）自1843年12月起在夏洛滕堡（Charlottenburg）出版。（中译参见梅林，《德国社会民主党史》第1卷，页198。——中译者）

[德文版编者注] 鲍威尔（Bruno Bauer, 1809—1882），新教神学家、政论家，黑格尔的学生，曾在柏林和波恩任讲师，1842年因为他的《圣经》批判被剥夺教学资格。他否认耶稣的历史真实性，认为各福音书是发明了基督教的传教士所写。他的《基督与罗马皇帝》（*Christus und die Cäsaren*, 1877）对社会主义、尼采和施蒂纳都有影响。马克思、恩格斯曾是他的学生。

[2] [德文版编者注]《塔木德》（*Talmud*），犹太教《圣经》以外的主要典籍，分为《密释纳》（*Mischna*）和《革马拉》（*Gemara*），分别是按对象编排的希伯来语法律汇编、阿拉姆语的注疏和论辩汇编。《塔木德》一定程度上对应并注解《圣经》，反映了犹太民族的书面和口头传统。其中最重要的是公元前6世纪的巴比伦版本。《塔木德》是历史注疏和讨论的长篇汇编，有的地方翔实，有的地方省略，时有简练敏锐的表述。显然，黑格尔的哲学体系同《塔木德》毫无关联。胡果·巴尔不了解犹太教，才有文中的说法。

[3] [德文版编者注] 门德尔松用当时的哲学概念讨论犹太教的基本问题，是历史上第一个这么做的人。对救世主降临的希望（弥赛亚主义）是犹太教的基础：救世主会来临，并解放犹太民族、救赎世界。基督徒认为这个救世主已经由耶稣降临过了。

门德尔松将《摩西五书》及《诗篇》《雅歌》译为德文，从（转下页）

起着作用。当黑贝尔这个青年黑格尔派在19世纪40年代来到维也纳时，格里帕泽（Grillparzer）这样评价他[1]：他无所不知，他甚至知道上帝是谁——非常准确地刻画了政治上的青年黑格尔派。这些人坐着快速邮车在巴黎、布鲁塞尔、科隆和伦敦之间穿行，激动不安又不可动摇地坚信黑格尔关于监督和纪律的条款具有世界意义，但是没有一丁点开放态度真正愿意友好地接受新观念。

1848年革命暴露了这一点。他们是反革命原则的弟子，反革命原则压倒了现实提出的诉求。精神的替代品和语言的替代品证明自己全都无力切中事物的本质。黑格尔对待自由的亵渎态度、他的国家哲学和法哲学、他的非道德主义阉割了行动，造成的结果总的来说就是一场混乱，给人的印象与其说是一次革命，不如说是一出演砸的轻歌剧。政治和神学上的幼稚筑成的街垒比大街上的更糟糕。马克思和恩格斯新发现的社会主义阻挠同资产阶级反对派、同海尔维格的巴登农民军团携手合作。施蒂纳犬儒的虚无主义始终缩在小酒馆

（接上页）而促进仍部分说意第绪语的犹太人融入德国语言和文化，他是音乐家门德尔松（Felix Mendelssohn-Bartholdy）的祖父。小门德尔松之父亚伯拉罕改宗新教。

[1] 黑贝尔（Friedrich Hebbel, 1813—1863）。他以拿破仑为原型的戏剧主人公如霍洛芬（Holofernes）、戈洛（Golo）和坎道列斯（Kandaules）呈现了黑格尔学派的自夸和玄思。拿破仑和青年德意志——这种市侩和天才的混合物还激发过瓦格纳的超人概念和思辨。

[德文版编者注] 上述三个主人公分别出自黑贝尔的剧作《犹迪》（*Judith*, 1841)、《格诺费娃》（*Genoveva*, 1843）和《吉格斯和他的指环》（*Gyges und sein Ring*, 1856）。

里[1]；柏林街垒上的战士大多是姓名湮灭无闻的人；德累斯顿起义的领导者是俄国人和波兰人。

当时的几封书信颇能给人启发。柏林1848年8月，巴枯宁致海尔维格：

> 德国正在上演最有趣、最奇特的戏：一场皮影戏，影子的战斗，影子自以为是现实，却时时刻刻感到并不由自主地暴露出自己的极度虚弱。官方的反动和官方的革命在无意义和愚蠢方面一较高下，产生出的全是哲学、宗教、政治上悠然自得的重要空话。[2]

以及克滕（Köthen）1848年12月8日，巴枯宁致海尔维格：

> 没有哪里的资产者是可爱的人，但是德国资产者因为善于交际而益发下流。就连这帮人愤怒的方式也是令人愤怒的。这是我确有充分根据的最终判断：假如德意

---

[1] [德文版编者注] 施蒂纳（Max Stirner, 1806—1856），原名Johann Kaspar Schmidt，教师、报人，和费尔巴哈、鲍威尔同属青年黑格尔派，他主张极端个人主义的无政府主义，《唯一者及其所有物》（*Der Einzige und sein Eigentum*, 1845）提出唯一值得追求的是毫无顾忌地实现自我的利益。因此他的无政府主义作为无限的利己主义，截然不同于胡果·巴尔信奉的以博爱为基础的无政府主义。正因如此，巴尔强调他本人的无政府主义接近登山宝训和邻人之爱所代表的原始基督教。

[2] Nettlau，《巴枯宁传》第1卷，页95。

志民族单纯由庞大的、可惜太过庞大的市侩、资产者群体组成,单纯只有今天一般所谓的官方的、明面上的德国,假如这个官方的德意志民族里不存在城市无产者,特别是不存在庞大的农民群众,那么我必须说,就再也不存在德意志民族,德国就要被占领,被毁灭。[1]

巴枯宁是1848年密谋的核心(今天德国仍然几乎无人知道),他说的是自己的经验。他是德累斯顿五月起义的领袖,与卢格、恩赛、雅科比、瓦格纳、勒克尔、霍伊布纳以及那时的马克思交好。[2]

如果存在同时引导所有党派的共同思想,那它就是德国统一的思想。马志尼懂得为意大利统一运动注入共和主义观念,而共和主义观念在这里只属于极少数人。实际上激荡众人的——无论承认与否——是拿破仑-马基雅维利主义的帝王思想,这种思想的光辉和力量从法兰西帝国成立之日起就征服了德国的小市民。拿破仑从废物间里取出中世纪的霍亨

---

[1] Nettlau,《巴枯宁传》第1卷,页103。

[2] [德文版编者注] 恩赛(Karl August Varnhagen von Ense, 1785—1858),作为军官最初在俄国、后在奥地利、最后在普鲁士服役,曾陪同哈登贝格参与维也纳会议,但1819年因民主倾向被普鲁士军队解职,娶拉埃尔·莱温(Rahel Levin)为妻,著有自传和回忆录。

勒克尔(August Röckel, 1814—1876),乐队指挥、政论作家,1843—1849年任德累斯顿乐团的第二指挥(首席指挥为瓦格纳),在德累斯顿参与了1848—1849年革命,为此入狱服刑至1862年。

霍伊布纳(Otto Heubner, 1812—1893),律师,法兰克福议会成员,1849年参与德累斯顿起义后被判十年徒刑。

施陶芬王朝，阿恩特等传教士竖起指头向民族清点从奥托到康拉丁等皇帝的英雄伟业。[1]问题只在于，是普鲁士还是奥地利将"接受"新的德意志统一和帝制。

再引用巴枯宁论1848年革命的话——这是对这场革命的评论里最中肯的一个：

> 假如德国民主主义者比他们的实际表现少教条一点、多革命一点，假如他们不到全国的和省级的议会里寻找他们的幸福，而是伸手支援那些自发的农民运动，假如他们同城市无产阶级结盟，那么在政府陷入普遍混乱和完全的无力状态时，三四月中在德国一场严肃的革命本有胜利的可能。德国1848年的各级议会，带来了世界上的所有议会在各个革命时代都会带来的东西：极多的空话和海量的——如果不是直接革命的，那就帮助了反动派的——文件。德国1848年的各级议会实际上没有为自由留下什么严肃和持久的东西，相反为当时的德国统一提供了准备。因此可以说，1848年德国爱国者的伪革命对于1871年俾斯麦主义而言，

---

[1] [德文版编者注] 阿恩特（Ernst Moritz Arndt, 1769—1860），德国作家、政治家，1812—1815年任施泰因男爵的秘书，在反拿破仑战争中创作了多首鼓吹德意志民族统一的歌曲，如《莱茵是德国的河流，不是德国的边界》（*Der Rhein Teutschlands Strom, aber nicht Teutschlands Grenze*, 1813）。1818年任波恩大学历史学教授，1820年因政治观点被解职，1840年才复职。1848—1849年任法兰克福议会成员。

正如法国的卡芬雅克将军对于拿破仑三世而言,都是后者的先驱。[1]

5

荣誉应归于德国青年手工业者魏特林,他——用伯尔纳的话说——不仅寻求,而且代表政治激进主义和宗教激进主义的联盟,在交错纵横、遍布整个西欧的弟兄会(Brüderschaft)中提出这一联盟作为新的精神理想。

浪漫派重新发现了手工业者诗歌,魏特林这位青年手工业者重新发现了原始基督教的观念。海涅在《论浪漫派》里写道:

> 特别是那些手工业工匠。在我徒步旅行的时候,常常和这些人打交道,我发现,他们有时候被任何一件不寻常的事情激动了,便即兴编出一首民歌,或者向着空中吹起一阵口哨……歌词是从天上落到这些小伙子的嘴边的,他只需把它们唱出来就行了,这些词句比我们从心坎里搜索出来的一切优美动人诗意盎然的词句还更富

---

[1] Michael Bakunin,《致汝拉联合会的同事们》(»Aux compagnons de la Fédération jurassienne«,1872年手稿)。转引自Nettlau,《巴枯宁传》第1卷,页94。

[德文版编者注]卡芬雅克(Louis-Eugène Cavaignac,1802—1857),法国将军,1848年任陆军大臣镇压六月起义,拿破仑三世的主要将领。

有诗意。[1]

可以以此想象魏特林的形象。加入魏特林"正义者同盟"的青年手工业者展现出了市民社会已经失落的理想主义、烈火和牺牲精神。梅林说:"他们的求学求知的欲望……简直是难以想象的。"他们聘请教师,学习各种课程,他们为了印刷重要文献捐出自己的全部积蓄。[2]

魏特林1808年生于马格德堡(Magdburg),是普鲁士的臣民。他以裁缝为业,有七年之久在德国各地漫游。他的讽刺诗表明他曾参与1830年萨克森的多起暴动。随后他迁往巴黎并在那里生活到1841年。他的《和谐与自由的保证》(*Garantien der Harmonie und Freiheit*, 1842)第一次在理论上为德国共产主义奠定了基石,是社会主义文献里最杰出的作品之一;他的《贫苦罪人们的福音》(*Das Evangelium der armen Sünder*, 1845)是德意志精神最优美、最感人的成果之一。马克思和巴枯宁都是经由魏特林才知道共产主义,魏特林的名字永远不会被人遗忘,它高贵地证明了社会主义在德国起源时也绝不是利益政治,而是高尚的精神理想。

马克思还是《莱茵报》的主编的时候曾写下这些话:

---

[1] Heine,《论浪漫派》,页83。(中译参见《海涅全集》第8卷,页118—119。——中译者)
[2] 为了使《和谐与自由的保证》的第一版能印行2000册,300个工人分担了制作费用,就以书作为报酬,4名工人拿出全部积蓄共200法郎付印刷费。(中译参见梅林,《德国社会民主党史》第1卷,页228。——中译者)

资产阶级及其哲学家和学者，有哪一部论述解放——政治解放——的著作能和魏特林的《和谐与自由的保证》一书媲美呢？只要把德国的论著中那种俗不可耐畏首畏尾的平庸气同德国工人的这部史无前例的光辉灿烂的处女作比较一下，只要把无产阶级巨大的童鞋同德国资产阶级矮小的政治烂鞋比较一下，我们就能够预言德国的灰姑娘将来必然长成一个大力士的体型。[1]

恩格斯说魏特林是"唯一做了一些实际工作的德国社会主义者"。巴枯宁记载，当他1843年和海尔维格来到苏黎世，他不仅读到了《保证》，而且结识了刚好从洛桑前来的魏特林本人：

必须小心，不要混淆共产主义者的世界主义和上个世纪的世界主义。上世纪理论上的世界主义是寒冷、淡漠、反思的，没有根基和激情，是无生命、不结果的抽象，粗制滥造的理论，没有生产、创造的火焰放出火花。共产主义与此相反，谁都不能指责它缺少激情和火焰。共产主义不是幻象，不是阴影，它蕴含着强烈向往

---

[1] Mehring，《德国社会民主党史》第1卷，页115。（中译参见梅林，《德国社会民主党史》第1卷，页114；马克思，《评一个普鲁士人的〈普鲁士国王和社会改革〉一文，载于《马克思恩格斯全集》第3卷，北京：人民出版社，2002年，页375—396，此处页390。梅林进而胡果·巴尔的引文与马克思原文略有出入。——中译者）

光明的温热和烈火。这烈火是再也扑不灭的，如果特权阶级不以爱、牺牲和对共产主义世界历史使命的完全承认，让共产主义顺利地迈向光明，那么烈火将危险甚至恐怖地爆发。[1]

这是政治的一面。他宗教的影响也不逊色。费尔巴哈从一个青年手工业者那里得到一本《和谐与自由的保证》时，他叫道：

> 这个裁缝帮工的思想和精神使我多么惊奇啊！真的，他是他那个等级的一位预言家。他的热忱、态度、求知欲多么使我惊异！同他相比，我们的那些大学生算得上什么呢？[2]

巴枯宁说：

> 自从基督教不再是团结欧洲各国、给它们注入生命的纽带以后，还有什么能联合它们呢？欧洲各国之内还有什么能维系基督教曾向它们宣告的和睦与爱的庄严呢？自由和平等的圣灵，纯粹人性的精神，曾由法国大

---

[1] 系列文章《共产主义》(» Kommunismus «), 载于 Fröbels, *Schweizerischer Republikaner*, 1842年6月, 转引自 Nettlau,《巴枯宁传》第1卷, 页55—60。
[2] Mehring,《德国社会民主党史》第1卷, 页115。(中译参见梅林,《德国社会民主党史》第1卷, 页114。——中译者)

革命在闪电和雷霆下向人类启示,由暴风骤雨的革命战争像新生命的种子一样向各地撒播。正是这精神孕育了共产主义;这精神现在无形地将所有民族不带民族差别地连接在一起;这精神是基督教崇高的孩子,现在所谓的基督教政府和所有君主国的诸侯与当权者都拼命反对它,因为他们清楚地知道,他们自利的欲望将无法承受这精神的烈焰。[1]

魏特林的宗教共产主义来自法国和英国。英国的欧文曾说,实定宗教(positive Religion)、个人财产和不能解除的婚姻是"恶的三位一体",也正是欧文在魏特林流亡至伦敦时称他为"德国共产主义者的领袖"。[2]

沃斯通克拉夫特论妇女权利的书和葛德文在他的著作《论政治正义及其对道德和幸福的影响》(*Enquiry concerning Political Justice and its In-fluence on Morals and Happiness*)里对社会贫困的描述曾刺激巴阿德写下这样的话:"必须说

---

[1] Bakunin,《共产主义》,转引自Nettlau,《巴枯宁传》第1卷,页60。
[2] Mehring,《德国社会民主党史》第1卷,页232:从监狱释放以后,"魏特林到了伦敦;在一次大聚会上,这个世界都市的德国、英国、法国的社会主义者热烈欢迎这位'德国共产主义者的勇敢的、天才的领袖'(欧文机关报语)。"此时正在1845年或1846年。根据瑞士警察部门发布的共产主义者调查报告,当时在巴黎有300名德国手工业者加入了魏特林的"正义者同盟"。工厂无产阶级在德国还几乎不存在。(中译参见梅林,《德国社会民主党史》第1卷,页237。——中译者)

[德文版编者注]欧文(Robert Owen, 1771—1858),英国社会政治家、企业主,致力于改善工人生活条件,推动合作社和工会运动。

明，国王、政治犯和所有富人都是食利者。"[1]而法国的毕舍要求在社会领域实现基督教道德的诫命，从而让圣西门主义的宗教因素有了实践的方向。[2]卡贝激烈地鼓掌欢呼："伊加利亚的学说就是耶稣基督所传的有其原始的纯洁性的基督教，因为基督教讲的就是博爱、平等、自由、合作和财富公有的原理。"[3]贝朗瑞高喊："各族人民，让我们结成一个神

---

[1]《作为未来哲学奠基人的巴阿德》，页102："葛德文对英国社会贫困的描述激发了巴阿德的全部同情心。他的日记详尽地摘录葛德文的著作，葛德文的摩尔人观念始终萦绕着他。"

[德文版编者注]沃斯通克拉夫特（Mary Wollstonecraft，1759—1797），英国女作家，葛德文的夫人，第一批积极主张妇女权利的女性之一，代表作《为女权辩护》（*A Vindication of the Right of Women*，1792）。

葛德文（William Godwin，1756—1836），英国作家，沃斯通克拉夫特的丈夫，英国浪漫派的政治理论家，他1793年出版的两卷本《政治正义原则研究》反对任何种类的暴政。

[2][德文版编者注]毕舍（Philippe-Joseph-Benjamin Buchez，1796—1865），法国政治家，圣西门的学生，天主教社会主义的奠基人，1848年在巴黎任制宪会议主席。

圣西门（Claude-Henri de Rouvroy de Saint-Simon，1760—1825），法国贵族、政治家，曾参与美国独立战争，他认为财产权是剥削的基础。圣西门主义是19世纪上半叶法国影响深远的政治运动，主张将生产资料转变为公有财产，废除继承权，妇女拥有平等权利。

[3] Mehring,《德国社会民主党史》第1卷，页35。卡贝则通过莫尔的**乌托邦**和欧文走向共产主义信念。另外梅林还确认："在这一点上，卡贝同解放斗争初期喜欢回忆原始基督教的现代无产阶级的感受是完全一致的。德萨米（Dezamy）打算建立以无神论和唯物主义为基础的共产主义，他比卡贝坚决彻底得多（？），**但是对于工人的影响却比卡贝小得多**。"（中译参见梅林，《德国社会民主党史》第1卷，页35。括注和着重标记系引者所加。——中译者）

[德文版编者注]卡贝（Étienne Cabet，1788—1856），法国政治家、空想社会主义者，代表作《伊加利亚旅行记》描绘了他的乌（转下页）

圣同盟！"[1]拉梅耐向人民布道，他在许多事情上都有先知的天赋，警告社会主义体系会"把各族人民判处一种空前未有的奴役"，"把人贬为一种简单的机器，一种工具，使普通人的处境不如黑人，甚至不如牲口"。*还有蒲鲁东《贫困的哲学》——同一个蒲鲁东在闲暇时阅读《约翰启示录》——十分清楚地表明，基督教的救助精神引导他走向对财产的批判。被巴枯宁称作革命社会主义的创始者的两个人[2]，卡贝和勃朗，同时都是革命的基督徒，这难道是偶然的吗？

根据梅林的说法，魏特林"推倒了将西方乌托邦主义者同工人阶级隔绝开的屏障"。这是魏特林的历史功绩，而不是他在今天的意义。

巴枯宁写道：

> 法国大革命宣告了每个个人的人权和人的义务以后，最终发展为巴贝夫主义。巴贝夫是最后一群纯粹而富有活力的人物之一——革命创造了又毁灭了许多这样的人物——他以独一无二的方式将他祖国的旧政治传统

（接上页）托邦理想。
[1] [德文版编者注]贝朗瑞（Pierre Jean de Béranger, 1780—1857），法国诗人，他所写的风趣批判的歌曲流行一时。
[2] Bakunin,《联邦主义、社会主义和反神学主义》(*Fédéralisme, Socialisme et Antithéologisme*, P. V. Stock, Paris 1895)："共产主义观念萌发于人民的想象。他们从1830年到1848年在最终奠定革命社会主义的卡贝和勃朗的书里找到了合适的阐释。"（页37）（原文是法文。——中译者）
* 中译参见梅林,《德国社会民主党史》第1卷，页36。

同社会革命最现代的观念结合起来。**当他发现，革命在经济领域已不再可能，对进一步的激进改变也已无能为力**[1]，他就按照这场革命的精神——虽然革命最后用渐进的国家措施取代了任何个人的主动性——创造了一种政治-社会体系，主张共和国作为公民集体意志的体现，应当没收全部个人财产并代表所有人的利益进行管理。每个人都应当获得同等条件的教育、培训、生存资料和物资，应当无一例外地强制每个人根据他的体力和能力既进行体力劳动也进行脑力劳动。巴贝夫的密谋失败了。他同他的许多朋友一起被押上断头台。但是他社会主义共和国的理想没有和他一起死亡。他的朋友邦纳罗蒂，那个世纪最伟大的密谋者，搜集他的残篇，将他的观念作为最宝贵的遗产转交给了下一代人。[2]

集体主义的观念在邦纳罗蒂建立的瑞士、比利时和法国的密谋团体里继续存在，同罗曼国家的宗教运动交汇，发展出了共产主义。[3]魏特林从邦纳罗蒂信徒那里得到最早的

---

[1] 我要求此处斜体印刷，因为它证明了，原始的集体主义由一系列符合特定经济状况的实际建议组成。只有一套**取消主义**（Liquidation）**体系**，才会试图让革命的自由意识形态与破产的金融协调一致。（原文用斜体的地方，此处用加粗。——中译者）
[2] Bakunin,《联邦主义、社会主义和反神学主义》，页36。
[3] 有必要指出，集体主义最初根本不同于后来才与之挂钩的共产主义。集体主义（巴贝夫的发明）是政治的、实证的。集体主义今天仍最适合那些战争失败、金融和经济遭到毁灭的国家，可以为社会重建（转下页）

支持，他在邦纳罗蒂的教友社区的基础上建立了"正义者同盟"。这个同盟的榜样显然是巴黎的"被逐者同盟"（Bund der Geächteten），伯尔纳是后者的成员，它1834年的章程就提出要求：解放德国，实现德国的重生，奠定并维护社会和政治上的平等、自由、公民道德与民族统一。[1]

（接上页）提供大量极为有益的建议，但是必须注意，根据经济的和理智的发展程度不同，取消主义在德国和在俄国、土耳其等国会遇到不同的条件。

〔德文版编者注〕称俄国"天主教传统完备"显然不准确，俄国属于东正教传统。胡果·巴尔这里很可能将东西方教会等同看待。实际上天主教会与东正教会的区别的确微乎其微，如希腊天主教会除承认教宗以外同其他东正教会并无分别；上述两教会同新教教会却区别显著，特别是关于圣职、圣餐、圣人崇拜、圣母崇拜等问题。

[1] 参Mehring，《德国社会民主党史》第1卷，页97—101："当时巴黎是欧洲革命的首都。1834年，在支持南德反对派报纸的一个公开的人民团体遭到法国政府压制以后，在巴黎成立了德国流亡者的第一个秘密组织，被逐者同盟。根据这个同盟的章程，它的目的是：解放和复兴德国，确立和保持社会和政治的平等、自由、公民道德和民族统一。它像法国的人权社一样，追求民主共和主义的目标，而且也像人权社一样是一个分成许多等级的密谋组织，盟员对秘密的上级必须无条件服从……《被逐者》月刊是同盟的机关刊物，从1834年以来由费奈迭（Venedey）主编。这个杂志的创刊号上登载了伯尔纳论拉梅耐刚刚发表的著作《一个信徒的话》的狂热的文章……费奈迭本人也赞成拉梅耐……在这个同盟成立以后不久，在瑞士也成立了德国流亡者的第一个组织。1834年2月，马志尼曾从瑞士武装侵入萨伏依，得到德国革命者的支持。萨伏依进军失败了，这时马志尼就组织各族人民的青年欧洲以对抗各国国王的老年欧洲。青年欧洲由**青年德意志**、青年意大利和青年波兰组成，后来青年法兰西和青年瑞士也参加进来……它1834年4月结盟的文书，把**自由**、**平等**、**人道**标为三个不可侵犯的要素，只有这三个要素可以解决社会问题。"——请注意这个事实，19世纪30年代马志尼和拉梅耐领导的流亡者运动是一场**宗教**民主主义运动。1839年，经历了长期监禁的卡尔·沙佩尔（Karl Schapper）和亨利希·鲍威尔（Heinrich Bauer）从法国来到伦敦，在当地和来自（转下页）

在魏特林看来，以原始基督教的精神让博爱贯彻欧洲，也是政治新生的前提条件。这一点是他真正先进的地方。请不要相信知识排斥宗教或经济分析排斥基督。它们排斥神权统治的教条和对彼岸的崇拜，但不排斥爱、心灵和牺牲的勇气。正义是人必须坚守的，但正义的前提是关于自然限制和自然法的准确科学。

魏特林的追随者和弟兄里不仅有手工业者和工人，还有市民和有产者。他的典型特征正是他的观念的感召力量。德国无产阶级中盛行的仇恨哲学，于他而言是完全陌生的。[1] 魏特林拒绝青年德意志派，不是因为他视他们为"资产阶级"——他本可以这么看待他们——而是因为他们"在超感觉的王国中摸索抽象的东西"。* 他在《贫苦罪人们的福音》里写道：

> 来吧，你们一切劳动的人们，辛劳的、负重的、贫

（接上页）科隆的钟表匠约瑟夫·莫尔（Josef Moll）于1840年2月7日一道建立了公开的"工人教育协会"（Arbeiterbildungsverein）。同时他们重建了"正义者同盟"并把工作的重点转移到伦敦。马克思的加入凭借他的实证主义将牺牲的勇气从狂热观念论的运动中驱逐了出去。也可以说，黑格尔是腐化高尚思想的始祖。宗教不需要被消灭，它只需要更加深入并同科学达到和谐一致。（中译参见梅林，《德国社会民主党史》第1卷，页97—101。着重标记系引者所加。——中译者）

[1] 这种仇恨哲学命令道："无产阶级的诉求！有阶级觉悟的无产阶级的诉求！"但是诉求越是正义，诉求的辩护人就越应当警醒自己的道德以及信任他们的个人和群众的道德。为此首先就需要有**法**（Recht）的意识。

* 中译参见梅林，《德国社会民主党史》第1卷，页231。

苦的、受蔑视、受侮辱和受压迫的人们！如果你们为一切人要求自由和正义，那么这一福音将重新鼓起你的勇气，并使你们的希望绽开鲜花……它将使软弱沮丧的心变得兴奋坚强，并把信念的力量注入怀疑者的心。它将给犯罪者的额头以原谅的亲吻，并使他的牢房黑暗的四壁闪耀希望的亮光……它将使爱和自由之火在一切罪人的心胸之中熊熊燃烧。[1]

他和埃洛一样称伏尔泰是一个丑角（Farceur）：

为了解放人类，必须毁灭宗教。这是伏尔泰等人的原则。拉梅耐和在他之前的卡尔施塔特、闵采尔等许多基督教宗教改革家则指出：**一切民主观念都是由基督教产生的**。[2]

他不敌视批判研究福音书的结果，只是认为，他不需要像施特劳斯那样把矛盾公开，而是要将基督教所赖以立足的

---

[1] Wilhelm Weitling,《贫苦罪人们的福音》(*Das Evangelium der armen Sünder*, Zürich, 1843年5月)，初版被没收，后1845年以《一个贫苦罪人的福音》(*Das Evangelium eines armen Sünders*, Bern, Jenni Sohn)为题出版，页Ⅲ/Ⅳ。(中译参见魏特林,《现实的人类和理想的人类：一个贫苦罪人的福音》，胡文建、顾家庆译，北京：商务印书馆，1986年，页54。)
[2]《贫苦罪人们的福音》，页17："因此，不应当毁灭宗教，为了解放人类，必须利用宗教……基督是自由的先知……因而对我们来说，他是上帝和爱的象征。"(中译参见同上书，页63。——中译者)

基础的、可能的东西当作真实的来接受，并以此为依据得出基督教的原则。[1]他说德国哲学家是些暧昧不明的人。

> 在我看来，黑格尔同样是一个暧昧不明的人。我可以这样称呼他，虽然我没有读过他的任何著作。为什么呢？因为，虽然整个暧昧不明的德国哲学大谈特谈黑格尔，但是谁也不能告诉我，他究竟要做什么。*

在他看来，世界历史并不完全是理性在统治，相反无非是"一大部强盗历史"**，不管在什么时代，正直的人永远受欺骗。

> 从全体人的欲望和能力的自由与和谐中，产生出一切好的东西，反之，为了若干少数人的利益而压制和克

---

[1]《贫苦罪人们的福音》，页20。
　　[德文版编者注] 施特劳斯（David Friedrich Strauß, 1808—1874），新教神学家，图宾根神学院教师，因《耶稣传》（Das Leben Jesu, 1835）遭解聘。此书是批判研究耶稣生平的早期著作：耶稣是一个历史人物，基督教是一门人性的宗教，必须从福音书中剔除神话记载。他1848年成为符腾堡邦议会的自由派议员，后拥护俾斯麦。《旧信仰和新信仰》（Der alte und der neue Glaube, 1872）阐述了完全同基督教相悖的哲学信条。
* 中译参见梅林，《德国社会民主党史》第1卷，页231。
** 中译参见同上书，页106。

制这些欲望和能力，则产生出一切坏的东西。[1]

一个完美的社会没有政府，而只有行政管理；没有法律，而只有义务；没有刑罚，而只有治病救人的手段。这里既不尊崇荣耀，也没有奴仆的礼仪，既没有荣誉的也没有侮辱的标志。这里没有命令也不用服从，而是代之以调节、部署和完成。既没有犯罪也没有刑罚，只残留有我们受到自然限制所必然有的人的疾病和弱点，为了克服它们必须激发起我们身体和精神的能量。[2]

他想将现存的无序推向极端，揭示受苦阶级的无尽贫困。他认为绝望是革命最有力的杠杆，他称盗窃为"穷人反对富人最后的武器"。他的宗教是受苦和同情的宗教，穷人和沦落人的宗教，被轻蔑者和被鄙弃者的宗教，是唯一存在着的宗教和哲学。他爱罪人，也包括妓女，就像耶稣基督曾爱护她们一样。*他因为宣称我主耶稣靠爱他的妇人们接济

---

[1] 《和谐与自由的保证》(*Garantien der Harmonie und Freiheit*, Vivis, 作者自印, 1842), 页117。(中译参见魏特林, 《和谐与自由的保证》, 孙则明译, 北京: 商务印书馆, 1997年, 页163。——中译者)
[2] 同上书, 页23。(中译参见同上书, 页79。——中译者)
* 或指《新约·约翰福音》8.3—11耶稣不定犯奸淫的妇人的罪。

生活，被判10个月监禁。[1]但是他预言：

> 一个新的救世主将要来临，为了好实现那第一个救世主的学说。他将要粉碎旧社会制度的腐朽的建筑，把泪泉导入遗忘的大海，把大地变成一个乐园……他将会从财富的尊贵的高峰下降到困苦的深渊，杂沓在受苦受难和受蔑视的人群之中，他的眼泪将和其余一切人的眼泪交融在一起……但是不到这个勇敢的事业圆满地完成，他将绝不把授予他的权力从手里放下。[2]

不，魏特林所说的"共产主义"不是利益政治。他的"共产主义"和伟大的蒲鲁东一样，是关于贫困的哲学，即社会罪责的哲学，在一场物质和精神的灾难威胁着整个民族的时代，更有必要强调这一点，这个时代的工人由于利益已

---

[1]《贫苦罪人们的福音》中的相关章节题为"耶稣带着有罪的妇女周游各地并得到她们的接济"。在苏黎世教区委员会的鼓动下，魏特林以渎神为名被捕并受到处罚，他的遭遇引起了轰动。随后政府公布的关于"共产主义在瑞士颠覆活动"的报告引发了更强烈的关注。关于这起案件和相关运动的重要文献有Bluntschli博士的调查报告《瑞士的共产主义者：根据从魏特林处发现的文件》(*Die Kommunisten in der Schweiz nach den bei Weitling vorgefundenen Papieren*, Zürich 1843)；《作家魏特林和苏黎世的共产主义者事件》(*Der Schriftsteller Wilhelm Weitling und der Kommunistenlärm in Zürich*, Bern 1843)；《1833年以来瑞士的德国秘密社团》(*Die geheimen deutschen Verbindungen in der Schweiz seit 1833*, Basel 1847)。

[2]《和谐与自由的保证》，页260。（中译参见魏特林，《和谐与自由的保证》，页288—289。——中译者）

经变得和**任何**其他市民一样有罪,任何阶级所有遭遇不幸的人组成了一个新的无产阶级、一群新的罪人、一个新的贫困深渊。魏特林1843年对教士福音有这样的评论:

> 好,先生们,你们证明了,你们用《圣经》制造了一部暴政、压迫和欺骗的福音,我则希望用《圣经》制造一部自由、平等和共有共享的福音,一部知识、希望和爱的福音……如果你们错了,那是因为你们要谋私利;如果我错了,那是由于我爱人类。我的看法是人所共知的,我所引用的章节已逐一注明,读者可以随意阅读、检验、评价和相信。[1]

这些话出自登山宝训的核心要点,说的是"激进、革命的基督",是基督教共和国。[2]效用、利益、国家、专制,

---

[1]《贫苦罪人们的福音》,页133。(中译参见魏特林,《现实的人类和理想的人类:一个贫苦罪人的福音》,页220—221。——中译者)

[2] 没有人比魏特林更纯粹地展现了一个基督教共和国的原则。他援引《马太福音》第23章第8、11、12节,结论是:"这些章节说明,君主制同基督教是不相容的。更确切地说,一个基督徒不可能是君主。同理可知,在一个基督共和国里,没有人胆敢施行政治暴力,甚至不可能设想这样的暴力,因为基督徒不应当有高于他邻人的权利,不应当对他们施加暴力或命令。基督徒绝不应当担任要进行审判和惩罚的官职,即使担任官职也至少要以停止统治、命令、惩罚等为目的。而且在一个基督教共和国里,应当没有人高贵也没有人低贱,没有人是主人或仆人,没有人以大师自居,或给自己加上其他头衔。宗教改革时代的再洗礼派就懂得上述原则,他们尽管在当时的战争中要依靠富人的影响力,但是直到今天仍坚守着一些当时制定的原则。比如他们不担任任何(转下页)

遇到艾赛尼派（Essäertum）都烟消云散，种族仇恨和爱国的谎言也烟消云散，爱国的谎言"对于进步和所有人自由的最凶恶的公敌来说，是他们的谬论的最后的救急太平锚，是他们的特权的救生圈"。*魏特林的话就是为德国而说的：

> 今天，一个人在一切外国所不能获得的东西，在祖国内也毫无所有，这个人对于所谓祖国能有什么爱呢？[1]

魏特林向他的法国朋友描绘的远景，是一个德国的承诺：

> 你们将来就会看见，要把世界变成一个罪犯教养所或一个兵营的思想使我们极为讨厌。你们将看到，我们不愿为了普遍平等而牺牲个人的自由，因为使我们成为平等原则的护卫者的，正是这种天生的自由欲望。

（接上页）公职和官职；他们不当商人、农场主、士兵；他们相信耶稣不是上帝的儿子，而是所有圣人中最神圣的一位。他们当时的原则有一条是：任何基督徒都不能心安理得地占有某种财产（无论这种财产是什么），每个人占有的所有东西都必须交给集体。"（页83—84）请参照陀思妥耶夫斯基的社会信条："基督，真正、理想、完满的基督说：'我必须把财产分给我贫穷的弟兄们，我必须侍奉所有人。'"

[1]《和谐与自由的保证》，页75。（中译参见魏特林，《和谐与自由的保证》，页125。——中译者）

* 中译参见梅林，《德国社会民主党史》第1卷，页112。

但是"自由莱茵"应当归属于谁呢?

> 首先力图实现爱邻人这一纯洁原则的民族将不费一兵一卒征服各民族人民的心。这就是解决莱茵问题的办法,此外没有任何解决办法。*

梅林认为,魏特林也是个乌托邦主义者。他用这个词和所有马克思主义者一样,含有某种贬义。为什么呢?"是个乌托邦主义者"到底意味着什么?在马克思的术语里,"乌托邦主义者"标志着这个人的观念不可能实现,或者更准确地说,马克思主义不承认其观念的现实性。"自由是能够实现的。"黑格尔这句话今天仍在恐吓许多精神,但这句话也是正确的吗?[1] 官方黑格尔主义同样凶恶地反对"乌托邦主义者",但只比马克思主义者多走了一步,他们宣布:自由已实现了,就在法律里。正是社会主义者圈子里发出越来越勇敢的声音,要把成为禁忌的"自由"重新纳入他们的权利里,这才是真正的解救之道。内特劳(Max Nettlau)和吉约

---

[1] 今天的形势要求有新的方法,不仅哲学的还有实际政治的方法。今天的取消主义需要一门新的道德和宗教体系、一种更自由的历史观、一种长教训的"灾难理论"、一个彻底的新方向。如果不全面地提高和升华罪责概念,就没有人能为德国建设新的体系。**道德革命**是任何社会革命和政治革命的前提。只有罪责问题(对每个人都犯下并负有责任的事情的追问)能保证重生,保证拯救人脱离极端的物质和精神贫困。

* 中译参见梅林,《德国社会民主党史》第1卷,页229。

姆摧毁了巴枯宁的"乌托邦"童话[1]；也许还会出现一门愿意清算现实乌托邦主义者的哲学。

当然，乌托邦有其危险。在革命形势高涨、群众遭到骇人听闻强奸的时代，乌托邦可能是可鄙的，它抽走了社会所需的崇高而宝贵的行动力量。但是另一方面，被实现的、要在实现中加以理解的思想还是自由的吗？难道不是必须在人类的少数心灵中保留纯粹思想的残余，为实践者可能的破产留下精神的保留地？如果要人类不枯萎、不凋敝，难道不是必须永远存在乌托邦主义者，甚至行动的质疑者？乌托邦主义者难道不正是那不断为争取自由的斗争指出新武器和新道路的精神？既然梦想者和沉醉者都是毫无希望的观念论者、观念所喂饱的阉鸡、逃避世事又因为财富变得不懂现实，那么伟大的实践者难道不是同他们一样不义、严酷甚至无人性？

但也许魏特林根本不是乌托邦主义者？他的教友社区遍布欧洲的主要城市，可以证实的有法兰克福、莱比锡、苏黎

---

[1] 内特劳有三卷本巴枯宁传记（London 1900），可惜此书一直是未出版的手稿；吉约姆编辑出版了《巴枯宁文集》（P. V. Stock，Paris 1895—1913），著有四卷本历史著作《"国际"：文件与回忆》（*L'Internationale. Documents et Souvenirs*，P. V. Stock，Paris 1905—1910）。巴枯宁主张在历史形成的国家以外建立自由生产合作社的联邦制，这在俾斯麦时代本来能更有力地保障自由和福利；而马克思在国家和经济上都实行集中制的学说虽然一时改善了无产阶级的物质生活，但随之战争又把他们推入双重的贫困。

［德文版编者注］吉约姆（James Guillaume，1844—1916），瑞士历史学家、汝拉地区工人运动的组织者，拥护巴枯宁。

世、巴黎、布鲁塞尔、伦敦、日内瓦和柏林。也许所有那些法国"乌托邦主义者"和耶稣狂信者都根本不是乌托邦主义者,而只是——法国人?也许来到巴黎的青年德意志派与其说是伟大理念的实现者,不如说是——法国人的吞噬者?那可奇怪了!

6

魏特林今日几乎被人遗忘,而犹太人方面称社会民主主义"是德国精神的特征"[1],这样的现状,足以提醒我们要评判德国社会主义的起源,就要回顾一些不容忽视的事实。我想预先说明,我绝对无意为反犹主义和反社会主义的煽动提供半点根据,相反,我很乐意为社会解放、犹太人解放和德国解放都做出贡献。

德国社会民主党的建立必须首先看作犹太人解放斗争的一个阶段。科恩,最近去世的德国犹太精神的先驱战士,曾证明自路德翻译《旧约》和门德尔松礼仪改革（Ritualreform）以来,犹太精神和德意志精神相互结合。他引人深思的小册子《德意志性和犹太性》断定,犹太人的弥

---

[1] Hermann Cohen,《德意志性和犹太性》,页33。
　　[德文版编者注]科恩此书是除不加反思地将犹太教与新教等量齐观的尼采以外,胡果·巴尔论述德国犹太人与德国新教徒相似性的又一依据,他将两者都视为普鲁士国家的支柱而进行攻击。参页248注释。（即本书页205注释[1]。——中译者）

赛亚观念和新教的国家思想结成了联盟，这个联盟的深刻意义正是他最为着力强调的。[1] 我完全同意他的看法，存在这个联盟，而且我同意他说的，首要要在这个联盟内考察德国社会民主党的建立。但是我不同意，这种犹太—德意志精神的统治会拯救世界和德国本身。下面我将陈述为什么我反对这一观点。

首先在我看来，这个联盟的德意志部分并不特殊，也不够强。那所谓德意志的国家思想与其说来自德国人民，不如说是路德宗发展的结果，而且以犹太神学为前提。科恩将权威国家的诞生日期记为宗教改革，但权威国家毋宁更具有

---

[1] "众所周知，犹太人在罗马时代就已经在莱茵河畔定居。在查理大帝统治下，他们作为旅行者将德语传播到了各地。同时，他们勤于发展本族宗教的科学，沃尔姆斯、美因茨、施派尔（Speyer）等地的学校成了繁荣的犹太教学校。虽然西班牙和法国也有这类学校，但是苏德曼（Südemann）在他的《西方犹太人教育和文化史》（*Geschichte des Erziehungswesens und der Kultur der abendländischen Juden*）中指出，犹太学校始终**在那些国家没有国内影响力**，而德国犹太人则做到了。德国犹太人同他们所处的德国环境的联系，他们比其他地方更加内向地对所处环境产生的影响，正好说明这种关系的原生性质。他们在日耳曼人的史前时代就已经定居在这里，他们始终是这里的本地人，他们在这里从来没有**像在法国、英国等别处**那样被完全驱逐过（！）。那些从这里迁出比如迁往波兰和俄国的人，在黑死病横行、恐怖的迫害活动在德国猖獗的时候，又迁回了这里。"（Cohen，页19）而今天在援引德意志性作为"犹太性的生命力"（页25）的门德尔松之后，在使"弥赛亚在德意志精神上复生"（页30）的赫尔德之后，"我们德意志犹太人感到，自己意识到了**一种核心文化力量**，它的使命就是以拯救人类的精神将各民族团结起来。如果要再一次严肃地追求国际和解，追求真正有保障的各族和平，那么**我们的例子就可以用作榜样**（！）来倡导承认德国在精神生活和心灵生活的所有基础上的**优先地位**"（页37）。很少有话说得如此诚实。

《旧约》的、保罗的、罗马的，而非德意志的特点。它即使不完全同《新约》的字句矛盾，也同《新约》的意义矛盾。只是路德对文字的信仰把犹太神学变成了德意志神学，把犹太弥赛亚主义变成了德意志弥赛亚主义，才认可了权威国家。一旦能够证明"新教国家观念"的力量来自犹太神学，这种国家思想舶来的权威地位就会随之坍塌，这种国家思想的东方要素，如专制、跪拜、自称上帝选民从而孤立于世界、臣服于神圣的抽象教义、受自利原则的剥削，就会随之消失，让位于德意志品质与犹太品质的真正的、纯粹人性的使命。

科恩正确地把德国社会民主党视为这个权威联盟的主要堡垒。但社会民主党的意义不限于此。请回想他为犹太—德意志的团结协作所指定的目标，是建立一个以德国为核心和**霸权**的国家联盟，这个国家联盟将既"奠定世界和平，又在和平中推动文化世界的真正奠基"！[1] 拉萨尔将无产阶级同普鲁士制度捆绑在一起，从而在观念层面确保了德国犹太教的专政、犹太人-容克地主的世界统治，只需世界大战再来确认这一点。[2]

---

[1] 《德意志性和犹太性》，页45。
[2] 这里应当提到巴枯宁致莫拉戈（Morago）的一封信，见 Nettlau，《巴枯宁传》第2卷，页370。这封信认为罗斯柴尔德（Rothschild）和马克思存在心理亲缘性。"经济上存在集中的地方，就必然也存在金融的集中。"国家共产主义呈现的前景是一个极其巨大的国家银行，以及同时一个物质化世界内的彻底自由。

谁认为某个国家占据弥赛亚主义的强权地位意味着世界的和平与福祉，谁就会赞成保罗和路德，普鲁士—新教的国家思想与黑格尔、费希特和特赖奇克的马基雅维利主义，拉萨尔等先生的"德国"社会民主党，拉特瑙的国家共产主义和科恩的国家形而上学。但是，谁认为此在的意义不是**剥削**世界，而是个人的福祉、自由和独立，他就不会认为一个犹太人发号施令的普鲁士化的欧洲有什么前途，相反会要求在二者中做出抉择：基督或耶和华。

我将德国社会民主党的建立称作犹太人解放斗争的一个阶段，这正好是科恩的看法。他写道：

> 这使得对德国工人，对德国人民的大多数而言，犹太人这个历史概念摆脱了侮辱，那些侮辱层出不穷的翻新花样曾让莱辛的祖国有时也陷入灾难的歧途。[1]

但是科恩认为，承认并增强德国的国家观念是拉萨尔等人的**功绩**，而我认为，没有理由因为犹太人由此赢得的成果就忘记欧洲为此承担的代价：将社会观念出卖给弥赛亚主义的**反社会**观念、普鲁士德国的国家暴力和胜利、所有战争里最可怕的战争、两千万人生命的毁灭、德国沦为废墟。实际上更不需要指出，社会主义同德国社会民主党的关系，就像自由同黑格尔以及整个新教哲学假定的"法律自由"的关系。

---

[1]《德意志性和犹太性》，页33。

巴枯宁在他的文章《致〈觉醒报〉的编辑公民》(» Aux citoyens rédacteurs du Réveil «，1869）里发问，自由的社会主义究竟多大程度上符合犹太人的天性。[1]

> 他们的历史在基督时代很远以前就给予了他们本质上商业的、资产者的特征，因此他们作为一个民族，主要依靠别人的劳动为生，天生就厌恶并害怕人民群众，而且公开或秘密地鄙视人民群众。剥削的习惯虽然突出地发展了他们的智力，但是同时给予了他们令人遗憾的孤傲倾向，这种倾向同无产阶级的利益和本性都不相容。我清楚知道，我这样坦率地说出我对犹太人最隐秘的想法，会招来很大的风险。许多人都有同样的想法，但是只有少数人才敢公开说出来。犹太教派今天在欧洲是比天主教和新教的耶稣会士都更可怕得多的势力，他们专制地统治着贸易和金融，他们占据着德国新闻业的四分之三和其他国家新闻业的极大份额。不幸惹他们不高兴的人只能自认倒霉。

反犹主义者总是无理地歪曲这些话。他们无视这些话的意图，认为它的原因只能是1870年赫斯、波克罕等德国

---

[1] Bakunin，《巴枯宁文集》(*Œuvres*，P. V. Stock, Paris 1911) 第5卷，页243。这篇文章直至今天仍极具可读价值，应当译成德文。

犹太人社会主义者一度同李卜克内西[1]，甚至同倍倍尔结盟，毫不留情地讨伐巴枯宁和联邦主义国际。但是必须承认，剥削的、商业的传统对犹太精神的控制比犹太人自己意识到的更深。而且不能小视犹太种族通用的方法论：个人的成就无足轻重，个人的密谋工作通常要在几代人以后方能实现其结果，才起决定作用。个人为了犹太观念牺牲自己。个人可能是革命者，可能貌似背叛了他的种族，但是发展历程将证明，他只对他的种族负责。

马克思和拉萨尔生涯之初的献身精神都不容置疑。尽管魏特林主义者的理想和他们二人辩证法的、权威的天赋之间存在无法设想的巨大对立，他们却成了前者的领导。但19世纪40年代拉萨尔这样的布雷斯劳犹太人政治上无权的地位，马克思这样出身拉比世家的人物受过《塔木德》锻炼的敏锐

---

[1] [德文版编者注] 赫斯（Moses Hess, 1812—1875），德国政论家、政治家，"哲学社会主义"的代表，曾与马克思交好，1848年决裂。赫斯认为各宗教返回到共同的起源是人类解放的一条道路，见《罗马与耶路撒冷》(*Rom und Jerusalem*, 1862)。

波克罕（Sigismund Ludwig Borkheim, 1825—1885），德国商人、政论家，曾参与1848年革命，随即流亡至瑞士和法国，1851年起生活在伦敦，和马克思、恩格斯长期联系紧密。

李卜克内西，这里指威廉·李卜克内西（Wilhelm Liebknecht, 1826—1900），德国政治家，曾参与1848年革命，1850—1862年居住在伦敦，同马克思联系紧密。他1869年同倍倍尔共同建立了社会民主工党，1874年起成为帝国议会议员。其子卡尔·李卜克内西（Karl Liebknecht, 1871—1919）曾在1914年和1915年——同大多数社会民主党议员相反——反对战争贷款，1916年被开除出社民党的议会党团，同年因反战集会被捕，1918年获释，1919年和共同领导斯巴达克同盟的卢森堡（Rosa Luxemburg）一道被自由军团士兵杀害。

智力,原则上预示着无产阶级运动将迎来最伟大的飞跃。一旦要从自由观念里产生出新的英雄,容克地主的普鲁士这样的反犹主义国家,19世纪上半叶的欧洲这样的经济形势,需要的正是犹太革命家。犹太反叛者把自己个人的解放、自己种族的解放同那个时代无权的阶层——无产阶级——等同起来,因此正是他们获得了活动的空间。拉萨尔刚硬不屈的热情,马克思深刻刺入经济问题的特点,似乎就应当相互补益,以同样伟大的政治勇气和经济知识,实现德意志性和犹太性的政治解放和社会解放。

为什么结果是解放仍然没有到来?

巴枯宁的一句话准确地形容了拉萨尔等人的历史处境:

> 这些杰出的爱国者就像浮士德博士一样追求互相矛盾的两个目标、两个方向:他们既要强大的民族统一同时又要自由。他们想要协调无法和解的两件事,才会让一件接着另一件陷入困局,最后他们接受经验的教训,决心为了夺取政治权力牺牲自由。这样的结果就是,他们目前(1871年)忙于在他们的自由梦想——不是他们的自由,因为他们从没有自由过——的废墟上建立他们伟大的普鲁士日耳曼帝国。[1]

---

[1]《日耳曼鞭刑帝国》,载于《巴枯宁全集》第2卷,页417—418。

第四章
德国犹太人密谋毁灭道德

1

拉萨尔1825年4月11日生于布雷斯劳,根据伯恩施坦的说法,这里的犹太人直到1848年才获得形式上的解放。同样根据伯恩施坦的说法,意识到自己的犹太出身,对拉萨尔而言,"坦率地说,在他晚年仍令他备感尴尬"。[1]他1890年前后才出版的日记显示,正是他的犹太出身带来的折磨,

---

[1]《拉萨尔言论和著作》(*Ferd. Lassalles Reden und Schriften*, Vorwärts-Verlag, Berlin 1892), Eduard Bernstein编并撰导言,页18。

[德文版编者注] 伯恩施坦 (Eduard Bernstein, 1850—1932), 德国政治家、社会民主党人,《社会民主党人报》的主编, 1879年起居苏黎世, 1887—1901年在伦敦, 后在柏林任帝国议会议员。他是社会民主党的重要理论家, "修正主义"的代表, 认为可以在现存国家内部合法地建构新社会。卢森堡和列宁曾尖锐抨击过他。胡果·巴尔此处没有仔细讨论他的修正主义, 作为激进的无政府主义者对此必然持拒斥态度; 他所抨击的, 是德国社民党对国家的效忠。他在这里引证伯恩施坦是为了批判社民党的创建者之一拉萨尔。

引导着他的行动,这是理解他的一生的关键。他在十五岁时就写下:

> 我要像鲍沃尔的《莱拉》(*Leila*)里的那个犹太人一样拼死一搏,将犹太人从现在压迫他们的环境里解救出来。只要我能让犹太民族重获昔日的尊严,断头台又有什么可畏惧?[1]

他的梦是"手执武器站在犹太人的最前列,引导他们走向独立"。上述冲动像针刺一样折磨着他,激励他不论付出多少代价,都要追求承认和威望。他所有雄心勃勃的计划都围绕犹太人的解放。他为了哈茨费尔德伯爵夫人打起所谓"首饰匣案件"的官司[2],不惜用尽金钱及密探、贿赂、造谣等肮脏手段,只为了作为犹太骑士向一个贵妇人证明,才能比普鲁士容克地主、该案被告的贵族出身更有用。他行为特异、令人目瞪口呆的激情,来源于对荣耀、权力和名声的热望和渴求。

---

[1] Bernstein,《拉萨尔言论和著作》,页18。
　　[德文版编者注] 鲍沃尔(Edward George Earle Bulwer-Lytton, 1803—1873),英国政治家、作家,畅销惊悚小说、历史小说作者,最成功的作品是历史小说《庞贝城的末日》(1824年)。
[2] [德文版编者注] 哈茨费尔德伯爵夫人(Sophie von Hatzfeld, 1805—1881),拉萨尔女友,拉萨尔1864年8月31日在日内瓦死于为她的名誉而进行的决斗。

德国有了个犹太裔的阿尔喀比亚德。[1]莱比锡的魏特林追随者们1845年请求他担任他们的领导。他37岁时跃居一场运动的最前列，而他同这场运动对享受、权力和名声的自愿弃绝，甚至同运动的共产主义宗旨，更不必说同魏特林的基督教理想，都没有任何共同之处。他的目标是把这场运动"变成实现他雄心勃勃的计划的行军大道"[2]，马克思后来谴责他歪曲了或者根本就没有理解《共产党宣言》，都典型地反映了这个人的特点。

他通过他的女友哈茨费尔德伯爵夫人介绍，和俾斯麦有过数次充满幻想的会谈。当时正值1866年战争爆发前夕，这场德意志民族手足相残的普奥战争绝没有任何人民性的前景。他在会谈中向俾斯麦提出普选权、国家资助生产合作社的建议，这两条建议等于粗暴地背弃了盲目服从他的工人群体的信任。[3]他无度的虚荣心享受着俾斯麦密友的身份，他

---

[1] [德文版编者注]阿尔喀比亚德（Alkibiades，前450—前404），雅典政治家、将领，雅典在他的领导下于前411年战胜斯巴达，前410年战胜斯巴达、波斯联军，斯巴达在伯罗奔尼撒战争胜利后要求将他杀害。
[2] Bernstein，《拉萨尔言论和著作》，页17。他甚至预言，有一天革命的"德国士兵或工人军团将驻扎伊斯坦布尔海峡"。（拉萨尔1863年5月8日致洛贝尔图斯［Carl Rodbertus-Jagetzow］的信）
[3] 同上书，页160："今天毫无疑问已经证实的事实是，拉萨尔在1863—1864年冬天（即国际工人协会成立的时候）和**俾斯麦**进行了秘密、深入的会谈。拉萨尔的长年密友哈茨费尔德伯爵夫人，1878年夏在俾斯麦提出镇压德国社会民主党的法案时，鉴于时局主动告诉了社民党代表此事。当议员倍倍尔在德国帝国议会演讲中提到这件事以后，俾斯麦于次日承认曾与拉萨尔有过数次会晤，只是试图否认会晤属于政治谈判。倍倍尔根据哈茨费尔德伯爵夫人的消息指出：'这些谈话和谈判（转下页）

的每一本出版物,都要让全德工人联合会秘书处用密封的包裹,注上"亲启"的字样,寄送双份样品给俾斯麦。[1]娶一个贵族小姐的野心,令这个奇特的犹太革命家甚至愿意改宗天主教、在大臣的门房里听候差遣、和容克老爷决斗。[2]他极为幼稚地混淆了外在的高贵和内在的高贵。一旦他的"名誉"(在容克地主那里!)和他的事业(在德国人那里!)遇到危险,他就不知道顾忌和节制。尽管如此,在马克思主义者和拉萨尔派的"哥达合并大会"(1875年)上,年轻的社会民主党的三分之二党员仍以他的名字宣誓。他的日记很晚才泄露了他计划的秘密[3],他的计划只要无产阶级做为他所用的工具,做试验他个人力量的武器。

(接上页)围绕两点:其一是普选权,其二是保证国家对生产合作社的资助。'"——拉萨尔对**强权政治家**俾斯麦的好感到了如此的程度,以至于1863年石勒苏益格和荷尔斯泰因的归属问题被提上日程时,他极其严肃而坚决地在汉堡的一次群众集会上提出一项决议,称俾斯麦有**义务**违抗奥地利和其他德意志诸邦的意志,合并两个公国。他在克里米亚战争(1857年)时期和普鲁士内阁,同时和他的通信对象都保持着最佳关系。

[1] Bernstein,《拉萨尔言论和著作》,页163。
[2] 伯恩施坦:"任何保证成功的手段(于他而言)都是正确的。他雇用密探,要求监视(新娘父母)登尼格斯(Dönniges)一家并汇报他们的每一步行动。他在彪罗(Hans von Bülow)的介绍下,请求瓦格纳说服巴伐利亚国王为他介入登尼格斯的家庭事务。拉萨尔还向美因茨主教凯特勒(Wilhelm Emmanuel Freiherr von Ketteler)提出愿改宗天主教,以期主教利用他的影响力帮助自己。"(同上书,页176)
[3] [德文版编者注]拉萨尔的《日记》(*Tagebuch*)1891年由Paul Lindau出版。此外还有《言论和著作集》(*Gesammelte Reden und Schriften*, Berlin 1919/20), Eduard Bernstein编,十二卷本;《遗著和书信》(*Nachgelassene Briefe und Schriften*, Stuttgart u. Berlin 1921-1925), Gustav Mayer编,六卷本。

众所周知拉萨尔讨好德国工人的谄媚话："你们是磐石，当代的教会当建造在你们上面。"或弥赛亚主义的：

> 德国的民族精神是形而上学的民族观念，其意义在于，德国人**具有高度的世界历史意义**，从**纯粹精神**出发（！）不仅为民族精神创造出一个实在的现实，甚至创造出民族精神存在的单纯场所，民族精神的疆域。[1]

伯恩施坦1892年仍如此宽容地对待拉萨尔和俾斯麦谈判的敏感性质，就更令人惊讶了。俾斯麦自己于1878年写道：

> 拉萨尔能够要求我什么，又能给我什么呢！他没有任何后盾。在所有政治会谈中，尽管人们有时为了面子不说，骨子里就是do ut des［欲取姑予］这么一个问题。*

---

[1] 前一则引文出自1862年春在柏林的演讲《论工人等级的观念同当代历史时期的特殊联系》(» Über den besonderen Zusammenhang der Idee des Arbeiterstandes mit der gegenwärtigen Geschichtsperiode «)，后一则引文出自1862年5月19日在柏林哲学会（Berliner Philosophische Gesellschaft）费希特百年诞辰纪念日的祝词《费希特哲学和德国民族精神的意义》(» Die Philosophie Fichtes und die Bedeutung des deutschen Volksgeistes «)。（转引自Bernstein,《拉萨尔言论和著作》，页103、105）这里再次体现了新教哲学沙文主义精神的活跃影响。

* 中译参见梅林，《德国社会民主党史》第3卷，青载繁译，北京：生活·读书·新知三联书店，1965年，页113。

他这话是对的！在"普选权"和"社会保障立法"磨损了无产阶级的反对锋芒以后，伯恩施坦还能够理所当然地以近乎拉萨尔式的骄傲说"拉萨尔终归能给他些什么，问题只是形势还不足以左右俾斯麦"吗?[1]要宽容到多可耻的地步才说得出这种话啊！

俾斯麦非常正确地形容拉萨尔：

> 他是曾同我交往的最聪颖、最亲切的人之一，他是一个野心勃勃的人，绝不是共和主义者；他有很明显的民族的和**君主主义**的思想，他所追求的理想是德意志帝国，我们的共同点就在于此。德意志帝国是以霍亨索伦王朝结束，**还是以拉萨尔王朝**结束，也许在他还是一个疑问，可是他的思想彻头彻尾是君主主义的。[2]

梅林对此评论说，俾斯麦在这几次会谈中是一个可怜虫，他想利用社会主义吃樱桃的企图（或毋宁说拉萨尔想利用俾斯麦吃樱桃的企图），以得到樱桃核告终。[3]然而这话是虚荣的自吹自擂，社会民主党受"观念论"的影响喜欢自夸。[4]拉萨尔的弱点无法隐瞒。他自己承认：

---

[1] Bernstein，《拉萨尔言论和著作》，页164。
[2] Mehring，《德国社会民主党史》第3卷，页118。（中译参见梅林，《德国社会民主党史》第3卷，页113，略有改动。——中译者）
[3] 同上书，页119。（中译参见同上。——中译者）
[4] 请注意梅林在记述拉萨尔时采用的具有浮夸军事风格的章节（转下页）

我不知道，为什么我现在有革命民主主义、共和主义的思想，但我感到，如果我处在拉凡尼亚伯爵（席勒《斐爱斯柯》里的人物）的位置上，就会和他一样地行动，同样不满足于做热那亚的第一公民，而要把手伸向王冠。当我在日光下看清了我纯粹是**利己主义者**的事实，上面说的也就一目了然了。假如我生来是亲王或公侯，那我就能好好地做一个贵族。[1]

在他职业生涯的末尾：

您是多么不熟悉我啊！我最渴盼的莫过于摆脱全部政治。政治让我疲倦又厌烦。但如果情况严重，或**如果我有权力**，或如果发现**获得权力**的办法——那种**适合我的办法**（！），我会一如既往地为同样的事燃烧起激情，因为没有最高权力就会一事无成。[2]

（接上页）标题："拉萨尔的会战计划"和"莱茵的阅兵与占领巴士底狱"。而拉萨尔终其一生从来没有像马志尼、加里波第等人那样统率过一支武装力量，也没有人曾经为了他、为他的理念举行武装反抗。梅林自己承认："在屏息静气地谛听拉萨尔讲话的几千人之中，最多只有几百人在全德工人联合会名簿上登记，而这几百人之中，最多只有几十人履行他们入会后的义务。"（第3卷，页141）（中译参见梅林，《德国社会民主党史》第3卷，页135。——中译者）

[1] Bernstein,《拉萨尔言论和著作》，页19。
[2] 同上书，页179。

这样的思想绝对不能看作暂时的消沉或看作玩笑，它表达了拉萨尔最具个人特色的夺权计划落败以后的失望。它贯穿着拉萨尔的一生，又在拉萨尔死后在他的党内延续，比如他的遗嘱执行人，就是那个哈茨费尔德伯爵夫人，试图以极其暧昧不清的方式把党交到政府手里。[1]

如果德国社会主义的英雄们自己就滋长腐败，那今天也

---

[1] 德国社会民主党人**赞美**拉萨尔的功绩，认为他创造了工人的"阶级意识"。在德国，"阶级意识"是以拉萨尔为政治工具的普鲁士军事化和纪律化的委婉说法。1866年、1871年和1914年已经见证，阶级意识到底意味着什么。再看今天（1918年11月）所谓的革命中，社会民主党连同从中分离出来的独立派别，怎样为宪兵和安全部门乃至反动派召开的立宪会议效力。早在1847年**马克思**和**恩格斯**就意识到必须在《德意志—布鲁塞尔报》（Deutsche-Brüsseler-Zeitung）写文章反驳"普鲁士国王政府的社会主义"。1864年《社会民主党人报》（Sozialdemokrat）——全德工人联合会机关报——的"头脑"是**施韦泽**，此人大谈俾斯麦的"重要政策"，赞扬"老弗里茨"（弗雷德里希二世）是"强大的天才"，发表数篇关于俾斯麦的文章，让人以为好像这个年轻的工人政党应当诚心诚意地普鲁士化。拉萨尔的另一个后继者，**贝克尔**，以"人类的总统"自居，从而漫画式地展现了拉萨尔在全德工人联合会的个人独裁。还有拉萨尔的遗嘱执行人，那位**哈茨费尔德伯爵夫人**，据梅林记载，"她昏头昏脑地把普鲁士的邦联改革理解为实现拉萨尔的民族纲领，1866年起她的爱国主义煽动使得全德工人联合会成为俾斯麦的工具，不管她同'伟大的大臣'的关系是近还是远，也不管她花的许多钱是她自己的财产，还是从别的基金中弄来的"。但当时的俾斯麦，就是今天的兴登堡。伯恩施坦**赞美**拉萨尔"伟大、不朽的功绩"是——"操练工人阶级熟悉地掌握斗争，就像歌里唱的，把宝剑交给他们"。《拉萨尔言论和著作》，页185）（中译参见梅林，《德国社会民主党史》第3卷，页225。——中译者）

［德文版编者注］贝克尔（Bernhard Becker），生卒年不详，1864—1866年任全德工人联合会主席，撰有《拉萨尔工人鼓动记事》（Geschichte der Arbeiteragitation Ferdinand Lassalles，1874）。

不必为谢德曼和党领导感到惊讶。[1]海涅说，普鲁士政府甚至懂得从它的革命者身上谋利，这话适用于拉萨尔。拉萨尔懂得这一点，他致信马克思：

> 你似乎把普鲁士的司法看得太好了。我从这些家伙身上却得到了完全不同的经验……当我想到这十年我每天所受的司法迫害，我的眼睛里就冒金星，我就觉得好像有一场怒火要把我烧死！[2]

尽管如此，他也不能下定决心坚决地同这个制度决裂，投身到人民中去，相反在1863年，当合并石勒苏益格和荷尔斯泰因的问题迫在眉睫的时候，他主张普鲁士应该以"革命的"决心撕毁伦敦议定书，把碎纸片砸到欧洲列强脸上。[3]在同样一群"日常用司法实施谋杀"的法官面前，他也会说：

---

[1] ［德文版编者注］谢德曼（Philipp Scheidemann，1865—1939），德国社民党政治家，1918年11月9日在柏林宣告魏玛共和国成立。
[2] Mehring,《德国社会民主党史》第2卷，页327。（中译参见梅林,《德国社会民主党史》第2卷，青载繁译，北京：生活·读书·新知三联书店，1964年，页323。——中译者）
[3] 同上书，页306。也就是说，"碎纸片"（chiffon de papier）不是贝特曼·霍尔韦格才发明的。
　　［德文版编者注］1850年第一次伦敦议定书确定了丹麦君主国的领土完整，1852年第二次伦敦议定书确定了克里斯蒂安亲王（Christian von Schleswig-Holstein-Sonderburg-Glücksburg）的王位继承权。丹麦宣称对石勒苏益格和荷尔斯泰因拥有主权导致1864年的普丹战争。

第四章　德国犹太人密谋毁灭道德

> 不管使你们和我分开的分歧有多么大……我同你们一道保卫一切文明的古老的灶神之火——国家,反对那些现代的野蛮人。[1]

当1866年对奥地利的战争迫近时,倍倍尔在一次进步派别和民族统一派的集会上,面对他们的顾虑表达了反对意见:不应当如此害怕,战争可能会产生出战争发动者完全意想不到的东西。它应当产生出什么东西呢?革命还是皇帝统治的大德意志?全德工人联合会机关报《社会民主党人报》表示愿意同普鲁士结盟以缔造一个"自由和统一的德国"。施韦泽,那个拉萨尔的后继者,本身就被他国外的德国同志

---

[1] Mehring,《德国社会民主党史》第3卷,页130。已有人指出,拉萨尔信奉革命民主主义的同时又信奉当时普鲁士国家的普选权,这本身就是一个无法相安无事埋在心里的矛盾。见Georg Brandes,《拉萨尔:文学肖像》(*Ferd. Lassalle, ein literarisches Charakterbild*, Berlin 1877)。这要归结于黑格尔和费希特学派,归结于除拉萨尔以外海涅和马克思也深受其害的新教。拉萨尔是热烈的黑格尔主义者。他在《既得权利体系》(*System der erworbenen Rechte*, 1861)中形容黑格尔的法哲学首次尝试将权利"证明为一种**理性的**、从自身当中发展出来的有机体"。即使他要求黑格尔哲学进行一场"彻底的宗教改革",也只是想把实证的和历史的东西解释为"永远有效的历史精神概念的必然结果",从而证明:"黑格尔的哲学**比黑格尔自己知道的还更正确得多**;思辨概念统治的领域比黑格尔自己已知的更广,而且**统治得更严厉得多**。"(《既得权利体系》前言)相较于他扼杀自然权利,耶稣会士卡特赖因(Victor Cathrein)和其他19世纪天主教法学家的法哲学显得要自由得多,他们抵制实证主义的庸俗化,但既很少谈论理想,也不自称革命。参Victor Cathrein,《国际法基础》(» Die Grundlagen des Völkerrechts «),载于*Stimmen der Zeit* 增刊, *Kulturfragen*, 第5册,页Ⅰ。(中译参见梅林,《德国社会民主党史》第3卷,页124。——中译者)

骂作俾斯麦的密探,据梅林的说法,他"特别强调,他和他那一派的工人站在普鲁士一边反对外国"。[1]当时的两个派别,"拉萨尔派"指责"爱森纳赫派"对待无产阶级的阶级斗争不严肃,是"半心半意的社会主义者";爱森纳赫派则在他们的《人民国家报》报复说:"要是拉萨尔不自动去,俾斯麦也一定会找到他。"[2]

---

[1] Mehring,《德国社会民主党史》第3卷,页288。(中译参见梅林,《德国社会民主党史》第3卷,页275。——中译者)

　　[德文版编者注]施韦泽(Jean Baptiste von Schweitzer, 1834—1875),德国政治家、作家,在1864年拉萨尔死后领导全德工人联合会直到1871年,其后成为著名的喜剧作家。

[2] 同上书,第4卷,页63。直到"哥达合并大会"(1875年5月22—27日)两派才联合为社会民主党。此外,《哥达纲领》的混乱体现在,它在提出革命诉求("不折不扣的劳动所得")的同时,要求进行资产阶级改良("全面的工人保护立法"),即承认现存的国家。第一国际(1864—1874年)伟大的思想斗争,根据梅林的说法,"完全没有或几乎完全没有"在这里起过作用。此前哈茨费尔德伯爵夫人凭她"永远满满当当的战备基金"(大约从1868年起)吸引了党的主要鼓动家,而施韦泽将工人运动引入"《共产党宣言》的更为广阔而自由的道路"。

　　[德文版编者注]爱森纳赫派,1869年李卜克内西和倍倍尔在爱森纳赫(Eisenach)建立的社会民主工党,1875年同拉萨尔1863年建立和领导的全德工人联合会合并。李卜克内西和倍倍尔受马克思影响并代表他的观点。拉萨尔派和马克思主义者的对立在统一之后持续存在。拉萨尔并不是胡果·巴尔指责的激进派,他希望在现存的国家内部实现工人的劳动和生活条件的根本改善。简言之,爱森纳赫派主张革命,拉萨尔派主张改良。德国社会民主党在它的历史上一直在马克思主义的激进路线和拉萨尔派的实用主义之间来回摇摆。一般来说,理论由马克思主导,实际政策由拉萨尔及伯恩施坦主导。

　　《人民国家报》(Volksstaat),社会民主党杂志,出版地莱比锡。

　　(中译参见梅林,《德国社会民主党史》第4卷,青载繁译,北京:生活·读书·新知三联书店,1966年,页62。——中译者)

拉萨尔作为犹太人试图和他祖国的新教-自由主义传统保持协调。这让他的论证有了切实的基础和力量,让他热情勃发。对胡滕和济金根的仰慕似乎让他感到平衡了他的雄心和天赋[1],那两位16世纪的骑士反对派曾向路德提议结盟以反抗教宗、统一德国;他还深有共鸣地偏爱费希特和黑格尔这些思辨的马基雅维利主义者。这位五彩斑斓的"社会主义者"在诗体戏剧《济金根》(*Franz von Sickingen*,1859)里展现的自我形象是追求自由的造反者,完全是他没能达到的境界;他本人的形象是理性的辩护士、持剑的使徒和君主主义者。

> 可敬的先生!您对历史太不熟悉。
> 您说得对,历史的内容是理性,

能听见黑格尔主义的调子。他在让厄科兰帕迪乌斯(这是魏特林的化名?)说剑玷污了爱的教义以后,又发表了一支俾斯麦和任何时代的泛日耳曼主义者读到都要喜出望外的"剑颂":

> 历史上能看到的壮丽事迹,

---

[1] [德文版编者注]济金根(Franz von Sickingen,1481—1523),拥护宗教改革,起兵反抗特利尔大主教,1523年4月在他兰施图尔(Landstuhl)的城堡被围,不久兵败而死。

> 从来都是用剑来完成,
>
> 今后将要进行的一切伟大事业,
>
> 最后也都要靠剑才能成功![1]

漂亮地预言了1871年,也预言了我们今天已经亲眼目睹解体的"伟大事业"。俾斯麦在日记里管拉萨尔叫君主主义者而非共和主义者,的确是一针见血的评语,济金根对胡滕的话就是证明:

> ……我们所要的,
>
> 是一个统一的、伟大的、强盛的德国
>
> ……
>
> 我们要一位——新教的领袖作为皇帝,
>
> 领导我们伟大的帝国!他能
>
> 有效地顺应时代的强大潮流,
>
> 在时代的灵魂深处扎根……[2]

君主主义者在法国也许能举出些值得一提的理由:法兰西王国为世界带来了圣女贞德和法国文学。在德国要为君主制找出优点,大概得费更多力气。如果魏特林分子俱乐部的

---

[1] Bernstein,《拉萨尔言论和著作》,页35。(中译参见拉萨尔,《弗兰茨·冯·济金根》,叶逢植译,北京:人民文学出版社,1976年,第3幕第5场。——中译者)

[2] 同上书,页38。(中译参见同上。——中译者)

首脑是一个野心勃勃的冒险家，甚至绝口不谈他最初支持者的原则，那么社会主义的史书作者最后在德国也只能提醒年轻人，最早的领袖之一可惜是一个伪造反者。

2

如果说拉萨尔有德国传统，那么马克思则是典型地在法国和英国寻找外国的新原则。马克思也是犹太人解放运动的代表，而且具有更深刻得多、更根本得多的意义。

马克思最初在大学学习法学和哲学，1842年他还打算在大学讲授哲学并谋求教授资格。当他的朋友和同学、神学家鲍威尔的venia legendi［教学许可］遭吊销以后，二十四岁的马克思改行新闻业，主编《莱茵报》，从此开始了他的学者和革命家、犹太人和普鲁士人、论战者和组织者的生涯。

犹太人问题在马克思这里不仅比在拉萨尔那里表现得更深刻、更激烈，而且展开得更细致，具有更恢宏的轮廓。这个问题不能根据他个别的表述和著作来判断，而只能归结于他的人格同他的时代甚至他的世纪的精神环境、政治环境的联系。

马克思怀着豪放的激情在青年德意志时代登场。起初他完全着迷于黑格尔的学说——黑格尔《塔木德》式的辩证法、神学的权威信仰和抽象的方法——受鲍威尔和费尔巴哈的影响，努力用黑格尔的工具建立黑格尔哲学的一个实在论反题：一个无论在政治、经济还是宗教领域都无情否定的世界，一个物质性反对观念论—神学神正论的世界，一个反抗骄纵国家的世界,一个知识反对信仰的世界,一个无产阶级反对资产阶级的世界。他思想上的矛盾、他那刻意追求反题的体系,迫使他走向今天已然难以收拾的暴力和对立。物质性和观念论、知识和信仰、无产阶级和资产阶级等对立,几乎再也没有像马克思的方法所呈现的那样激化到如此尖锐的程度。向是说不、将矛盾当作反叛,在一个永远欣然自喜甚至还赞叹深渊的时代,毕竟是有价值的新事物。

《德法年鉴》体现了青年德意志派的马克思是既敏锐又自觉的战士。在政治方面,他的激进达到了几乎难以复加的程度。除了对君主制最猛烈的攻击,还有对所有接受统治的人抱以鄙视。正是弗雷德里希·威廉四世的"庸人国家",激起了他的全部怒火和厌恶,其中明显可以看到浪漫主义天才崇拜的余波。

> 庸人世界是政治动物世界,既然我们必须承认它的存在,那么我们就只得承认这种 status quo [现状]。
> 世界是属于庸人的,我们必须更仔细地研究这位世界之主……所以,什么也阻止不了我们把政治的批判,把明确的政治立场,因而把实际斗争作为我们的批判的出发点。[1]

---

[1] 青年马克思的书信转引自Fritz Brupbacher博士,《马克思和巴枯宁》,页13。(中译参见马克思1843年5月、9月致卢格的信,载于 [转下页]

勃朗正确地指出这是一个值得称赞的决心。马克思分析指出，弗雷德里希·威廉四世即位之初作为一个英明的君主尝试在庸人国家本身的基础上扬弃庸人国家，这个尝试以失败告终，退回臣仆与奴隶国家的原状。马克思相信，庸人习气只存在于财产，而无产阶级将特权世俗化也就扫除了庸人习气。这种对"资产阶级"的经济学的理解变成了他的"福音"，它低估了意识形态，忽视了只有**放弃**财产才会有消灭庸人习气的道德力量。于是即使他将对资产阶级权力、对资本的分析推向极端，却未能——黑贝尔的坎道列斯数十年后仍警告不要这样做[1]——触动那"世界的沉睡"，未能触动德意志—奥地利庸人国家真正的、意识形态的根源。庸人国家的千年睡美人传统不应归结到财产，而要归结到精神怠惰迷醉等德国特有的恶习、中世纪教条的道德寂静主义，德意志民族的神圣罗马帝国自古以来就荒废弃置在这些教条里。在意识到宗教的庸人习气以前，在扫除掉上帝钉死在十字架上的童话以前，在神圣的行动复兴以前，怎么可能严肃地设想一场政治革命或社会革命？直到叔本华和尼采，我们才有人开始批判道德的庸人习气。为了在今天能够迈向改变世界以

［接上页］《马克思恩格斯全集》第47卷，北京：人民出版社，2004年，页56、57、66。引文与原文略有出入。——中译者）

［1］［德文版编者注］坎道列斯（Kandaules），吕底亚国王，黑贝尔戏剧《吉格斯和他的指环》的主人公，该剧1889年在维也纳首演。（该剧写于1854年，出版于1856年，引文出自坎道列斯对固执于传统的国民彻底失望后说的话，反映了1848年革命失败以后的低沉氛围。——中译者）

前先将世界从睡梦里摇醒，需要有完全不同于批判的力量。

马克思看到一点，德国无限地落后于其他国家。他发现，德国一直以来都没有达到法国1789年以前所处的状态；他又看到，德国虽然没有同其他各国一起经历现代革命，却同它们一起经历复辟。

> 我承认，德国现在甚至还没有感到羞耻，相反，这些可怜虫还是爱国者。*
>
> 德意志狂转到物质……在法国和英国，问题是政治经济学，或社会对财富的统治；在德国，问题却是国民经济学，或私有财产对国民的统治。[1]

只有哲学，而且是黑格尔的哲学，得到他的肯定。他认为黑格尔哲学是"唯一与正式的当代现实保持在同等水平上（al pari）的德国历史"。[2] 但黑格尔哲学并不是这样，至少它在巴黎就没有得到"同等水平上"的承认，而正是巴黎决定着哲学的最终价值。但是黑格尔哲学总归提供了一种非理性的反题体系的可能，这样一个按照黑格尔的标准建构起来

---

[1] 《黑格尔法哲学批判》(» Zur Kritik der Hegel'schen Rechtsphilosophie «)，载于 *Deutsch-Französische Jahrbücher*，页75及以下。（中译参见马克思《〈黑格尔法哲学批判〉导言》，载于《马克思恩格斯文集》第1卷，页8。引文与马克思原文略有出入。——中译者）

[2] 同上书，页77。（中译参见同上书，页9。——中译者）

* 中译参见马克思1843年3月致卢格的信，载于《马克思恩格斯全集》第47卷，页55。

的体系，倒能够与欧洲的历史发展保持在"同一水平上"。[1]无论鲍威尔还是费尔巴哈都没有给出这样的体系，他们作为教条的无神论者、唯物主义者和神人同形论者，功绩始终是虽然从根本上理解了英法的启蒙运动，却不理解无产阶级的贫困在英法唤醒的新的基督教精神。马克思满怀着黑格尔和费尔巴哈的精神，和海涅一样，把新教哲学高估成一场革命的出发点。不仅德国的政治环境，以它四分五裂的现实根本无法承载英法同时代的产物，而且哲学和体系本身今天也仍然没有在德国人民当中扎下任何根来。

青年马克思对宗教的态度，比他对民族和对哲学的态度更引人深思。对宗教的态度使他在同鲍威尔的论战中谈到犹太人问题，促使他表述出了内心最深处的信念。要评价马克思，最重要的便是《德法年鉴》上《论犹太人问题》这篇文章。鲍威尔在《福音史批判》(*Kritik der evangelischen Geschichte*，1841) 中强调，独揽一切权力、一言定生死的罗马世界之主，和新教历史上吹口气就战胜大自然的反抗或打败敌人、已在世间自称为世界之主和世界审判者的主是一对结仇的兄弟，但毕竟是一对兄弟。[2]鲍威尔的批判已经谨慎地触及《旧约》里掌权柄的神耶和华、施行报复和惩罚的犹太人上帝。费尔巴哈在《基督教的本质》(1841年) 里将

---

[1] **理性**的普遍性是黑格尔的主要论题。它真正的反题本应是一个普遍的"**非理性**"的体系。
[2] Mehring，《德国社会民主党史》第1卷，页127。(中译参见梅林，《德国社会民主党史》第1卷，页126。——中译者)

犹太人的宗教完全解释为自我利益的宗教。

> 犹太人一直到今天仍然保持着他们的特点。他们的原则，他们的上帝是世界的实际原则——利己主义，而且是宗教形式的利己主义。利己主义就是不让自己的仆人遭到毁灭的上帝。利己主义基本上是一神论，因为它只有一个目的，就是为自己。利己主义把人召集、集中到自己这方面来，但是它使人在理论上愚昧固陋，因为它对一切不是同自己的利益直接有关的事情毫不关心。[1]

鲍威尔也有与此相似的见解，只要犹太人仍然是犹太人，他们就不能得到解放；而这一点对犹太人来说即使不是不可能，也是很难做到的，因为他们自古以来就反对历史进步，在对各族人民的憎恨中建立自己最冒险、最偏狭的民族生活，他们的宗教是兽性的狡猾和诡计。[2]

这样的批判和审视无情揭下了犹太人宗教和隔绝状态的遮羞布。在马克思同鲍威尔的论战中，可以看到他用这句话形容他绝望地跃出祖辈的传统：对宗教的批判是其他一切批判的前提。* 费尔巴哈想用人对人的爱，即用《新约》取代

---

[1] Mehring,《德国社会民主党史》第1卷，页130。（中译参见梅林,《德国社会民主党史》第1卷，页129。——中译者）
[2] 同上书，页131。（中译参见同上书，页130。——中译者）
* 参见马克思,《〈黑格尔法哲学批判〉导言》，载于《马克思恩格斯文集》第1卷，页3。

官方基督教里的犹太因素。马克思没有采纳他人本主义的俯就姿态将宗教这个范畴像穿破的袍子一样弃置不顾，也不到自由、平等和博爱里寻求宗教的替代物，相反后来把这些东西也斥为空谈。宗教现在对他而言是"人在幻想中的实现"和"人民的鸦片"，因为宗教表现了现实的苦难，同时又让意识陷入沉睡，"废除作为人民的虚幻幸福的宗教，就是要求人民的现实幸福"。[1] 但是这还不够。马克思同样反对这门宗教已经声誉扫地的经济的、利己主义的前提——"犹太教的世俗基础，经商牟利"和犹太人"世俗的神，金钱"。[2] 他认为犹太教包含"普遍的现代的反社会的要素"，而且随着基督教还原为犹太教，实际的基督徒又成了犹太人，这些

---

[1]《黑格尔法哲学批判》，载于 *Deutsch-Französische Jahrbücher*，页72。马萨里克说："新教把上帝变成一个人：作为人的基督是新教的上帝。"可惜他直到1899年仍旧相信，新教通过"对上帝的实际否定"强化了思维，"才有最后哲学在新教内的显现"。（Th. G. Masaryk,《马克思主义的哲学和社会学基础》，页24）（中译参见《马克思恩格斯文集》第1卷，页3—4。引文与马克思原文略有出入。——中译者）

［德文版编者注］这个注释鲜明地体现了马萨里克同胡果·巴尔的分歧。前者生长于天主教环境，后改宗新教，因为他认为新教代表更进步的力量，而且真正属于捷克（胡斯是欧洲大陆的第一位宗教改革家）。他认为美国证明新教是民主制的基石，希望在捷克斯洛伐克建立以美国为榜样的民主制度。二人对新教看法的差异，原因在于不同的历史经验。巴尔认为德国的新教，即路德宗，是普鲁士帝国主义主动的帮凶；马萨里克视波希米亚新教，特别是胡斯派，为人民反抗哈布斯堡王朝压迫的战友。天主教又是哈布斯堡王朝的忠实盟友，因此巴尔本书批判新教和天主教两大教会分别是两国统治的支柱，就此而言，他又与马萨里克是一致的：反对普鲁士和奥地利的神权统治。

[2]《论犹太人问题》(»Zur Judenfrage«)，载于 *Deutsch-Französische Jahrbücher*，页209。（中译参见《马克思恩格斯文集》第1卷，页49。——中译者）

要素变得更加危险。他指出"犹太人的想象中的民族"其实是财迷的、商人的民族，在这番自我解剖的最后得出结论："犹太人的社会解放就是社会从犹太教中解放出来。"*他因此成了叛教者，我们只能希望每个种族的成员都有他这番彻底的坦率。

考察至此有必要指出，马克思对资本的批判，按他自己的理解，最初应当是对犹太教的批判；有必要强调，他1844年的文章《论犹太人问题》从政治上**犹太人解放**的角度，不仅论述了宗教问题，还论述了经济问题。他反宗教、反资本的立场是这个犹太人付出的牺牲。[1]

马克思不承认《旧约》和《新约》之间存在差异。魏特林和托尔斯泰意义上反国家的或至少在国家之外建立的**基督教**，于他而言十分遥远。他赞同政教分离，不用让教会和国家对立。于是他努力要让我们相信，当国家是没有国教的政治国家时，犹太人问题就"失去其神学的性质而成为世俗的问题"。[2]

---

[1] 夸大其词的倾向，即到处陷于极端，陶醉于自我的激情、绝望或激进，不仅是东方犹太教的特点，也是所有自我中心主义者和绝对主义者的特点。克莱斯特和瓦格纳有这种争强好胜的、解剖自己又解剖对象的精神，特别还有拉萨尔，他曾认为奥地利代表着反动的原则，希望奥地利这个国家概念被"撕裂、切碎、毁灭、捣烂，扔进风里灰飞烟灭"。
[2] 《论犹太人问题》，页198。犹太教预计将保留它"宗教的"、只从事密谋的性质，因此不久以后，恰恰会在一个无批判的民族中占领新闻、行政和政治的所有重要位置。因此以宗教的原则反抗德国犹太人的、权威的国家教义，具有双重的重要意义。（中译参见《马克思恩格斯文集》第1卷，页26。——中译者）
* 中译参见《马克思恩格斯文集》第1卷，页53、55。

应当怎样进一步解放犹太人、怎样消除针对犹太人的现有偏见这些问题，引导他兴奋地走向共产主义。他让共产主义发生了严格物质的、摧毁宗教和道德的转折。他非常机敏地不仅反对特权地位的宗教，"基督教国家"（可惜更多地反对基督教而非反对国家），而且反对特权地位的资本。他希望——仿佛这样的乐观主义可以不受惩罚——能够在普鲁士的和通行的国家观念的内部，发掘出新国家的各种因素。在这个新国家中，科学取代神学，学者取代拉比。[1]

正如宗教改革从理论开始，未来的革命也应当从理论开始。这场革命应当从无产阶级，而且是从被工厂变得半军事化的工厂无产阶级发起。无产阶级将把资本和生产资料世俗化，无神论的无产阶级将把犹太人问题连同宗教，同时还有货币经济一扫而光。施暴的不是工厂、机器，不是计件劳动带来的人格解体，而是一个更抽象的抽象物——特权地位的

---

[1] 当然可以引证一系列文献，证明马克思原则上反对任何国家。马萨里克搜集汇编了这些文献。（《马克思主义的哲学和社会学基础》，页390—394）它们产生于1848年以前的时期，受到费尔巴哈和蒲鲁东的影响，怀着和他们同样的激情反对"基督教国家"，即神权统治（见《德法年鉴》，页187、207），马克思受黑格尔影响，此前就视国家为"社会的真正领袖"。到1847年的《共产党宣言》，他已受到勃朗的影响，重新退回到国家（国有社会主义和夺取政权），而未注意普鲁士的国家观念无论因为其稳定性还是丑恶程度，都不能与法国的相提并论。1848—1849年的失望情绪强化了他的政治观，1870—1871年德国的胜利让他支持选举制度。必须留意，不要把这些不同的马克思相互混淆，或者想凭科学列举单个的矛盾求出一个算术平均值。马克思是兼容并蓄的，凡是他在法国认识到的进步和富有前景的东西，他都纳入了自己的体系。

资本，即货币——侵占了这些抽象物。

马克思展开了紧张的科学探索。蒲鲁东对所有权的批判对于他是"一种启示"。巴贝夫和欧文、圣西门和傅立叶取代了黑格尔。他还在信中写道："我不主张我们树起任何教条主义的旗帜，而是相反。我们应当设法帮助教条主义者认清他们自己的原理。"[1] 但他也写道，应当使宗教问题和政治问题具有"自觉的人的形态"。他还认为，"卡贝、德萨米和魏特林等人所讲授的那种共产主义"是"一种教条的抽象概念"，[2] 但他后来对待信仰不同的人比教宗更不宽容。虽然"德国无产阶级只是通过兴起的工业运动才开始形成"*，但他已经形成了这样的观点——政治经济学，而且只有政治经济学，使人得以分析资产阶级社会。他视粗糙物质的生产为全部历史的诞生地。[3]

够奇怪的是：这个没有民族可以反叛的革命家对工业集中感兴趣，因为工业集中将创造出一个德国的无产阶级。他

---

[1] Brupbacher，《马克思和巴枯宁》，页14。（中译参见马克思1843年9月致卢格的信，载于《马克思恩格斯全集》第47卷，页64。——中译者）

[德文版编者注] 傅立叶（Charles Fourier，1772—1837），法国哲学家，空想社会主义代表人物，他认为应由小型、自足的合作社按联邦制联合形成大共同体。

[2] 同上书，页14—15。（中译参见同上。——中译者）

[德文版编者注] 德萨米（Théodore Dézamy，1808—1850），法国空想社会主义者。

[3] 《福格特先生》（*Herr Vogt*），页35。

* 参见马克思，《〈黑格尔法哲学批判〉导言》，载于《马克思恩格斯文集》第1卷，页17。

努力争取这样的情形，因为他为了他所梦想的解放需要一个集中的无产阶级。于是就像布鲁普巴赫尔准确评价的那样，他成为工人运动的"经济学精神分析师"和"技术头脑"。虽然英法的阶级斗争为他提供了远多于德国的前提条件，但他特别是面对自己的法国老师们时，并没有心怀多少谢意，反而有某种敌意。[1]纯粹的知识兴趣而不是爱占据首要地位。[2]

他被驱逐出巴黎以后，1845年在布鲁塞尔所领导的，正是魏特林和邦纳罗蒂的信徒。魏特林的原始基督教连同个人和自由的无限意义，被马克思对基督教及其社会原则的批判取代，后者同19世纪40年代魏特林团体所接受的欣欣向荣的博爱意识，存在深刻的内在矛盾。[3]

---

[1] 见他和蒲鲁东的论战，《哲学的贫困》(*Das Elend der Philosophie*, Brüssel 1847)。

[2] 据梅林，马克思认为承认人权"不外是承认利己的市民个人(！)，承认现代市民生活内容的精神和物质因素的不可阻挡的运动。人权并不使人摆脱宗教(！)，而只是赋予人以信教自由。人权并不放弃财产，而是赋予人以拥有财产的自由。人权并不阻止人去卑鄙地追逐利润，而只是赋予人以行业自由。现代国家承认人权，跟古代国家承认奴隶制度具有完全相同的意义。"(《德国社会民主党史》第1卷，页175) 但马克思同时热情地主张犹太人的人权："他不仅指出犹太人**有**无可争辩的权利要求享有一般人权，而且证明了**为什么**犹太人有这种权利。"(页176) (中译参见梅林，《德国社会民主党史》第1卷，页177、178。括注系引者所加。——中译者)

[3] 马克思当时在《德意志—布鲁塞尔报》发表文章说："基督教的社会原则曾为古代奴隶制进行过辩护……基督教的社会原则宣扬统治阶级和被压迫阶级存在的必要性……基督教的社会原则认为压迫者对待被压迫者的各种卑鄙龌龊的行为，是对原罪或其他罪恶的公正惩罚……基督教的社会原则颂扬怯懦、自卑、自甘屈辱、顺从驯服，总之，颂扬愚民的各种特点……基督教的社会原则带有狡猾和假仁假义的烙印，而 (转下页)

知识一旦作为最高原则,就必然会杀死热情、精神和从非理性源头涌流出来的人的直觉,而直觉能为各种斗争找到最简单的解决办法。知识让问题加倍,热忱则解决和简化问题。知识令人瘫痪和迷惘,热忱则给人力量和解放。

魏特林仍说:

> 我们这些贫苦罪人也全都信上帝,虽然我们不常说到上帝,极少向上帝祷告。但是关于上帝我们知道什么呢?什么也不。[1]

而现在口号是:"对当代的斗争和愿望作出当代的自我阐明。"[2]魏特林仍说:

> 基督是自由的先知,他的学说是自由和爱的学说……这个基督必须是我们贫苦罪人的朋友和兄弟,而不是超自然的不可思议的存在,他同我们苦于同样的弱点。[3]

(接上页)无产阶级却是革命的。"(中译参见马克思,《"莱茵观察家"的共产主义》,载于《马克思恩格斯全集》第4卷,北京:人民出版社,1965年,页218。——中译者)

[1]《贫苦罪人们的福音》,页12。(中译参见魏特林,《现实的人类和理想的人类:一个贫苦罪人的福音》,页60。——中译者)

[2] Brupbacher,《马克思和巴枯宁》页16。

[3]《贫苦罪人们的福音》,页17。(中译参见魏特林,《现实的人类和理想的人类:一个贫苦罪人的福音》,页63—64。——中译者)

而现在共产主义工人协会的伦敦会员证上用20门语言书写的格言"四海之内皆兄弟"变成了口号"全世界无产者联合起来"。[1]

在巧妙地打发掉不愉快的对手们以后，如梅林所说，工人运动始终"不再受基督教社会主义的干扰"。当马克思和恩格斯1847年在伦敦的同盟大会上递交他们的《共产党宣言》时，他们知道（同样据梅林）：

> 在严酷的阶级斗争中，怀着庸人们称为恻隐之心和道德愤慨的那种薄弱无力和毫无成果的情感是不可能获得任何成就的。……他们身上没有感伤主义的痕迹。[2]

对马克思而言，商品等于劳动力，劳动力等于商品。革命阶级在他看来是"在一切生产工具中，最强大的一种

---

[1] Mehring,《德国社会民主党史》第1卷，页207。梅叶写过："无产者，联合起来！如果你们想要摆脱你们所有共同的苦难，那么就联合起来！相互鼓励走向高贵而伟大的事业……团结起来各民族才会成功……各民族必须压制住彼此之间的争执和敌意，将所有不满对准共同的敌人，对准让你们贫困又抢走你们最好劳动果实的放肆、自负……的人。"(《自由一代1914年年鉴》[*Jahrbuch der Freien Generation für 1914*, Zürich], Pierre Ramus 编，第5卷，页30）

［德文版编者注］梅叶（Jean Meslier, 1664—1729），法国早期启蒙思想家，希望通过毫无保留的启蒙减轻人民群众的苦难。

[2] 同上书，页216。（中译参见梅林,《德国社会民主党史》第1卷，页220。——中译者）

生产力"。[1]甚至可以说,马克思是第一个把"人力资源"(Menschenmaterial)这个概念变成理论术语的德国人。

马克思不仅为工人运动,也为被批判的资本提供了许多坚实的概念。值得注意的是,1867年《资本论》出版时,根据弗莱里格拉特(Freiligrath)的说法,"莱茵河畔许多商人和工厂主都对这本书感到兴奋"。[2]这本书以它密不透风的风格,必然始终把没有中学文化程度的工人挡在门外。

3

马克思在《共产党宣言》中要求剥夺"资产阶级"并把生产工具转移到无产者手里。这些主张,只要矛盾的尖锐程度还像19世纪上半叶一样,就毫无疑问都是社会革命的原则。但是他也写过"劳动义务"(Arbeitszwang)和"工人的军队"(Armeen von Arbeitern),[3]只要把这些话颠倒过来,就是"义务劳动"(Zwangsarbeit)和"劳动军"(Arbeiterarmee)。如果他允许国家垄断继续存在,那么他志在

---

[1] Mehring,《德国社会民主党史》第1卷,页325,马克思反驳蒲鲁东。(中译参见梅林,《德国社会民主党史》第1卷,页335;原文出自马克思,《哲学的贫困》,载于《马克思恩格斯文集》第1卷,页655。——中译者)

[2] Franz Mehring,《社会主义诗歌:社会主义和工人运动历史档案》(*Sozialistische Lyrik, Archiv für die Geschichte des Sozialismus und der Arbeiterbewegung*, Leipzig 1913), Karl Grünberg博士编,页112。

[3] Karl Kautsky,《〈共产党宣言〉前言》,(»Das Kommunistische Manifest«, Vorwort),载于*Vorwärts*, Berlin 1917,页45。

颠覆的政党要往何处去？他1847年还可以认为资产阶级已经"推翻"封建制度，[1]而这个封建制国家二十年后就成了以俾斯麦之名受洗、令欧洲大陆颤抖的军事列强之一。他1871年甚至还建议，在他本人曾经愤怒攻击的资产阶级国家的土地上接受议会斗争。[2]

马克思解析了工厂、经营和市场的机制，是一位辉煌的经济分析师。然而他的阶级二分，无产者-资产者，忘记算入了转瞬就统治二者的容克地主。自从在德国至高无上的容克国家为了将无产者纳入自己的大军，通过选举权和全面的社会保障立法，将无产者晋升为资产者和官员的那一刻起，工厂工人就首先不再代表自由的原则。[3]

---

[1] Kautsky，《〈共产党宣言〉前言》，页31。（中译参见马克思、恩格斯，《共产党宣言》，载于《马克思恩格斯文集》第2卷，页37。——中译者）
[2] 在《共产党宣言》1872年（！）版序言里，两位作者声明，他们不再特别关注实际的要求，相反满足于"一般原理整个说来直到现在还是完全正确的"。恩格斯在1883年版说，"贯穿《宣言》的基本思想"是历史唯物主义。1890年（正值俾斯麦下台和《爱森纳赫纲领》时期）版序言可以再度读到，马克思相信《宣言》所写的"原则"的最终胜利。这时马克思和拉萨尔的名字所标志的社会民主党内两个方向之间的斗争，也得到彻底调解。（1891年爱尔福特代表大会和）1890年的哈勒代表大会已经决定，高度重视"科学"在党章中的地位。科学指的主要就是《共产党宣言》。（中译参见同上书，页5、9。——中译者）
[3] 人们过去很少注意，今天仍然低估了这个事实：德国的"无产阶级"从战前直到今天，不仅经济上和观念上，而且特别是在它对待普鲁士-新教的国家观念的立场上，都和世界上任何其他国家的无产阶级大相迥异，以至于社会民主主义的国际概念实际上只能用一面共同的红旗把该国的无产阶级同其他国家的联系到一起。（我这本书警告要小心的）德国国家观念在残忍、严厉和非人道程度上，让任何其他民族的国家思想都望尘莫及。但是既然社会民主党的意义正在于，普遍的社（转下页）

马克思的"国际"从一开始就不是宗教或道德的国际，而是经济利益和劳动市场的国际。他致力的，用他自己的话说，是那个"犹太人的想象中的民族"。他将需求对象和使用对象置于宗教对象和观念对象之上，将物质置于精神之上。他的杰作就是重估一切价值。他的"国际"既不是基督教的魏特林国际，也不是以劳动团结为基础的自由和人道的巴枯宁国际，而是一个供应商品的国际。

1868年春，马克思出版《资本论》和"国际"召开第一次代表大会的时候，巴枯宁在给巴黎沙桑的《欧洲民主》的一封信中写道：

> 我对那类——我们希望数量不要太多的——欧洲的工人党的盲目感到遗憾，他们一心以为，他们越是避免干涉本国的任何政治问题，就越有利于自己的物质利益；他们相信能够通过一条自由以外的道路获得经济平等和公正。没有自由的平等是不可救药的杜撰，是骗子用来欺骗蠢货的发明。没有自由的平等意味着国家专制

（接上页）会公义思想通过它得以立足于民族的**国家**观念，那么在数次领教了我们国家的反社会性质后，就必然得到这样的认识，社会民主主义的国际根本不可能由一个庞大的德国来实现，而且在紧急关头必然要失败。只要不存在一个根据**共同立场组织起来的**世界共和国，社会民主党就完全拒绝任何共同的国际行动。在德国，普鲁士国家成功地将其作为革命政党的社会民主党完全无害化。德国社民党的哪怕微不足道的少数派别，都是小资产阶级军国主义的组织，能够期待的结局只能是一个新的道德观念为他们带来毁灭。在德国也从来不曾有过哪怕一个普遍的**民主主义**政党，能像在其他文化国家那样，为社会主义创造必要基础和前提。

主义。我们大家的伟大导师蒲鲁东在他那本优美的《革命和教会中的正义》中说过，有可能出现的最不幸的结合，就是社会主义同绝对主义的结合，人民争取经济解放和物质幸福的追求同独裁和所有政治与社会权力集中于国家的结合。未来我们也许能免于专制主义的恩宠，但愿我们免受教条社会主义的不祥后果和诅咒。让我们做社会主义者，但是永远不要变成畜群民族……让我们寻找正义，任何政治、经济与社会的正义时，不要踏上自由以外的道路。生命和人性不可能在自由以外健康成长。社会主义如果驱逐了居于核心的自由，或不认自由为唯一的创造性原则，不认自由为基础，就会把我们直接拖入奴役和兽性的状态。[1]

马克思怎样看待政治自由？犹太人的事业在"基督教-

---

[1] Nettlau，《巴枯宁传》第2卷，页246及以下。马克思读过这封信，证据是他在社会主义民主同盟（L'Alliance de la Démocratie socialiste）的小册子等地方引用过该信。马克思试图用这封信证明巴枯宁同意从事选举活动，但巴枯宁理解的"政治介入"不是这个意思，而是推翻帝国——沙桑是巴枯宁1864年建立的"国际兄弟同盟"（fraternité internationale）的成员，因而《欧洲民主》实际也由巴枯宁创建。同一期上还刊登了雨果（Victor Hugo）、米什莱（Michelet）、巴尼（Jules Barni）、雷伊（Aristide Rey）、加里波第、加里多（Garrido）、里夏德（Albert Richard）等人的信。

[德文版编者注] 沙桑（Charles-Louis Chassin，1831—1901），法国历史学家、政治家，曾主编巴黎无政府主义杂志《欧洲民主》（Démocratie européenne），巴枯宁曾为该杂志撰稿。沙桑1870年后是俄国多家报纸的通讯员。

日耳曼"国家里前景如何？我们听一听被引证最多的专家之一梅林的说法：

> 基督教-日耳曼国家一直虐待、压制和迫害犹太人，可是同时又容忍犹太人，庇护他们，甚至疼爱他们。在18世纪老弗里茨（弗雷德里希二世）把犹太人变成了真正无权的人，可是同时他又广泛地庇护犹太人，"主要是为了促进商业、作坊和工厂的发展"。哲学家国王给予协助他造伪币和进行其他性质可疑的财政活动的犹太富翁以基督徒银行家的自由。……19世纪40年代，弗雷德里希·威廉四世千方百计地刁难犹太人，可是这种刁难并没有妨碍犹太人的资本随着经济发展而有所增长。犹太人的资本开始使统治阶级服从于自己，并把自己的鞭子抽在被统治阶级身上：以产业资本形式鞭打无产阶级，更为普遍的是，以高利贷资本形式鞭打小农和小市民阶级的广大群众。[1]

费尔巴哈曾反对过作为"自我利益的宗教"的犹太教观念。马克思在他的文章《论犹太人问题》里承诺要揭露受国王庇护的"犹太资本"。但这是个棘手的任务。如果要针对资本说些什么，就必须对国王的庇护、对资本同时发起

---

[1] Mehring,《德国社会民主党史》第1卷，页169—170。（中译参见梅林,《德国社会民主党史》第1卷，页172。——中译者）

进攻。反对"庸人国家",只是在分散问题焦点;谈"基督教"-日耳曼国家,同样只是在转移视线、绕开更本质得多的犹太-日耳曼国家观念,正是后者一直以来更自觉地构造着普鲁士国家的基础。马克思决心攻击占特权地位的所有制,却没有触及它受到的国王庇护。

他对蒲鲁东《贫困的哲学》的批判中,有一处典型地说明了他对货币同君主关系的看法。蒲鲁东认为,金银通过君主用玉玺给金银加印的仪式变成了货币。蒲鲁东的体系是无政府主义的,废除货币对他而言同时意味着废除君主制和国家。相反,马克思强调:

> 只有毫无历史知识的人才不知道:君主们在任何时候都不得不服从经济条件,并且从来不能向经济条件发号施令。无论是政治的立法或市民的立法,都只是表明和记载经济天意(!)的要求而已。法律只是事实的公认。[1]

这些话里不仅可以看到马克思夸大了法国经济批判的结论,还可以看到他对普鲁士王朝的认识。普鲁士王朝正是自弗雷德里希二世以来代行天意,招揽它亲爱的犹太富

---

[1] Mehring,《德国社会民主党史》第1卷,页315。(中译参见梅林,《德国社会民主党史》第1卷,页324;原文出自马克思,《哲学的贫困》,载于《马克思恩格斯全集》第4卷,页121—122。——中译者)

翁。其中还可以看到后来马克思和马克思主义者一而再再而三出现的倾向，忽视君主制庞大的神学和军事支柱，只将君主制视为暂时的、**依赖**于资本的现象。这就没有注意到：第一，君主在某些国家就是最大的地主和资本家；第二，因此维系王朝的稳定关乎金融业的最大利益；第三，为此王朝动用所有它能支配的统治工具和身份头衔以推动资本主义剥削。他强调反对工业资本，这在俾斯麦看来甚至是一种"特殊的谦卑而臣服的姿态"。马克思拒绝与官方的《国家通报》（*Staatsanzeiger*）合作——他曾收到这样的邀请[1]——但是普鲁士新闻官哈曼的一本书披露，普鲁士德国政府在卡普里维主政时期就已经故意容许马克思主义者反对工业康采恩的活动，甚至俾斯麦对社会民主党采取短视的恐怖政策，正是他下台的原因之一。[2]

---

[1] 参 Mehring，《德国社会民主党史》第3卷，页235："1865年10月，布赫尔写信给马克思，请他担任官方的《国家通报》的撰稿人。当他遭到马克思的拒绝以后，他就向私人讲师杜林提出同样的请求……杜林担任了《国家通报》的撰稿人，可是不久就同编辑部闹翻了。虽然如此，1866年4月，瓦盖纳还去找过他，约他写一个关于如何能够'为工人做点事'的建议书，以备内阁'直接使用'。杜林也交出了这篇作业。5月9日，施韦泽被假释了。"（中译参见梅林，《德国社会民主党史》第3卷，页224—225。——中译者）

[2] 参 Otto Hammann，《新路线》（*Der neue Kurs*，Verlag Reimar Hobbing，Berlin 1918）页3、131及以下。哈曼历任卡普里维、霍恩洛厄、彪罗和贝特曼的新闻官。一个典型的事实是：虽然他不喜欢马克思的思想世界，但是他引用了《共产党宣言》里一个较长的段落，视之为马克思"光辉的语言、处理全然闪烁不定的矛盾的无与伦比的辩证法的范例"，其中说资产阶级"无情地**斩断**了把人们束缚于**天然尊长**的形形色色的封建羁绊，**它使人和人之间除了赤裸裸的利害关系，除了冷酷**（转下页）

马克思的斗争要先扫清两个最强大的障碍,"资产阶级"意识形态(或曰道德)和受国家保护的宗教(或曰基督教)。

马克思反对资本,但是在一个君主国内反对。这些成就如果促进了马克思的贫困化理论所需要的集中制度,那么就有助于工人运动的重心逐渐向德国转移。拉萨尔同样期望普鲁士精神能为"革命的工人群众"的组织带来各种好处。

考察马克思主义政治的历史发展是非常有趣的。写于1847年的《共产党宣言》还说:"只要资产阶级采取革命的行动,共产党就同它一起去反对绝对君主制、封建土地所有制和小资产阶级。"[1]但是1848年,当德国革命变得形势严峻,马克思和恩格斯并没有赶往柏林,而是留在科隆从事文字活动,反对海尔维格在巴登的"革命儿戏",反对巴枯宁的"泛斯拉夫主义",而同一个巴枯宁在布拉格,是全欧洲主张普鲁士、奥地利和土耳其解体的第一人。[2]

(接上页)**无情的现金交易,就再也没有任何别的联系了**",指责罪恶的资产阶级"把宗教虔诚、**骑士热忱**、小市民伤感这些情感的神圣发作,淹没在利己主义打算的冰水之中",等等。该书出版于1918年春,正值进逼巴黎的大规模攻势之前,此时布尔什维克作为坚定的马克思主义者,同普鲁士军队"临时"高层关于"资产阶级"西欧民主国家达成了一致。(中译参见《马克思恩格斯文集》第2卷,页34。——中译者)

[德文版编者注]哈曼(Otto Hammann,1852—1928),1893年起担任外交部新闻司司长,历届帝国首相的新闻官,1916年离职。

卡普里维(Leo Graf von Caprivi,1831—1899),1890—1894年的帝国首相。

[1]《共产党宣言》,页56。(中译参见《马克思恩格斯文集》第2卷,页66。——中译者)

[2]《对斯拉夫人的呼吁》(*Aufruf an die Slaven*,作者自印,1848)。(转下页)

《共产党宣言》的每一个段落看起来都是马克思对流亡者运动内部强劲的民主潮流的回应。因为1843年他阅读魏特林《和谐与自由的保证》时就已经做出了巴枯宁所反对的区分，巴枯宁在前文引述过的致沙桑的那封信里认为，这种区分是"逃避政治干预"的遁词："德国虽然无力进行政治革命，却有社会革命的经典使命。"1847年他和蒲鲁东论战时否认君主的独立权力，可是当时在普鲁士，君主由于特定目标的内部政策，由于同反动派里性质最恶劣的浪漫主义势力结盟，正在发布比其他时候更奇特、更自觉的命令。[1]

　　1849年一系列事件留下的深远影响，令马克思愈发坚决地避开"政治干预"。为什么？即使如马克思所说，一场政治革命如果没有社会革命就是"毫不触犯大厦支柱的革命"，*那么同样正确的是，一场社会革命如果没有政治革命——至少就它在理论里所占的份额而言——就是在恣意妄为。但是，如果没有**道德**革命，两者都毫无价值，甚至根本不可能发生。

　　（接上页）"革命以其绝对的权力宣布各专制国家的解体……普鲁士王国解体……奥地利解体……土耳其帝国解体……俄罗斯帝国解体……欧洲的整个北部和东部解体、倾覆、重造……最终目标：各个欧洲共和国结成普遍的联邦，这一切都以所有民族的自由、平等、博爱之名进行。"

[1]《哲学的贫困》。(中译参见《马克思恩格斯全集》第4卷，页209—210。——中译者) 另外典型的是，没有哪里的国家观念像普鲁士德国的一样暴力而全能，没有哪里比普鲁士更缺少一个无政府主义的、国家体制外的、反对这种国家观念的党派。

　*　中译参见马克思，《〈黑格尔法哲学批判〉导言》，载于《马克思恩格斯文集》第1卷，页14。

布鲁普巴赫尔写道:"1848—1849年运动的结果是,马克思在这一时期以后完全不再相信下一场革命很快到来的可能性,这一点和巴枯宁尖锐对立。"[1]于是仔细审视自由原则、保护它免受一切阻挠和危害它的因素影响,就必然变得愈加关键。普鲁士国家越强大,我们就应当越纯粹、越果断地同它分道扬镳。也就是说,对1848年以来清楚浮现出的统一和集权运动的分析要立足于这场运动的**危险**。

"正像民主派把人民这个词变成圣物一样,我们用无产阶级这个词来玩这套把戏。"*马克思想以此反对"革命的空话",反对资产阶级的自由、平等、博爱概念,而"资产阶级社会主义者"一心要把无产阶级"抬高"到这些概念的程度。他大概同意无政府主义者的看法:无产阶级要从自身当中生产出新的、简化的、更人道的社会形式。保存无产阶级的意义也无非是:有阶级觉悟的无产阶级不应当是阶级觉悟的不平等、阶级觉悟的文化程度低下、阶级觉悟的贫困的同义词。我们已经看到布尔什维克的学说,它主张**夺取政治权力**。[2]

---

[1]《马克思和巴枯宁》,页16。
[2] 马克思的"政治"目的何在,他1868年9月11日致恩格斯的一封信里透露了出来:"我们的协会(国际工人协会,总委员会位于伦敦,由马克思领导)有了很大的成就……在下一次革命到来时——它(转下页)
* 中译参见马克思,《揭露科隆共产党人案件》,载于《马克思恩格斯全集》第8卷,北京:人民出版社,1961年,页479。"我们"在马克思原文中作"你们",指沙佩尔—维利希所代表的少数派,马克思批评该派别"像民主派一样,用革命的空话代替革命的发展"。

马克思用朱庇特的雷霆打击右边的"波拿巴主义"和左边的"沙皇专制"。恩格斯1868年9月11日致马克思的信说：

> 既然你和韦莫雷耳（Vermorel）还有联系，那么你就不能抑制一下这个人关于德国所说的蠢话吗？这个蠢驴竟要求波拿巴变成自由主义者，变成资产阶级自由主义者，然后开始进行把德国从俾斯麦暴政下解放出来的战争，这太岂有此理！这些癞蛤蟆……[1]

后来在俾斯麦的挑衅下战争爆发时，马克思在1870年7月20日致恩格斯的信里说：

> 法国人是该受鞭打的。如果普鲁士人取胜，那么国

（接上页）也许会比表面看起来到来得更快些——我们（也就是你和我）就将把这个强大的机器掌握在我们手里。请把这一点同马志尼等人三十年来的活动的结果比较一下吧！而且我们没有经费！此外，在巴黎有蒲鲁东主义者的阴谋，在意大利有马志尼的阴谋，在伦敦有怀着嫉妒心的奥哲尔（Odger）、克里默（Cremer）和波特尔（Potter）的阴谋，在德国有舒尔采-德里奇和拉萨尔分子！我们可以十分满意了！"（据James Guillaume，页54译回德文）（此处有误，该信日期为1867年9月11日。中译参见《马克思恩格斯全集》第31卷［上册］，北京：人民出版社，1972年，页347—348。——中译者）

[1]《泛日耳曼主义者马克思》，页34。为什么法国人是"癞蛤蟆"的理由尤其发人深省。（此处有误，该信日期为1867年9月11日。中译参见同上书，页349—350。——中译者）

第四章　德国犹太人密谋毁灭道德

家权力的集中将有利于德国工人阶级的集中。此外，如果德国人占优势，那么，西欧工人运动的重心将从法国移到德国。（！）只要把1866年以来两国的运动加以比较，就可以看出，德国工人阶级在理论上和组织上都超过法国工人阶级。它在世界舞台上（！）对于法国工人阶级的优势，同时也就会是我们的理论对于蒲鲁东等人的理论的优势。[1]

神奇的逻辑和论证：普鲁士的胜利带来对蒲鲁东理论的"优势"！这个观点和拉萨尔的用剑最终完成所有辉煌使命有什么不同吗？

布鲁普巴赫尔认为马克思低估自由概念的原因是"黑格尔占据了马克思"。

> 通过黑格尔，马克思不仅变成过去的，而且变成未

---

[1]《泛日耳曼主义者马克思》，页85。法国工人1870年7月12日向德国工人发布公开信，开头是："德国的兄弟们，以和平的名义，不要听信那些被人收买的、卑躬屈膝的声音，他们试图诱导你们误解真正的法国精神。请对这些荒唐的挑衅置之不理，因为我们之间的战争无异于手足相残。"公开信由托兰（Tolain）、穆拉（Murat）、阿夫里亚尔（Avrial）、潘迪（Pindy）、泰斯（Theisz）、卡梅利纳（Camélinat）、肖维埃（Chauvrière）、朗之万（Langevin）、朗德兰（Landrin）、马隆（Malon）等人署名，巴黎公社证明了它的正确。正文引用的马克思书信明确地针对这封公开信，因为马克思书信的开头说："寄上《觉醒报》（Réveil）。"公开信正发表于7月12日的《觉醒报》。（James Guillaume，页84）（马克思书信中译参见《马克思恩格斯全集》第33卷，北京：人民出版社，1973年，页5—6。公开信原文是法文。——中译者）

来的历史必然性观念的预言家。他知晓了世界精神的规律,有了知情者面对无知者刚硬无忌的自我意识。他和恩格斯一样斥责为自身自由而战的瑞士人是反动派,因为世界历史要求集中而瑞士人主张联邦制和自由。他没有当权威的意识,但是他知道世界历史就是权威,他是世界历史在地上的仆人。[1]

这就为非常物质的动机找到了观念论的解释。问题的实质是权力,马克思懂得熟练地掌握无产阶级。

马克思没有考虑,世界精神随着普鲁士要奔向何方,世界精神是否连同整个普鲁士正在向地狱坠落,1852年他就已经在反对波拿巴了。他的《路易·波拿巴的雾月十八日》第二版恰好出版于1869年,正是普法战争的前夜!1866年在他的小册子《福格特先生》里继续把最激烈的攻击对准"腐朽的波拿巴主义经济"。*《资本论》1867年第一版里还有一段后来消失了的话:

> 如果说在欧洲……资本主义影响的发展……同军国主义、国债、赋税……步调一致地向前发展,那么,正像半个俄罗斯人但又是完全的莫斯科人赫尔岑……非常认真地预言的,欧洲也许最终将不可避免地靠鞭子和强

---

[1]《马克思和巴枯宁》,页8。
* 马克思的《福格特先生》实际写作和发表于1860年。

行注入卡尔梅克人的血液来返老还童。[1]

但是当1868年卢森堡出现争端、德法两国战争迫近时,波克罕受马克思指示出席伯尔尼和平代表大会,意在反对"和平宣传",他声称"和平宣传"只是针对"中西欧孤立政权"(即德国)的伎俩,背后的操纵者是俄国这个"经济发展的公开敌人"。[2]

巴枯宁1871年已觉察到,德意志帝国是对文明更大的威胁,1917年俄国革命证明了他是多么正确。巴枯宁评价马克思的著作在1918年仍然没有译成德文,这非常令人遗憾。假如对这些内容多一点了解,也许1914年在德国、1915年

---

[1] 无须赘言,赫尔岑从来没有要求或预言同样的东西。相对于西欧的"衰朽",赫尔岑相信俄国村社(Mir)返老还童的力量,相信俄国农民的再生力量。他相信俄国民间连续未断的朴素的观念论。但是他绝对没有要求过"靠鞭子和强行注入卡尔梅克人的血液来返老还童"。(中译参见《马克思恩格斯全集》第42卷,北京:人民出版社,2016年,页801。引文同原文略有出入。——中译者)

[2] Michael Bakunin,《致汝拉联合会的同事们》,1873年手稿。转引自Nettlau。巴枯宁:"假设俾斯麦先生往日内瓦的代表大会派了一名代表,难道他的代表发言会与此有什么不同?在俾斯麦准备用可怕的手段颠覆法国的霸权,在法国霸权的废墟上建立德国的统治时,把公众注意力从俾斯麦的扩军备战和德国的野心上面移开,转移到遥远得多的俄国的威胁上去,难道不是俾斯麦立场上的绝妙策略?难道不是泛日耳曼主义以合理而共同的仇恨为虔诚的借口,主动要为欧洲抵抗泛斯拉夫主义?这难道不是在洗白所有德国制造的、今天(1873年)又以惊人幅度散播的政治和社会灾难吗?为此却把罪责推给俄国——这个德国的学生,不幸只是太过听话、太过忠实。"1867年和1868年的日内瓦和伯尔尼和平代表大会主要由西部瑞士人和法国人召集和主办,领导他们行动的是俄国人巴枯宁。

在齐美尔瓦尔德和1916年在昆塔尔就更容易采取正确的立场。[1]

从德国社会民主党的历史书写者那里可以不断听到恶毒的改编里透露出的负面信息，如某个叫巴枯宁的空想家毁了第一（德国）国际；但听不到，**为什么他要这么胡来**。这里应当确凿地解释清楚：因为他感到"国际"成了服务俾斯麦计划的宣传机构，正如今天第二（社会民主主义）国际的残余成了鲁登道夫的宣传工具。我们要与之斗争，证据就是《布列斯特—立陶夫斯克条约》。[2]

---

[1] ［德文版编者注］齐美尔瓦尔德（Zimmerwald），瑞士伯尔尼州的一个区，1915年欧洲各国社会主义者在此召开会议。多数参会者拒绝了列宁领导的激进派提出的变帝国主义战争为内战的主张。1916年在昆塔尔（Kienthal）再度召开会议，决定拒绝给予战争政策任何支持。

[2] 参 S. Grumbach，《齐美尔瓦尔德和昆塔尔的错误》(*Der Irrtum von Zimmerwald-Kienthal*, Benteli A.-G., Bümpliz-Bern 1916）的精彩论述。齐美尔瓦尔德和昆塔尔会议的主席是亲德的瑞士社会民主党人格林（Robert Grimm），主要发言人是拉狄克同志。列宁对德国无产阶级的革命倾向有所高估。列宁和他的俄国同志托洛茨基、季诺维也夫都自称"革命的马克思主义者"。列宁和马克思一样，认为1870年的普法战争直到波拿巴垮台都是一场"争取自由的战争"："在普法战争中，德国掠夺了法国，但是这并没有改变这次战争的根本历史意义，因为这次战争使数千万德国人民摆脱了封建割据状态，摆脱了俄国沙皇和拿破仑三世这两个专制君主的压迫。"（Lenin/Trotzky，《战争与革命》[*Krieg und Revolution*, Grütli-Verlag, Zürich 1918]，Eugen Levin-Dorsch 编，页102）他1917年4月8日仍试图让国际工人相信，德国无产阶级是俄国革命和国际革命"最忠实的、最可靠的战友"。（《战争与革命》，《给瑞士工人的告别信》[»Abschiedsbrief an die Schweizer Arbeiter«]，页159）他似乎今天仍然坚信马克思主义"活的革命的灵魂"，尽管如此，对它的理解却不如普鲁士总参谋部，否则他就不可能写下："实际上，不管战争的结局如何，这个（德国的）资产阶级都将同容克一道去全力支持沙皇君主政府反对（转下页）

也许有一天会敲响世界各民族团结成兄弟的钟声。那时,欧洲历代人的劳动会将德国的思想滋养。只要还有一个体量像德意志这么大的民族没有满足哪怕最基本的条件,欧洲和世界最重要的观念——自由,便没有狂欢的可能。用理论做承诺的时代已经过去了。全世界在等待着我们。让我们丢掉暴力手段和诡辩,新的国际就建立起来。监护、"秩序和安全"对德国的庸人而言,显得比反叛更舒适、更不恐怖。我们的历史罪责太沉重。让我们忏悔这一点!让我们承认这一点!除非我们用白旗高举自由,否则我们将得不到和解。

4

普鲁士容克国家的意义及其对德国政治的可鄙影响,之所以在国外被低估并在1914年震惊世界,只是因为德国近几十年来存在的党派生活让人政治教育太少,爱国禁忌太多。

在德国没有哪个题目像德国贵族那样,极少有人去写。即使已经写了些什么,也只是出奇无害的东西、毫无精神力

(接上页)俄国革命。"(页137)哦不!这个参谋总部(更不必说反斯拉夫的资产阶级乃至社会民主党)知道得非常清楚,同"革命的马克思主义者"合作远好于同宗教上敌对的君主国合作。(中译参见列宁,《社会主义与战争》,载于《列宁全集》第26卷,北京:人民出版社,2017年,页323;《列宁全集》第29卷,北京:人民出版社,2017年,页91;列宁,《战争和俄国社会民主党》,载于《列宁全集》第26卷,页12。——中译者)

和想象力的迷信，不能全面反映贵族阴谋的反人民性质，不能看到他们伪装出来的或早已霉烂的民族誓言的危险性，面对他们思想的贫乏也没有一丁点儿怀疑，完完全全没有论述这个对象本应有的那种刺入极端的穿透力，这种穿透力本可以给德国以外的周围世界讲一些新东西，也就是关于我们反叛者的消息。

国外有谁知道梅林的《莱辛传奇》？这位卓越的学者的鞭笞既不放过弗雷德里希二世的容克国家，也不放过德国大学教授文过饰非的皮条客技巧。我们国内还有谁至少相信诚实义愤的可能性，相信勒泽迈尔绝妙的容克漫画里充满的愤怒反讽？在费尔瑙关于易北河东大地主的书——它不作粉饰地概括介绍了普鲁士的宪法历史和这个容克国家——问世以前，梅林的小书始终处在孤立无援的境地，难道不是令人悲伤的事实？[1]

---

[1] [德文版编者注] 勒泽迈尔（Hermann Rösemeier, 1870—？），德国政论家，1916年或1914年流亡瑞士，德国战争政策在瑞士最激烈的批评者之一，1916年发布《德国人民，起来！致德国市民和工人的公开信》（*Deutsches Volk, wach auf! Ein offener Brief an die Bürger und Arbeiter Deutschlands*）和《战争的前史》（*Die Vorgeschichte des Krieges*）两本小册子，为《自由报》撰写了50篇文章。

费尔瑙（Hermann Fernau, 1883—？），德国政论家、和平主义者、民主主义者，1915年起居于瑞士，德国战争政策的坚定批评者。他的小册子《坚持！……到民主》（*Durch! ... zur Demokratie*, 1917）证明了德国的战争罪责。他是伯尔尼《自由报》的编辑。"关于易北河东大地主的书"指他的《君主制就是战争》（*Das Königtum ist der Krieg*），胡果·巴尔在《自由报》上发表过此书的书评，见1918年，页245—246。

会对上述种种感到震惊的只有那些人，他们不了解德国书报检查制度的历史，不了解德国国家观念的传统，他们不关心落后的议会阻挠自由的主张，不关心科技力量极其容易就受到德国民族情绪收买。这个民族幼稚而专注地服务自己的王公，在拉特瑙1917年的记载中仍是：

> 但凡要求出工，无不竭尽自己的力气到极限。
> 义务意识不能形容这一情况，盲目顺从更不能，因为自由的偏好在起作用，首先就是天真的信从。[1]

这种思维的典型特点是，在战争期间可以毫无异议地扼杀或怀疑任何警告的声音。其典型不仅包括审判李卜克内西和迪特曼（Dittmann），宣布米龙和李希诺夫斯基有精神病。甚至把七十高龄的梅林预防性拘留，帝国议会里也没有发出值得一提的抗议声音。[2]

---

[1] Rathenau,《论将来临的事》，页263。引文开头的原话是："这种全身心投入的下层意识和臣民意识充斥着普鲁士上百万的灵魂，而且蔓延到了自由的（！）市民阶级身上，于是市民阶级自然也就腐化了，呈现出道德上危险的形式。市民阶级在它最纯粹的形式里表现出儿童般美好的特征（！），接受在每一个年轻民族那里都能感动我们的幸福的家长制关系。这些特征在民族心理学上很有价值，创造了我们熟悉的最守纪律、最有组织性的群众。"写下这些胡话的人，今天正作为"民族领袖"和德国通用电气公司总裁向青年人发号施令，而且他也懂得最熟练地操纵"思辨的"德国传统。

[2] ［德文版编者注］米龙（Johann Wilhelm Muehlon, 1878—1944），德国工业家、政论家，是胡果·巴尔和布洛赫1917—1919年在（转下页）

这些杰出人物的言论和著作已经在许多阶层广为传播，尽管如此，我仍想从贵族和容克地主的思想关联的层面更进一步介绍他们。他们的三个主要特点是：

第一，在德国中世纪的神权统治意识形态里胡言乱语，将它奉为最神圣的民族信念的代表，以此对抗陌生的国际潮流（社会主义、和平主义、犹太教）。[1]

第二，崇尚军人气质的贵族尚武观念，他们从弗雷德里希二世时代起就据此感到比操心家产的和平居民、比所谓功利主义道德更优越。他们的观念论和英雄主义，是一种乡下纨绔子弟的哲学，鼓吹个人没有用处、生活没有价值，在政治上对应既无耻又粗野的马基雅维利主义。[2]

（接上页）伯尔尼的资助人。他战前是埃森军工企业克虏伯的经理，后任职外交部，1916年后移居瑞士。德国宣布进行无限制潜艇战后，他坚决反对德国的战争政策。他对战争最初数月的记录《蹂躏欧洲》（Die Verheerung Europas，1918）是德国名人最重要的反战书籍之一，对胡果·巴尔深有影响。米龙在伯尔尼试图在激进民主主义者巴尔、布洛赫、勒泽迈尔、施蒂格尔鲍尔（Stilgebauer）与和平主义自由民主主义者弗里德（Fried）、莱昂哈德·弗兰克、费尔瑙之间居中调解。

李希诺夫斯基（Karl Max Fürst Lichnowsky，1860—1928），外交官，1912—1914年任驻伦敦大使，致力于德英谅解，1914年反对德国无条件支持奥匈帝国。

[1] 同这种容克地主意识形态斗争需要有一种改过自新的民族主义，即看到人类的幸福不在于绕开民族、放弃民族特有的资源和传统，相反正在于实现和升华民族观念，在于凸显民族真正人性的成就并用以提升自己的良心。将民族的一颗心捧给人类，这就是有责任感的精神的任务。

[2] 这种容克地主英雄主义的主要捍卫者是舍勒教授和桑巴特教授，后者的《商贩和英雄》一书用尼采对"一般哲学精神"的攻击来做自己破绽百出的论证，试图以此击垮"浅薄的英国小商贩道德"，即边沁、斯宾塞、葛德文、欧文和休谟的常识（Common sense）。"做德意志人就是做英雄！"

第三，肆无忌惮的犬儒主义，诱惑了包括市民阶级知识分子和劳动人民在内的广大阶层。尽管有路易十四和法国革命，尽管有1830年和1848年革命，犬儒主义都成功战胜了基督教虔诚和启蒙运动、人道和人权，以至于今天几乎可以说，上述概念已经从民族的意识当中消失。

梅林说：

> 在整个世界史上，要找到像15世纪到18世纪的德意志诸侯这样在如此之久的时间内精神和力量如此贫乏、人性沦丧如此过度的阶级，应当是非常困难的。[1]

这是批判的起点。

宗教改革时代心向彼岸、充满幻想的历任奥地利皇帝没能成功地驯服这帮贵族。法国的外省诸侯被征服以后成了宫廷贵族，他们创造了法国文学的繁荣。英国从革命中幸存下来的贵族要照顾人民的利益。俄国十二月党人起义的贵族甚至以人民解放的名义，放弃自己的特权，密谋反对沙皇。但是德国呢？18世纪上半叶熟悉德国宫廷的曼托伊费尔伯爵写道：

> 德国挤满了贵族，他们中的四分之三几乎没有健全的理智，是人类的耻辱和祸害。即使他们的国土是那么

---

[1] Franz Mehring，《莱辛传奇：论普鲁士专制主义和古典文学的历史和批判》，页76。（后文简称为《莱辛传奇》。——中译者）

小，他们也以为人类被造出来就是为了向他们的愚蠢效劳。他们自以为他们实际上通常十分模糊的出生是所有功业的核心，认为费力培养他们的精神和他们的灵魂是多此一举，有辱他们的尊严。只要见过他们行事，就会相信他们的存在只是为了像对待牲畜一样地对待自己的同胞，因为他们行事的悖谬摧毁了一切基本准则，不遵循这些准则的人就不配称为理性的生灵。[1]

但是知识分子呢，他们欣赏还是诅咒这情形？从路德到拉特瑙，最杰出的心灵都帮着增强这个贵族阶级的力量，因为他们满足于"**思想**自由"。这种自由无论是叫作音乐、超验、内心的Civitas Dei〔上帝之城〕或是"基督徒的自由"，结局都是自愿的或被迫的下台，甚至是固执、奴性、暗献殷勤地密谋反对世界道德。

资产阶级兴起以后，贵族的特权到处都遭到削减，只有在德国和普鲁士拜路德所赐不是这样。农民战争消失在血泊里，另外三场革命也没留下痕迹。普鲁士的容克地主是所有人里最放肆的，过去直到今天都像国王一样安坐在他的领地里，以为他的族谱如果不比他领主的古老，至少也一样老。采邑制和封臣制的古老概念始终存在。《奥格斯堡信

---

[1] Mehring,《莱辛传奇》，页224。
〔德文版编者注〕曼托伊费尔伯爵（Ernst Christoph Graf von Manteuffel, 1676—1743），萨克森外交官、作家，强者奥古斯特（August der Starke）宫廷的大臣，与高特舍德（Gottsched）有通信。

条》关于符合上帝旨意的附庸关系的古老概念今天仍存活着。我们的父辈从俾斯麦同威廉一世的古怪关系里还能看到一个例子。俾斯麦说:"他不可能撒谎还不让人发现。"国王说:"我最大的幸运就是与您共事。"封臣控制了君主,紧逼他,挑战他的尊严,在谈论虔信主义时让他面红耳赤。被吓住的国王落在他手里就像鸽子落在鹰爪里。这个容克地主问道:"如果不是上帝的旨意,我为什么要服从这个霍亨索伦王室?他们是施瓦本的家族,并不比我的家族高贵。"[1] 军队1848年遭遇群众投掷石块,奉国王命令不得开火、必须撤离时,他公开劝说将军们哗变。他从来没有僵死顺从(Kadavergehorsam)。最大的军阀?笑话!只有在下等人面前才需要维持礼仪。

容克地主的淳朴青年气质在普鲁士展现出了最能干的一面。大选帝侯为了解决常备军的军费问题,要同"枝繁叶茂、数不胜数的、可恶的乡下容克"纠缠。容克地主是狡猾的,最终负担有农民来承担。普鲁士王权的缔造者弗雷德里希·威廉一世1717年颁布法令,"要摧毁容克地主的权威,让君权稳固得如同铜铸的磐石"。但是弗雷德里希二世就已经发现他不得不与容克地主订立契约,"因为贵族的子孙保卫国家,他们的种族是如此优秀,值得用一切办法保存下来"。[2]

---

[1] 转引自 Emil Ludwig,《俾斯麦》(*Bismarck*),页70、73、58。
[2] 转引自 Hermann Fernau,《君主制就是战争》(*Das Königtum ist der Krieg*, Benteli A.-G., Bümpliz-Bern 1918),页27、29。

弗雷德里希·威廉一世视察柏林的时候，愤怒地要用他的手杖抽遍全城，弗雷德里希二世也命人鞭打过他的书记员。德国历史书上这些足够离奇的故事只是泛黄的历史，但直到1918年我们还亲历过对梅克伦堡的容克地主的指控，罗戈（Roggow）的冯·厄尔岑（von Oertzen）让人剥光了一个园丁的衣服，把他捆在树上，用马鞭在他赤裸的后背上抽了50下。

不言而喻，在普鲁士这个完全粗野的鞭笞和剥皮的国家，很难有什么温柔的情感冲动。至于弗雷德里希二世备受赞誉的宗教宽容，莱辛为这宽容树立过一尊纪念碑，但正是今天，莱辛的纪念碑有了一定的现实性。他在1769年8月致尼柯莱（Friedrich Nicolai）的信中写道：

> 请您不要叫我再就柏林的自由说些什么写些什么。柏林的自由缩减为只剩这样的自由：叫卖反对宗教的蠢话，想卖多少就卖多少。正派的人很快就会耻于使用这样的自由。如果您哪怕只是在柏林试一试，也这么自由地议论别的东西……向高贵的官廷暴民也说出同样的真相……如果您看见有人在柏林为臣民的权利针对吸血盘剥和专制制度讲了几句话，那么您很快就会知晓，哪一个国家是欧洲直到今天奴役最深重的国家。[1]

---

[1]《莱辛传奇》，页340。不仅莱辛这样看待弗雷德里希二世统治下的思想自由，查尔斯·威廉斯爵士1750年在柏林的信中也说过类似的话："这位pater patriae［祖国之父］怎样为他的臣民操心简直令人难以置信：他实际上允许臣民拥有的自由只是思想自由。我记得《哈姆雷特》（转下页）

另外请对照梅林引用的温克尔曼书信选段,其中吐露了弗雷德里希二世统治下一个普鲁士臣民最深切的绝望。

耶拿和奥尔施泰特的两场战役(1806年)失败以后,普鲁士容克地主被迫接受资产阶级的军队改革。沙恩霍斯特和格奈森瑙成了革命者,因为他们废除了普鲁士军队中专为容克地主保留的职位,实现了"脊背自由",也就是废除了鞭刑!但是容克反对派转眼之间就迫使两位改革派的男爵——冯·施泰因和冯·哈登贝格——下台,当时其中一人主张一种"普鲁士人民国家",另一人主张"善意的革命"。改革正好给普鲁士提供了领导"解放战争"的可能,帮助反动派恢复了统治。[1]

(接上页)有一个地方说过:丹麦是一座监狱。整个普鲁士的领土就是监狱这个词的本来含义。"意大利诗人阿尔菲耶里(Alfieri)在自传中记述他1770年曾在普鲁士逗留:他觉得柏林就像"一座大兵营,让人感到恶心",整个普鲁士国家"有成千上万雇佣的卫兵,就像一座巨大的连绵不断的警卫室"。马姆斯伯里(Malmesbury)勋爵在1772年说:"柏林这座城市,既没有一个诚实的男人,也没有一个贞洁的女人。彻底的道德败坏控制了所有阶级两个性别的人。男人都忙个不停,手头紧张却过着放荡的生活;女人都是鹰犬女妖哈耳庇厄(Harpyen),见没过温柔的情感和真正的爱,可以卖身给任何一个付她们钱的人。"(页250)

[德文版编者注]查尔斯·威廉斯爵士(Sir Charles Hanbury Williams, 1708—1759),英国外交官、作家,1746年起出使德、奥、俄等国,力图让奥地利、俄国同英国结成同盟,终未成功,返回英国后自杀。

[1] 普鲁士的典型特征是,这里时不时地准许"革命",但只有在专制制度需要输入新力量的时候才准许。革命是一种简化了的官员选拔和职业发展。应当要警惕的是,今天,1918年12月,重演了1848年的情形,国民议会再次召开在即,而政治上笼罩着同1848年的毫无区别的一片混乱:造反者缺乏力量,反动派不缺乏无耻。德国似乎无力抓住革命——即使把革命强加给它——也无力以有益于人民的方式贯彻革命。

但是哲学，这引导人走向自由和人民幸福的伟大领袖和引诱者、保护人类免受僭越者（Usurpatoren）袭击的主保圣人和圣母，这位将我们从黑暗里、从所有反社群的罪行里解放出来的圣女贞德，她在哪里呢？梅林写道："普鲁士下士手里的棍棒已经把德国哲学捧得越来越高，直到他把一片酝酿着暴风雨的乌云看作一头无害的骆驼或鼬。"[1]

浪漫主义-条顿的观念同新教相连，封建中世纪的帝国荣耀同新教用邦君在教会的最高权力取代教宗专制的狂想相连。在弗雷德里希·威廉四世那里是庸人理想的东西，在黑格尔那里变成了体系：激昂的、深化的、建立在教会上的绝对主义。弗雷德里希·威廉四世国王在1847年4月联合议会的开幕会议上说：

> 我不得不郑重地宣布：君主同人民的关系正是因为内在真理而使我们强大，不应当有任何尘世的力量能使我把这种自然的关系变成习惯和宪法的关系；我现在和未来都不会接受，在我们天上的主和这个国家中间，还有一张写了字的纸，好像强加的第二神谕，要按它的条款来统治我们。[2]

---

[1] 《莱辛传奇》，页421。
[2] 费尔瑙形容这位最疯狂的普鲁士君主："非常宗教虔诚，但摆出自由开明的样子，脑子里塞满了中世纪的观念，但又像他自己说的，和他父亲相反，他是一个'现代人'，试图把浪漫主义的条顿中世纪的荣光、罗马统治者教会的辉煌，同新教的、19世纪的自由观念（！）结合起来。（转下页）

这时正值革命前夜，受到英法革命观念振奋的资产阶级失去了耐心。1848年3月18日，这位上帝认可的人间代理人就被迫降旨："国王有令，要有出版自由；国王有令，立即召开邦议会；国王有令，一部以最自由思想为基础的宪法要覆盖所有德意志邦国；等等。"

民族任由人来欺骗。它又说又聊，又骂又吵，但就是不行动。它惊讶于自己的成功，就像容克地主们惊讶于他们一直以来如此绝对专制的国王此刻的奇特转折。今天的形势明显与此有着惊人的一致。1849年4月27日容克地主阶级就已经从惊骇中反应过来。普鲁士政府驱散了下议院，4月28日，邀请愿意同它一道"创建德国统一"的诸邦政府在柏林召开会议，保证已做好一切必要准备以防不测，甚至愿意响应"紧急危机"可能出现的对外援助需要。宫廷奸党虽然看起来消灭了，但是威廉一世立即就设立了著名的军事办公厅（Militärkabinett）。这个办公厅的长官是冯·曼托伊费尔[1]，战争部长变成了容克煽动家冯·罗恩，后者就任时宣称，他"从来没有把宪法的小把戏当一回事"。军事办公厅和战争部

（接上页）他讨厌'文书等级'，因此容克地主阶级深得这位统治者欢心。他们让他只接触到'圣人和骑士'，却完全不了解他的人民和他的时代，让他在香火和君权神授（Gottesgnadentum）的漂亮辞藻里酣睡。"（《君主制就是战争》，页45）

[1] ［德文版编者注］冯·曼托伊费尔（Edwin Freiherr von Manteuffel，1809—1885），普鲁士军官，严格的保守主义者，1857年起任普鲁士军事办公厅长官，改革军队，在1866年普奥战争和1870—1871年的普法战争期间曾指挥军事行动，1871—1873年任德国驻法占领军司令。

共同策划了一位新人物登场——冯·俾斯麦。

5

路德赋予了16世纪德国诸侯的野蛮以教宗的尊严，赋予当权者和国家以神圣的力量，从而颠倒了道德概念。这证明了我们民族背负原罪，抱着悖谬的自由概念，满足于野蛮的状态。梅列日科夫斯基说宗教改革是"蛮族第二次入侵"拉丁传统。[1]实际上，享受破坏带来的愉快——所谓的幸灾乐祸——和为俗物封圣，就是路德宗的要义，它的顶点是美化所有对精神的袭击、废除道德和人类大同的理想、摧毁宗教和人类良心。

世界灵魂为了用一个明显的实例向欧洲说明，德国人的一致意见是什么以及一个理解德国自由概念的人能做出什么，就必须造出个俾斯麦。有人称他为"所有德意志人里最德意志的人"。[2]遍布全德各地的俾斯麦纪念塔能说明些问题，这话是对的。他比路德和尼采更深刻地解放了这个民族。他是"最自由的"德国人。他不畏避哪怕最恶劣的本

---

[1] Dmitri Mereschkowski，《从战争到革命》(*Vom Krieg zur Revolution*，R. Piper & Co.，München 1918)，页96，《论民族主义的宗教谎言》(» Von der religiösen Lüge des Nationalismus «)。

[2] Houston Stewart Chamberlain，《德意志的本质》(*Deutsches Wesen*，F. Bruckmann A. G.，München 1916)，见其中《德国人俾斯麦》(» Bismarck der Deutsche «)一章，页40。

能。在他以前从来没有人像他这样毫不含糊、毫不迟疑地将这个民族曝露在日光之下。

308　　"德意志"这个概念本身在德意志人当中就一点也不牢固，在外国人那里更是骂人的话。杰出的领袖们曾徒劳地试图制定标准，什么是真正的德意志。结果他们全都自相矛盾。费希特最早遇到这个问题，他认为做德意志人就是有独创精神。因为他是路德宗教徒，那么他说的独创性就在于同传统决裂，在于不断重新、从头开始，否认观念而不是扩展观念，不等发现思想就反对思想。做德意志人就是逆人类而动，做德意志人就是为了维护自己的"自由"而混淆、推翻、歪曲所有概念，做德意志人就是建造巴别塔让千万种语言胡扯要所谓的创新，做德意志人就是出于对真和善的纯粹恐惧而编造出充斥着诡辩的顽固体系。

　　抱着这种哲学的人是敌人和怪人，抱着这种哲学的人是愤世者和人民公敌，不顾现实、悲惨和牺牲，只停留在虚构和怪癖里，飘浮在空中吞吞吐吐地否认。这足以解释俾斯麦宣布做德意志人就是**获得成功**而不论用何种手段时得到的掌声。有人敢公开谈社会话题——不论以何种观点——都是惊人的。他给出了一个清楚又好理解的信号，结束了许多沉思和无益的冥想。所有饱受折磨的慢性子原本都求知若渴地扑在这些活动上，被禁止从事他们希望经营的商业活动。生活有了意义，民族有了意义，阴险现在成了权利，狡猾成了道德。不要再胡闹了，让我们讲究实用！[1]

俾斯麦曾经有过成功，辉煌的成功，至少在那几十年的一瞬间里。他用最鲁莽的办法"为德国开辟道路"，他是最德意志的人，他成功地把全德意志麻醉并捆绑好交付给容克地主阶级，就像一个精明的侦探先引诱他的目标上钩再施以突击。他用暴力将所有王冠锻造成铁链，用这条铁链把一个伟大的民族捆进这个民族直到今天也没意识到的可怕的奴隶制里。但是今天他的制度——这成功的制度、暴力的制度、欺骗的制度、道德的海盗——崩溃以后呢？德意志品质还剩下什么？除了一声哀叹还有什么？

"红色反动派，散发着血腥的味道，留后待用。"据说弗雷德里希·威廉四世把俾斯麦从大臣名单的首位划掉时曾这样说。[2]负债累累、贫穷饥饿的乡村地主俾斯麦是浪漫主义时代的孩子，作为浪漫派他读过拜伦和莎士比亚，作为容克

---

[1] 正是因为用实用的商业精神取代了意识形态，俾斯麦才被迅速抬高成英雄。抽象的、远离人民的意识形态（德国梦想家）已经让这个民族变得粗野得可怕，以至于现在出现的商业精神在不道德的程度上超过了所有其他国家的"资本主义"。容克地主和重工业的泛德意志同盟（Alldeutscher Verband）让英雄和商贩团结在一个亲密的同盟里，短时间内就发展为几乎不受限制地控制着德国政治和经济生活的庞大势力，自19世纪80年代起就投入全部精力意图发动一场新的神圣战争，发动世界大战。为这个同盟举行宗教仪式的是路德。"只要路德是崇高的，那么他就是实用主义的。"张伯伦写道并加下划线强调了这句话，他还补充说，实用精神在他看来甚至"构成了路德强大人格的主轴"。（《德意志的本质》，页51）

[2] Fernau,《君主制就是战争》，页54。

地主他读过马基雅维利。那正是踊跃的黑格尔主义者把世界灵魂的启示翻译成普鲁士官僚黑话的时代，其中一位写了一部法和国家的历史[1]，把普鲁士国家形容为上帝花园里的巨大竖琴，绷紧了弦正要引领世界大合唱。这种以准时、秩序和稳定奠定王国支柱的官僚制度，是容克地主们所反对的，他们认为普鲁士君主制的理性不需要从世界灵魂中推导出来，这么做对于他们而言太高蹈、太乏味，是种文人习气。

冯·俾斯麦先生同样对以国家法律为根据、以学院知识为光荣的官僚制度心怀反感。不是他决定人民的权利，那他还应当做什么？这个护堤官憎恶"文书等级"，有下面这句妙语："官僚制度的大脑和四肢都有毛病，只有它的胃是健康的，它所排泄出来的法律粪便是世界上最自然的污物。"[2] 请注意他谈到胃时的妒忌和对当时还盘旋在学者脑海里的自然权利的影射。

俾斯麦的浪漫主义和通常的浪漫主义不同，是容克的浪漫主义。他的时代本能地追求退回中世纪，但是所有冒险的精神漫游在他身上只留下了中世纪早期皇帝的强权思想、刽子手对暴力解决纷争的信仰、充满惊天阴谋的莎士比亚世界、对铁和血作为万能政治灵药的信仰。他反对意识形态

---

[1] ［德文版编者注］难以确定这里指的是哪一位黑格尔右派，也许是卡罗维（Carové）或甘斯（Gans）。参阅吕贝（Hermann Lübbe）主编的右派黑格尔弟子文集《黑格尔右派》(*Die Hegelsche Rechte*, Stuttgart 1962)。
[2] Mehring,《德国社会民主党史》第2卷，页217。（致瓦盖纳的信）（中译参见梅林，《德国社会民主党史》第2卷，页215。——中译者）

家、梦想家和幻想家有多自觉，他对热爱力量、打斗和狂饮的容克浪漫主义就有多忠诚。[1]沦为马贼的破产骑士、封臣制度、古德意志雇佣兵的血腥屠杀和施虐狂、伊丽莎白时代悲剧生锈的刀枪大戏——以上种种都有俾斯麦做它们最后的辩护士，尽管已经在神经衰弱和痉挛抽泣里遭受重创，还遭到一直同19世纪的经济问题冲突不断、破绽百出的"基督教信仰"的怀疑，但是有路德教派全部的利己主义伪民族主义为它们欢呼。中世纪封建英雄主义的帝国荣光，已经在废物间里、在哈布斯堡的宝座上腐烂，如果不在后波美拉尼亚、在普鲁士，还能在哪里复活呢？但是它还必将复活吗？这是另一个问题。

不耐烦地无聊度日的年轻的冯·俾斯麦先生，原本要过的生活是"还有几年以拿大刀驯服新兵为乐，然后娶妻、生子、种地，用有计划的烧酒生产侵蚀他土地上农民的灵魂"（他自己的话），现在却苦于"变得粗野、没有爱"。"同马

---

[1] 俾斯麦中央集权的强权浪漫主义陷入的政治死胡同，在德国人当中自Constantin Frantz以来只有Fr. W. Foerster系统地批判过，参《大德意志批判观照下的俾斯麦事业》(»Bismarcks Werk im Lichte der grossdeutschen Kritik«)，载于 *Friedenswarte*，Bern，Januar 1916："纯粹个人主义的强权理论只是一个短暂的过渡阶段、一场混乱，只能在那个中世纪 civitas humana[人之城]观念已经瓦解，又没有新的伟大的世界组织的观念取而代之的空位时期兴起……现在的出路当然不能由纯粹的政治倡议来开辟，相反，问题在于让德国的年轻一代彻底摆脱着魔的状态，摆脱老一辈的灵魂曾给新成立帝国的伪浪漫主义缠绕的魔法，老一辈的全部思维都局限在国际政治的问题上，以现实政治之名拒绝熟悉现代世界发展的最现实的事实和需要。"

匹、猎狗和乡村地主打交道"（他自己的话）毁了他。他是一个没有巴黎的兰波。[1]在国王诞辰日，他会"喝到烂醉并高呼万岁"。在歌剧院的头等包厢，他的举止"要多粗野有多粗野"。[2]但兰波把激情澎湃的仁爱从堕落的大陆带给黑人，而且在经历耀眼的纷乱和冒险后，临终前在马赛啜泣地皈依了耶稣；而俾斯麦是萨克森森林里的一个卡利班，系着佩剑，带着两个泪囊，当德吕安德尔向他朗诵《圣经》里的"我主，保佑我们远离不祥的自大"，他就像终日祈祷的虔信弟兄一样，两眼流淌出泪水。[3]

---

[1] ［德文版编者注］兰波（Arthur Rimbaud，1854—1891），法国诗人，代表作为1871年出版的诗集《醉舟》（*Le Bateau ivre*）。1872年起，他最初在瓦莱里的陪同下，后独自一人在欧洲和欧洲以外的不同国家流浪。
[2] 转引自Emil Ludwig，《俾斯麦》（*Bismarck*, S. Fischer Verlag, Berlin 1917），页19、28。
[3] 青年俾斯麦同青年兰波的平行关系是显而易见的。兰波年轻时也是"本能的亡命之徒"，从他的高卢先祖那里继承了"偶像崇拜和对渎神的爱"。在他眼里，基督是"永远盗取活力的贼"（éternel voleur des énergies），道德是"一种智力的欠缺"（une faiblesse de cervelle）。人们说，他的诗把日耳曼人和蛮族的因素引入了法国文化。"我从来不属于这个民族，从来不是基督徒。我属于那个在听到死刑判决时歌唱的种族，我不懂法律，没有道德，我是一个粗人。"（兰波如是说，俾斯麦几乎也一样）但是——两个如此相似的精神在这里分道扬镳——兰波发现："劣等的种族遮蔽了所有东西——民俗、理性、民族、科学。"他由此得出结论："最坏的事就是为了用鞭子抽打穷人而离开这个癫狂横行的大陆。"他成了圣人、神、黑非洲苏丹已经消失的黑人部落里救人无数的医生。"我是野兽，是黑人，但也许我得到了拯救。你们是假的黑人、疯子、野人、吝啬鬼。"1891年11月10日，他在热忱的祷告中死去。这两个人的哪一个是更伟大的英雄？这个问题留待人民和青年的解答。
　　［德文版编者注］卡利班（Caliban），莎士比亚《暴风雨》里的角色，一个性格凶残的丑陋精灵。

奥尔米茨之耻标志着普鲁士在1850年完败于奥地利[1]，以至于真正的容克地主——按梅林的说法——都像打着滚要缀草的猫一样，让浪漫主义的普鲁士国王注意到了他。俾斯麦1848年还认为德国统一会有损普鲁士容克地主的光荣，像一个十足的魔鬼一样怂恿向群众开枪，而现在成了尊严受辱的普鲁士宫廷的代表，受命重建法兰克福议会，从此开始他的事业。

俾斯麦时代是典型的容克时代。对内政策上的特点是政变、对群众的禁令、限制言论自由的"箝头"法案、用警棍讲道理的军事专制制度所有令人愤慨的暴力弹压。对外政策上的特点最初是恭顺至极的屈辱投降（奥尔米茨），其后是所谓"拖延谈判"，再然后是欺诈伎俩（1866年和1870年），最后是世界历史的挑衅，建立普鲁士的德意志帝国。在外交上再辅以傲慢、乡巴佬的耶稣会做派和假虔诚的伪善，用来掩盖道德信念的完全沦丧。尽管如此，目标却是统治欧洲大陆。

俾斯麦一些主要的名言，耀武扬威又空洞无物的套话，

德吕安德尔（Ernst von Dryander, 1843—1922），拥护皇帝的新教神学家，1882年起在柏林任牧师，1898年任高级宫廷布道师（Oberhofprediger）。

[1]［德文版编者注］奥尔米茨（Olmütz）之耻指《奥尔米茨条约》。奥尔米茨是捷克摩拉维亚南部城市，普鲁士1850年11月29日迫于俄国压力在此与奥地利签订条约，暂时放弃了意图把奥地利排挤出德意志邦联、维护自己在其余德意志地区的霸主地位的小德意志统一方案。普鲁士1866年通过普奥战争战胜奥地利，才成为最大的德意志邦国，统治其余德意志地区；此前奥地利一直试图维持均势，至此以后不再是德意志邦联的成员。

充满了未经证实又自信满满的力量，大概能证明他令人震惊的精神贫乏。"普鲁士只有国王能进行革命。"（1862年在饯别宴会上对拿破仑三世说的话）或："一个大国唯一健康的基础是国家利己主义，而非浪漫主义。"（1853年在普鲁士邦议会的演讲）或："实际生活中出现的影响和依附关系，是符合上帝意志的依附关系，人不应也不能忽略它，等等等等。"[1]当他准备对奥地利发动战争时，认为"手足相残的空话"是站不住脚的，只存在"不愉快的政治，赤裸裸的对等报复"。1879年缔结《德奥同盟条约》以后，他在致安德拉希的信中说："Si vis pacem, para bellum[汝欲和平，必先备战]。和平的保证不是我们的善良意图，而是我们结盟的军事力量。"[2]他在回忆录《思考与回忆》（*Gedanken und Erinnerungen*）里承认："欧洲的法由欧洲的宗教手册创造，但是如果根据正义和道德的原则将这些宗教手册视

---

[1] Ludwig,《俾斯麦》，页65、193、195。
[2] Hans Blum博士，《俾斯麦侯爵和他的时代》（*Fürst Bismarck und seine Zeit*, C. H. Beck, München 1895）第5卷，页293。这封信的日期是1879年12月18日，事由是"我们努力的最终结果"（1879年10月7日的条约）。值得注意的是，俾斯麦在维也纳向法国大使泰瑟朗（Teisserenc de Bort）介绍了先前的谈判，但是同时强调德奥同盟的和平性质。俾斯麦于1879年9月21日来到维也纳，同安德拉希、海默勒（Haymerle）男爵、匈牙利首相第萨（Tisza），以及同皇帝弗兰茨·约瑟夫（Franz Joseph）本人谈判。这个战备同盟是1914年战争的萌芽，它的预备工作就是对法国的欺骗。

[德文版编者注]安德拉希（Gyula Graf Andrassy，1823—1890），匈牙利政治家，1867年起任匈牙利首相，1871年起任奥匈帝国外交大臣，1872年同俾斯麦一道策划了三帝同盟，1879年签署《德奥同盟条约》。条约规定，在两国中任何一方遭遇别国攻击时，另一方应及时援救。

为可靠的，那则是一种幻想。"按照俾斯麦的鼓吹者的说法，这位"真的想把业务办成的诚实掮客"直到老年才有了"越来越自由和深广的虔诚态度"，1882年在帝国议会让"再也不相信启示"（！）的人意识到，"他们关于道德、名誉和义务感的概念，本质上只是他们祖辈的基督教残存下来的化石"。[1]

如果说国家自在地是对人性的否定，那么普鲁士国家就尤其如此，因为它军事、法律和神学的基础让各腐朽阶级的残暴和厌世系统地发挥作用。沦为它牺牲品的民族越是木然不觉于此，它就越是在俾斯麦之类人物的暴政下令人愤怒地挑战全世界。但令人愤怒的不仅有暴力，更甚的是它法利赛人式的不义。

俾斯麦既是典型的新教徒又是典型的容克地主。甚至可以说，他推动了新教这个概念在德国人当中的文艺复兴——通过吸收浪漫主义的皇帝观念，而这些观念主要来自路德以前的中世纪。[2] 当他以私人身份赴晚宴时，泪水

---

[1] Ludwig，《俾斯麦》，页133，"理想和敬畏上帝"（Ideale, Gottesfurcht）。
[2] 同上书，页130—132："俾斯麦是地地道道的新教徒，罗马为他而言永远是本质陌生的。他对世界列强的了解、他强大的理智、他的独立自主，特别是他**远超宗教界限的对自己罪孽能得赦免的坚信**，都恰好让新教落到了他的身上。他在1870年7月那个决定性的夜晚读到赞美诗集里的一首曲子时，记录下这意义深远的一天并用低地德语方言补充了一句话（读来简直出自路德本人笔下）：'让上帝和冰冷的铁来决定。'"后面又写道："俾斯麦的新教有其特色，可以称之为普鲁士新教。俾斯麦自称是上帝的士兵，完成自己的职责，'上帝赋予我理智，这是上帝的事情'。"

从他面颊滚落,但这无关于神秘的爱,而是为了国家,"因为国家在此世享有权利和优先地位"。他和布道师一起度过祈祷时间,他向米哈赫勒斯(Michahelles)领事证明他的信仰:"我们每个人都在上帝的掌握之中,这种情况下最好的安慰就是一把左轮手枪,这样至少就不需要只身踏上旅程。"[1]《反社会党人法》[2]让500个家庭失去了生计。法院对1500人判处监禁,刑期累计达到约1000年。著名的社会保障立法是古往今来最大型、最灾难性的收买之一,"借助基督教人民生活的真正力量"才得以落实,它是"实用基督教"的要求,就像大选帝侯的常备军是实用基督教和新教济贫工作的要求。[3]

---

[1] Ludwig,《俾斯麦》,页131、132。
[2] [德文版编者注]《反社会党人法》(*Ausnahmegesetze gegen die Sozialisten*)由俾斯麦颁布于1878年10月21日。他以皇帝威廉一世两次遇刺为由镇压社会民主党人。该法案旨在打击"社会民主党危害公共利益的图谋",禁止所有"社会民主主义、社会主义和共产主义的"协会、集会和出版物。倍倍尔等党的领导人被所在选区除名,或遭到逮捕。该法案的有效期最初规定为两年半,后经多次延长持续至1890年。尽管如此法案并没有实现预期目的:社会民主党反而由此变得更加强大。
[3] 吉森大学在1888年11月10日路德诞辰纪念日授予俾斯麦神学名誉博士头衔。拉丁文颂词称这一名誉授予"普鲁士新教建国王深孚众望的首席顾问,全世界新教事业的尊贵支柱,他守护新教教会依照自己的特性,而不受异国的、败坏它的模式统治;**目光锐利**的国务活动家,他认识到基督教只能为社会生活带来福祉,基督教是刚健有为的爱的宗教而不是言辞的宗教,是心和意志的宗教而**不是纯粹思辨的宗教**;所有德国大学敏锐的朋友,他**对新教神学系尤为珍贵**,坚定地维护新教神学系的自由——没有自由,新教神学系就无法为福音和教会服务"。俾斯麦11月22日感谢地答复:"我将这一荣誉归功于我对忍耐的和**实用的基督教的拥护**……"(Hans Blum博士,《俾斯麦侯爵和他的时代》第6卷,页323)

什么时候德国人才会说服自己相信，那个维滕贝格僧侣是个灾难？或者还有谁怀疑，由于他的宗教，上帝本身在俾斯麦时代也降为德国人之一？瑙曼说："天主教的反宗教改革是德意志精神在多瑙河畔的坟墓。"于是就有人称俾斯麦为"路德第二"和"最伟大的新教徒"，因为他把敌对宗教改革的哈布斯堡王朝逐出了德国，并代之以霍亨索伦王朝。《普鲁士年鉴》（*Preussische Jahrbücher*）1900年能这样写民族解放斗争："天才路德在1813年的春潮里出现在他的神圣民族前，就像火柱在荒野里出现在以色列民族面前。"那么将俾斯麦的帝国形容为"民族为宗教改革的成就加冕"也是对的！特赖奇克这样描绘未来的玫瑰色前景："正是普鲁士，近代最伟大的**新教**强国，将帮助其他国家挣脱无所不包的教会的锁链。"[1]

除了新教政治以外还有"挣脱锁链"的新教哲学。战争在俾斯麦看来"实际上是人的自然状态"。捕猎生活"实际上是对人而言自然的生活"——对动物和人的捕猎。"俘虏？"他在凡尔赛宫喊叫，"他们永远会抓到俘虏。他们就该把俘虏排队枪毙！"有人向他汇报，为了支付军费没收了

---

[1] 转引自一篇非常有趣的短文《德国反天主教吗？》（»Ist Deutschland anti-katholisch?«, Burns & Oates Ltd., London 1918）。另外为了幽默起见，请回想普鲁士的海因里希亲王1897年启程访问中国前夜说的那些话："我的使命只有一个：在外国传布基督陛下您的福音，向每一个愿意听讲的人传道，也向不愿意听讲的人传道。"威廉二世是耶稣，他的兄弟海因里希亲王是使徒！什么时候能在普鲁士开始进行相反的文化斗争？

主人逃亡的房屋里的财物,他称赞这一做法并说:"实际上这类房子就该一把火烧掉,只是会连累那些明智的人,可惜就不能这么办。"[1]实际上、实际上……

俾斯麦怎样渎神地对待宗教,他就怎样嘲讽地对待人民。他称议会为"清谈馆",当人们发现自己身后就是上膛的步枪时会发现这是恰如其分的评价。而且他把外交政策变成自己的私人事务,认为外交问题已经够困难的了,"300个瞌睡虫"只会让问题更混乱。毫无疑问,这是一位随性恣意的人,"所有德国人里最德意志的人"。他晓得实际的体谅、实际的善良吗?他只晓得实际的残忍。他"没多少顾忌地遵从自然欲望"。他曾经勃然大怒,因为一名普鲁士将军同挂白旗投降的图尔(Tours)居民举行谈判。如果换作是他俾斯麦,他会继续"用榴弹轰这帮家伙",直到他们"交出400名人质"。[2]这就是人所熟知的、永远声调粗鲁的容克语言,

---

[1] 转引自Ludwig,《俾斯麦》,页57、77。该书利用了俾斯麦的演讲、书信、《思考与回忆》等,以及Booth、Busch、P. Hahn、Hofmann、Keudell等人的回忆,以及Brauer、Marcks、v. Müller最近辑录的回忆。

[2] 同上书,页82。另参Moritz Busch,《日记》(*Tagebuch-blätter*, Leipzig 1899)第3卷,其中值得一提的有俾斯麦的下述言论:"法国是一个废物的民族,一个畜群……三千万驯服的卡菲尔人,他们中的任何个体都毫无价值——甚至不能和俄国人、意大利人相提并论,更不要说和我们德国人。"(第1卷,页200)或者:"如果我们无法在我们周围所有地区部署卫戍力量,那就要不定期派遣野战纵队前往表现不老实的地区,去那里实行枪毙、绞刑、放火。"或者:"拖欠税款的地区每拖欠一天就要多缴纳总额的百分之五。如果有地区顽固拒绝缴纳,装备火炮的野战纵队就应当开赴这些地区收取税款,如果遇到该地区仍不立即执行,就用炮击和放火解决。"还有:"我(俾斯麦)想,如果法国人才恢复粮食(转下页)

不懂一点教养，对敌人和对本国同胞也不做任何区分。埃米尔·路德维希先生等舞文弄墨的专栏作家竭尽全力，正是要徒劳地为那种粗野的野蛮天性披上歌德的魔鬼外衣。[1]就是那些对血腥暴力分子的颂歌，装点着普鲁士德国的诗坛。[2]

俾斯麦及其思想的兴起意味着，兽性从此不必再为自己的名字感到羞耻，因为它成了哲学。俾斯麦的兴起意味着条顿蛮族第三次也是最后一次入侵罗曼文明——1914年的世界大战。帕斯卡和卢梭警告不要傲慢，强调人和动物的亲

（接上页）供应结果又再度限制口粮，不得不再度挨饿，那么计划就会奏效了。这就像体罚一样，如果只是多揍几下——连续不断——那并没有什么效果，但是如果中断体罚，过一段时间以后重新开始，那就非常不好受了。"（第2卷，页57—58、81—82、84）

[1] [德文版编者注] 埃米尔·路德维希（Emil Ludwig，1881—1948），本名Emil Cohn，德国作家，因传记写作享有世界声誉，他1912年出版的俾斯麦传记对传主多有溢美。

[2] 参O. Nippolds，《德国沙文主义》（*Der deutsche Chauvinismus*，K. J. Wyss Erben，Bern 1913/1917），这本名著记录了普鲁士总参谋部所激发的全德战争狂热，特别注意其中医务顾问福克斯（W. Fuchs）博士1912年1月12日完全符合事实的说法："哪些人物在民族历史上最为突出，德国人的心跳将最炽烈的爱献给谁？难道是歌德、席勒、瓦格纳、马克思？哦不，其实是红胡子大帝、弗雷德里希二世、布吕歇尔、毛奇、俾斯麦这些沾血的人。他们牺牲了成千上万的生命，正是朝着他们，民族灵魂里最柔软的情感、真正满怀崇敬的谢意滚滚流淌。因为他们做出了我们今天应做的事，因为他们无人企及的勇敢和责任心。"医务顾问接着说："但是现在的市民道德必然要诅咒所有那些伟人。我国同胞看守他们的市民道德比看守任何东西都更小心翼翼——**尽管如此，他们在最神圣的战栗中仍崇拜泰坦巨人的暴行！**"——伟大的精神分析师福克斯万岁！他道出了真相、最纯粹的真相，解开了谜题。德意志民族不安的良心就是他们的道德，犯罪就是他们的天性，而叛逆者是那些为暴行恢复自然法的人。这就是德国思想史的秘密。

密关系，是在谈谦卑理想。俾斯麦和尼采把动物本能说成**实际上**人的自然状态，从而撕裂了人性，让虚无主义者和犬儒主义者充当起驯兽师。比狗更下贱的东西变成英雄理想，人再度找到了一条天才独创的道路。这样的信念传播开来：即使道德上的成就也要用肆意冲撞夺取，用威胁骗取，用狡诈牟取。

如果想知道法国和俄国1914年为什么紧密团结在一起，就请不要再从自己卑劣的动机出发推断别人，而是读一读布洛伊《血的汗》里《俾斯麦在路易十四宫中》(»Bismarck chez Louis XIV«) 一章，从中可以看到，布洛伊和多尔维利的民族1871年对普鲁士人的感受，丝毫无异于托尔斯泰的民族1813年对太人性的法兰西人的感受。俾斯麦就像是"一个老饕、粗人、嗜血的伪君子的集合体，令人感到不安"。帝国首相先生居住过的德热塞（de Jessé）伯爵夫人的房子，在他离开以后，要用酸消毒。[1]

6

几乎没有人充分注意到这个事实：德国没有出现同俾斯麦的制度及其后继者势均力敌的对手，没有高明的敌手以民

---

[1] Léon Bloy,《血的汗》(*Sueur du sang*, 1870/1871)，录自抄本《共同纽带的诠释》(*L'Exégèse des liens communs*, Georges Crès & Co., Paris 1914)，页186、188。

族之名发起抗议，或具有驳倒俾斯麦论点——即使不为这一代人，至少为了下一代——的思想力量。

温特霍斯特[1]，俾斯麦在议会里最强劲的对手，虽然成功给人留下了这样的印象，"似乎我们国王的政府里尽是要把国家变成异教统治的邪恶之徒"，似乎1872年的学校监督法案"规定要推行异教统治，把我们变成一个没有上帝的国家，似乎只有梅彭（Meppen）地区的议员先生（即温特霍斯特）和他那派是这里唯一的上帝捍卫者"[2]，但是俾斯麦充分利用教宗的独占恩典统治（Gnadenverwaltung）主张来反对温特霍斯特，成功把路德宗的多数争取到自己一边。就连温特霍斯特自己也声明赞成"国家的君主制-基督教原则"。[3] 在这一基础上，他的反对意见就沦为了教会的利益之争。"文化斗争"由俾斯麦一方**针对**罗马教廷发起，而非相反。首相甚至借此成功赢得了理性主义反叛者的好感，后者原本是他在政治领域最激烈的反对者。

至于社会民主党，倍倍尔在新的帝国议会上宣称他"在

---

[1] ［德文版编者注］温特霍斯特（Ludwig Windthorst，1812—1891），德国政治家，1851—1853年和1862—1865年两度担任汉诺威王国司法大臣，在普鲁士1866年战胜奥地利、汉诺威和非法合并汉诺威后，任逊位国王格奥尔格五世（Georg V）的全权代表，1867年起为帝国议会议员，是天主教的中央党最主要的代表。
[2] 出自俾斯麦1872年2月9日关于义务教育法的演讲，参Hans Blum博士，第5卷，页49、56。
[3] 出自温特霍斯特1872年2月8日的演讲。

宗教上是无神论者，在政治上是共和主义者"*，倍倍尔一定坚信，他这些话宣示了彻底的敌对立场。但他无论怎样诚实勇敢，毕竟是普鲁士士兵之子，为了一场正派的事业甚至不惜"冒着枪林弹雨"。1870年的容克地主战争不幸必须算作这样一场正派的事业。就连梅林也认同：

> 尽管俾斯麦做了许多坏事，尽管北德意志联邦同一个民族的理想国家毫无共同之处，但终究也有必要向外国表明，德国决心而且也能够按照自己的意志行事。人民只是透过所有的外交谎言（透过所有？）看到一件事实：为了保证民族的生存，必须进行战争。[1]

9个月的监禁才让倍倍尔明白，人民的斗争**不是**为了自由、不是争取民族生存，相反是为了容克地主的自由、为了容克地主的民族生存。俾斯麦不需害怕"宗教上的无神论"，也不需太害怕"经济上的共产主义"。他自己就比倍倍尔更彻底得多地主张前者，只不过用虔信主义来修饰；他虽然自己耽于物欲，但却在满足自己的食欲以后用社会保障立法丢下用于恩赐与和解的残渣。

俾斯麦的制度比他官方的对手更强大。这个制度汇集了

---

[1] Mehring，《德国社会民主党史》第4卷，页5。（中译参见梅林，《德国社会民主党史》第4卷，页5。括注系引者胡果·巴尔所加。——中译者）

* 中译参见梅林，《德国社会民主党史》第4卷，页125。

德意志民族数百年的马基雅维利主义，汇集了从官方国家教会到社会民主主义教条联盟的权威体系。无神论、唯物主义、神人同形论、自然哲学等派别都贪求利益、发迹、享受和保障，都在这个制度中尽情膨胀。这个制度达到了登峰造极的道德毁灭，俾斯麦是继路德和黑格尔之后毁灭道德的最恶劣的代表。[1]

不要把德国人看得肤浅。他们深刻，非常深刻。他们在地下向所有方向挖掘矿井和通道，但——只是因为狡狯和逃避，逃避他们应当走的笔直、符合人性逻辑的道路，只是因为要摧毁，无论摧毁的是道德、宗教还是社会，因为关系到他们的"自由"。我说的不是音乐——音乐是我们在奴役中放射出的光彩。我说的是我们所受的奴役本身，那种隐蔽的、潜藏的、阴森的本质，它在和善、诚恳微笑的乐观主义

---

[1] 俾斯麦之后便无从再谈观念，只存在国家哲学和战争经济学。戈比诺、特赖奇克和张伯伦统治着思维机器。参 H. Roesemeier 博士，《现代德国心态的根源》(*Die Wurzeln der neudeutschen Mentalität*, Der Freie Verlag, Bern 1918)："现代德国的精神领袖——此外人格的原生力量和丰满在现代德国唯一的文学代表——是历史学家特赖奇克。他将俾斯麦民族的普鲁士德意志帝国视为世界发展的顶峰，他将黑格尔对国家的神化从抽象思维领域引入日常政治的现实，为惊人的仇英情绪奠定了基础。特赖奇克对现代德国心性的影响，予之以怎样高的评价都不为过。"（页25）（此处"民族的普鲁士德意志帝国"戏仿了"德意志神圣罗马帝国"的国名。——中译者）

［德文版编者注］戈比诺（Joseph Arthur Graf de Gobineau, 1816—1882），法国外交官、作家，他的四卷本著作《人种不平等论》(*Versuch über die Ungleichheit der menschlichen Rassen*, 1853—1855) 奠定了种族主义的基础，宣扬雅利安种族优越论，对尼采、瓦格纳、张伯伦均有影响。

的憨傻外表下，恶毒地为早已堕落的、丧失掉正直男子气的人报仇。当我们狂喜地请来上帝而不是请来魔鬼，纯粹、狂喜、明白、筋疲力尽地重现在世人面前，我们唯一的希望恰恰就是这可怕的深刻。

青年尼采身上蕴含着对俾斯麦的威胁，他强健的天赋和活力足以消灭偶像崇拜，折断奥丁之剑。他在瓦格纳玄秘的影响下长大，浪漫主义者的影响在此延续：挣脱堕落和退化，在人性的范围内崇拜上帝，消灭杜撰出并专横地颁布道德世界秩序的迂腐分子，消灭对心灵和精神的奴役，解放我们被掩埋的、小心谨慎的、最甜美的 vox humana［人性之声］：**民族的精神统一**。如果说贝多芬和苏瑟的精神仍然鲜活，那么巴阿德、诺瓦利斯和荷尔德林则是长存在瓦格纳的音乐里。[1] 俾斯麦追求物质的、经济的、外在的统一，可怖又可厌地运用暴民的办法。应当追求且能够找到的，是内在的、精神的、更高的统一。

尼采出自最好的老师门下：叔本华和瓦格纳，浪漫主义的两位教父，这个民族所产生的最人性、最深邃的心灵中的两个。叔本华的悲观主义弃世、生硬内向的澎湃情感曾打动并引领过他。叔本华的悲观主义，难道不是狂热追求真理的人看透充满幻想的骄横世界（这是一个既充满黄金心灵又

---

[1] ［德文版编者注］苏瑟（Heinrich Seuse，1295—1366），拉丁名 Suso，德国神学家、神秘主义者、多明我会修士，埃克哈特（Eckhard）大师的学生，他的自传是德语写作的最古老的自传。

充满最卑鄙市侩气的世界）的骗局后的失望？[1]谁曾像他一样，如此彻底地拒绝"文化"，拒绝源自黑格尔的新德意志帝国以及帝国对力量和精神的自夸？谁曾像他一样，如此尖刻而无情地鞭笞追求享受的普遍迷醉？梅林总是出于党派偏见称他为"吓破了胆的小市民阶级的哲学家"。[2]叔本华理

---

[1] 叔本华论幸福（Glück）时说，幸福注定要"失败，或者被人认出是一场幻觉"，他形容生命是一场"持续的骗局，无论是大事还是在小事上"。见《叔本华全集》（*Schopenhauers Werke*, Eduard Grisebach编，Reclam-Verlag，Leipzig）第2卷，页674。有趣的是他的传记作家福克尔特（Johannes Volkelt）对此的评论："叔本华的弃绝世界、否定生命，难道不早就是著名的奇谈怪论吗？当今的青年人尤其充满了对**充分品味幸福**、对体验**享受**的渴望，而且他们的享受要在丰富、新颖、利用的深度等方面都远超老一辈人所体会过的所有乐趣。同时，他们又大胆地深信这样的幸福是能够触及的。"Johannes Volkelt,《叔本华：人格、学说、信仰》（*Artur Schopenhauer. Seine Persönlichkeit, seine Lehre, sein Glaube*, Fr. Frommanns Verlag, Stuttgart 1900），页1。（后文简称为《叔本华》。——中译者）

[2] Mehring,《莱辛传奇》，页422："自《共产党宣言》1848年问世以来，德国资产阶级哲学的时代便终结了。资产阶级哲学在高校认可的代表烹调出的形形色色的折中主义稀粥，一年比一年无味。为了满足资产阶级的哲学需求，出现了一批**时髦哲学家**，他们根据资本主义每时的发展变换，一个取代另一个。从19世纪50年代初到60年代中期的**时代人物**（！）是叔本华，他是吓破了胆的小市民阶级的哲学家，黑格尔狂躁的仇恨者，否认一切历史发展，作为作家他不无悖谬的才智，不无丰富的、与其说深刻广泛不如说驳杂的知识，不无古典文学的余晖——那是他曾在歌德太阳般辉煌的目光下亲身领略过的。但是他**胆小如鼠、自私自利和爱中伤的风格**正是资产阶级在精神上的反映。被厮杀声吓坏的资产阶级浑身战栗地缩回家里老实领取退休金，像咒骂瘟疫一样咒骂所处的伟大时代的理想。"真是经典的判语！黑格尔狂躁的仇恨者，的确如此！黑格尔哲学及其对历史中自行发动的、不断实现自身的理性的信仰，黑格尔、马克思的进化论，在叔本华看来当然是"半疯的"。

解的概念，是德国在发展中不幸丢失的概念：傲慢、罪孽和罪责的概念。他理解的英雄主义，可以埋葬整个条顿社会民主党：圣徒和禁欲主义者的英雄主义。[1]叔本华如果还活着，不会赞成战争贷款，不会为民族和政治的统一牺牲精神统一，不会**为民族统一牺牲人性统一**。叔本华有一个社群，就是当时年轻的知识分子党派，他们以他之名起誓弃绝"无耻的乐观主义"，这种乐观主义在1871年欢庆农神节（Saturnalien），在1918年戛然而止，但是直到今天仍没有得到反思。叔本华身上复活了帕斯卡，复活了对心灵和泪水的申辩、对真正的理性和不可动摇的诚实的申辩。他的哲学忍受着激情而非寻找激情，他的哲学在每一个生灵那里都能看见被钉上十字架的耶稣的流血伤口，他深具基督教色彩的天才学说（上帝必须得救这个秘密），他关于幻想的哲学将孤独和限制的痛苦引渡向所有人在艺术中的共融——正是这些令瓦格纳和尼采都折服于他的魅力。[2]

---

[1] Volkelt,《叔本华》，页250："我们突然听见有人说，世界本身就有道德意义。这种极其强烈的表述，叔本华在抨击自然主义世界观时仍觉得不够强。他认为把世界说成'纯粹物理的、没有道德意义'是'根本的''最下流的错误'，甚至是'思维的真正倒错'。'人生命的主旨就是它伦理的、永远有效的价值。'叔本华青年时就反驳谢林，指出道德是**最现实**的事物，与之相比其他所有表现为现实的东西都不免陷入虚无。"——请比较后面对罪孽、罪责和赎罪的论述（页251、256）："现在可以谈到世界的神圣道德秩序——当然它令人感到害怕。世界的苦难因为基于罪责而变得合理。在叔本华那里可以明确读出：对生命的肯定**作为贪婪、不假思索的**肯定，本身就是原罪。"
[2] 瓦格纳的《尼伯龙根的指环》，特别是战争之神沃坦（奥丁）（转下页）

我绝对不赞成叔本华的个人救赎思想。我把他的美学和他鼓吹的涅槃都看作遁词，从不讳言我对此与对另一个浪漫主义概念——普遍性——抱有同样的异议。问题（自法国大革命以来）再也不是自我救赎，不是为了逃避不可预料的现实而遁入艺术和幻想。相反，问题在于解决这个现实，在于包括最后一名被遗忘的社会成员在内的**社会救赎**。问题在于所有受苦人的物质解放和精神解放，在于基督教民主制度。但是在以有效的方式运用概念之前，必须先有概念存在，因此使救赎思想在市侩风气最繁盛的时代中重生的崇高功绩，理应属于叔本华和瓦格纳。[1]

只有阅读尼采青年时期的作品，才能知道怎样的伟大而丰饶思想的集合，将这三位人物联结在一起。尼采写道：

> 叔本华的生命意志，在（瓦格纳）这里得到了它的艺术体现：这无目的的幽暗的驱动力、这狂喜、这绝望、这受难与渴望的声音、这爱与热忱的重音。[2]

（接上页）这个形象，崇高地表现了叔本华那作为世界本质的"罪恶深重的意志"。参 Artur Prüfer,《拜罗伊特戏剧节演出》(*Die Bühnenfestspiele in Bayreuth*, Leipzig 1899), 页110及以下。

[1] 尼采1874年的一则格言说："作为圣人与天才重生的深切渴望，对共同的苦难与错觉的洞见，对同类与同样受难者的敏锐感知，对少数救赎者的深切感激。"(《作为教育家的叔本华》[Schopenhauer als Erzieher], 载于 *Werke*, 第10卷, 页319)

[2] *Werke*, 第10卷, 页449, 1874年1月论瓦格纳。

他沉醉在叔本华研究里：

> 他（叔本华）异常伟大：再次看透了存在者的心灵，而没有学者的抽象，没有经院哲学令人吃力的拖拉与缠绕。他破坏了世俗化，但也同样破坏了科学的野蛮力量。他唤醒了最宏伟的渴望，正如苏格拉底唤醒过同样的渴望。宗教的实质已经被人遗忘，艺术对生命的意义同样被人遗忘。叔本华同所有今天被算作文化的东西都矛盾对立。[1]

将救赎思想用在"文化"上——这就是一个诚实的心灵面对的任务。但尼采（也）是新教徒；他的民族的和时代的利己主义对他的控制，比他自以为的更深。他受布克哈特和文艺复兴的影响[2]，心里很快涌动起疑虑，既怀疑叔本华也怀疑瓦格纳，而且尤其怀疑二者之间的纽带——他本应巩固这条纽带，结果却解开了它：罪责与弃绝的精神、谦卑与弱小的精神、过错和迷途的精神。

瓦格纳在帝国建立以后同罗马和拜罗伊特妥协，同他国王陛下的商务顾问和忏悔神父们妥协，让宗教救赎音乐疯狂地物质化——尼采将其归因为"垂死宗教"的瘟疫气息，而

---

[1] *Werke*，第10卷，页302。
[2] ［德文版编者注］布克哈特（Jacob Burckhardts, 1818—1897），瑞士历史学家，巴塞尔大学教授，代表作是《意大利文艺复兴时期的文化》（*Kultur der Renaissance in Italien*, 1860）。

不是归因为面对强迫人卖身的制度时的不抵抗。尼采不去否定凌辱了宗教与良知的**国家**，而是按照国家的意图否定所谓**宗教**的"残余"。他宣称宗教要为这位大师的动摇负责，那些残余不同也不容于"日耳曼本质"。[1]是的，他把基督教道德说成真正的堕落，而不是把基督教道德恰恰当作批判国家观念的出发点。

现在他发现："再也没那么容易可以实现生命的否定：无

---

[1] 尼采曾评论瓦格纳："他发明了同罗曼精神相对的德意志精神。"（*Werke*，第10卷，页446）以及："瓦格纳置身于一个宏伟的时刻：所有早先时代的所有宗教教义里的偶像和崇拜物都动摇了。他是宗教与诸神的黄昏将尽时的悲剧诗人。"（同上书，页457）但是很快他本人强调："如果有谁说日耳曼人是按照基督教典范所预定的民族，那么这不可能不是无耻妄言。因为这个说法的反面不仅是正确的，而且是一目了然的。为什么两位杰出犹太人——耶稣和保罗，历史上所有犹太人里也许最具犹太民族性的两位——的发明恰好对日耳曼人比对其他民族都更亲切？两人认为，每个人的命运、之前之后所有时代的命运，乃至地球、太阳、星辰的命运，都取决于犹太人的一件事：信仰是犹太人 non plus ultra［而无关其他人］的信仰。这种极度的道德敏感曾把拉比而非懒汉的理智磨砺得异常敏锐……教士的等级制和民间的禁欲苦行，无处不意识到自己身处荒野而非丛林的边缘——所有这一切怎么同懒惰却好战且掠夺成性的日耳曼人协调起来，同冷血的狩猎爱好者、啤酒饮者协调起来？他们至多达到印第安人宗教的水平，一千年前仍没有停止杀人献祭。"（*Werke*，第11卷）

［德文版编者注］耶稣和保罗作为犹太人将基督教这门精巧的宗教强加给作为优秀战士的淳朴日耳曼人——这是尼采巧妙阐述的观点，后成为希特勒日常讲话的论据：尼采所启发的反犹立场。尼采攻击主张同情的基督教，认为它是犹太人的发明，软化了英勇的日耳曼人。20世纪的德国历史不幸证明，这种犹太人制造的基督教并没有发挥多大作用，日耳曼人却保持了尼采在这里兼怀爱意与讽意所形容的"杀人献祭"传统。胡果·巴尔青年时期深受尼采影响，这里体现了他敏锐的历史预感。

论做隐士还是僧侣，又否定了什么？"以及："存在如此多种的愉快感觉，以至于我绝望地认为无法决定何为至高的善。"他没有走近中世纪早期的学说，而是遵从法国旧制度（ancien régime）时期的道德主义者[1]，遵从费尔巴哈、鲍威尔和施蒂纳的派别。他试图重构日耳曼的"元文本"，日耳曼人"实际的"自然状态，即前基督教的野生状态，他相信这样就能在排泄掉东方的、犹太人的各种道德主义以后造就一个纯粹的民族。他认为瓦格纳陷于观念混乱和停滞不前，而他要保护未来的天才避免这样的情况。[2] 在他看来，机敏的个人如路德、康德和施蒂纳是良知的保障，于是他——尽管出于品位原因反对宗教改革——还是滑向了宗教改革的轨道，滑向与1789年以来各民族新觉醒的集体意识相左的立场。

他仍受瓦格纳影响时所写的《悲剧的诞生》就已经预言了一种悲剧的文化，而且他支持个人消解在悲剧中。现在他把反教会的斗争扩大为反基督教（等同于反对市侩和畜群）

---

[1] ［德文版编者注］道德主义者（Moralist）一般指法国18世纪下半叶即法国大革命前的"旧制度"时期的散文和格言作家，代表有拉罗什富科和拉布吕耶尔（La Bruyère）等人。

[2] "早在1876年夏天，在首次节庆演出的日子里，我已同瓦格纳告别。我无法忍受模棱两可的东西；自从瓦格纳返回德国后，他一步一步地堕落到让我鄙视的地步，甚至堕落到反犹太主义。瓦格纳，表面上是大获全胜者，实际上却是一个腐朽和绝望的颓废者，茫然无助，疲乏崩溃，突然跪倒在基督的十字架前。"（《尼采反瓦格纳》[Nietzsche contra Wagner，1888]，页246）为什么不茫然无助？为什么不疲乏崩溃？为什么他不可以这样？（中译参见尼采，《瓦格纳事件：尼采反瓦格纳》，卫茂平译，上海：华东师范大学出版社，2007年，页144。——中译者）

甚至反道德本身的斗争，相信这样的做法更为激进。[1]他攻击的正是最基督教、最人性的品德：爱邻人、同情、慈悲。牧师之子的灵魂在他身上跳动。新教教徒从老一辈祭司传下来的傲慢和自负，在吕岑战场上诞生。[2]

他变得"独创"（originell），受制于新教的原罪，而且对普鲁士新教徒的义务精神和士兵精神产生出愈发亲密的好感。他没有像叔本华一样光大中世纪的智慧，而是认为那些观念已经枯竭耗尽，像马克思一样将其弃置不顾[3]，却找不到替代物。他设定了主人道德和奴隶道德，把伟大的法国革命与福音书共有的自由理想归为后者，却把文艺复兴的、前苏格拉底希腊的自我崇拜归为前者。他希望击中直觉的混乱、距离感的缺乏、德国的卑鄙，而他在盲目中倾向于支持普鲁士傲慢的纪律条例，而非天主教会的等级制度和僧侣的精神纪律。[4]他相信他撼动了世界死亡般的昏睡，因为他给条顿

---

[1] "人们理解我了吗？——狄奥尼索斯反对被钉十字架者。"这是《瞧，这个人》（1888年）的最后一句话。尼采1888年11月20日致勃兰兑斯（Georg Brandes）的信说："《瞧，这个人》这本书是对被钉十字架者最不留情面的一次攻击。本书结尾将闪电惊雷掷向基督教的和感染了基督教的一切事物，令人耳鸣目眩。说到底，我是基督教的第一个心理学家。"

[2] [德文版编者注] 吕岑（Lützen），莱比锡西南的城市，三十年战争期间，瑞典军队1632年11月16日在此击败华伦斯坦率领的帝国军队，瑞典国王古斯塔夫二世·阿道夫（Gustav Ⅱ Adolf）战死。

[3] 几乎与马克思同样的话："我把各种宗教理解为麻醉剂。"结语是："但如果把宗教交给日耳曼人这样的民族，那它就是纯粹的毒药。"（Werke，第10卷，页407）

[4] "我的出发点是普鲁士士兵：他们具有真正的传统、约束性强、态度严肃、办事精细，且仪容整洁。他们产生于需要，当然很少带有（转下页）

精神卸下了最后一道良心枷锁。他不由自主地变成了绿眼獠牙、满脸凶残裂纹、猖狂得志的鬣狗的传令官和掘墓人，这群鬣狗现在正以哲学为根据刺激和煽动民族热情。

他意识清醒而且知道自己的责任，一步步地、越发彻底地销蚀他自己的根基，这违背他的情感、他的感觉，甚至违背他原有的洞见。[1]他越是孤立，就越是把这种孤立称作他新的英雄主义、他更崇高的精神、他的勇气。他最终无力再聚起他自己散开的东西，他丧失了那种最高的力量，即控制自己的力量、执掌钥匙的权力（Schlüsselgewalt）。正是在他与现代历史最大的拜撒旦者拿破仑相遇的时刻，他崩溃了，他感到不得不支持最严厉的专制、培育和驯化。

7

本书探讨的目的，绝不是介入神学学派彼此的争论。尽管如此，仍有必要支持宗教的彻底解放而非彻底毁灭，因此有必要撼动知识分子的那个最强大的等级——祭司和灵魂官员的等级。

（接上页）'简单和自然'！他们对历史的态度是经验的，因而的确是有生命的，而非习得的。这种态度对一些人来说近乎是神秘的（！）。它的基础是身体的纪律和忠实履行义务的严苛要求。歌德是这里的榜样：狂烈的自然主义（！）逐渐变成肃穆的庄严……"（*Werke*，第10卷，页279，写于《历史学对于生活的利与弊》[1873年]时期）

[1] "我承担起帕斯卡和叔本华受到的诅咒。有人能比我更忠诚地追随他们？"（*Werke*，第11卷，写于《人性的，太人性的》[1875—1879年]时期）

两股强劲的潮流在相互矛盾中建立起了教会的思想大厦：官方正统的学说和圣人、神秘主义者、先知的学说。我说二者相互矛盾（Widerspruch）而非对立（Gegensatz），因为正统经常不知道他们的诸位圣人是异端还是上帝之子，仅这个事实便足以动摇教会是基督化身、基督是上帝的化身的概念。福音书里的两句话相互矛盾："你是彼得，我要把我的教会建造在这磐石上"和"我的国不属这世界"。*

不同时代和不同学派的福音批判已经得出结论，福音文本经历过最早的犹太教士和拉比的修订，甚至使徒本人就是圣言自觉或不自觉的编者。如果在神学问题上赞成闵采尔和修道院长约阿希姆，否认耶稣基督真是上帝[1]，否认4世纪的福音文本真是上帝之言，那么就要指望基督的愿望和善良意志保护我和读者免遭灾祸。基督做出见证，福音书做出见证。上帝不可能化为肉身，也不可能显现。在我们当中不存

---

[1] ［德文版编者注］胡果·巴尔一再强调基督教的博爱，但这里一定程度背离了基督教，因为无论天主教还是新教都以耶稣基督的双重性作为基督教的基础。耶稣既是神又是人，正如他父母的身份所体现的：天国的父和尘世的母。上帝通过耶稣化为肉身，即变成人。巴尔正是反对这一点，由此否认教会（无论天主教或新教）以耶稣的代理人自居所要求的体制内的权利。

巴尔认为，耶稣是先知和圣人，同所有渴盼上帝的人一样，所有这些人在这一层面上都是"上帝之子"。他关于上帝的观念也不外乎是这种模糊的渴盼。上帝是全爱、全知，"永远无法实现又永远应当追寻"，不外乎是人对当下和彼岸世界都不存在的一种完美状态的追求。——因此巴尔重新皈依天主教以后从《宗教改革的后果》里删掉了异端色彩的第7章。

* 分别出自《马太福音》16.18和《约翰福音》18.36。

在奇迹（Wunder），只有神奇之事（Wunderbares）。奇迹是完美地化身为暂时形态的永恒，它从来没有出现也永远不会出现。上帝和自由是同一的。地上的上帝之国是渎神，有形的教会是渎神，教宗无谬误论是渎神，神权统治、以上帝之名动用暴力是所有渎神里最渎神的。上帝是所有人的精神共融里最卑微的人也有的自由，上帝是全善、全爱、全悯、全智，是永远达不到又永远追求的至高思想。上帝是困在大地上的人们的痛苦和渴望。"上帝之子"、先知和圣人接近上帝，只会更深刻地发现自己对人类的罪责。

对启示的信仰导致有形的教会建筑在错误根基上。上帝道成肉身化为基督其人的学说，发明出来是为了反抗罗马贵族对犹太人的仇视，为了在迷信的民族里为新教义增强权威，却制造了绝对的拯救真理，制造了一种错误的、夸张的、个人的救赎学说。绝对的救赎真理在教会内道成肉身，这样的学说导致教会垄断对圣体的掌管。关于上帝的知识是教士的特权，无知的信众需要家长制管理，家长制扩大了神学贵族同粗野凡俗的无产阶级的对立。

如果福音里要把教会建造在彼得这块磐石上的话是真的，那么这就是基督的罪孽：他从上帝的见证人变成了宗教的创始人。使徒的罪孽则是，他们从福音的文字里推导出一套救赎的活动。谦卑、负罪感和战栗以真诚的认识为基础，是崇高道德为自我设定义务的前提，无法纳入教条的法典。登山宝训里基督要求爱人的诫命是简明的，所有生灵都能听懂；改宗的拉比保罗给诫命加上了他对基督的个人悲剧的个人解释。[1]神子自我牺牲的学说，加上各种深刻却远离人民、艰难费解的符号，确保教会的知识凌驾于教众的智力之上。

实用主义和犹太人的膨胀欲望歪曲了一位大师的作品，为灵魂建立了败坏的统治。教会在4世纪对异教国家做出妥协，对此甚至伊万·卡拉马佐夫也承认[2]，更应当让世俗王国转型成为教会，并放弃那些无法与教会相容的目标，而不是反过来。教会在10世纪进一步同野蛮的德意志国王们妥协，授予他们保护人和"基督教世界皇帝"的荣誉，换取他们用剑传播基督教信仰的誓言。神学贵族与封建贵族结成一个宗法同盟，他们尽管在等级问题上相互争斗不休，但对共同的臣民建立了一套普遍的思想和军事专制制度，要求他们自觉地献上并祭出自己拥有的身体和心灵、财产和鲜血。普世国家及其神职和世俗高官奸猾而傲慢地管理全体农奴和奴隶的劳动。"上帝意愿的社会制度"、"上帝意愿的人身依附"和"上帝意愿的现实"等都产生于此，一直延续到今天。教会同国家的妥协使人遗忘了穷人的福音，只关注基督牺牲的悲剧。神学同世俗王国的妥协，从基督的"牺牲"里提取出

---

[1] [德文版编者注]所谓保罗改动耶稣的文字，是包括反犹主义者在内对保罗常见的指责：拉比、犹太人保罗——实际他不是拉比——篡改了耶稣的学说。这种说法无视除保罗以外，耶稣、门徒和福音信徒全都是犹太人，基督教就产生于犹太教。

[2] [德文版编者注]《卡拉马佐夫兄弟》是陀思妥耶夫斯基的最后一部长篇小说。胡果·巴尔对陀氏深有共鸣，特别是对基督教的博爱和乌托邦社会主义的向往。

了敲骨吸髓地剥削被钉十字架的各民族的方法，闷死了异端和造反者，把臣民可能提出的对幸福的诉求也放逐到彼岸世界。神权统治变成了所有可能设想的奴性的培养皿。

神权统治不是建立在幸福，而是在受难之上。受难是教义。神权统治利用神圣的使命使人敬畏自己，利用臣民的信仰树立权威。用武力传播爱的学说，用暴力维持或迫使人受难。顺从是最高的美德。世界是一个骗人的、必须战胜的幻象。普遍的堕落亟须一位集权的君主。忠诚、朴实、履行义务，就会得到"恩宠"。天国的恩宠归于上帝的代表，教宗的恩宠归于世俗君主。这是一个基督教加中国式的亡灵国度。世界已经得救，上帝曾经在世，所有一切已经发生。

这个以偶像崇拜（整个道成肉身的学说就是偶像崇拜）为前提建立起来的制度的意识形态今天仍在起效，完全没有沦为空洞的魔法、沦为程式，其原因之一是这样的事实：不久以前奥地利皇帝的头衔等级仍让全世界的耶稣会士和教众争执不停，德国皇帝作为新教教会的最高主教喜欢选择牧师一样的帝国首相。更重要的是，奴性一直存在。不断有出身自由的知识分子，为天主教或新教的国家教会贡献自己的思想体系。普鲁士国王作为最高主教同时又是他所有大学的总督学、总参谋部的最高统帅。大学教师是他的学术卫队，能像军士一样为他驱遣，实际也已经为他驱遣。

只有根据神权统治解释德国和奥匈帝国政府的行动，解释臣服于两国政府的人民群众的态度，才能真正认识何为滔天罪恶。全德国意识形态的偏见最终都可以回溯到神权统治和德意志民族神圣罗马帝国的偏见。道德优越感和自负救世天职的傲慢、高等文化的傲慢、暴力征服"边缘民族"的权利、对这些民族道德品质的鄙视、战争中和欧洲政治问题上的审判官派头、征伐惩处"欧洲道德心脏"的背叛者，所有这些都是中世纪普世国家的浪漫主义词汇表里的词语，还属于那些漫长的世纪，那时世人共尊的神圣罗马的"基督教世界皇帝"正是在德国"保卫"文化世界，那时德国既是繁华的展览厅，又是流氓和醉醺醺的军队的演兵场。

基督教-日耳曼的教义规定上帝统治世界、精神统治物质，皇帝对臣民、学者等级对无知的群氓行使监护权。这教义在宗教改革时代产生了分裂，天主教贵族的神权统治更重视彼岸，而新教的更重视此岸。霍亨索伦王朝的崛起及其统治从普鲁士向全德国的扩张，只有在鲁道夫二世、查理五世等政治上追求普遍统治、宗教上却逃离此世的哈布斯堡皇帝忽视德国时才有可能。天主教一边以"受难的"基督教、更为属灵、轻视尘世、音乐、浪漫主义和秘密外交见长；新教一边的特点是"实用"基督教、对传统遗留的废物的全面清扫、行政和司法、监狱和慈善机构、教育体系、客观性、完美设定的目标（被称为组织制度）。奥地利首要的是"文化使命"，辅之以残酷的袭击；普鲁士首要的是"光荣的"军事权威。神权统治的理想和模范，在普鲁士是赦罪从军的罪犯（见第二章第5节），在奥地利是有纪律的宗教狂热分子、感官的密探和演员、老于世故的耶稣会士。奥地利最辉煌的名字是梅特涅，他是教宗的朋友，战胜了粗野的拿破仑，对自己创建的"神圣同盟"嗤之以鼻，是1815年维也纳和会这出"欧洲协奏曲"（神权统治的君主和外交官们最显赫的反动大会）的指挥；普鲁士最神圣的名字是弗雷德里希二世，他是新教的教宗（他最早发现了这一点），战胜了全世界的围攻，义务感和施虐癖支撑起他专制君主的骨架，他是国家的第一公仆、德国知识分子口吃的教官，既懂得也乐于用法语教给他们普鲁士的作风。

必须写一部德国马基雅维利主义的历史！这部史书会得出令人震惊的结论，会告诉读者：第一，普鲁士统治者（如弗雷德里希二世）在同哈布斯堡的对抗中领会了神学观念，但御座和布道坛上的普鲁士马基雅维利主义者从一开始欣赏这种观念就只是因为其效用，结果起初在德国（如俾斯麦）、其后甚至在奥地利（如鲁登道夫）[1]皇帝的象征地位都要服从普鲁士国家的全能，被当作后者的手段和工具；第二，18—19世纪之交的马基雅维利主义思想同德国哲学家的基督教良知相矛盾，产生了激烈的体系冲突，最后实用精神在拿破仑的影响下获胜，意识形态下了地狱，随着德意志帝国成立，俾斯麦建起了一座用路德宗的上帝之国粉饰门面、让最

---

[1]［德文版编者注］鲁登道夫（Erich Ludendorff, 1865—1937），普鲁士军官，1908—1912年任职总参谋部，1916年任最高陆军指挥部的军需总监，负责辅助兴登堡进行军事指挥。他实施了无限制潜艇战，并迫使主张议和的首相贝特曼·霍尔韦格下台。1918年因为同巴登亲王马克斯的分歧被迫去职。1919年以后活跃于民族主义、反犹主义和纳粹的活动，并于1923年参与了希特勒在慕尼黑的政变，但后与希特勒意见相左，自行建立民粹主义的"坦能堡同盟"。他对奥地利并无文中所说的影响。

可耻的商业马基雅维利主义大放光彩的建筑；第三，德国哲学的新教"观念论"（费希特、洪堡、黑格尔）从来没有放弃浪漫派的普世国家思想，他们体系的本体论（惯性）原则对应上帝已死、救赎已完成的教义。世界是静止的，世界的问题只需更清楚地定义、描述、理解，以便纳入等级序列。这些哲学家是旧正统伪装起来的秘密警察，派遣到世界上来是为了毁坏真正的上帝、真正的世界和真正的理性。他们的体系不会产生出别的结果。没有人明确拥护基督，没有人明确拥护魔鬼。最激进的自由党和最奴性的宫廷佞臣可以为了最截然相反的目的同时援引他们。

总之要揭示，德国马基雅维利主义的历史（这本书还应为马克思和拉萨尔专辟一章）将神圣罗马帝国的宗教思想体系败坏为功利算计，这场争夺最高权威的斗争直到今天在德国仍未终结。除此之外还有脱离人民的知识等级、德国光辉的人文主义时期依旧存在的经院哲学，其代表康德、费希特、谢林、洪堡和黑格尔的整个政治思辨仍然从个人的恶与堕落出发，而国家正是要建立在这样的个人之上。德国的教师爷本来打赢了1866年和1870年的战争，却小心地不让人民知道德国思想家的自由主义态度，不让傲慢的学者圈子知道人民和"乌合之众"的高明见解。他们缺少爱、献身和痛苦。德国不曾有过俄国的虚无主义者、服务人民的先锋知识分子，它只有学究、空想家和钻营者。

因此我在本书开头和结尾，都怀着深切的敬爱之情复述陀思妥耶夫斯基的话。他1870年从德累斯顿给迈科夫

（Maikow）的信中写道：

> 最兴奋、最激动的是教授们、博士们、大学生们，而平民百姓却没怎么样。一个满头白发的学者高声喊道："应该轰炸巴黎！"瞧，这就是他们的科学成果。如果不是科学的成果，那就是愚蠢的成果，虽说他们是学者，但他们却是一些可怕的蠢材。我还观察到：这里的人全都识字，但他们却是那样缺乏教养，令人难以想象。他们愚蠢、狭隘，兴趣极其低下。

1871年2月5日又写道：

> 他们叫嚷："青年德意志！"恰恰相反，——这是一个耗尽了自己力量的民族，因为他们信赖刀剑、血腥和暴力，甚至都没有想到过还有精神的胜利，而是以军曹的粗暴态度对此进行讥嘲。*

陀思妥耶夫斯基在德国看见的，是粗野的浮士德博士，是耗尽力量的神权统治的凶恶的石膏遗像。

---

* 中译参见《费·陀思妥耶夫斯基全集》第22卷，郑文樾、朱逸森译，石家庄：河北教育出版社，2010年，页789—790、809，有改动。

后 记

在上述几章中,我尝试从几个角度出发展开对泛德意志意识形态的批判。我知道我不是第一个这么做的人。我建议德国知识分子审视他们的英雄,揭示了德国思想结构里以路德、黑格尔和俾斯麦为主要代表的堕落的、国家实用主义倾向的、新教的根源。我想再次强调,我所称为敌基督、渎神和侍奉魔鬼的东西,是指政教合一、用宗教为专制辩护、把上帝和观念变成现实事物、用粗野的国家权威治理观念、追求穷兵黩武的"地上天国"。新教是一种邪说,地位稳固的天主教的一种邪说。上帝和自由是无法实现的理想。国家是一种状态、一种偶然,需要浸透神圣观念并消解在神圣观念里,而不是相反。

对同盟国的神权统治制度的完整批判将揭示[1],罪责问

---

[1] [德文版编者注] 胡果·巴尔此处的总结与捷克哲学家、政治家马萨里克的评论几乎连字句都一致,巴尔认识后者并在本书中多次援引他。马萨里克同巴尔一样全面地考察了世界大战的罪责问题,认为问题不在于哪国最先进行战争动员等,而在于战争的原因。他认为(转下页)

题归根结底要落到教宗制度的头上，教宗制度是军国主义家长制最后的避难所，军国主义家长制以祭献上帝、代上帝统治为名，恰好在"欧洲最神圣财产"的丧钟敲响时作为它的保卫者登场，试图以此迷惑和欺骗世界的良心。我认为自由德国精神的出路，在于团结欧洲的精神，反对任何的国家形而上学不仅要管理经济问题，还要管理智识问题的神权统治诉求。经济的管理应当交给各自由民族组成的联盟，智识的管理则交给自由人组成的教会。只有当新教和天主教的上帝加专制暴君之国连同它的经济支柱——不受约束的金融——和它的意识形态支柱——无谬误的绝对主义教宗制度——一道一扫而光时，才有可能存在一个生产性质的国际，存在世界和人类的道德统一。这个国将在这场战争的所有罪行的重压下垮台。而知识分子的民主教会将接手管理圣物和良心，订立自由神权和自由人权的句法。

（接上页）原因就是泛日耳曼主义的军国主义以及与之结成同盟的哈布斯堡王朝绝对主义。他批判普奥两国是神权统治，因为新教和天主教在两国分别蜕变为国家宗教。为了指出负有责任的人，马萨里克也深入探究了德国历史，他和巴尔一样认为，负有责任的不仅是政治家与军人，还有诗人与哲人。巴尔在关键的问题上同世故老练的外交官马萨里克观点一致，证明他并非当时和现在某些人所认为的那样，是不谙世事的思想者。马萨里克是捷克斯洛伐克共和国的创建者，并任总统至1935年。1933年以后这是整个中欧和东欧唯一的民主国家。推翻这个国家的，正是巴尔和马萨里克已揭露的"一战"的罪魁祸首。见Otakar A. Funda，《马萨里克的哲学、宗教和政治思想》(*Tomáš Garrigue Masaryk. Sein philosophisches, religiöses und politisches Denken*，Bern und Frankfurt a. M. 1978)，特别是第Ⅲ部分"作为政治家的马萨里克"和其中对"一战"的分析，页207—212。

德文版本说明

胡果·巴尔的《德国知识分子批判》1919年1月出版于伯尔尼"自由出版社"(Freier Verlag),篇幅327页,含一篇7页的前言。

此后直到1970年,此书才第一次重印,加上了副标题"一部檄文"(Ein Pamphlet),由卡尔滕布伦纳(Gerd-Klaus Kaltenbrunner)编辑并撰写导言,由慕尼黑罗格纳-伯恩哈德(Rogner & Bernhard)出版社出版,篇幅325页。该版编者不得不删除一些可能带有反犹主义嫌疑的地方。据卡尔滕布伦纳1996年11月11日致托伊布纳(Ernst Teubner)的信透露,删除的原因是巴尔的女继承人许特-亨宁斯(Annemarie Schütt-Hennings)的敦促。

以这一版为底本,1980年法兰克福的苏尔坎普(Suhrkamp)出版社印行了去掉卡尔滕布伦纳导言的版本,篇幅326页。卡尔滕布伦纳的功绩在于,将巴尔的伟大著作从遗忘中拯救出来。现在本书呈现的是1919年于伯尔尼面世的原始版本，即巴尔本人付印的版本。

巴尔在1924年初开始修改原书，大幅删减并弱化了一些过激的论点，还略有补充。同年秋，修订版以《宗教改革的后果》(*Die Folgen der Reformation*)为题在慕尼黑的东克尔-洪布洛特（Duncker & Humblot）出版社出版，篇幅158页。这家出版社在一年前出版了巴尔的《拜占庭基督教：三圣徒传》(*Byzantinisches Christentum. Drei Heiligenleben*)。

《宗教改革的后果》可以视为作者的改定版，自1924年面世以来没有再版。它反映了巴尔1920年6月重新皈依天主教以后一直保持到1927年9月14日去世的立场。

巴尔的希望——德国在世界大战的灾难以后自我革新——很快就幻灭了。流亡瑞士数年之后，1919年首次返德旅行就让他明白了这点。伯尔尼《自由报》(*Freie Zeitung*)最终不得不停办，"自由出版社"也走到了终点。1920年，巴尔和妻子巴尔-亨宁斯（Emmy Ball-Hennings）在德国立足的计划也落空了。他们同年返回瑞士，定居在一个当时的贫困地区——提契诺州的阿格努索（Agnuzzo im Tessin）。巴尔在那里读的第一本书是《圣徒传》(*Acta Sanctorum*)。

巴尔-亨宁斯在回忆丈夫的《呼唤与回声》(*Ruf und Echo*，1953)中概述了当时的环境：

> 既然只有他一个人追问民族罪责问题，那么当然他的良知也就愈加尖锐地折磨着他。他写作《批判》时的严厉态度，愈加用来指向他自己。之前向外展露的激

情，现在朝向内心。他似乎在完结这本书以后就着手做别的事情了，而这本书却成了他自己最独特的命运。他原来曾希望德国革命标志着心灵的复活，现在却只感到沉痛的幻灭。因而他不得不满足于只有自己心灵的伟大复活，但他的为人决定了他无法满足于此。（页170）

成了他"自己最独特的命运"的书，就是《德国知识分子批判》。但是，改宗以后的巴尔无法同意让它维持原貌，因此才有《宗教改革的后果》的修改。

从初版《德国知识分子批判》到《宗教改革的后果》

巴尔对《德国知识分子批判》的修改首先可以看出两个意图：

其一，压缩篇幅浩长的文本，不仅删去约一半内容，而且论述集中到几个要点上。《批判》可以说是对德意志意识形态所有方面的全线出击，而《后果》集中针对德意志意识形态最主要的几个现象。

其二，剔除对天主教会及其相关制度的指责。去掉对天主教的批判以后，《后果》对路德新教改革的态度显得非常激烈，但这不是因为加入了更猛烈的攻击，相反，巴尔缓和了一些激烈表述。

经过第二点改动，1919年面世时引发过一些关注的《批判》变得符合巴尔1920年以后的立场。换言之，《批判》面世一年以后,就已经不再反映巴尔的宗教立场(也许还有政治立场),他在1924年的修改就是要解决这个矛盾。巴尔本人在《批判》中的形象也是坚定的基督徒,不过是一个异端:抨击僵化的两大教会,援引闵采尔和巴阿德主张自由的基督教、宗教知识分子的无形教会。

这种一定程度上是无政府主义的立场赋予了《德国知识分子批判》强大的力量,使它超越了当时以及后世的同类作品。巴尔没有放过任何一个对德国的灾难负有责任的人,击中了每个人:无论是被特别针对的路德还是天主教徒和民族主义者,无论是康德还是尼采。巴尔无党无派,这是他伟大的地方。但这也成了《批判》很快被忽视、被遗忘的原因:此书无法帮任何党派的忙,也就没有党派能拿它来做工具。

《宗教改革的后果》则不同,它可以视为反路德宗的檄文。结果此书却没有任何反响。巴尔自1924年起就陷入了完全孤立的境地,天主教的评论家也拒不接受这部作品(见页467—468)[*]。所幸巴尔仍可以为天主教文化杂志《高原》(*Hochland*)撰稿——这是直到他英年早逝前唯一一家仍欢迎他的刊物。

新书无人问津的原因之一或是出版的时间点。《批判》问世的时候,至少有人认可对世界大战灾难根源的反思,而1924年的环境已然大不如前:当下的问题比过去的问题更紧迫,新的同盟国正在形成——大体仍是原先那几个国家,这

---

[*] 《德文版本说明》中的页码均为原文页码,即本书边码。

时候一个诚实的论争者只会惹人烦。简言之，人们忙着准备下一场灾难，何必还费神去管上一场？回看巴尔就会知道，两次灾难有着多么密切的关联。

下面以《后果》各章为序，介绍《批判》与《后果》之间的主要出入。

第一章

《批判》的前言和十三页导言不见于《后果》。《后果》第一章开头同《批判》一样（页153）。"'泛日耳曼主义'这个口号下汇集起来的各派别结成了怎样的可怕势力"改成了"德国思想"，即弱化了表述。1924年德国不再存在君主制，但丁的《帝制论》也不再被提及（页155）。后面去掉了"这种制度为了抓住人……所有对人而言神圣的东西"，而且这段结尾删去了"德意志品质的残余就在这舞中腐烂"，也弱化了表述（页155）。

从"中世纪的问题"到"让位于自由"的四个自然段从略（页156—157）。后面有两段删到只剩两句，而且都去掉了"天主教"字眼，如"我们不是天主教浪漫主义者"（页158）变成了"我们不是浪漫主义的赞颂者"。删去了特奥多·莱辛的引文和舍勒的名字。删去了对路德的一处攻击："路德成了诸侯独立政权的宣传家。"（页161）删去席克勒的引文（页163），尽管这处引文谈的是僧侣的（即天主教的）纪律。去掉了"教宗制度的思辨力量"，只剩下罗马教会的精神力量（同上）。

后面又多次收回对路德的尖锐批评:"不宽容"改为"不可动摇","怀疑"改为"幻想",伊拉斯谟不再"开明",只剩下"爱反讽"(页164)。他在《后果》中倾向于不再点著名人物的名,页165也不再针对瑙曼教授。"教士的语文学圈套"改为中性的"语文学圈套"(页166)。该段最后几句话因为过分地贬低《圣经》也被删去:"但是这里面……一个新欧洲就是道德。"(同上)同样也删去了有损教宗的两句话:"用神学毒害……战争贩子。"(页167)

后面删去第167页至第169页中的两页,其中包含了巴尔对基督教信仰学说的异端见解:"不仅《旧约》,就连救赎学说(即《新约》——编者注)对我们来说也已经变得陌生。我们如果不自己救赎自己,就会走向灭亡。"(同上)这里质疑了基督死于十字架的救赎意义。又删去"一个……动人传说"(同上),这里巴尔触动了基督教信仰的核心,以至于令人疑惑,如果"谦卑和爱的天才被钉上十字架"只是"传说"(同上),那为什么他在其他地方还对基督教抱有很大期待。他认为路德追溯的是保罗代表的犹太教道德,这是宗教改革与犹太教的联系所在,是巴尔批评犹太人的重要论据(页168)。他在《后果》中新写了两页,以集中讨论路德。

还有几处小改动:"诡计得售"改为"办法奏效","教士、学者和容克地主"改为"封建制度","教条"改为"狡诈"(页170)。原文的"教士"指的是天主教教士。另删去了两句话。

后面赞美闵采尔的章节删去了天主教认为有问题的部

分。"不存在地狱。"(页174)闵采尔拒绝圣人崇拜和为死者祈祷,否认炼狱存在。他亵渎圣餐的观念甚至使卡尔施塔特惊恐地暂时与路德结盟。巴尔在《后果》里改口说:"闵采尔的学说也许令人疑窦丛生……再说一遍,闵采尔的学说不是他优长的方面。"他虽然现在看到,闵采尔的学说必然招致不仅路德宗而且天主教的厌憎,但仍然需要树立闵采尔做路德的对立面。

关于农民战争的几个段落略作改动以后大体保留了下来。《后果》第一章的结尾是闵采尔的墓志铭,而《批判》在后面进一步总结了路德学说的后果,也分析了天主教会的弊端,另外还引用了巴枯宁和尼采。巴尔虽然在别处并不同意尼采,但乐于在赞成他时引用他;巴枯宁则是他主要的援引对象之一。

第二章

开头连删第183页至第185页三页,包括对宗教改革和启蒙运动过于简单的概括以及不再有现实意义的贝特曼·霍尔韦格1914年的言论。巴尔另写了三页,以神秘主义传统反对宗教改革的理性主义传统,从"康德的功绩"(页185)开始重新接上《批判》的旧文本。后面是对康德的批判,认为他促进了普鲁士专制主义,删去了指责康德在私人生活中是一个暴君的部分。《后果》新加了开头为"理性主义的抽象"的一段,重新总结对康德的批评:他的认识论批判同德国的"良知麻木"相矛盾。又加了开头为"康德特殊的、德国的方式"的另一段，进一步明确表示：康德把信仰交到教授手里，正如路德把权力交到诸侯手里。他关心的不是阐释康德哲学，而是揭示这门哲学、这个哲学家同政治权力的关系——和论述路德时的任务一样。巴尔在第189页至第190页和第192页分别删掉了两个自然段，目的与其说是修改，不如说是使行文更紧凑。

之后是一个重要的增补，作者再度明确表达了他的关切：过时的民族理想同原始基督教的观念、和平自由的欧洲相冲突。其后有一处微小但并非无足轻重的弱化表述：他删去了"不虔诚的"（页193），而且不再针对黑格尔，改为泛泛的"本国万有在神论者（Immanentist）的抽象"。

《批判》第二章第2节删去了尖锐抨击路德宗的结尾两个自然段（页194）。后面又是一处微小但意味深长的修改："精神徒劳地试图重返教会……"（页198）改为"重返共同的基础"，而他本人却重返了教会。但他也不再点名路德是破坏的始作俑者，只是泛泛地批评。之后他在美国总统威尔逊前面添加了耶稣会的创始人："罗耀拉或威尔逊提倡……"这也标志着他的重新皈依。后面删除了"教宗、刽子手和王位在黑暗里沉没"（页201）。

下文删掉了"法国庄严地宣告，英国、意大利、俄国接收到了信息"（页204），原内容不合事实，当时反映了（1924年已不复存在的）协约国的立场。又删去了"双颊下垂"等讽刺歌德的部分（页205），补充了对德国古典作家里得到他欣赏的例外——利希滕贝格（页206）——的简短介绍。

第三章

《后果》的第二章到第207页就结束了，第三章是《批判》第二章剩余部分（第5节及以下）的删节版。

作者在这章继续删除对天主教会的评论，如"军人天主教"和"天主教在这一点上甚至可以与普鲁士精神融合"（页208）。原文虽然意思是反讽，但容易引起误解，因此必须删去。改宗天主教的巴尔更是必须删去军事操练同耶稣会操练的比较。下文（页208—209）删去了更多包含攻击罗马教会的内容。

他删掉了康德是"路德之后第二个背叛良心的德国人"（页210）这个过于尖锐的指责。将形容克劳塞维茨的"耶稣会士"（页213）改成"诡辩家"。删去关于总参谋长毛奇和1914年的一个自然段，后面还删去对同样信奉天主教的哈布斯堡王朝的评述，但这处删减原因很可能是《后果》集中针对普鲁士。后面论哈布斯堡王朝神权统治的一个自然段（页217）也删掉了，没有再援引托马斯·曼论弗雷德里希二世的书（页218）。

作者减弱了对法国革命的辩护。"断头台变成了从娼妓腹中剖出新人类的手术刀。"（页221）这句对血腥的恐怖统治的辩护不见于《后果》。他还修订了对浪漫派的赞美，将具有怀疑意味的"结为兄弟的狂信者"（同上）改为更正面的"失落的时代"。对浪漫主义者的评价更积极，《批判》说："我们不再是浪漫主义者，我们是未来主义者。"（同上）而《后果》则是："浪漫主义者的后代以迫使现实让步的精神执行了他们的遗嘱。"浪漫主义者成了榜样。

《批判》还将格奥尔格·毕希纳算作浪漫主义者,用一整个自然段议论他叛逆的作品(页223)。《后果》把毕希纳换成了布伦塔诺(Clemens Brentano),因为后者"迈出了浪漫派皈依教会、天才皈依天主教的坚定一步"。这难道不是巴尔的夫子自道?《批判》还翘首以盼一种"圣人和天才的诗",即一种渺远的"世界宗教""所有生灵的统一"(页224),《后果》则改换成"被钉上十字架者无声的力量"。

这样的替换还有很多。原先模糊地期盼一门融合堂吉诃德和幻想气质的新宗教,期盼"一个无形的教会"(页226),现在变成了有形的天主教会。《批判》里自白信仰的长篇大论到《后果》里全都消失了。《批判》里以巴黎为首都的"战斗的教会"(同上)到《后果》里变成"以教父的严峻……再次保护起天才和艺术"。这大概也可以解释,为什么"责任心被摧毁"的原因不再是"剥夺了政治权利"(页230),而是改为"毁灭了精神的至高地位"。

出于同样的原因,"自然基础"改成了"传统基础",删去了"救赎一切的事业"(页232)。"黑格尔反叛"(页234)这一段最后对世界灵魂同上帝的比较没有再出现,以免像原文那样把上帝拖入不严肃的论争。《后果》的第三章结束于"反基督教的陈词滥调"(页235)。《批判》后面原本还有五页(页235—239),专门讨论德国大学问题,并对大学改革提出了建议。

第四章

《后果》第四章从《批判》的第三章第6节开始，中间巴尔删去了逾三十页（页241—272）。这部分列举了他尊为榜样的法国人、意大利人和俄国人，他们是德意志品质的批判者，主张无政府主义或基督教神秘主义，尽管这些人物彼此并不一定相类：塔博尔派即胡斯派是虔诚且令人畏惧的宗教战士，巴贝夫、蒲鲁东等共产主义派别的开创者接近无神论。巴尔这里阐发了他汲取自巴阿德等人的自由基督教理念，攻击两大神权统治制度以及罗马教廷，批判马克思并以魏特林作为他的对立面。《后果》的第四章就从魏特林开始。删减的原因如前所述是双重的：使文本更紧凑并为了天主教立场清除无政府主义痕迹，尽管作者不直接宣扬该立场本身。

巴尔还删掉了尖锐批评犹太人社会主义的部分（页272），删掉三页多基督同耶和华对立的内容，但是，删除的部分里，他曾两次明确同反犹主义划清界限。其他部分得以保留，直到《批判》第三章最后一段引用的巴枯宁论普鲁士日耳曼帝国，这样一个帝国1924年已经不复存在（页276）。

也就是说，《批判》的第三章在《后果》里只留下了两页半，构成后者的第四章第1节，第2节从《批判》第四章开头的拉萨尔生平开始（页277）。后文删去了"作为犹太人"（页281），《批判》原文是"拉萨尔作为犹太人试图和他祖国的新教—自由主义传统保持协调"，《后果》里只是"保持协调"。这一节结尾论君主制的部分也必须删除，因为它在德国已经不复存在。

巴尔删除的另一个重要段落是对神圣罗马帝国的论述（页284）。"在扫除掉上帝钉死在十字架上的童话以前"（同上）改成了"在对一个永远死掉的、早已埋葬的上帝的信仰动摇以前"。当然，两书都强调神恩的复活，即上帝没有死。他稍加详细地扩充了鲍威尔的《旧约》批判。（页285—286）后面将论犹太教与基督教的一段换成了论马克思与犹太教。

后面删去了对马克思的激烈攻击（页288）以及论魏特林追求"原始基督教"（页289）的一段。后面的删节主要是为了使对马克思的批判更为紧凑，删去了一些关于马克思与犹太教的可能令人误解的评论，包括《批判》第四章第3节开头两段（页290—291）以及其后（页293—295）的大量段落。

《后果》第四章第6节不加删减地照录了《批判》第四章第3节的剩余部分（页296—300），但没有保留这一节结尾批判世界大战期间具体政治事件的部分（页300—301）。

《后果》第7节是大幅删节过的《批判》第4节（页301及以下）。删除的内容包括1919年仍有时效、1924年已不再紧要的政治引文和影射。对贵族的三点批判中新版的第一点特别鲜明地体现了巴尔的变化。原版是：

> 在德国中世纪的神权统治意识形态里胡言乱语，将它奉为最神圣的民族信念的代表，以此对抗陌生的国际潮流（社会主义、和平主义、犹太教）。（页302）

《后果》则是：

"条顿民族的基督教贵族"作为最神圣的民族信念的代表,致力于坚持宗教改革,对抗陌生的国际潮流(社会主义、和平主义、犹太教)。

一个笼统的指责变得专门针对宗教改革。与此相应,后面从"心向彼岸、充满幻想的历任奥地利皇帝"(页303)中删去了"充满幻想的",可以理解为对批评有所限制。

其后又删去第303页至第304页关于威廉皇帝的一页。《后果》第四章第8节是《批判》的第四章第5节,此后直到《后果》结尾几乎未加删减:第9节就是《批判》的第6节,并在此结束《后果》全书。《批判》的第四章第7节(页320—327)从略,这一节的神学讨论由于巴尔皈依天主教会而变得多余,他曾经论述过的本人神学观点,已让位于天主教会的官方神学,后者他没有展开说明,也无须展开,任何一部天主教会教义问答手册都可供查阅。

《批判》呈现了奇特的基督形象:巴尔赞同"否认耶稣基督真是上帝"的闵采尔和约阿希姆(页321)。基督只是做出了见证。巴尔说,不存在奇迹,不存在永恒化身为暂时形态,即不存在上帝道成肉身。这是十足的异端,同时与宗教改革和反宗教改革、与路德宗和天主教相对立。这个部分无法收入《后果》,他修订它正是为了让人遗忘它。但他在《后果》里很少关注神学思考,而是聚焦社会政治问题,而且也是从这个层面考察路德的宗教改革。

同时代人的书评

评《德国知识分子批判》

日记[1]

赫尔曼·巴尔(Hermann Bahr)

2月18日。威廉皇帝下台,但帝制也一道倒台了吗?全世界怀疑地问,不愿相信"德国人"的思想转变,疑心实际上每个德国人心里还藏着一个隐秘的鲁登道夫。德国人,而且并非最坏的德国人,也同意这个说法。一本奇特的书《德国知识分子批判》证实了这一点,作者胡果·巴尔,出版于伯尔尼"自由出版社","献给道德革命的领袖们"。战争期间,这位德国人流亡瑞士,至今仍不愿归国。从他所处的德国流亡者圈子里还诞生过布洛赫的《乌托邦精神》(*Geist der Utopie*)这部令我们惊叹的绝妙作品,现在巴尔尝试溯源德国帝国主义的历史。他揭露这个可憎的制度的根脉,感到有必要"审查这个制度的英雄"。这么做当然免不了刻薄(刻薄是真理的工具之一,但仅凭刻薄当然无法抵达完满的真理。完满的真理需要两者:刻薄与爱心。而兼具两者的人实

---

[1] 载于 *Neues Wiener Journal*,1919年3月2日。

在凤毛麟角）。巴尔充分地利用了刻薄：他称康德为"路德之后第二个背叛良心的德国人"，因为康德"让普鲁士臣民都良心平静地忍受鞭打、忍受言论钳制……将普鲁士的皮鞭捧进了形而上学王国"；他敢断言：

> 德国人漫无节制地赞誉本国的赫尔德、席勒、费希特、黑格尔等人的主要原因之一，是偏要无中生有的民族自豪感。由此产生的萌芽在19世纪历史上构成了文化教育的狭隘基础，但一进入20世纪这个扫清极端民族主义、确立新政治道德的世纪，就不足以再承担新的建设任务。

他在别处并没有误解歌德（已经为歌德惊人且长久的孤寂所证明的）完全超越本民族的立场，却不惮于把《浮士德》看作"戏谑"：

> 对大学教授的戏谑。浮士德学富五车，是四门学科的博士。他的所有知识都来自书本，来自他人转述。魔鬼滋长他的邪念。他引诱了一个姑娘致其怀孕，上演了古希腊悲剧，升入天堂（此前还欺骗了魔鬼）。所有这一切都是怀着深刻思想与信靠上帝之情完成的。

我非常理解所有这些话，因为我从自身的体验知道，人改正陈腐的、未经反思已传遍各族的流俗之见时，非常容易过度滑向反面。但我从自身的体验也知道，这么做只是给自己制造破绽，比如尼采称席勒为"塞京根的道德吹鼓手"，霍尔茨（Arno Holz）在我们狂野的青年时代的1885年把席勒叫作Fritze Schniller，又何损于席勒？表述的锋芒有时伤害的正是表述者本人，巴尔的情况可能也是这样，他漫无节制地四面出击（他最爱质疑教宗，宣布梅西耶枢机主教为对立教宗！），让读者忽略了主要问题，忽略了他最为严肃进行的，尽管有时激烈到未免不公正的探究：从一开始德国社会民主党内部就潜藏了多少普鲁士帝国主义的因素。没有社会民主党人能回绝这样的提问，因为正是马克思主义者不否认时代对处于这个时代的人物——即使最伟大的人物——起支配作用，也不否认"环境"（Milieu）——包括经济环境和思想环境——具有最强大的力量。揭示马克思和恩格斯的时代留在他们身上的印记，并不会让他们变得渺小。巴尔本身也是社会主义者，不过是基督教、无政府主义的社会主义者，继承闵采尔与温和狂信者魏特林。

巴尔认为坚决弃绝所有"新教"（在最广泛的意义上使用这个词）才能期望德意志精神的复活。他（可能还有他们整个德国流亡者圈子）相信巴阿德代表的新浪漫主义，相信"基督怀中的密谋"，相信"神圣的基督教革命"，相信"被解放的世界的神秘共融"，相信德国同"欧洲的古老灵性"的新纽带，相信"反叛"（但不是反叛"社会与良知的自然基础"，而是"发自普遍的良知，保卫自然基础"），相信社会的"上帝之城",相信"东西方教会的重新统一"。他相信歌德(歌德"将中世纪的宗教原始统一与中世纪的深渊象征带入近代"),相信诺瓦利斯与荷尔德林,相信贝多芬,相信"浪漫主义的两位教父"叔本华与瓦格纳,相信夏多布里昂、迈斯特与拉梅耐,相信佩基、苏亚雷斯、帕斯卡派与梅西耶枢机主教,相信巴枯宁、索洛维约夫与陀思妥耶夫斯基。他相信德意志精神将实现"这场战争的意义":"承认这个民族反叛人类社群"需要勇气。

评《德国知识分子批判》[1]

布洛赫(Ernst Bloch)

所有将德国的罪责当作自己的伦理和精神事务感同身受的人,都应当留意胡果·巴尔的《德国知识分子批判》(伯尔尼"自由出版社")。这是非常独特的一本书,粉碎了许多人过于习以为常的事物。巴尔本人很早就预见到了这个时代的崩溃和身份认知,在他以前从没有一个德国诗人理解过这个渎神的国家的隐秘的因果联系。因而巴尔不仅关注这个时代的事件——它们是如此满目疮痍而且罪孽深重,让他深感悲伤与自责从而使他的语言也变得破碎——而且请求更加深受困扰的读者放下这一切,他要向几个世纪前回溯德国的罪

---

[1] 载于 *Die Weltbühne*,1919年7月10日,第29号。

责，绕开所有暂时的日常概念，回到罪责的根源和起点。顺着巴尔的目光可以看到鲁登道夫，认出他背后是俾斯麦和梅特涅，而且后两者并不像一般人以为的离我们那么遥远，还可以看到黑格尔和"维滕贝格贪图安逸的皮囊"路德——奠定普鲁士的底色：出卖良心，为了诸侯的权力压制思想，将思维的火花限制在孤立个人、非政治的内心和抽象领域。但上述种种都是中世纪的上帝之国这个原型的现代翻版，统治者以它为根本手段，欺骗人们忘记耶稣、忘记基督教民主制、忘记最卑微者的自由与封圣。这里体现了巴尔视角最犀利的论断，它最为清晰地指出了形形色色的追逐权力的野兽行径：不久前才被战胜的罗马帝国这个巴比伦大淫妇同普鲁士的国家教会一道，之前则是同德意志民族神圣罗马帝国的教会国家一道，阻碍并再度埋葬了基督。他们用积起来的教产继续制造臣仆。

上述内容也许早已众所周知，但巴尔此书综合起来进行了全新的考察。这本书里很容易看到"否"，而不是虚幻的"是"，如果读者细心探究，就会发现"否"通常包含着深思熟虑的"是"，这是热忱而澄澈的直觉才能做到的。不仅某些否定也许让闲适安逸、不期待任何改进的读者扫兴，连那些完全能跟上思路的读者也需要停下来思考。不时会出现一些偏颇或明显不对的个别判断及论证，比如论康德的部分；对待马克思也有失公允。还有一些地方引述了太多琐事，无法让人打消某种无知、敌意的印象。但正是通过这些细节可以把握一整个黑白分明的体系：不仅要陈述从来没有按这样的安排联系起来加以理解的事实,更要让几乎完全被遗忘的最高贵的德意志人,从地下的网络走进这个时代的公众视野。出现的是闵采尔而非路德,巴阿德而非黑格尔,魏特林而非马克思。他们引导德国走向世界,那是卢梭、佩基、托尔斯泰代表的朝气蓬勃的世界,永远"在基督怀中密谋"的世界。巴尔是个有惊人个性的德国人,他用道德击碎了这个粗俗、古怪、欢迎魔鬼、悖谬的冬日之国,唯其如此,limbus patrum〔灵薄狱〕才得以存在。读者对巴尔应当抱以善意的、有分寸的理解,无论日耳曼人还是犹太人都不应当过分严厉地指责为立论所做的某些辅助建构。要知道,以怎样的力度既破且立才是这本书的使命,怎样一个不为人知又很快要为人熟知的德国即将出现在拥护它的人眼前。"道德是受到贫穷和同情约束的浪荡。"——确证自我、得到救赎的人将继续传诵这本书,因为书里表现了这被解放的狂热,代表唯一可能的人的未来。

巴尔的《德国知识分子批判》[1]

弗拉克(Otto Flake)

战争死了,一个制度崩溃了。现在到了系统地重新审视这个制度、把握它的精神、**评价**它的时候。战争期间就有人

---

[1] 载于 *Wissen und Leben*,第19/20册,Zürich 1919。

尝试过这类评价，普鲁士思想有一批流亡瑞士的道德抗议者，德国作家胡果·巴尔就是其中一员，他第一个尝试全面总结，哪些因素产生了那种我们称作"德国心性"的物质和精神风貌。

不同于根据国民经济的现状解释观点和成就、拒斥精神力量从而助长了轻视容克地主的意识形态（这是对战争负有罪责的因素之一），巴尔立足于所有物质与精神不可分割的统一，因而能够说明普鲁士德国的制度与现象。

所谓的客观历史书写有另一套做法，即黑格尔主义：事物的性质可以直观，可以呈现为多股力量运动的结果；评价只是确认哪些历史运动长期持续，哪些导致灾难。我承认，这类"直观"（Anschauung）是可能的，尝试"直观"是必要的，因为只有它才能匹配人的奋斗，因为它把宏伟的概念集合（如新教或德国的国家观念）不是纯粹描绘为卑贱的算计，而是理解为合乎逻辑的表现。巴尔则相反，他其实没有哲学的思维，论证时也不考虑终极假设，他完全处在既定的世界里（可能是受到近年法国文化氛围的影响），不得不把费希特和黑格尔等人描绘成一帮恶毒的利己主义者、人性观念的叛徒、出于个人利益的辩证论者。因为，他不是哲学地直观，而是评价。

他彻底鄙弃德国心性，也就必须证明德国心性的所有个别部分都是错误的。这种评价方式从一个固定的立场出发才能得出一套清晰的定论，因而是纷繁复杂到难以透视的历史观念所不能允许的做法。换言之，这种主观的方法就要用适合它的风格——论战的风格——来写作，就像好论战的观念论者尼采"用锤子从事哲学思考"。但是巴尔的行文太过平静，以至于由此产生的科学严谨的印象同始终不妥当的观察视角之间有一道鸿沟。读者能发现这一点，因为他们听到为了质疑德意志精神的英雄所援引的主要证人竟是多尔维利或布洛伊，会感到浑身不适。前者是急躁的大嗓门，后者曾说"如果有人想为德国画像，那就只能画成一头猪"。巴尔这种非黑即白的倾向在我看来很可能归结于这本书的起源——日常的政治斗争。

做出上述限定以后我们才能说，巴尔的评价提出了一个非常严肃的问题：最广义的德国新教能否长期维持下去。巴尔理解的新教是这样一种企图：它破坏基督教民主的理想所维系的同拉丁世界的纽带，树立个人及其理智的主权（但同时巴尔也拒绝天主教的教会形式）。这种意义的新教不仅包括路德和德国哲学家，还包括德国犹太人拉萨尔及其产物——德国社会民主党。因为，放弃基督教方济各会思想的后果、漫无节制的激进主义的后果，就是把人交付给尘世的伪神——国家。与国家专制相对的是民主制。

我不想隐瞒我的印象，巴尔此书有以下问题：第一，他研读反对德国的文献时过分乐于将巴枯宁、马志尼、多尔维利、布洛伊和其他新经院哲学家奉为**绝对的**准则；第二，对国家权威主义哲学今天的模仿者（如拉特瑙）、对德国资产阶级依附性的绝望，驱使他将对立的观念发挥到极致。后一点是完全可以理解的，但对待德意志精神的精华不能如此打发。这种产生出新教的天性与其说是错误，不如说是一种同时间、空间一样几乎无法根除的直观形式，现在要对这种天性盖棺定论还为时尚早。这种天性导致了世界大战又最终战败，在哲学上只意味着它尘世的任务之一失败了。非天主教又更新教得多的民族（如英国人和美国人）实现了他们今天的宏伟业绩，这个事实就证明德国心性需要某些修正，但不必根本否定。巴尔斥责歌德，说他的浮士德追求生活享受，斥责新教牧师，说他们最看重的东西是酬金——这都是求全责备，是受到战争创伤后从报纸副刊找论据。

布莱（Franz Blei）[1]

切斯特顿（Chesterton）在6月1日的《伦敦新闻画报》（*Illustrated London*）发文批评这样一种做法：区分德国人民与德国政府以期为德国人民争取更有利的和平。因为，这种做法针对那个负有罪责但已不复存在的政府，罪责也就无从谈起。切斯特顿指出：德国根本没有发生任何改变，德意志民族只是四分五裂为各个部落，因为统一时承诺的罗马之劫（Sacco di Roma）没有兑现，而且因为资产阶级希望通过投降敌人而像跨过莱茵河一样轻松地脱身。胡果·巴尔，《德国知识分子批判》（出版于伯尔尼"自由出版社"）这本好书的作者，游历多座德国城市以后从伯尔尼写信给我说："这

---

[1] 载于 *Die Rettung*，Hellerau bei Dresden 1919/1920，第2册。

是一个疯狂的民族。必须意识到，圣波尼法爵（Bonifazius）的时代已重新降临，必须重新认真考虑向萨克森人和多瑙河沿岸居民传教。"大战以前德意志帝国住着八成疯的投机商，现在他们已经狂犬病发作。这个地方就要根据法院判决或民意枪毙或杀掉不是投机商的人。凶手比法庭更迅速地了结案子，就可以不受阻拦地悠然漫步离去。但是凡尔赛宫有人幼稚地解释说，德国人民是无罪的，他们已经罢免了有罪的政府，成立了一个更好的。但如果说旧势力依然在行使旧权利，也的确没有解释已经发生的翻天覆地的变化。切斯特顿的文章不能让人明白，为什么菩提树下大街没有竖起旗帜迎接威廉二世进城。威廉二世还不如诺斯克（Noske），也无法代表悔过、自我革新、解放了的德国人民。他有传统的支持，而谢德曼作为社会民主党人与传统毕竟有一点相违——或者只是过去相违，因为，谢德曼固然现在还自称社会民主党人，但也只有那些和他一样的同志才这样称呼他。对这样一个人，甚至无法要求他在自己支持过的战争已经失败的时刻做出向往国际和平的政治行动（甚至无法要求他有这样的政治思想）。过去四年看到本国资产阶级获胜便追随他们狐假虎威，现在他们失败了就朝协约国的资产阶级狂吠——哪个投机商不是这么做？指望协约国无产阶级起义，却下令一旦本国无产阶级起义就开枪镇压：这是德国资产阶级的算盘，即使让社会民主党的执政官来打也要打错。

评《宗教改革的后果》

丰克（Philipp Funk）[1]

这本饱受争议的书原版题为《德国知识分子批判》，是一件用文学反对某种特定德国民族主义和军国主义、以无神论思想为基础的战争工具。目前，这版仍保留旧版的主体部分，去掉了无神论和反教会的基础，以天主教的名义控诉德意志本性的所谓错误。但是，作者缺乏对天主教性质的全面了解，否则就不会指责宗教改革以及实为原始天主教遗产的路德的立场和观点（比如重视"文献"即《圣经》，似乎每一条教会学说都要在《圣经》里找到可以证实的根据）。书中对经院哲学认识理论、作为僧侣苦行目的的"狂喜洞见"的论述，是根本错误、现代主观主义的，是对天主教根本制度的非天主教扭曲，比如"神秘主义的神圣历险""等级制的狂喜""坚守典范的真理""教会的托寓性质"等空论。此书没有权利为天主教代言，而且它也是根本非历史的。这里讨论它只是为了专门反驳它对宗教改革的不正确看法，这些看法危险是因为作者误以为对宗教改革做出了天主教的裁决。

---

[1] 载于 *Literarischer Ratgeber für die Katholiken Deutschlands*, München 1925/1926。

赫里格尔（H. Herrigel）[1]

巴尔的新书想"审查我们的思想史"，他想"清扫民族偏见"并展示德国发展的歧路。但他本人却陷入了民族主义，虽然是一种负面的民族主义。他不想用批判改进什么，只想斥责一切，不管是整体还是个人。他的批判不想改变德意志民族，只想对德意志民族宣布判决。但巴尔的企图落空了，因为他针对他反抗的"偏见"只是提出并不更高明的其他偏见。

此书的弊病首先在于无节制的批判缺少确定的基础。这种不确定性有其原因。"本书四章写于1914—1918年"这个简略的介绍透露了一个没有明说的事实：这四章是他早先的作品《德国知识分子批判》稍加修订的版本。（我没有读过这本书，下面的论述只能以W. Guriand的报告为依据。）原先这本书出自臭名昭著的反德出版社伯尔尼"自由出版社"旗下，但思想基础不同于现在的版本。当时的思想基础是协约国的意识形态人道自由主义，批判不仅针对新教德国，也针对教宗制与天主教。此后作者转向天主教，完成了改宗——因此剔除掉反对天主教的内容，用现在的题目标志此书新的主旨，不再费力清除早先立场的全部痕迹。这是他论述不清不楚的原因。无须多言，有责任感的作者不屑于这么做，这么做的作者不会赢得敬意。到底

---

[1] 载于 *Frankfurter Zeitung*，文学副刊第21号，第752期，1925年10月9日。

有什么必要重印这本由战争的精神失常所产生的书？而且作者正因如此没有完成好他的工作，他自己的无节制和歪曲让他书里的正确内容——书里或者说书后藏有很多正确内容——失去了影响。

此书自称是对德国历史书写的修正，实际只是按需要歪曲和伪造事实以证明自己纯粹的历史哲学建构。可以证明，它对宗教改革目标的判断完全错误，这也不足为奇，因为，不管早先的还是现在的立场，都无法让作者正确地考察宗教改革。整本书都因为仇恨德意志精神而充满毒素，因此，它论述具体问题也不会有成果。

里特尔（Gerhard Ritter）[1]

本书作者自己都不会指望有哪家学术杂志为他这篇檄文提供学术讨论的荣誉，至少在德国不会有。也许他能从法国朋友那里赢得更多谢意——这很好理解。一个作家将人生使命定为：把德国的死敌对我们1914年的政府提出的"罪责问题指控""系统地展开"到路德以降的整个德国思想史，向世人公开控诉德意志精神的最内在本质是"不仅图谋征服欧洲、统治世界，而且同时意欲全面摧毁宗教和道德"——他的文字工作今天仍然非常契合那些人的政治利益，他当然可以期望他们的肯定。格雷林（Richard Grelling）圈子的文

---

[1] 载于 *Historische Zeitschrift*，第131卷，第2册，München Berlin 1925。

字在各民族相互仇恨的污浊闷热的空气里肆意蔓延，这种空气越是早日消散，世界上才越不会有人把巴尔这样的作家当作"历史学家"认真对待。

我们没有必要重新探究巴尔如何看待宗教改革这桩德意志精神的"原罪"带来的灾难后果，只需要知道，他的看法和伯尔尼《自由报》1918年出版文选《年鉴》时相比没有丝毫改变，也没有丝毫深化。《年鉴》由巴尔撰写前言并提供"历史"论证，其中有布洛赫的一篇文章试图明确告诉德国人，只有协约国的完全胜利才能把德国拯救出道德的泥沼。结果一些当时的报纸文章未作修改就被收入了现在这本新书。而且，无须多少洞察力就能看出，作者的思想出发点让他无法充分地认识宗教改革及其思想史后果。他基于天主教倾向的"狂喜的"象征主义立场，认为登塔者西蒙（Simeon der Säulenheilige）是"心灵的神圣历险"的宗教理想典范，闵采尔是"一位思想和行动的天才，将使路德的荣誉黯然失色"。

另外，他基于激进民主主义的和平主义的立场，以混乱的方式将1789年法国的人道理想同天主教的普世性按照从诺瓦利斯到巴阿德的浪漫派精神结合起来，相反，用卖身投靠权力这种最卑劣的污蔑大加挞伐从康德到黑格尔的德国观念论，认为路德、费希特、俾斯麦的民族是一个"地地道道的巴洛克民族"："脑子一根筋，浑身蛮劲；一个披着假卷发的钢丝缠成的吓人幽灵，根本不是人类。"（！）

够了！在我们看来，奇怪之处只有一点：战争结束五年以后还有可能为德国读者印出披着历史科学外衣、包藏如此思想深意的政治檄文。我们的公共文教水平出了什么问题！而正是最初出版兰克《宗教改革史》、今天仍看守兰克文献遗产的出版社，为亵渎我们的民族历史竟不惜出卖自己的良好声誉，这一行为注定要被德国历史学家钉上耻辱柱。

博恩卡姆（Heinrich Bornkamm）[1]

曾经有一个时代，东克尔-洪布洛特出版社觉得为公众献上兰克的《宗教改革史》是自己的荣誉。今天这家出版社把一部丹尼弗勒（Denifle）风格（只是注入了强烈的报刊色彩）的论宗教改革后果的檄文投向市场。巴尔此书充满了文人的抱怨和低俗的气息（为了不谈那些下流内容，我只举一例：故意玩弄Gehalt一词的歧义，所谓对普鲁士的"内容/薪水"的期待吸引黑格尔前往柏林），以革命与天主教之名攻击宗教改革——好一个小联盟！无论议会还是巴尔此书都使人不免有这样的印象：革命与社会主义都不合常理地由中央党承担了。

巴尔根据这两个角度，在毫无条理的攻讦里历数从宗教改革的"语文学运动"直到迪德里西斯出版社战地便携丛书的整个德国文化史。攻击的原因是，这部文化史的所有东西

---

[1] 载于*Archiv für Politik und Geschichte*，第4卷，Berlin 1925，页2334。

（尤其德国的国家思想）都是新教的，或者用巴尔的话说，"路德赋予了16世纪德国诸侯的野蛮以教宗的尊严，赋予当权者和国家以神圣的力量，从而颠倒了道德概念"，这颠倒的道德概念更是新教的。而且，这个背弃誓言的"皮糙肉厚的德国奥斯定会僧侣"把上帝出卖给权力，认可了以战争本身为目的的战争。（巴尔哪怕读过一篇路德关于战争的文章，也会知道路德承认的从来都不外乎是自卫战争。）服从国家、军国主义、犯人充当"职业军人"是新教普鲁士德意志精神的特征。为了向我们展示这种德意志精神，书中列举了以康德的僵死顺从为出发点的"勃兰登堡王室哲学"，弗雷德里希二世厚颜无耻的残忍，非常懂得利用普鲁士崛起的黑格尔"最奴颜婢膝的恭顺"，容克地主阶级、拉萨尔以及酷爱围猎动物与人的俾斯麦，甚至还有我们所有人今天仍然（在统一的德国）深受其苦的可怕的奴隶制！为什么对思想史做这样一番理解，书中概括的《浮士德》内容或许可以给出答案：

>《浮士德》是戏谑，对大学教授的戏谑。浮士德学富五车，是四门学科的博士。他的所有知识都来自书本，来自他人转述。魔鬼滋长他的邪念。他引诱了一个姑娘致其怀孕，上演了古希腊悲剧，升入天堂（此前还欺骗了魔鬼）。所有这一切都是怀着深刻思想与信靠上帝之情完成的。

所有这些对德国历史的批判和粗鄙谩骂背后有什么积极的思想？不是革命。即使所谓卢梭令德国反叛让我们稍感宽慰，但不冒风险地为农民战争和法国革命欢呼的革命思想却是萎靡不振的。巴尔只知道一条路，"德国如果想从混乱与隔绝、困苦与愤怒中恢复健康"，就必须走这条路——布伦塔诺到埃梅里希（Anna Katharina Emmerich）的道路，即皈依天主教的道路。巴尔仿照耶稣的话说："童话《小公鸡、小母鸡和小鸡蛋》（*Gockel, Hinkel und Gackeleia*）要废去，布伦塔诺记录牧童的文字却将永存。"* 只是需要注意，这些文字已于1923年被奥斯定会神父欣普夫纳（Winfried Hümpfner）厚重的专著证明主要是布伦塔诺"有意的学术神秘化"。[1]

以上就是这部檄文背后的所有思想，不值得再进一步具体分析。它丝毫没有尝试以某种方法具体地指出新的道路。此书的所有攻讦都缺乏对它所论述的对象本应必需的热忱严肃的态度，大叫大嚷掩盖不了它彻底的空洞无物。东克尔—洪布洛特出版社最好明白这一点，弥补它向德国知识界犯下的错误。

---

[1]《布伦塔诺记载的埃梅里希是否可信》（*Cl. Brentanos Glaubwürdigkeit in seinen Emmerick-Aufzeichnungen*，Würzburg 1923），页569。巴尔本可以参考欣普夫纳的研究及其所依据的原有成果。进一步的研究参Delehaye的文章，载于*Analecta Bollandiana*，第42期，1924，页245及以下。

* 参《新约·马太福音》24.35："天地要废去，我的话却不能废去。"

德文版编者后记[*]

一个不幸的爱国者

胡果·巴尔在1918年4月中旬致妻子巴尔-亨宁斯的信中说:

> 我不想做叛徒,也不想谩骂,我想做出建设性的、将我们同他人团结起来的批判。……有人会骂我是叛国者。但我只背叛那些披着哲学、道德、忠诚、义务和朴素的外衣扼杀人的蒙昧者。我背叛的东西还没有人曾经背叛过。……我清楚地意识到我的责任,包括对我所生长的、我的父母所居住的国家的责任,因此我更希望你读过这本书并告诉我,它是否是一本不公正或无耻的书。[1]

---

[1]《巴尔书信集》(*Briefe*)第3卷,编号189,页260。

[*]《德文版编者后记》中注释所引页码均为原书页码,即本书边码,后不再一一注明。

所谓"无耻的书",就是这部1919年1月出版于伯尔尼的伟大的论战著作《德国知识分子批判》。此书由巴尔1917—1918年为伯尔尼《自由报》撰写的一系列文章扩展写成。这些文章不仅在瑞士,而且在瑞士以外都引发了广泛的关注。这些文章,如巴尔-亨宁斯所说,"以世界大战的罪责为首要主题"。但巴尔为了找到世界大战灾难的原因,不断沉入德国历史的更深处,深入过去四个世纪的德国思想史和文化史。因而他的著作最终变成了对"德意志意识形态"的批判。巴尔-亨宁斯在《呼唤与回声》中写道:

474
> 他愤怒于德国人意志的紊乱,苦于亲身体验一个民族对自身的不忠,他的哀叹是一个绝望的德国人、一个不幸的爱国者的爆发——即便他曾经抗拒民族主义,本应当早已超越了它。[1]

巴尔在1917年5月末离开"达达画廊"(Galerie Dada),告别了他曾经发起的达达主义,再度归隐当时贫困的提契诺(Tessin)地区。1916年7月至10月,他居住在阿斯科纳(Ascona),在那里他开始写作小说《弗拉梅蒂或论穷人的风流》(*Flametti oder Vom Dandysmus der Armen*)。他和亨宁斯及其女儿一起住在阿尔卑斯山上一座废弃的茅屋里。后来

---

[1] Emmy Ball-Hennings,《呼唤与回声:我与巴尔的一生》(*Ruf und Echo. Mein Leben mit Hugo Ball*, Einsiedeln, Zürich Köln 1953),页126—127。

成为著名的侦探小说作家、当时还年轻的格劳泽（Friedrich Glauser）加入了这个家庭，之前他的父亲先后把他送进过寄宿学校和精神病院。1917年6月13日，巴尔在苏黎世判决监护权的法庭上声明，他将照顾格劳泽。而7月12日格劳泽就致信法院说，他必须离开巴尔，因为"巴尔先生不知道以后怎样养活他自己和一家人"。[1]

巴尔之前曾在柏林赖斯（Reiss）出版社出版过小说《弗拉梅蒂》，现在希望这家出版社印行他正在编选、已经完成三分之二的《巴枯宁文选》，结果他失望了。无论如何，这反映了巴尔从唯美主义者到时代批判者的过渡：他从慕尼黑时期起，就习惯了艺术家的波希米亚生活，不断用新的艺术构思和艺术创作——其顶峰是1916年苏黎世"伏尔泰酒馆"（Cabaret Voltaire）著名的达达主义诗歌——挑战市民阶级；之前他更多地用反映（Reflexe）处理社会和文化发展问题，现在他尝试用反思（Reflexion）进行分析。俄国无政府主义者巴枯宁引导他从审美无政府主义走向政治无政府主义，或者不如说，巴尔自己在他所尊敬的巴枯宁的影响下完成了这一转变。巴枯宁也是《德国知识分子批判》援引的最重要的权威。

一以贯之的是反叛的姿态、不顾忌任何传统的激进思想。这是一个人在挑战他的世纪。他引证的所有人都是失败

---

[1] 《巴尔的生平与创作》（*Hugo Ball*［*1886-1986*］*. Leben und Werk. Katalog zur Ausstellung*），Ernst Teubner编，Berlin 1986，页179。

者：闵采尔、魏特林、巴枯宁。正如他自己最终也失败了。

巴尔为苏黎世《自由报》写的第一篇文章《一个德国语文学家的任务（纪念宗教改革）》也是关于闵采尔的，发表于1917年9月26日，正是全世界纪念路德的时候——维滕贝格张贴《九十五条论纲》四百周年。受巴尔的启示，布洛赫（Ernst Bloch）后来承担起了这个任务，为不公正地遭到遗忘的饥饿农民的领袖作传，于是有1921年问世的《革命神学家闵采尔》(*Thomas Münzer als Theologe der Revolution*)。巴尔在伯尔尼结识布洛赫，后者也是《自由报》的撰稿人。这家报纸在近三年时间是巴尔一生中第一个也是最后一个稳定的生活来源。

围绕《自由报》至今还有许多未解之谜。它的资助者不为人知，文章完全出自德国流亡者，代表协约国即英法的政策，因此一直以来都被怀疑有相关的经济来源。应当是法国（可能还有美国）的资金维系了这份简陋的报纸，使它在敌方和友方都引发了高度关注。无论如何，报纸在战后已经完成了使命，随即停办。《自由报》从1917年4月14日出版到1920年3月27日，巴尔从1918年起在编辑部工作，有37篇文章署他的名字或姓名缩写H.B.，还有更多的文章可能出自他的手笔。布洛赫撰稿约一百篇。巴尔1918年在报馆附设的"自由出版社"出版了《自由报年鉴》，其中包含他自己的3篇文章，以及克莱尔·戈尔（Claire Goll）、布洛赫、勒泽迈尔（Hermann Rösemeier）、格雷林（Richard Grelling）、弗尔斯特（Friedrich Wilhelm Foerster）和施利本（Hans

Schlieben）的文章，其中戈尔的丈夫伊万·戈尔（Yvan Goll）也为报纸撰稿。

施利本原为德国驻贝尔格莱德领事，后创办这家报纸并任主编。米龙（Johann Wilhelm Muehlon）是关键的幕后人物。此人是克虏伯工厂的经理，1914年被停职，同和平主义团体有联系，1918年出版了备受关注的《蹂躏欧洲》，这本书明确提出了德国战争罪责问题。

《自由报》的立场无法一句话概括。它坚决反对德国的战争政策，而且认为德国境内很难发现积极的力量。1919年艾斯纳（Kurt Eisner）遇害后，巴伐利亚曾邀请米龙担任总理的职务，这至少反映了该报的倾向：协约国的《自由报》称赞德国独立社会民主党（从德国社会民主党分裂出来的左派）党员艾斯纳是新的德国民主制度的代表。

米龙基于对德国形势的现实评估，拒绝赴慕尼黑。法国驻伯尔尼公使阿格南（François Haguenin）可能同米龙合作，保障了对《自由报》的资助，他在1919年任巴黎和会法国代表团代表，后任法国赔款委员会柏林分局主席。他在柏林考察了将《自由报》迁往那里的可行性，但是很快发现，一张代表占领国利益的报纸在德国几乎不会有读者。

巴尔也在1918年12月，1919年3月、5月的旅行中意识到，他期待的祖国彻底的道德革命不可能实现。1919年3月1日他还在报纸上说：

> 艾斯纳是德国第一个也是唯一一个理解了问题何在

的人。一场现代德国革命要解决的,不是"国际资本主义",不是工人和士兵的工资。问题在于一场反抗德国的世界革命。

孤独的艾斯纳被暗杀,巴尔悲叹他的遇害:

> 德国境外早已有人主张这样的立场,这些人的名字无论怎样经常地强调都不为过:格雷林博士、施利本博士、弗尔斯特教授、米龙教授。他们是正拉开序幕的德国革命的真正领袖,引导人迈向一个现代、体面、正派的新德国。

巴尔提到的这些人是一个小圈子,离开了协约国的资助就一事无成。但是,民主的德国本应该尊重和纪念这些人,他们的名字被遗忘,并不是一个好兆头。[1]

巴尔在一篇文章里再次概括了他1919年在伯尔尼出版的《德国知识分子批判》的公开的观点:

---

[1] 参Chryssoula Kambas,《巴尔、布洛赫、本雅明:〈自由报〉的岁月》(» Ball, Bloch, Benjamin. Die Jahre bei der Freien Zeitung «),载于 *Dionysius DADA Areopagita. Hugo Ball und die Kritik der Moderne*, Bernd Wacker编, Paderborn 1996。另参优秀的研究著作Martin Korol,《1916—1918年德国人在瑞士的流亡预演:"一战"期间巴尔的达达主义与布洛赫在国外对德国政策的抗议》(*Deutsches Präexil in der Schweiz 1916-1918. Hugo Balls Dadaismus und Ernst Blochs Opposition von außen gegen die deutsche Politik in der Schweiz während des Ersten Weltkrieges*, Bremen 1999)。

艾斯纳，全德国只有艾斯纳一人看到了这一点。中世纪这浮士德式的混乱、数个世纪的经院哲学、浮夸和昏睡是我们的罪责。所有党派的马基雅维利主义、玩弄概念的黑格尔主义，在今天这个威尔逊的时代仍相信，政治就是弥天大谎的艺术。只有艾斯纳发现敌人在国内而不是在国外。因此他的结局、他的牺牲比李卜克内西和卢森堡的牺牲更震撼、更高贵。[1]

一个独行者

巴尔在政治领域是一个独行者，他所引证的人也是影响有限的独行者：激进神学家闵采尔，攻击路德是诸侯的奴仆，被斩首；神秘主义哲学家巴阿德，影响过众多浪漫主义者，被边缘化；基督教社会主义者魏特林，被遗忘；非暴力的无政府主义者巴枯宁，被消声；社会主义政治家艾斯纳和巴尔同样敬重的兰道尔（Gustav Landauer），均被谋杀。这是巴尔在"一战"末期所召唤的德国历史的正面脉络。荒野中，一个孤独的呼喊者。

他在政治领域是孤独的，只有少数几个无政府主义者朋友，其中最重要的是给了他不少教益的瑞士医生、作家

---

[1] Hugo Ball,《巴尔选集：艺术家与时代病》(*Der Künstler und die Zeitkrankheit. Ausgewählte Schriften*, Burkhard Schlichting 编, Frankfurt a. M. 1984), 页256—257。

布鲁普巴赫尔（Fritz Brupbacher）。但正是此人的命运，证明了一切努力的徒劳。"二战"继"一战"再度由德国发动以后，布鲁普巴赫尔再度成为流亡者。法国作家桑松（Jean-Paul Samson）自1917年流亡后在瑞士生活，1936年在苏黎世建立了一个名为"苏黎世学院"（École de Zurich）的朋友圈子。其中有布鲁普巴赫尔、瑞士作家胡姆（Rudolf Jakob Humm）、逃避法西斯迫害的前意大利共产党员西洛内（Ignazio Silone）和德国流亡者布伦塔诺（Franz von Brentano）。[1] 这些文人称他们的活动为"批判的创造"（creation critique）。巴尔如果还在世，应当也会认同这样形容他的"德国知识分子批判"。

巴尔在文学和审美领域并不孤独。苏黎世达达主义团体的查拉（Tristan Tzara）、阿尔普（Hnas Arp）、许尔森贝克（Richard Huelsenbeck）等人将巴尔发出的信号传到远方，查拉传到巴黎，许尔森贝克传到柏林，于是达达主义才成长为一个涵盖文学和美术的真正的艺术流派。这个流派追随者众多，直到今天也不乏其人。达达主义在文学史和艺术史中有不容动摇的地位，巴尔作为达达主义者亦然。

在艺术中大概比在社会中更容易完成革命。革命迅速地给人震撼，几乎不需考虑阻力，于是全世界都期待各艺术领域要不断革命，最终让艺术的运营机制也总在变动中。革命

---

[1]《精神与力量：布伦塔诺家族》（*Geist und Macht. Die Brentanos*，Bernd Heidenreich编，Wiesbaden 2000），页216。

符合现代艺术的一个重要诉求,至少是自浪漫派以来的诉求:追求创新,追求超越带来的革新。而这样的革命在社会中无论如何始终结不出果实,它是不流血的。巴尔指责一些德国哲学家和神学家把狂暴的怒火对准基督教而不是对准国家,这番指责大概也可以用在这里:革新的力量被用在艺术中,而不是生活中。

1916年春,巴尔在苏黎世"伏尔泰酒馆"朗诵了他的声音诗(Lautgedicht),他试验声音诗——这个达达主义时期只持续了三个月——动力来自抗议战争的恐怖。这是他后来修订的日记《逃离时代》(*Die Flucht aus der Zeit*)里的说法。"达达主义者同时代的垂死挣扎作斗争。"他在1916年6月12日的日记中写道。次日又有两句话:"词语和图像是同一的,画家和诗人属于一体。基督是图像和词语,词语和图像被钉死在十字架上。"这里不仅指出美术和文学的相互关系,而且将二者都归结为基督——含蓄地提醒人回忆起《约翰福音》的开头:"太初有道……"词语(道)被钉死在十字架上,它还会复活。将句子分解为词语以后,又进一步将词语分解为不同成分(6月18日至23日的日记),不仅是在毁坏,同时也是希望用元素开始新的建设,希望"复活"。

这也许同日后孤独的巴尔重返天主教怀抱有关联。但巴尔这里所展现的纵深维度,体现在了次年(1917年)于苏黎世开幕的"达达画廊"的活动里:除了"新艺术"以外,"旧艺术"也有一席之地。亨宁斯援引马格德堡的梅西特希尔德（Mechthild von Magdeburg）的神秘主义著作，阿尔普援引波墨（Jokob Böhme）的《曙光》（*Morgenröte im Aufgang*）。因此，不是只有一个独行者巴尔在寻访古老的资源。"只有最整洁、最简约的东西还能给我们欢乐。"他在1917年5月14日写道。他在回忆时更愿意将"达达"（DADA）这个词解释为基督教神秘主义之父伪狄奥尼修斯（Dionysius Areopagita）名字缩写的重复，这恰好是他晚年的著作《拜占庭基督教》（*Byzantinisches Christentum*）探讨的对象。由此可以看到，这个1916年到1917年的美学革命者和1918年到1919年的政治革命者之间有连贯性：神秘主义和无政府主义是两个领域共有的核心观念。

巴尔在那个时代不是唯一追溯古老的神秘主义的人。康定斯基（Wassily Kandinsky）——巴尔在一次展览的开幕致辞中赞美过他——在《论艺术中的精神》（*Über das Geistige in der Kunst*，1912）中着重引证通神学（Theosophie），即引证（不限于欧洲的）神秘主义传统。此书是所谓抽象画的纲领文件之一，当时抽象画被视为通向内心之路。抽象派的其他祖师，如蒙德里安（Piet Mondrian）、库普卡（František Kupka）也用通神学解释他们的工作。引发哲学家和文艺家关注的奠基之作，是1849年出生、成长于布拉格的毛特纳（Fritz Mauthner）于1901—1902年出版的三卷本著作《语言批判论稿》（*Beiträge zu einer Kritik der Sprache*）。这本书以惊人的旁征博引，反驳了哲学、神学和科学的所有传统思维。根据此书观点，语言没有能力带来认识，而没有语言我们又无法思考，因为语言像监狱一样禁锢了我们的思维。毛特纳认为，语言的功用在于日常交往，但是，语言并没有给予我们认识我们所是、世界所是的可能性。毛特纳援引伟大的中世纪神秘主义者埃克哈特（Eckhard）大师，认为真实的事物是不可言说的，他自称"无神论神秘主义者"。

追溯古代并不意味着就要像巴尔后来那样，回归天主教会的怀抱——正是这一点使他不同于许多同时代人——而是意味着以新时代的精神革新传统。巴尔在他的笔记里也指出了这一点。他在1917年5月14日关于马格德堡的梅西特希尔德的一条笔记后写道："现代神秘主义立足于自我。"在一个"不同的状态"里体验自我与世界，这里追求的是一种得到启迪的状态，而不是对上帝的否定。穆齐尔（Robert Musil）在小说《没有个性的人》（*Der Mann ohne Eigenschaften*）里重点探讨了这种"不同的"即判然有别于理性的状态，而且同样引用埃克哈特大师的话，称自己这部小说是一本"在不信教的"状态下写下的"宗教之书"。这本小说的目的不外乎——巴尔的《德国知识分子批判》也一样，尽管以极其不同的方式——是理解，究竟是什么导致了1914年战争的爆发。穆齐尔和巴尔一样在文化、态度、人的思维和"意识形态"里寻找原因。

穆齐尔曾受布伯（Martin Buber）影响，抄录过他记录神秘体验的文集《狂喜的告白》（*Ekstatische Konfessionen*, 1909）。布伯同兰道尔交好，而兰道尔又是毛特纳的朋友，尽管后者是一个德意志民族主义者。兰道尔是非暴力无政府主义者，在《怀疑与神秘主义》(*Skepsis und Mystik*，1902)中用神秘主义论证无政府主义：词语力不能及的地方，就要行动。他受毛特纳的启发，在监狱中将埃克哈特大师的书从中古高地德语翻译为现代德语。文学研究者经常把霍夫曼斯塔尔（Hugo von Hofmannsthal）托名虚构的钱多斯（Chandos）勋爵所作的短文《一封信》(»Ein Brief«，1902)当作这个时期语言危机（Sprachkrise）的唯一例证，这篇文章就是霍夫曼斯塔尔——他和毛特纳有通信——受后者著作的影响所写的。[1]

如果只着眼巴尔1916年在苏黎世以及后来在1919年的《德国知识分子批判》中的立场，就会觉得这是一个独行者的奇谈怪论。但放眼文学领域就知道并非如此。钱多斯勋爵的经验就是巴尔自己的经验。巴尔比霍夫曼斯塔尔更激进得多地把握住了这一经验，乃至要解构诗歌和语言。词语在他看来，用钱多斯勋爵的话说，"就像发霉的蘑菇一样在嘴里分解"，最终变成"无词语的诗行"，巴尔名之为"声音诗"。声音诗游戏般地将分解为碎片的词语排列组合，在语言规则的边缘排列字母。

毛特纳形容全体德国教授都让意识形态蒙上了眼，巴尔针对同一批人的《德国知识分子批判》重复了前者的激烈批评。巴尔还重复了他的全面出击，兰道尔也以自己的方式参

---

[1] 参《理性与神秘主义》(*Rationalität und Mystik*，Hans Dieter Zimmermann 编，Frankfurt a. M. 1981)，另有 insel taschenbuch 丛书1999年版。

与这场战斗。毛特纳是一个德意志民族主义者，他辉煌的语言批判对里尔克和维特根斯坦，乃至对乔伊斯和贝克特都有影响，同他狭隘的政治观极不相称，这个事实在这里无关轻重。这位俾斯麦的追随者1914年演讲攻击邪恶的法国人。相反，兰道尔是一位反战者，巴尔最后也是反战者，而且两人都是宗教无政府主义者。天主教徒巴尔在那个时代最接近的人恐怕就是犹太人兰道尔：两人在追求上有同样的绝对和纯粹，他们时显混乱的论证也能体现这一点。

可以说，巴尔以极其个人的方式，将霍夫曼斯塔尔的《一封信》表达的语言批判同毛特纳和兰道尔著作里的论争结合起来。他坚定地发展了双方的思想。当然，要区分开他前期对语言的批判，同他后期对说话者的批判。在这一点上他接近克劳斯（Karl Kraus）。必须区分对毛特纳指出的无力发现真理的语言的批判，以及对克劳斯指出的以语言为名义的无力的说话者的批判。巴尔在《德国知识分子批判》中批判说话者及其意识形态，这里他和克劳斯是同盟，克劳斯《人类的末日》(*Die letzten Tage der Menschheit*) 可以视为巴尔《批判》的奥地利镜像。克劳斯引述了世界大战期间的所有名言，巴尔解构了这些名言。可能巴尔早期的立场，即达达主义的立场，也不是毛特纳意义上的，而是克劳斯意义上的语言批判：巴尔基于对语言力量的信任拆散了语言，才能让语言挣脱对它施暴的人。

学院知识分子

战争之初,巴尔也同样受到兴奋热潮的席卷,正如1914年8月几乎全德国一样。但他迅速冷静了下来,而许多同时代人就再也没有清醒地观察过局势。

"精神总动员"在1914年席卷了几乎整个德国知识界。德国政府非常成功地制造了这样一种假象:德国政府本身是爱好和平的,只有其他国家才是意图侵略的。没有人能够摆脱这种印象,包括社会民主党人。战争贷款在帝国议会内全票通过,所有人都认为这归根结底是一场德国被迫进行的自卫反击战争。"八月经验"的余波经久不息,德国人自认为是一个民族共同体,所有对立和排斥都不复存在了。

无法奔赴战场的人就拿起笔。大量的出版物面世,其中大多是简短的论说文,用来提振战士士气、鼓舞家乡父老。德国人万众一心,而外国人必须全部坚决抵制。德国和英国之间开始了一场宣传战,德国知识界对英国的攻击比对法国的多得多。法国和英国很早以前就曾指责:德国人是野蛮人,对他们有必要发动一场十字军战争。而德国对兵力薄弱且中立的比利时的袭击似乎证实了这一指责。

德国学者认为要保卫本国"文化",抵抗西方"文明"。其中最著名的是93位德国"文化担纲者"1914年10月4日的《告文化世界书》(*An die Kulturwelt*),他们宣布同德国军队"旗帜鲜明地团结并肩",用机械重复的一句"这不是真的"反驳外国的造谣抹黑。[1]

桑巴特在他影响甚广的《英雄与商贩》(*Händler und Helden*, 1915)里宣称：象征军事实力的波茨坦和象征德国文化的魏玛，构成了德国的基石。此书迎合一个普遍流传的偏见：英国人是没有灵魂的商贩和资本家，而德国人是高贵的英雄，本质上爱好和平，但迫不得已时就会迎接战斗。

读者必须回顾以上所有情形，才能理解巴尔的怒火针对何方。上述各类文字激情四射地宣扬德国的文化优越性，以此辩护成千上万人死于壕沟的惨剧，阻碍和平的解决方案。巴尔对阵的是无处不在的德国宣传，许多学者和艺术家自愿为之服务。"93人宣言"被翻译成了约10门语言，发往全世界。

读者必须再回顾这些学者所称颂的正面典型：地地道道的德意志人路德、弗雷德里希二世、康德和俾斯麦。同样，巴尔后来抨击的也正是这些历史人物。他回溯德国历史直到宗教改革，不只是为了追求深广的解释视角，而且是为了从根本上批判帝国的学者历史化的论证——他们有时甚至要追溯到切鲁西人赫尔曼（Hermann）等日耳曼英雄，以证明德

---

[1] 很容易查到哪些精英人物签署了呼吁书，我想提请关注两部研究著作：Kurt Flasch,《精神动员：德国知识分子与第一次世界大战》(*Die geistige Mobilmachung. Die deutschen Intellektuellen und der Erste Weltkrieg*, Berlin 2000); Steffen Bruendel,《人民共同体或人民国家：1914年的观念与"一战"德国新秩序》(*Volksgemeinschaft oder Volksstaat. Die Ideen von 1914 und die Neuordnung Deutschlands im Ersten Weltkrieg*, Berlin 2003)。

国人的诚实和勇敢。

巴尔反对战争辩护士的偶像崇拜,因此才有他对路德和康德、对普鲁士诸王和俾斯麦的严厉抨击。他的对手们为他规定了这些话题,而他表明,他的对手们爱提这些人并没有错,因为这些大人物的功劳的确加速了德国的灾难。

巴尔也反对在德国国家步入灾难的时候已证明自己是国家的忠实仆人的社会民主党人。因此,他的攻击也针对左派。

巴尔为他负面评价的人物和观念指出的相反的正面形象,也是他的对手所设立的——1789年。法国大革命及其恐怖统治在德国一般被视作德国价值观的反面。自由、平等、博爱的观念已经被曲解滥用,同号称是民族共同体、同志情谊和国有"社会主义"的"1914年观念"相对立。因此,巴尔试图从恐怖统治中拯救出法国大革命的观念,这是他唯一一次愿意为血与恐怖辩护。

随着德国的速胜论在战争中落空,怀疑情绪在德国蔓延。即使是在学者当中,普遍的共识也松动了。现在国内也要揪出敌人。1915年产生了两个相互竞争的团体,按布林德尔(Steffen Bruendel)的说法,一个是民族主义团体,以神学家泽贝格(Seeberg)为首,另一个是历史学家德尔布吕克(Hans Delbrück)代表的温和派。前者主张不加限制的强权政治、吞并更多领土;后者主张外交斡旋、减少领土吞并。战争拖得越长,1914年的共识就越趋瓦解。理智的声音也开始发言。

1917年标志着知识界形成了两个政治阵营。作为对帝国议会和平决议的回应，1917年8月23日"德意志祖国党"成立。建党大会于9月2日，即色当战役胜利日，在柯尼斯堡举行。[1]

这个党的成员不仅包括知识分子，还有卡普（Wolfgang Kapp）和海军元帅提尔皮茨（Alfred von Tirpitz），卡普当时已经攻击过后来引退的帝国首相贝特曼·霍尔韦格（Bethmann Hollweg），其后又在魏玛共和国策划了所谓的卡普政变。该党的幕后人物是军队司令部的领导人鲁登道夫（Ludendorff），他1923年参与了慕尼黑的希特勒政变。反动力量在这个党聚集，坚持继续进行战争，在战败以后更助长了魏玛共和国的右翼激进势力。

"祖国党"的对手是1917年12月成立的"自由和祖国人民联盟"，成员有德尔布吕克、韦伯兄弟（Alfred und Max Weber）、迈内克（Friedrich Meinecke）、特洛尔奇（Ernst Troeltsch）和葛茨（Walter Goetz），都是1914年曾振奋于战争的学者。他们现在反对"祖国党"的煽动，于是形成了一个自由派团体，后来成为维护魏玛共和国的力量。

巴尔在本书中没有注意德国知识界的这些分歧。他既反对右派也反对左派，忽视了德国国内的自由派。他本人不是

---

[1] Bruendel,《人民共同体或人民国家：1914年的观念与"一战"德国新秩序》，页149。（后简称《人民共同体或人民国家》。——中译者）

自由派而是彻底的激进派，也就没有认出自由派，没有认出德国真正的民主力量，尽管他赞赏法国同样的派别。当然这支力量在德国很微弱，最终也没有政治影响力，因而可以忽略不计。巴尔关注的是比较强的势力，他的对手首先是"祖国党"纠集起的人和思想。

这些人很快就把犹太人和天主教徒作为攻击对象。旷日持久的战争滋长了对德国犹太人与日俱增的不信任，他们被怀疑为不爱祖国的"国际"民族，甚至会和敌国密谋勾结。战争导致了对犹太人态度的"彻底转变"。[1] 从1916年秋季开始了所谓"犹太人口普查"（Judenzählung）。对犹太人逃避兵役的怀疑愈演愈烈，军队也要清点所有犹太裔军人，这是一道可耻且侮辱人的程序，调查结果固然有利于犹太人，但仍无法动摇不断增长的不信任。

赫尔曼·科恩（Hermann Cohen）在《德意志性和犹太性》[2] 中认为，德国犹太人是德国新教徒的盟友，二者共同代表德国文化的优越性。巴尔愤怒地回应了这一说法。科恩是德高望重的新康德主义者，当时已经退休，正好在《康德学刊》（Kant-Studien）上遭遇耶拿新康德主义者鲍赫（Bruno Bauch）的攻击。鲍赫为了反驳德国人犹太人共生说，将本土（autochthon）民族，或曰定居民族，同迁徙民

---

[1] Bruendel,《人民共同体或人民国家》, 页195。
[2] Hermann Cohen,《德意志性和犹太性：对国家与国际主义的根本透视》（Deutschtum und Judentum. Mit grundlegenden Betrachtungen über Staat und Internationalismus, Gießen 1915）。

族进行区分，否认犹太人对德国文化有任何理解。随后，鲍赫迫于众多抗议不得不辞去《康德学刊》的编辑职务，却又因此被"祖国党"描述为犹太人阴谋的牺牲品。[1]

社会民主党也因为其犹太裔成员而遭到攻击。"一个国家的社会民主党的犹太人比例越高，这个党就越不会为了民族思考和行动。"[2]右派学者的领袖之一冯·贝洛（von Below）说。值得追问的是，这一偏见多大程度上对免疫右派所有其他仇恨情绪的巴尔也造成了影响。

同一个贝洛也斥责天主教徒反民族。俾斯麦反对天主教会的文化斗争的陈词滥调再度出现，声称中央党，即天主教徒的党派，代表反德国的政策："贝洛称教宗1917年8月提出的停战斡旋建议是罗马教廷阴谋诡计的一个例子。"[3]然而，假使德国政府当时只要回应提议，这就是实现和平的真正机会。

这些人在多名学者合编的《世界大战对德国人民的影响》（*Der Weltkrieg in seinen Einwirkungen auf das deutsche Volk*）里罗列了国内的敌人，此书称要同"国际社会民主主义的幻象"、"国际投机商的钱袋"和"国际教宗统治的斗士"作斗争。[4]

以上概括了巴尔写作《德国知识分子批判》时所面对的德国国内的意识形态废话。战场上血流成河，每一次1917

---

[1] Bruendel,《人民共同体或人民国家》，页196。
[2] 同上。
[3] 同上书，页197。
[4] 同上。

年夏那样的攻势赢不了一公里的土地，却要夺走超过30万名德国和法国士兵的生命；德国还有成千上万人死于饥荒。只有考虑到所有这些都是当时的日常经验，才能理解巴尔的满腔愤怒。他在论证中虽然有强词夺理之处，但毕竟出于人道冲动的指引。

全面出击

在战争末期德国知识分子的争论中，巴尔的《德国知识分子批判》为了反对德国历史的大人物所引证的作者，只能让时人觉得是在挑衅——他们是：19世纪初到20世纪初的6名法国天主教作家，4名法国社会主义者（代表前马克思主义和非马克思主义的社会主义），7名俄国无政府主义者、社会主义者，两名俄国基督教作家。

法国人在德国民族主义者眼里是颓废、堕落的，俄国人则是愚蠢、野蛮的，他们轻视这两个民族。现在将这两个民族的无政府主义者和社会主义者、天主教徒和东正教徒称为内在革新的光辉典范，必然要使德国路德宗信徒彻底默然无语。《德国知识分子批判》无人问津的冷淡反响，就印证了这一点，《宗教改革的后果》则受到激烈批评。

巴尔所提到的不少俄国和法国的名字，今天仍然很难在辞书里找到。假如巴尔及其后的布洛赫没有如此执着地强调闵采尔，今天除了关于宗教改革的专业论文，还有谁会想到他？

《德国知识分子批判》按主题分为四章。第一章向所谓德意志本性的最重要的代表路德发起进攻。巴尔的论述虽然也针对路德的学说，特别是取代善工的称义学说，但是，巴尔首先抓住的这位宗教改革家的问题，是他同当局的关系。路德从教宗的权势下抢走信徒，是为了让信徒服从邦君的权势，这是巴尔对宗教改革家路德的指责的核心。

闵采尔被塑造为路德的对立面。这是巴尔论证的典型特征：他总是给贻害无穷的人物设立一个对立面，标志本有可能实现的另一种选择。就此而言，他的批判并不仅仅是消极的，也总是呈现出历史上存在过却未能实现的积极可能。他总是用人物展现时代趋势，将人物视为运动的化身。他指出人物在历史上的影响，但同时清楚，这个人只体现了多股趋势中的一股。其他趋势原本也可以借助其他人，比如这里的闵采尔，开辟自己的道路。

第二章处理德意志民族的学院的第二尊偶像——康德。这里他没有讨论康德的哲学——不同于后来这样做的普莱斯纳（Helmuth Plessner）。像在伯尔尼同巴尔短暂做过邻居的本雅明（Walter Benjamin）及其朋友肖勒姆（Gershom Scholem）那样，期待他这么做或抱怨他没有这么做，是错误的。他指责启蒙者康德的地方是，康德表现得像听话的普鲁士臣民，没有把他的批判工具对准国家和社会。就此而言可以说，康德的批判起的是"肯定"（affirmative）作用。康德之后的批评对象是德国古典作家，首先是歌德，以及巴尔所说的"尊严的党派"。这里他没有确实的论据，很难使人信服，批评的缘由也许只是这一事实：舍勒（Max Scheler）等作家引证了魏玛古典。

巴尔有时赞扬浪漫派，在《宗教改革的后果》里还加大了赞扬的力度，并删去了关于颠覆分子格奥尔格·毕希纳（Georg Büchner）的内容，代之以回归天主教会的克莱门斯·布伦塔诺（Clemens Brentano）。这章结尾是对黑格尔的世界精神的精彩反驳：

> "世界灵魂"被当作庄严隆重的上帝替代品。黑格尔让世界灵魂从亚当夏娃时代起就坐上轮椅，把正题和反题交到它手里做两根杠杆，让它在合题中不断运动。他称之为"纯粹理性从自在经由自为到自在自为的不断运动"，将它走过的路途称作进程或进步。世界灵魂在运行几千年以后抵达柏林，驻跸在王宫，大学生们朝它欢呼致意，还向这套机制的发明人黑格尔教授献上火炬游行。[1]

这是一幅令人震撼的画面，我们可以把这个机器想象为达达主义者或超现实主义者的作品：一副轮椅，世界历史坐在上面向前行进，这个世界历史就必然是残疾的。这幅图景在我看来，准确地击中了黑格尔的辩证法——德国学者狂妄的自我高估，以为在自己这里达到了人类发展的最

---

[1] 见页234。

高点，自己无论如何都比所有前人更聪明。正是这种泰坦精神，被捷克哲学家马萨里克（Tomáš G. Masaryk）判为19世纪德国思想家的病症，巴尔批评的（通常是牧师之子或新教神学家）也是这一点，用阿伦特（Hannah Arendt）的话说就是，发展成自大狂（见尼采）的"自我独特人格偏执狂"。

第三章先讨论基督教社会主义，巴尔赞扬其为原始基督教的观念。随后讨论基督教对19世纪俄国的影响，其中枢纽是几乎已被遗忘的巴阿德的哲学。这又是代表另一种可能的人物，巴尔以这位巴伐利亚神秘主义者作为康德与黑格尔的对立面。他给马克思甚至设立了两个对立人物：俄国无政府主义者巴枯宁和已被遗忘的德国基督教社会主义者魏特林。巴枯宁的名字至少还经常有人提起，而他对马克思及马克思主义的深刻批评就不大为人所知了。他在19世纪下半叶的预言也已被遗忘或压制。

第四章最初讨论德国社会民主党，巴尔再次用一个人——社民党的创始人拉萨尔——概括整个对象。实际上，拉萨尔也最好地体现了社会主义愿景同普鲁士的国家忠诚之间的联系，这种联系最终决定了社会民主党在德国的道路：一方面是口头的激进主义，另一方面是老实的实用主义。随后谈到对德国社会民主党影响甚巨的马克思，最后是俾斯麦和倍倍尔。巴尔还坚定地与尼采哲学划清界限，尽管后者曾在他青年时代启发过他。

谁是尼采的对手？可以说是巴尔自己。他的仁爱主张同尼采思想截然相对。巴尔看到了尼采哲学的问题，这里，他正确地指出了哲学可能的后果。下面援引弗拉施（Kurt Flasch）一篇书评里的话：

> 尼采对奴隶制的拥护、优生学主张、反女性主义都是他自己提出的论点，并不仅仅是隐喻的玩笑。洛苏尔多（Domenico Losurdo）没有说尼采是希特勒的先驱，而是让人思考：一个思想家在理性论证中，为了男性的强有力的人（Herrenmensch）的利益而放弃人性的共性，这并不是一件无足轻重的小事。尼采为了教养良好的人的权力意志，牺牲了论证理据和伦理义务的普遍性。[1]

尼采是一个反叛者，巴尔也是一个反叛者。但后者是为了穷人、挨饿的人，为了农民。他在基督教中紧紧抓住的正是尼采满心厌恶拒绝的：同情和仁爱。《德国知识分子批判》的异端立场没有使他丢弃福音的真正要旨。巴尔怀疑耶稣是神同时是人的说法，怀疑神存在。他用来代替上帝的，只是对完满的模糊渴望。但是，他紧紧抓住了耶稣基督的消息，阿伦特将这消息概括为两个词：行动的善（Tätige Güte）。用巴尔的话说：

---

[1]《法兰克福汇报》(*Frankfurter Allgemeine Zeitung*) 2003年10月23日，评论的书是 Domenico Losurdo,《尼采：贵族反叛者》(*Nietzsche, il ribello aristocratico*, Turin 2000)。

> 上帝是所有人的精神共融里最卑微的人也有的自由，上帝是全善、全爱、全悯、全智，是永远达不到又永远追求的至高思想。上帝是困在大地上的人们的痛苦和渴望。[1]

法国大革命影响深远的原则，自由、平等、博爱，具有深刻的基督教性质和神性。这场革命里复苏的奴隶解放，恰恰是基督教的。[2]

巴尔在本书中的信仰告白是：

> 我们不相信有形的教会，但相信将有一个无形的教会，谁愿为无形的教会而战，谁就是它的一员。我们相信将有一场神圣的基督教革命，相信被解放的世界的神秘共融。我们相信团结成兄弟的人、动物和植物拥抱亲吻，相信我们所立足的土地，相信照耀在地上的太阳。[3]

这种在精神中彼此相结合所组成的无形教会，是德国浪漫派的一个悠远的理想，在谢林、诺瓦利斯和霍夫曼（E. T.

---

[1] 页321。
[2] 页255。
[3] 页226。

A. Hoffmann）笔下都曾闪烁过光芒。这种教会不属于此世，即它不向此世起作用，即使有作用也是非常间接的。巴尔列举的所有那些正直的失败者，都证实了这一点。

巴尔对神圣的基督教革命的希望，归根结底也是弥赛亚主义的，虽然他指责别人的弥赛亚主义，但他自己也不免于此。荷尔德林所说的将来临的上帝，过去的牺牲者所证明的对未来乌托邦的希望——这也是巴尔在伯尔尼时期的"空想家朋友"布洛赫一再谈及的主题。

这样的希望很快就无法满足巴尔，他在1920年回归天主教会。《圣徒传》是他此时最爱的读物，这部传奇的主人公们牢牢地抓住绝对，为了在另一个世界得到酬报而甘愿在此世毁灭。

就此而言，《德国知识分子批判》这本奇书不是政治的书，而是一本没有宗教的宗教之书。因此，这本书是表现主义的一个时代镜像，表现主义的不少文本就充满着宗教情感与救世希望。但更令人惊奇的是，这本书的主题并不像大部分表现主义作品那样，只有混乱的感觉和模糊的希望。它在有时不免随便的论证里，提出了惊人的、最终为其他思想家和历史所证实的洞见：德国宗教改革的灾难性后果、德国民族主义的灾难性后果、德国哲学家的灾难性影响。

德国犹太人

前文提到过巴尔论证方式的一个特点：他喜欢为他负面

评价的人物指出相反的正面人物。此外他还有一个特点值得一提：他也使用论敌的论据，只要论据契合他的构想。

比如说，巴尔赞同地引用尼采对市侩道德的批判，尽管后文又激烈地拒斥尼采。[1]对社会民主党人他一概拒斥，但本书又有大量段落引自他们。巴尔非常依赖倍倍尔（August Bebel）对农民战争的研究——后者又借鉴了戚美尔曼的研究，也依赖梅林（Franz Mehring）的《莱辛传奇》，他攻击普鲁士的鄙俗气所用的材料和论证大部分都来自梅林这部重要著作。他喜欢引用社会民主党人伯恩施坦（Eduard Bernstein），以反对社会民主党人拉萨尔。

巴尔虽然不接受社会主义者和无政府主义者的无神论，但称他们为榜样，而且通常不谈及他们的无神论。只有巴枯宁是例外，巴尔至少在注释里纠正过他：巴枯宁把支撑腐败统治者的军队叫作上帝大军，巴尔指出这实际是魔鬼大军。巴尔即使对他崇敬的闵采尔，也不是完全赞同，但他在《宗教改革的后果》中才公开表达了这一点，而且仍然总是把握分寸，不妨碍将闵采尔树立为路德的对立面。闵采尔不仅为穷苦农民斗争，他还否定了基督教学说的核心内容，这是无论天主教还是新教都不能接受的。

总之，巴尔虽然提到了许多政治家、神学家和作家的大名，将他们的观点为己所用，但对他们的态度并不连贯。他如果反驳一个作者，并不总是否定此人的全部。他乐于使用

---

[1] 页284。

此人可用的论据，尽管他会坚决拒斥其他论据。

这种方法当然还包含着修辞的考量：任何论据都可以为我所用，反驳对手，无所谓论据来自哪里。这也可以解释巴尔拿他对手的犹太人身份说事的做法。这样的做法当然会激怒今天的读者。他从来不指责朋友和志同道合者的犹太人身份，说起克劳斯、艾斯纳、兰道尔时从来不提这回事。但是谈到德国民族主义政治家如拉特瑙，谈到社会民主党人如拉萨尔和马克思，他就从来不忘他们是犹太人。在他看来所有手段都适合用来打击对手吗？

似乎是这样。但这里必须做更细致的辨析。首先要指出两点，第一，不是所有对犹太人的批评都是反犹主义，而今天普遍存在一种倾向，似乎只能在下列选项中二选一：要么认为所有犹太人无论何时都是善良的，要么就是反犹主义者。正是多种意见和立场形成的复杂光谱造就了犹太民族的丰富性。故而第二，反驳犹太人内部的诸种立场之一，并不是反犹，反驳者可以引证同样反对这一立场的其他犹太人。何况将某种特定立场形容为典型犹太人的，也未必就是种族主义的做法。对于这个少数族裔来说，当然存在由于数个世纪德国和欧洲对犹太人的迫害、驱逐等特殊情况所产生的，因而也要由此来理解的典型行为方式。这样的理解不是种族主义的，而是社会学的。巴尔在形容拉萨尔和马克思的表现时，就完全是这么做的。

为了理解巴尔的立场，有必要再次简要地回顾当时的环境。以肖勒姆为例，他的回忆录《从柏林到耶路撒冷》[1]准确描绘了德国犹太人在"一战"前后的形象。柏林排字工人肖勒姆有4个儿子：一个儿子成了共产党员，相信摆脱了自己的犹太身份；另一个成了德国民族主义者，同样相信摆脱了自己的犹太身份；第3个儿子成了自由主义者，因而主张全体公民的平等权利；第4个初名格哈德（Gerhard），后改名格肖姆（Gershom），成了犹太复国主义者，公开承认自己的犹太身份。所有4人都试图以自己的方式处理自己在普鲁士总是作为缺陷如影随形的犹太出身（国家公职、军队、大学的较高职位通常不向犹太人开放），因此所有4种立场都能称作典型犹太人的立场。

格肖姆·肖勒姆不是特别虔诚的犹太复国主义者，但尖锐地反对柏林犹太人早已习惯了的任何形式的同化。令他愤怒的是，极为正统的拉比如布莱希罗德（Isaak Bleichrode）按传统研究《密释纳》和《塔木德》，却无法从"柏林犹太人富有的大社区"得到"在他们主办的宗教学校里"授课的机会。[2]另一方面，自由派拉比、犹太复国主义的支持者埃米尔·科恩（Emil Cohn）1907年在柏林被解职，"因为他成了大柏林地区犹太人社区主席对犹太复国主义的憎恶的牺牲品"。[3]

---

[1] Gershom Scholem,《从柏林到耶路撒冷》(*Von Berlin nach Jerusalem*, Frankfurt a. M. 1994)，初版1977年。
[2] 同上书，页52。
[3] 同上书，页228。

由此可以清楚看到大多数柏林犹太人的态度：一方面，他们注意同正统犹太教保持距离，另一方面，他们注意同犹太复国主义运动保持距离——两种形式都坚定认同、公开亮明犹太身份。而柏林犹太人当时大部分努力地配合大环境，不愿继续引人注目。国家毕竟许可了他们在国家公职以外的自由生活，因此他们也是国家的忠实仆人——俄国这个坏例子就在他们眼前。可以说，这些犹太人的典型立场，就是忠君、爱德国的思想。而巴尔攻击的就是这种思想，包括攻击尤其好斗地拥护这种思想的犹太人，他们这么做正是因为希望用过度配合证明他们的归属，他们这么希望正是因为他们实际并不完全归属。

拥护这种立场的正是德国犹太人中的一位德高望重的人物，杰出的新康德主义者赫尔曼·科恩，巴尔批评这种立场是"新教犹太人"的立场。将路德宗与犹太教组合起来，在我看来是无理的。但是，谁要指责巴尔这个无理的组合，必须考虑到，是最著名的德国犹太人之一、众多德国犹太人的代言人，教给了巴尔这个组合，即科恩1915年出版的《德意志性和犹太性》。谁要指责巴尔的反犹主义，应当首先读一读这本书。对这本书，即便肖勒姆——他曾称科恩为"令人敬畏的角色"——也友好地不予评论。

何况，科恩的看法不属于犹太人特有。其他对战争狂热的德国哲学家、神学家如舍勒、特洛尔奇、西美尔、奥肯等人，他们的所有灾难性言论，哲学史也以高雅的缄默避而不谈。弗拉施的《精神动员》[1]明确指出了这一点，此书同样也是帮助理解巴尔的论战的必备读物。几乎没有哪个行业像德国哲学家一样为战争狂热如此出力，对此哲学史却没有交代只言片语：

> 在被绞死的人家里人们忌讳谈绳索，战后的德国哲学史家忘记了战争。按照他们所受的教育，他们合理地不仅隐瞒"二战"，而且同时也隐瞒"一战"。[2]

赫尔曼·科恩用45个依次编号的段落，概述了德国（主要是路德宗的）历史和犹太历史，意图将二者结合起来。这位著名哲学教授的论证，比巴尔所能给出的任何论证都更不可靠。仅举一小例："德意志精神随着宗教改革跃入了世界历史的核心。"[3]而且直到第一次世界大战，德意志精神都占据着核心地位。于是：

> 与犹太民族性有亲缘关系的概念不仅有"称义"，而且有宗教改革的另一个基本概念，即人类所有职业的伦理化，神职的世俗化就与这个概念具有特定的联

---

[1] Kurt Flasch,《精神动员：德国知识分子与第一次世界大战》(*Die deutschen Intellektuellen und der Erste Weltkrieg*, Berlin 2000)。
[2] 同上书，页369。
[3] 同上书，页9。

系。[1]

宗教改革始终不能对犹太民族的内心生活有什么直接影响，犹太民族自中世纪早期以来的全部哲学发展就在内部孕育着同样的新教精神。直到宗教改革的历史母题在德意志精神内部，在德国人文主义的科学、在哲学中发展成熟，这时，宗教改革对犹太民族的影响才真正开花结果，一个新的犹太民族、一种新的文化生活和一种新的宗教存在才由此觉醒。[2]

恰恰是路德，留下反犹主义文献，他希望看到犹太民族毁灭，而他最终在科恩眼里成了德国犹太民族的革新者。

科恩没有忘记攻击法国犹太人柏格森，后者同样是一位著名哲学家，也为法国的战争动员煽风点火。科恩针对柏格森的犹太身份发难，正如巴尔对论敌爱用的那样：

> 他是一个波兰犹太人的儿子，使用外人不懂的黑话。他怀念自己的父辈，否认德国具有深刻的观念，那么这位柏格森先生的灵魂里又有什么呢？[3]

可悲的是，科恩对柏格森的指责听起来就和反犹主义势

---

[1] Flasch,《精神动员：德国知识分子与第一次世界大战》，页21。（后文简称为《精神动员》。——中译者）
[2] Cohen,《德意志性和犹太性》，页21。
[3] 同上书，页36。

力对犹太人惯常的指责一样,所谓犹太人缺乏"德意志的深刻"。科恩评价柏格森"动用所有技巧和广告,硬充成原创哲学家,可惜他的广告在德国大获成功"。[1]法国犹太人就是犹太人,可以言过其实地评论,而德国犹太人就是新教徒。

科恩还赞扬社会民主党,赞扬的却正是巴尔攻击的地方:他们"高举国家的旗帜",反对"宗派主义的无政府主义"。科恩认为,创建社会民主党的犹太人推进了"德意志民族与犹太民族的心灵伦理的团结",社民党是他们的成就:

> 拉萨尔以青年的宗教观念,在德国国家历史的这个阶段留下了自己的一笔。对德国工人、对德国人民的大多数而言,犹太人这个历史概念终于摆脱了那些谩骂,而莱辛的祖国也曾一度被这个概念跳跃的更新引入灾难的歧路。[2]

不幸,这番自信终成泡影。因为反犹主义者恼火的主要事实之一,就是犹太人活跃于社会民主党和工人运动,希望将本民族无权利的地位与工人无权利的地位一同消灭。这对于反犹主义者而言,只是更猛烈地鼓动反犹的理由。

---

[1] Cohen,《德意志性和犹太性》,页36。
[2] 同上书,页33。

科恩总结道:

> 我们作为犹太人,在这个各族命运转折的时代里,非常骄傲我们也是德国人,因为我们意识到我们的任务,就是说服我们全球的同胞相信德意志民族的宗教意义和作用,支持它对各民族犹太人的合理要求,这不仅是为了我们同胞的宗教发展,也是为了他们的整体文化生活。我们作为德国犹太人感到,我们身上的文化凝聚力负有以拯救人类的名义联合各民族的使命。我们可以反驳那种针对我们的指责,所谓我们的历史特征就是腐蚀各个民族和部落。如果有一天,人们再度认真地追求国际和解与真正牢固的各族和平,那么我们的例子就可以作为范例,呼吁人们承认德国在所有精神和心灵生活的基础领域的强国地位。[1]

德国是以"拯救人类"为名的强国,因此,不仅德国人,所有犹太人也必须拥护它。

其中犹太人被认为"腐蚀各个民族和部落"这句话体现了,在紧张的战时对新教德国的这番恭顺致辞,是在怎样自卫的心态下写成的。这样的压力迫使科恩把德国犹太人推向了德国帝国主义阵营。他把犹太民族当作礼物献给德国帝国主义,但是,正如我们所知,这没什么用。1916

---

[1] Cohen,《德意志性和犹太性》,页37。

年，部队已经开始清点犹太裔军人，因为觉得犹太人在民族认同上不可靠。

假如德国人赢了战争，那就更印证威廉二世治下已经夸张到异常的德国自大狂是正确的。而德国输掉了战争，德国人出于受冒犯的自尊心就要寻找谁负有罪责，因为他们自己是不可能有罪的，于是，他们再一次找上了犹太人。反犹主义进一步滋长。

巴尔在伯尔尼也许没有十分准确地掌握德国民意的转变，在《德国知识分子批判》中仍攻击科恩1915年所假设的、宣称要确立对世界其他地区的文化霸权的新教-犹太人联盟。战后巴尔注意到，这个联盟实际不复存在，而且犹太人沦为正在蔓延的反犹主义的攻击对象，于是，他在修订过的《宗教改革的后果》中删去了一些尤其尖锐的表述。另外，他反对拉特瑙的文章《拉特瑙》（1918年1月12日登报，巴尔此书有部分引用）代表了纯粹犹太人的观点：

> 在这个时代，犹太人已经在犹太复国主义和被解放的耶路撒冷的旗帜下，望见了一个最终解决的方案，而有一个犹太人却在这里谄媚普鲁士的封建制度。[1]

这是每个犹太复国主义者都会说的话。巴尔这里和犹太复国主义者一样，认为"犹太人问题"的解决方案是在巴勒

---

[1] Hugo Ball,《艺术家与时代病》, 页209。

斯坦建立一个本民族的国家。

同样，他在《自由报》1918年11月16日的文章《绕开各级机关》（Die Umgehung der Instanzen）中也表露了犹太复国主义立场的萌芽。他反对德国人在战败以后先派出"无民族的以色列人"进行交涉以期在协约国方面得到有利的条件。这里他针对的可能又是拉特瑙，或是汉堡银行家梅尔希奥（Carl Melchior）。巴尔说："以色列共和国的土地是应许之地，而不是德国。"这正是犹太复国主义的宗旨，"无民族"当然不适用于他们，因为犹太复国主义者认为犹太人不是无民族的，相反，是民族，是没有土地的民族，因此，犹太人必须抵达一片土地，即神圣之国，在那里建立一个国家。

巴尔又说：

> 只要这些先生毫不含糊地拥护道德行动，我们都乐于与他们共事。上帝选民的传奇已经被打败了，《旧约》已经被打败了，柏林不再是西奈山。我们要一个德意志民族，一个德意志共和国，一个德国国民大会，让大会罢免唯利是图者和机会主义者，宣告一个真正经过净化的伟大民族的重生。这样，也只有这样，我们才能重获世界的信任。[1]

他如此强调"德意志"，似乎是在暗示没有把犹太人当

---

[1] Ball,《艺术家与时代病》,页233。

作德国人，这也是犹太复国主义者乐于听到的。但在巴尔看来，这似乎只是驱逐外国人。此外，他的批判还针对德意志民族作为上帝选民的幻想，这幻想有包括犹太学者在内的德国知识分子的支持：德国是强国。"柏林不再是西奈山"针对的又是科恩等人鼓吹的新教-犹太人联盟。

巴尔不是反犹主义者，他在《德国知识分子批判》里两次自辩。他确实不是种族主义者，后者无论对哪一类犹太人，都一概视为灾难。他反对的那些犹太人持有他视为"灾难"的立场，无论是德国民族主义还是社会民主主义的立场。在此类情形下，他就会指出对象的犹太身份，一部分是为了社会学地解释他们的立场，一部分是利用针对犹太人的普遍偏见达成自己的目的，比如，他引用巴枯宁关于"犹太人宗派"的话打击马克思。这么做接近反犹主义，其他地方饱受顾虑困扰的他，偏偏在这里毫无顾忌。巴尔后来也觉察到这些表述非常尴尬，于是在《宗教改革的后果》中删去了大部分。

巴尔对犹太人和犹太民族知之甚少。这是他和当时所有德国知识分子的共同之处，肖勒姆已经正确地指出过这点。他们对犹太教和犹太传统一无所知，也不愿做任何了解。巴尔对犹太人只有先入之见，即关于弥赛亚主义、新教和犹太教、所谓无民族的犹太人的二手转述，而最后一点正是反犹主义者当中广泛传播的偏见。从科恩的例子可以看出，巴尔也接受了一部分这些偏见，并且未加反省。科恩对这种做法当然深有体会，但他为了实现自己的修辞目的，也动用他所有可用的论据。这里可以采纳瓦克尔（Bernd Wacker）对巴尔与犹太教关系的评价:"他缺乏任何条件,对犹太教和基督教的关系做出促进友好的和神学上可靠的论述。"[1]

但不能排除,巴尔至少熟悉犹太复国主义。他可能知道承认犹太人在巴勒斯坦建国权利的1917年《贝尔福宣言》(Balfour-Deklaration)。因此,如果巴尔对德国犹太人的一些指责听起来与犹太复国主义者的相似,也许并非巧合。犹太复国主义者肖勒姆在巴尔的《批判》出版不久以后就阅读过它,丝毫不认为本书有反犹意味。他记载本雅明带给他这本书,当时本雅明正同妻子住在伯尔尼,是巴尔和亨宁斯的邻居。巴尔是

> 一个极端共和派,但不是社会主义者或共产主义者。他对普鲁士的一切东西都怀有狂热的仇恨。冬天快结束时,本雅明给我一本激情洋溢的厚书《德国知识分子批判》阅读,我们两人有时非常佩服他仇恨的敏锐,有时又只能无奈地摇头,比如读到漫无节制攻击康德的部分。[2]

---

[1] Bernd Wacker,《粗暴的反犹主义者?巴尔对旧约与(德国)犹太人的看法》(Ein rabiater Antisemit? Hugo Balls Sicht des Alten Testaments und des [deutschen] Judentums),载于 *Dionysius DADA Areopagita. Hugo Ball und die Kritik der Moderne*,Bernd Wacker编,Paderborn 1996,页168。

[2] Gershom Scholem,《本雅明:一个友谊的故事》(*Walter Benjamin—die Geschichte einer Freundschaft*,Frankfurt a. M. 1975),页101。(中译参见肖勒姆,《本雅明:一个友谊的故事》,朱刘华译,上海:上海译文出版社,2009年,页81,有改动。——中译者)

敏感的肖勒姆警惕的不是对德国犹太人的批判，而是对康德的批判。

何况，巴尔和肖勒姆之间存在着惊人的相似之处：肖勒姆也是受世界大战的刺激变成了无政府主义的追随者，而他的哥哥、1940年在布痕瓦尔德集中营遇害的维尔纳（Werner）向他推荐的马克思主义学说没有说服他。他阅读埃尔茨巴赫尔（Paul Eltzbacher）论无政府主义的书和内特劳（Max Nettlau）的巴枯宁传记，巴尔也读过后一本书。他还读过巴尔也欣赏的兰道尔：

> 兰道尔的《呼吁社会主义》(» Aufruf zum Sozialismus «) 不仅给我，而且给不在少数的青年犹太复国主义者都留下了强烈印象。而且他当时在犹太复国主义圈子里做演讲的个人形象，也令人印象深刻。[1]

这里甚至存在犹太复国主义和无政府主义团体之间的相似性。兰道尔和托尔斯泰（巴尔也赞赏他）的学说后来"在以色列国土上建设新生活时起到不容低估的"作用。[2]当然，肖勒姆随即就产生了怀疑："所有无政府主义学说都要依赖的对人性的假设，不幸遭受了哲学极其严重的质疑。"[3]

---

[1] Scholem,《本雅明：一个友谊的故事》, 页60。
[2] 同上书, 页61。
[3] 同上。

天主教徒巴尔和犹太人肖勒姆之间还有最后一处相似：肖勒姆也深入古代典籍，研究犹太教的"圣徒传"、犹太教神秘主义"卡巴拉"的书籍。

臣仆康德

对康德补充几句。巴尔反对的不是他的哲学，而是他顺从的态度。他著名的短文、写于1783年的《什么是启蒙？》是引导臣民顺从普鲁士国家的说明书。很少有人注意到这一点，因为通常只引用这篇文章的开头两句话。[1]

文章开头是那句著名的：

> 启蒙就是人从他咎由自取的受监护状态走出。受监护状态就是没有他人的指导就不能使用自己的理智的状态。[2]

康德用两页多援引普鲁士的军官、税务官和神职人员，这种人挂在口头的是："不要理性思考！"现在康德开出了一张巧妙的药方，人可以一边运用自己的理性，一边又做听话的臣民。因为他区分开了对理性的公开运用和私人运用。不

---

[1] 为方便读者起见，我引用通行的雷克拉姆版《什么是启蒙？》(*Was ist Aufklärung? Thesen und Definitionen*，Ehrhard Bahr编，Stuttgart 1986)。
[2] 同上书，页9。(中译参见《康德著作全集》第8卷，页40。——中译者)

同于一般所理解的，正是在私人运用理性时不允许人抱怨。

康德理解的"公开"运用，是"某人作为学者在读者世界的全体公众面前所作的那种运用"。[1] 他说的"私人"运用恰恰是某人在"委托给他的公民岗位或者职位上"的运用，即在军队、学校、教会等地方的运用。于是这位要引领人走出咎由自取的受监护状态的著名德国启蒙者的判决就是："在这里，当然不能允许理性思考，而是必须服从。"[2]

比如神职人员[3]：作为神职人员他必须宣讲教会规定的内容，但作为学者他可以公开地理性思考。这不会使得这位神职人员在他的教区变得不可信吗？无论如何，康德认为人可以在报纸上质疑他在自己的岗位上从来不可以质疑的东西。在岗位上必须老实听话，这样国家才能正常运转，才能让统治者满意。

康德将这个他如此定义的启蒙的时代，不无道理地称作"弗雷德里希的世纪"，即普鲁士弗雷德里希二世的世纪，因为弗雷德里希二世的确无所谓人怎么想，只要求人臣服。康德也微笑着引用："世界上只有一位君主说：理性思考吧，思考多少、思考什么都行，但是要服从。"[4] 既然这位弗雷德里希不怎么欣赏宗教，康德最终也把启蒙思想指向宗教：

---

[1]《什么是启蒙？》，页11。（中译参见《康德著作全集》第8卷，页41。——中译者）
[2] 同上。（中译参见同上书，页41—42。——中译者）
[3] 同上书，页12。
[4] 同上书，页11。（中译参见同上书，页41。——中译者）

"我把启蒙……的要点主要放在宗教事务中。"[1]

整篇文章读起来就像弗雷德里希二世的普鲁士臣民的指南,弗雷德里希二世也乐于标榜自己是接受启蒙的开明统治者。伟大的康德大概考虑过,他作为国王陛下的忠实臣民能够写些什么,才能避免产生麻烦。要是涉及弗雷德里希的独裁统治,那会冒一些风险。于是他把批判的靶子从国家移到了弗雷德里希也不欣赏的基督教。在宗教领域,德国的批判从莱辛到尼采沸反盈天,康德给他们做出了示范。

雷克拉姆版《什么是启蒙?》的后记评论康德这篇名文说:

> 有人不无道理地指出了此文半官方的弦外之音,把此文称为普鲁士国家启蒙的反映。密特尔施特拉斯(Jürgen Mittelstraß)提出了关键的问题:以国家的秩序和稳定为理由,是否会"从根本上取消启蒙思想的说服力"。密特尔施特拉斯没有进一步追问这个问题。[2]

而巴尔就在进一步追问。

---

[1]《什么是启蒙?》,页16。(中译参见《康德著作全集》第8卷,页45。——中译者)
[2] 同上书,页78。

宗教改革的后果

巴尔在1915年就写过一篇文章《伟大的1525年农民战争》，文中他探讨了闵采尔和起义农民，不过仍然友好地评价路德——正如德国过去和现在常见的看法。"但路德不是革命者，他是我们德国的宗教改革家，心怀更高的目标。"更高的目标，就是对饥馑的农民袖手旁观。巴尔描述了这位"我们德国的宗教改革家"的考量：他从贵族和市民阶级得到的支持"令他感到，将斗争限制在纯宗教、纯教会的层面才是可取的"。[1]这也正是德国宗教改革成功的保障：宗教改革在不少邦国争取到了统治者，他们愿意推行宗教改革，因为这符合他们的利益。假如路德同农民一道反抗邦君，那他也会像闵采尔一样同农民一起被消灭。

巴尔视之为一场"悲剧"。[2]他叹惜："伟大的自由运动就这样可悲地结束了。"[3]为什么？"是那些不驯服的农民自己加速了他们自己的毁灭。"[4]巴尔已经认可农民战争是德国的第一场革命，他认识到这一点，但还没有勇气直接使用"革命"这个词，不敢公开站在农民一边反对"我们德国的宗教改革家"。

今天这么做仍需要勇气。在我所读到的宗教改革研究

---

[1] Ball,《艺术家与时代病》，页165。
[2] 同上书，页167。
[3] 同上书，页169。
[4] 同上。

著作里[1]，没有一本书一个字提到路德反对犹太人的可耻文献，而这些文献可能是近代德国基督教反犹的最重要的根源之一。"犹太人"这个词甚至都没有出现在这些书的索引里。他们避而不谈可能损害路德声望的东西。他反对起义农民的文字没法一概置之不理，就只好简要地提及。他关于农民和犹太人的文献里流露出的仇恨，同《新约》的精神没有一丝一毫的干系。而这些话就是从一个创立了一支基督教派的人口中说出的。

把这次新教派的建立称为"宗教改革"是不正确的，因为旧教会并没有改革，相反，通过分裂形成了新教会，而旧教会仍然和原来一样存在。只有天主教会特利腾大公会议（Konzil von Trient）以后的改革，才能称为"宗教改革"，但是这场改革实际被叫作"反宗教改革"（Gegenreformation）。教会分裂的原因也并非一般以为的，是对天主教神职人员腐化堕落的批判。相反，这样的批判是天主教会的历史从一开始就如影随形的东西。谁想否认，神职人员是人，也会犯错？宾根的圣希尔德加德（Hildegard von Bingen）在11世纪的布道中就讲到过这一点。对这一状况，"宗教改革"也没有做出多大改进。路德身后不到一百五十年，虔信主义之父

---

[1] Volkmar Joestel,《路德传：反叛者与宗教改革家》(*Martin Luther. Rebell und Reformator. Biographien zur Reformation*, Wittenberg 2002); Peter Blickle,《帝国的宗教改革》(*Die Reformation im Reich*, 第3版, Stuttgart 2000); Stefan Ehrenpreis 和 Ute Lotz-Heumann,《宗教改革与教派的时代》(*Reformation und konfessionelles Zeitalter*, Darmstadt 2002)。

斯彭内尔（Philipp Jakob Spener）就在控诉新教牧师腐化了基督教，要求又一场改革。

胡斯和路德改变了传统基督教学说的根本内容，由此导致了教会分裂。千百年来的生长积累，历次大会会议多少人的漫长讨论和决议，现在个别人就要一次性推倒。教会怎么能容忍这大声公开的挑战？路德根据自己的主观经验发展出一套普遍的学说（"因信称义"），我认为这正是巴尔指责他的地方。

但这里无须展开神学争论，相反，问题在于路德与政治势力的关系。巴尔对此提出了在我看来十分正确的批判："宗教改革"本意是实现基督徒的自由，其结果却是成立了一门前所未有的强制的基督教。这或许并不是路德的目的，但却是他同诸侯结盟的后果。

1555年《奥格斯堡信条》[1]规定了著名的cuius region-eius religo［教随国定］，意味着诸侯和直属帝国的等级（骑士与城市）是自由的，此外便再也没有谁是自由的。如果诸侯决定皈依新教，那么境内所有臣民不论愿意与否，都必须信新教。信奉新教对诸侯而言是完全有利的：从此他们在教会内再无对手，教会向他们臣服，因为他们自己就是邦教会的最高主教，神职人员只是贵族的雇员。何况诸侯可以没收教会和修道院的财产，从而大量扩充财富。比如波美拉尼亚（Pommern）公爵成为新教徒以后，财产变

---

［1］ 见页186德文版编者注。（即本书页85注释［3］。——中译者）

成了原来的三倍,而且还摆脱了一直与他纠缠不休的卡明(Cammin)主教。波美拉尼亚的容克地主从此成了自己领地及臣民的不受限制的主人,他们的种种行径今天仍在流传。

巴尔认为,德国的臣仆意识根源就在这里,即在于德国特有的宗教改革:要求教会臣服于当局,基督徒也要服从当局。今天已经有深孚众望的研究者证实了巴尔的观点,我想至少举出其中两位代表,以免1919—1924年间已饱受毁灭性诬蔑的巴尔今后仍被弃置不顾。

首先是普莱斯纳。他1933年失去了科隆大学的教职,流亡荷兰以后任格罗宁根大学哲学教授,直到1951年出任哥廷根大学社会学教授。他是哥廷根科学院、荷兰皇家艺术与科学学院、美因茨科学院、巴黎国际哲学院的院士。1934年他在格罗宁根大学所做的演讲,次年在瑞士出版,战后在德国以《迟到的民族》为题多次重印。其中有:

> 目前常用的说法"与罗马为敌"如果用于政治观察,则需要加以限制。这个说法在奥地利、天主教的南德和莱茵兰地区没有意义,反而透露出北德、普鲁士新教视角的片面性。然而这个视角对普鲁士领导下的德国国家发展变得举足轻重,而且俾斯麦帝国的支柱是普鲁士精神,所以,德意志民族这个概念尽管与国家矛盾、教派矛盾无涉,却也要符合统治阶层的政治视野。普鲁士通过反抗维也纳的皇帝变得强大,一道壮大的还有路

德宗。据说,教宗本笃十五世在1918年曾说:就帝国内部的形势而言,路德输掉了战争。[1]

德国是一个由路德宗普鲁士统治的国家。普莱斯纳敏锐地区分了路德的宗教改革与加尔文的宗教改革,他认为后者更接近天主教。他一反德国流行的看法,认为天主教并不是倒退的,相反,就其为法国启蒙运动准备了土壤而言,它是进步的。普莱斯纳指出:

> 路德作为僧侣对世界的冷淡、转入内心、转入深邃无形的个人良心,这究竟意味着什么?加尔文是法国人,在巴黎读过大学,他对英国、荷兰和美国的影响使各国更靠近天主教的法国,而且靠近经过启蒙运动教派矛盾得以中和的法国。天主教和独立教会处理生活问题时的矛盾(前者理性演绎的传统同后者启发归纳的传统)的世俗化,能够创造一种启蒙的文化,创造西方各民族和解的基础。只有基于两个教派在罗马的法的精神中的亲缘性才能理解这一点。路德宗的土壤无论如何都无法生长出启蒙的文化。[2]

---

[1] Helmuth Plessner,《迟到的民族:论政治上易受诱骗的市民精神》(*Die verspätete Nation. Über die politische Verführbarkeit bürgerlichen Geistes*, Stuttgart 1969),第5版,页30。
[2] 同上书,页52。

普莱斯纳然后追问，为什么"1789年的观念"，即政教分离、"个人的内在和外在解放"、人的自决权等，没有在德国广泛传播：

> 路德宗的德国实现上述原则的努力，太晚才在德国产生效果，它受阻于新教的邦教会和国家教会制度。……启蒙的各种观念，由于个人对邦君的依附地位（广泛的经济依附状态）和与此紧密相关的邦教会制度的阻碍，无法发挥政治作用，在17世纪至18世纪的历史进程中转入精神领域，并受到路德宗的宗教虔诚的影响。[1]

进一步的论述可参阅普莱斯纳。

我引用的第二位研究者是史学家费舍尔（Fritz Fischer）。"一战"末期困扰巴尔的问题，费舍尔在"二战"结束以后重新拾起：德国对"一战"的战争罪责。费舍尔曾在大学学习新教神学和史学，是汉堡大学的史学教授，他在1961年出版的划时代著作《争雄世界》[2]让自己成为了整个德国历史学家行业的敌人。费舍尔运用新材料说明，德意志帝国在1914—1918年间绝非像一般人乐于相信的那样，进行了一场

---

[1] Plessner,《迟到的民族：论政治上易受诱骗的市民精神》，页68。
[2] Fritz Fischer,《争雄世界：德意志帝国1914—1918年战争目标政策》（*Griff nach der Weltmacht. Die Kriegszielpolitik des kaiserlichen Deutschlands 1914/1918*, Düsseldorf 1961）。

自卫战争，它也不是非自愿地陷入了一场战争。相反，档案证明德国有长远的战争目的，那就是吞并法国、比利时、荷兰、卢森堡和波兰，使德国成为独霸欧洲的强国。为了实现这些目的，他们甘愿冒战争的风险。

费舍尔没有满足于只探明1914年的政治计划，他进一步指出哪些原因导致了"1914年的观念"。这部书的读者很少注意到，费舍尔认为这些原因是德国宗教改革、国家教会制度和臣民性格的结果。和费舍尔同为路德宗教徒的弗莱堡大学史学家里特尔（Gerhard Ritter）激烈地攻击费舍尔这一论点，而这同一个里特尔年轻时就猛批过巴尔的《宗教改革的后果》。吊诡的是，里特尔在纳粹时期参与过弗莱堡的抵抗团体，而费舍尔出于职业发展的考虑迎合过纳粹。[1]

费舍尔在1949年于慕尼黑召开的第20届德国历史学家大会上，就在论文《德国新教与19世纪的政治》中阐发过上述思考。[2] 费舍尔立论的出发点是特洛尔奇1906年在德国历史学家大会上发表的演讲，特洛尔奇这篇演讲敏锐地辨析了加尔文的宗教改革同路德在德国的宗教改革，前者在西欧促进了一个现代社会的发展，而后者则阻碍了这样的发展。

---

[1] Klaus Große Kracht,《费舍尔和德国新教》(» Fritz Fischer und der deutsche Protestantismus «)，载于 *Zeitschrift für Neuere Theologiegeschichte*，第10卷，第2册，Berlin 2003，页224—252。
[2] 重印于Fritz Fischer,《"一战"和德国的历史观：关于克服历史禁忌的论文集》(*Der Erste Weltkrieg und das deutsche Geschichtsbild. Beiträge zur Bewältigung eines historischen Tabus*, Düsseldorf 1977)，页47—88。

德国宗教改革家的"听话的激情"同法国宗教改革家的"自由的激情"相对,费舍尔说:"这样的视角展现出,19世纪新教德国宗教与政治的关系的历史是唯一一条歧路。"[1]

20世纪20年代历史学家和国家法学者组成的庞大又封闭的群体采纳了特洛尔奇的视角,但予以积极的评价。他们认为正是从路德经由虔信主义到浪漫派的道路,代表了反对现代世界的根据。对此费舍尔指出:

> 他们认为这些派别是一种对内对外都能起效的保卫的力量:其一抵抗工业社会的瓦解因素,其二反对从基督教西方普遍联系的纽带里出现的民族主义。[2]

保守派史学家拾起特洛尔奇发现的历史线索,但做出了不同的评价;正如巴尔紧紧抓住德国民族主义学者拉出的从路德经康德到俾斯麦的脉络,也给出了完全不同的评价。

费舍尔指出:

> 只有德国宗教改革在各邦邦君的庇护下完成,这一事实本身体现了路德宗的一些核心母题:从原罪思想产生的对人和世界的深重的悲观主义,摒弃一切进步乐观主义;严格区分上帝之国和国家、教会的经验现实两个

---

[1] Fischer,《"一战"和德国的历史观:关于克服历史禁忌的论文集》,页47。
[2] 同上。

层面，由此赋予权威当局以维护此世秩序、武力抵抗邪恶和保护弱小的责任。国家的目的界定为统治和救济等职能，这就可以解释为什么不是观念，而是既定状况，不是规范，而是权威势力的现实，才是最高审判机关，每个个人永远只能是它的客体，不会是主体，永远只是臣民，不会是它的伙伴。[1]

弗拉施指出：

> 由此可以理解：在西欧的世界里，人堕落的可能性在于滥用权力；而在德国路德宗的世界里，人堕落的可能性在于反抗权力。当局的意志能以怎样的力度在路德宗的土地上贯彻，最清楚不过地反映为，即使自然法，自梅兰希通开始讨论以来，其宗旨也必须是为发展成为绝对主义的警察国家辩护，普芬道夫、托马西乌斯、沃尔夫都是这么做的。……神学家在启蒙运动中也看到，路德宗的特殊优势和好处，就是它排除了教会对国家当局的任何限制，用它的服从教义保障了诸侯权力的稳固。因此，在启蒙的绝对王权国家，新教地区起支柱作用的精神力量（虔信主义和启蒙）完全适应了国家理由。这样的情形，随着国君作为最高主教逐渐将教会纳入国家的行政机器，变得愈加严重。赫尔德对此有经典

---

[1] Flasch，《精神动员》，页48。

的论述：布道师本人只有服从国家的权威、受君主的委任，作为道德说教者、县政务官、户籍官、秘密的警察线人，才有理由继续存在。[1]

巴尔的直觉

弗拉施在上文提到的著作里比较了巴尔的《德国知识分子批判》与同时代的其他文本，包括托马斯·曼同样出版于1919年的《一个不问政治者的看法》，后者可以视为对巴尔的反驳。

> （《批判》）同斯宾格勒、施米特、布洛赫、海德格尔一样都被贴上了太过笼统的思想史标签。要想正确做出评价，必须把它和舍勒、桑巴特和托马斯·曼等人战争期间的哲学、思想史论文一起阅读。它在责任感、洞察力和博学等方面都远远胜过这些人。[2]

弗拉施还感到惊讶，为什么它尽管有方法论上的种种缺陷，却依然如此富有启发、发人深省。

自然科学有时要区分发现的语境和解释的语境。新认识有时是以不寻常的方式发现的，不过必须接受实验和计算的

---

[1] Flasch,《精神动员》，页49。
[2] 同上书，页214。

检验。人文科学也与之相似：存在直觉的洞见，不过必须通过论证才能确立。巴尔就有着非常宏伟的直觉洞见，并试图用论证巩固这些洞见，虽然做得并不总是很充分。不妨对比他在伯尔尼的邻居本雅明：本雅明有时也会用3页篇幅表述比别人30页甚至300页更富启发的洞见，尽管这3页的论证也可能极其可疑（比如他的文章《讲故事的人》）。对于读者而言，这样的文章带来的收获远多于哲学构思精雕细琢，读完以后却"依然像原来一样聪明"的文章。

历史不幸证明了巴尔宏伟的直觉洞见。谁死咬住他论证不充分不放，那就是没有明白巴尔对我们的意义何在，或者就是在找借口不想了解。

再引用弗拉施的一段话：

> 尽管1912—1933年间德国哲学家的许多文本也缺乏论证内容，但它们不仅表面上（比如由于作者的赫赫大名）属于德国哲学传统，而且揭示了迄今秘而不宣的内容。它们浓缩四处腐朽的因素，对某些对象避而不谈，其实起到了自我保护的效果。[1]

避而不谈巴尔的《德国知识分子批判》对学院知识分子也有同样的自我保护的效果：根据这个文本可以度量他们自己的见识。

---

[1] Flasch,《精神动员》, 页377。

译后记

胡果·巴尔1886年出生于靠近法国边境的德国城市皮尔马森斯（Pirmasens）的一个天主教商人家庭，中学毕业后他先后在慕尼黑大学、海德堡大学学习文学与哲学，曾撰写以尼采为题的博士论文，但未及提交便于1910年中断学业，开始以剧作为业。在文学史上，巴尔留下的最浓墨重彩的一笔是达达主义。1916年，他与其他艺术家在瑞士苏黎世创建的俱乐部"伏尔泰酒馆"（Cabaret Voltaire），成为达达运动的发祥地，他在第一次集会上宣读了《达达宣言》。

在第一次世界大战期间，中立国瑞士聚集了大量反战者。巴尔本人早年并没有表现出特别的政治倾向和参与，在1914年"一战"爆发之初，他和绝大多数德国国民一样曾被突如其来的"爱国热情"俘获，也留下过志愿报名入伍（但未通过）的记录。但巴尔属于最早从战争迷狂里惊醒的德国作家之一，次年即转而持反德亲法的立场，踏上流亡之路，而且即使战后，他除了短暂的旅行之外也没有再回国定居。

在战事旷日持久的消耗与惨烈杀戮的刺激下，不少德国人开始质疑战争初期的狂热，但很少有人像巴尔这样，把反思推向如此极端的地步。

他的反思成果就是大战结束次年即1919年问世的《德国知识分子批判》。本书序言便开宗明义，为了追究德国在第一次世界大战中的"罪责问题"，要全面批判德国"国家观念"的历史脉络和代表人物，这意味着向早已升入德国精神天空、被奉为神祇的思想巨人们发起挑战，从路德到康德、黑格尔……巴尔认为，他们的原则尽管在宗教、思想、经济等领域取得过成绩，但在政治强权面前无一例外没有贯彻到底，而是妥协退让，客观上增强了诸侯和国家的权威。与之相对，巴尔既反对宗教改革和启蒙运动将基督教置于国家与理性的监督下，也反对放弃基督教的普世与博爱精神、承认国家的权威。在巴尔看来，新教、德国古典哲学、社会民主党等，都沦为了诸侯和国家的臣仆，反过来变成了压制个人自由、妨碍国际社会主义运动的力量，对迈向极端的民族主义、军国主义负有责任。

巴尔彻底批判本民族思想传统的战争罪责，这不仅令他从战争期间直到战后都彻底隔绝于德国知识界乃至整个德国社会的主流，而且在流亡的反战人士中也属异类。了解德国历史的读者，只需回想1914年的举国狂热与战后的讳莫如深，就能理解巴尔在流亡中展开他的《批判》，需要怎样的勇气。

然而，道德品质的卓越并不能保证论述的科学合理。巴尔紧紧抓住他关心的唯一一个问题，即民族精神的代表人物与"国家观念"的关系问题。这种固执一端的视角有多少洞见就有多少偏见。它无情地揭示了宗教改革家、德国古典哲学家、社会民主党人客观上服从国家权威的一面，又不加区分地将他们等同为君主的恭顺奴仆，一笔抹杀了他们的积极意义。这样极端的论点自然令很多人难以接受，而且，具体论述过程也不时暴露出令人尴尬的问题，如材料片面、论证乏力，乃至不符事实的"硬伤"。德文版编者已经在多处善意地注明，巴尔误解了他的批判对象，比如将黑格尔的"矛盾对立统一"理解为将相反的事物混同，因而不合理地指责黑格尔导向所谓的"道德虚无主义"。仅仅浏览巴尔所用参考文献也可以发现，他对批判对象的原著并未做广泛和深入的研读，比如对康德的引证主要局限在《实践理性批判》，黑格尔只涉及《历史哲学》和《法哲学原理》两本书，马克思除了《德法年鉴》上的文章和《共产党宣言》等少量早期作品外，大多转引自巴枯宁派无政府主义者的文献以及梅林的《德国社会民主党史》。巴尔对批判对象的了解基本来自特定的二手文献，使得其立论过分倚重个别研究者，如意大利人博尔格塞、捷克人马萨里克，因此很难不带有狭隘、武断的色彩。显然，巴尔没有也无意深入各批判对象的学说的内在机理，他本身的知识储备不足以支撑对他们做出全面、客观、公正的评价。

例如巴尔对马克思和马克思主义者的偏见，就妨碍他细致分辨对手内部的分歧，使他只能把对手们笼统化约成一帮只知道向"国家观念"投降的同谋者。他在讨论马克思、拉萨尔与德国社会民主党时，无视前两者的理论分歧以及他们的分歧体现在社民党路线中的矛盾，只摘取马克思在第一国际反对巴枯宁纯粹经济斗争、主张利用资产阶级民主制度展开政治斗争的策略考量，加上拉萨尔向俾斯麦等上流人物示好以谋求活动前景的做法，以及社民党利用议会斗争在德国政坛发展壮大的事实，从而把三者都当作在帮助德意志帝国巩固政治制度，仿佛他们以"德国国家观念"为最低共识，迫使社会主义运动及其国际主义理想屈从于这个目标，最终导致几十年后社会民主党在"一战"中完全拥护本国政府进行战争。这样的评判自然是成问题的，巴尔没有提到（可能完全不知道）马克思论述"无产阶级砸碎国家机器"这一问题的核心文本《法兰西内战》，没有提到列宁对考茨基代表的民族沙文主义的社民党右派的激烈批判，相反，他对布尔什维克的国际主义不以为然，一笔带过地提到卢森堡和李卜克内西的起义和牺牲，却浑然不觉他们就代表着社民党内的国际主义派别，自然也就忽略了批判对象内部即包含着否定的因素，而那其实很可能是更早、更深刻的批判。

  本书附录的"同时代人的书评"，已经毫不客气地指出《批判》在学术上的各种缺陷。当然，德国学者们群起围攻，并不仅是为了捍卫学术界的品位与尊严，更是出于对巴尔彻底否定本国思想传统的震怒，哪怕在学术探讨的框架下也不能容忍有人"仇恨德意志精神""亵渎我们的民族历史"。一百多年后的中国读者，脱离了与巴尔及其同时代德国人的利害关系，自然不必以双方某一方的是非为是非，而可以在注意其局限的前提下，汲取有益的思想和方法。巴尔的思考，无论其得失，本质是在历史的灾难之后（准确地说，是在灾难之间，因为《批判》初版二十年后便爆发了第二次世界大战）决绝地清理、审判自身受其哺育且仍身处其中的思想传统。巴尔深知这样的尝试会给他招来"叛国者"之类的骂名，但坚信自己的所作所为是在承担"对我所生长的、我的父母所居住的国家的责任"，其实这是真正的爱国者很容易理解的深挚感情，绝不是以"爱国"为名的辱骂所能诬蔑掩盖的。

巴尔的尝试当然没有成功。它不仅本身包含着种种缺陷，而且得不到同胞的理解，大多数德国人都没有意识到这种尝试的必要。巴尔于1927年因胃癌去世，年仅41岁。不幸（或幸运地）早逝，使他不必看见自己的祖国很快便沿着他拼命抨击的路线坠入更深的浩劫，看见祖国的命运印证"叛国者"的忧思。具有后见之明的读者，理应严肃对待这样一部尽管缺陷很多却洞察力依然惊人的作品，而非同当年的德国人一样，用简单对立的意识形态标签就自以为轻松地打发掉了沉重的反思与预言。

曹旸

2023 年 6 月